Nordmeerkreuzfahrten und Hurtigruten

Norwegen, Spitzbergen, Grönland, Kanada, Alaska und russische Arktis

Alfred Diebold

Trescher Verlag

1. Auflage 2011

Trescher Verlag
Reinhardtstr. 9
10117 Berlin
www.trescher-verlag.de

ISBN 978-3-89794-183-0

Herausgegeben von Detlev von Oppeln und
Bernd Schwenkros

Reihenentwurf und Gesamtgestaltung:
Bernd Chill
Gestaltung, Satz und Bildbearbeitung:
Ulla Nickl
Lektorat: Sabine Fach
Stadtpläne und Karten: Johann Maria Just

Gedruckt auf chlorfrei gebleichtem Papier

Printed in Germany

Die kanadische Arktis und Alaska

Vorwort

»Glänzend weiß, strahlend blau, rabenschwarz: So leuchtet das Land im Sonnenlicht, märchenhaft schön. Spitze an Spitze, Gipfel an Gipfel, zerklüftet, wild, wie kein anderes Land der Erde – so liegt es da, unbeachtet und unberührt, gefährlich und verführerisch.« Mit diesen Worten beschrieb der legendäre norwegische Polarforscher Roald Amundsen 1903 seine Eindrücke von der Arktis, als er auf der Suche nach der Nordwestpassage den eisigen Norden bereiste.

Bereits seit Jahrhunderten übt die kalte, schroff und lebensfeindlich erscheinende Eiswelt eine geradezu magische Anziehungskraft aus. Deshalb trieb es Menschen aus ganz unterschiedlichen Gründen seit der Zeit der Wikinger immer wieder in die Arktisregion, sei es als Entdecker, Abenteurer, Handeltreibender, Jäger oder wie heute als Tourist.

Berichte über die zunehmende Bedrohung der Eisbären, über den geografischen Nordpol oder über die immer weiter fortschreitende Klimaveränderung in der Arktis finden weltweit große Aufmerksamkeit. Es ist folgerichtig auch kaum verwunderlich, dass es immer mehr Menschen gibt, die heute noch das sehen und erleben wollen, was es vielleicht in nicht allzu ferner Zukunft nicht mehr geben wird: riesige unberührte Eisflächen, bizarre Gletscherformationen und eine einzigartige Tier- und Pflanzenwelt.

Neben der Flora und Fauna findet aber auch die Kultur der einstigen Urbevölkerung der Arktis, der Inuit, immer größeren Anklang. Viele Menschen aus den eher nach Rationalität strebenden westlichen Gesellschaften zeigen sich beeindruckt von den Bräuchen, Glaubensvorstellungen und künstlerischen Tätigkeiten der Menschen und wollen diese kennenlernen.

Eine der schönsten und beeindruckendsten Möglichkeiten, die polare Welt zu erleben, ist die Reise mit einem Schiff. In diesem Reiseführer geht es sowohl um Expeditionskreuzfahrten durch die gesamte Arktis als auch um das Reisen entlang der norwegischen Westküste mit den Hurtigrutenschiffen und größeren Kreuzfahrtschiffen. Bei den Expeditionsfahrten handelt es sich hauptsächlich um Reisen mit speziell ausgerüsteten Schiffen, die in der Regel zwischen 50 und 200 Passagiere an Bord nehmen und Ziele anfahren, die mit Auto oder Flugzeug, aber auch mit den großen Kreuzfahrtschiffen nicht erreicht werden können. Im Mittelpunkt dieser Expeditionsfahrten steht vor allem die Auseinandersetzung mit den Menschen sowie der Natur der Arktis. Dies macht diese Art des Reisens zu einer ganz besonderen und intensiven Möglichkeit, die faszinierende Arktisregion zu erleben, zumal die Anbieter dieser polaren Expeditionsreisen sehr darauf achten, dass ihre Fahrten in striktem Einklang mit den Bedürfnissen der Menschen und der Tier- und Pflanzenwelt der Arktis durchgeführt werden.

Wer einmal mit einem Expeditionsschiff in den polaren Gewässern unterwegs war, wird diese Reise nicht vergessen. Die meisten Reisenden kommen immer wieder zurück.

Expeditionsteilnehmer auf Spitzbergen

Hinweise zur Benutzung

Dieser Reiseführer möchte Sie auf eine große Schiffsreise durch die gesamte Arktis mitnehmen. Sie beginnt in Norwegen, folgt zunächst den berühmten Hurtigruten und führt dann im Uhrzeigersinn einmal rund um die arktische Region.

Im ersten Teil des Buches (S. 19 bis 57) gibt es Informationen über **Geografie, Klima, Flora und Fauna** sowie über die indigenen Menschen und ihre Kultur. Darüber hinaus informiert der Reiseführer auch über wirtschaftliche und politische Belange der Region.

Gebührenden Raum nimmt die **Geschichte der Arktisentdeckungen** und der Arktisforschung ein (S. 59 bis 81), denn eine Schiffsfahrt durch das Nordpolarmeer ist auch immer eine Fahrt auf den Spuren der großen Arktisentdecker und ihrer Geschichten und Schicksale.

Bevor es an Bord eines Expeditions- oder Kreuzfahrtschiffes geht, sollte man sich mit den einzelnen **Schiffen** (S. 83 bis 119), den Sicherheitsmaßnahmen und den Verhaltensregeln in der Arktis vertraut machen. Die entsprechenden Kapitel liefern detaillierte Antworten auf die wichtigsten Fragen zu den Expeditionsreisen wie die richtige Auswahl der Schiffe oder der Kabinen. Auch eine **Liste der Reiseanbieter** mit Kontaktdaten ist hier nachzulesen (S. 120).

Der Reiseteil (ab S. 123) beginnt im norwegischen Bergen auf einem der Postschiffe der **Hurtigruten**. Es geht entlang der wunderschönen Westküste Norwegens bis hinauf zur letzten Station der Hurtigruten nach Kirkenes.

Von hier aus geht es dann weiter in den Norden nach und um **Spitzbergen** (S. 199), diesmal mit dem Expeditionsschiff. Danach folgt die arktische Insel **Grönland** (S. 221), von der Ostküste geht es um deren Südspitze herum und an der Westküste entlang. Von Grönland ist es dann nur noch ein Katzensprung in die **kanadische Arktis** (S. 287)

Die grönländische Siedlung Ittoqqortoormiit

und von hier über die legendäre **Nordwestpassage** ins amerikanische **Alaska** nach Nome (S. 319).

Von dort führt die imaginäre Reise weiter in die **russische Arktis** (S. 339), nach Anadyr und zu den russischen Arktisinseln, um dann wieder ganz in der Nähe von Norwegen in Murmansk anzukommen. Von Murmansk aus geht es direkt gegen Norden zum geografischen **Nordpol** (S. 369). Hier angekommen, hat man einen Punkt der Erde erreicht, von dem Menschen seit Jahrhunderten träumen.

Die **Reistipps von A bis Z** am Ende des Buches (S. 271) enthalten aktuelle Hinweise zur Vorbereitung und Durchführung einer Arktisreise mit dem Schiff.

Ausgewählte **Literaturhinweise** und Verweise auf interessante Internetseiten (meist in englischer Sprache) finden sich am Ende des Buches (S. 380).

Zeichenlegende

i Informationsmöglichkeiten bzw. Tourismusbüros vor Ort

Ø Geografische Lage der Orte

⏳ An- und Ablegezeiten (nur im Kapitel Hurtigruten)

Das Wichtigste in Kürze

Einreisebestimmungen

Für Kanada und die USA wird ein gültiger maschinenlesbarer Reisepass für die Einreise vorausgesetzt, für die USA zudem eine Einreisegenehmigung, die mindestens 72 Stunden vorher im Internet beantragt werden muss..

Norwegen, Spitzbergen und Grönland haben sich dem Schengenabkommen angeschlossen, hier reicht der Personalausweis.

Wer in die russische Arktis, Franz-Josef-Land und zu allen Destinationen entlang der Nordostpassage aufbricht, benötigt ein russisches Visum. Hierbei gilt es zu beachten, dass der Reisepass nach Ende der Reise noch sechs Monate gültig sein muss. Es empfiehlt sich, das Visum von einem Reisebüro besorgen zu lassen, falls dies nicht vom Veranstalter erledigt wird.

Ausrüstung

Je nachdem, ob Sie mit einem eher luxuriösen Schiff fahren oder mit einem eher praktisch ausgestatteten, sollten Sie auch Ihre Kleidung zusammenstellen. Manche Expeditionsschiffe legen Wert auf eine eher legere Atmosphäre an Bord, während bei anderen ein ›dress code‹ durchaus üblich ist. Sicher ist jedoch, dass alle Expeditionsschiffe Ausflüge an Land unternehmen. Dafür sollte man unter allen Umständen warme und wasserfeste Kleidung sowie bequeme und robuste Schuhe mit im Gepäck haben. Empfehlenswert ist Sonnenschutzcreme und eine gute Sonnenbrille sowie Mückenschutz.

Gesundheit

Für Reisen entlang der norwegischen Küste und in der Arktis sind keine Impfungen nötig. Auf allen Expeditionskreuzfahrtschiffen ist stets ein Arzt an Bord, und die Bordapotheke verfügt über allgemein gängige Medikamente. Eine Reisekrankenversicherung, die auch die Kosten eines Rücktransportes abdeckt, sollte man abschließen.

Zahlungsmittel

Auf den Expeditionsschiffen und auf den Schiffen der Hurtigruten kann man entweder mit Bargeld bezahlen oder aber gängige Kreditkarten nutzen. Die Währung unterscheidet sich jedoch von Schiff zu Schiff. In der Liste der Expeditionsschiffe (S. 120) findet man darüber die nötigen Informationen. Je nach Land, das im Verlauf einer Expeditionsreise besucht wird, benötigt man die jeweilige Landeswährung. Es gibt jedoch in allen größeren Ortschaften Wechselmöglichkeiten. Gängige Kreditkarten werden in der Regel ohne Probleme akzeptiert.

Sicherheit

Touristen, die mit dem Schiff im Norden unterwegs sind, werden mit Kriminalität nicht konfrontiert. In den kleinen Siedlungen Grönlands, der kanadischen Arktis, der USA und Russlands braucht man sich überhaupt keine Sorgen zu machen.

Telefon

Mobiltelefone, sofern sie über eine Roamingfunktion verfügen, funktionieren in den größeren Siedlungen und teilweise in der Nähe der Küsten, jedoch keineswegs durchgängig. Sie sollten sich daher darauf einstellen, während der Reise über Ihr Mobiltelefon nicht erreichbar zu sein. Alle Schiffe bieten die Möglichkeit, das Schiffstelefon zu nutzen, was allerdings sehr kostspielig ist.

Zeitzonen

Bedingt durch die geografische Lage, die sich über alle Längengrade erstreckt, kann man in der Arktis jede Zeitzone antreffen. Näheres dazu auf S. 378. Man sollte sich immer der Uhrzeit vergewissern, bevor man das Schiff verlässt, um nicht zu spät zurückzukommen.

Ausführliche Hinweise in den Reisetipps von A bis Z ab Seite 271.

Nautische Maße

Seemeile: Längenmaß, das auch nautische Meile genannt wird. 1 Seemeile entspricht 1852 Metern (dies entspricht 1 Gradminute, also dem 60. Teil der Entfernung zwischen zwei benachbarten ganzzahligen Längengraden am Äquator). Abkürzung: sm oder NM.
Knoten: Seemeile pro Stunde (kn). Ein Knoten entspricht also 1,852 km/h. Dieses Maß bezeichnet zum einen die Geschwindigkeit eines Schiffs durch Wasser (›Fahrt durchs Wasser‹) und zum anderen die sogenannte ›Fahrt über Grund‹ (FüG, engl. SOG), die Geschwindigkeit eines Schiffes relativ zum Meeresboden.

Bruttoregistertonne (BRT): veraltetes Raummaß zur Klassifizierung von Schiffen. 1 BRT entspricht ca. 2,83 Kubikmeter.
Bruttoraumzahl (BRZ): dimensionslose Zahl, die aus dem Rauminhalt eines Schiffes, multipliziert mit einem Koeffizienten, der zwischen 0,22 und 0,32 liegt, gebildet wird. Die BRZ hat die BRT abgelöst und wird auch als Groß-Tonnage (GT) bezeichnet. Sie dient vor allem zur Ermittlung von Hafen- und Liegegebühren.
Beaufortscala: Nach dem englischen Admiral Francis Beaufort (1774–1857) benannte Skala zur Klassifizierung und Beschreibung von Windstärken.

Expeditionsschiff an der westgrönländischen Küste

Beaufortscala

Windstärke in Beaufort	Bezeichnung	km/h	kn
0	Windstille	0,0 – < 1,9	0 – < 1
1	leiser Zug	1,9 – <7,4	1 – <4
2	leichte Brise	7,4 – <13,0	4 – <7
3	schwache Brise	13,0 – <20,4	7 – <11
4	mäßige Brise	20,4 – <29,6	11 – <16
5	frische Brise	29,6 – <40,7	16 – <22
6	starker Wind	40,7 – <51,9	22 – <28
7	steifer Wind	51,9 – <63,0	28 – <34
8	stürmischer Wind	63,0 – <75,9	34 – <41
9	Sturm	75,9 – <88,9	41 – <48
10	schwerer Sturm	88,9 – <103,7	48 – <56
11	orkanartiger Sturm	103,7 – <118,5	56 – <64
12	Orkan	>118,5	>64

Mitternachtssonne und Polarnacht

Orte	Koordinaten	Mitternachtssonne	Polarnacht
Polarkreis	66°34'	12. Juni – 29. Juni	–
Nordpol	90°	18. März – 24. Sept.	25. Sept. – 18. März
Norwegen			
Bodø	67°17'0" N, 14°23'0" E	31. Mai –12. Juli	15. – 29. Dez.
Svolvær	68°14'5" N, 14°33'41" E	25. Mai – 18. Juli	7. Dez. – 5. Jan.
Tromsø	69°39'7" N, 18°58'30" E	18. Mai – 25. Juli	27. Nov. – 15. Jan.
Hammerfest	70°39'48" N, 23°40'40" E	13. Mai – 29. Juli	22. Nov. – 21. Jan.
Nordkap	71°10'21" N, 25°47'0" E	11. Mai – 31. Juli	20. Nov. – 20. Jan.
Kirkenes	69°43'42" N, 30°2'40" E	15. Mai – 28. Juli	27. Nov. – 16. Jan.
Spitzbergen			
Barentsburg	78°4'0" N, 14°13'0" E	19. April – 23. Aug.	27. Okt. – 15. Feb.

Longyearbyen	78°13'0" N, 15°38'0" E	18. April – 24. Aug.	26. Okt. – 16. Feb.
Ny-Ålesund	78°55'18" N, 11°56'31" E	18. April – 24. Aug.	26. Okt. – 16. Feb.

Grönland

Ittoqqortoormiit	70°29'6" N, 21°58'10" W	13. Mai – 29. Juli	22. Nov. – 22. Jan.
Kangerlussuaq	67°0'36" N, 50°42'0" W	31. Mai –12. Juli	15. – 29. Dez.
Ilulissat	69°12'59" N, 51°6'0" W	21. Mai – 22. Juli	28. Nov. – 14. Jan.
Upernavik	72°47'2" N, 56°9'2" W	7. Mai – 5. Aug.	15. Nov. – 28. Jan.
Qaanaaq	77°29'0" N, 69°20'0" W	22. April – 20. Aug.	31. Okt. – 5. Feb.

Kanadische Arktis

Pond Inlet	72°42'0" N, 77°59'0" W	7. Mai – 5. Aug.	15. Nov. – 28. Jan.
Grise Fiord	76°25'0" N, 82°54'0" W	24. April - 18. Aug.	2. Nov. – 9. Feb.
Resolute	74°42'0" N, 94°50'0" W	1. Mai – 10. Aug.	9. Nov. – 3. Feb.ruar
Cambridge Bay	69°7'0" N, 105°3'0" W	19. Mai – 24. Juli	1. Dez. – 11. Jan.

Alaska

Barrow	71°17'38" N, 156°45'45" W	11. Mai – 31. Juli	20. Nov. – 20. Jan.
Point Hope	68°20'49" N, 166°45'47" W	25. Mai – 18. Juli	7. Dez. – 5. Jan.
Kotzebue	66°53'50" N, 162°35'8" W	12. Juni – 29. Juni	–

Russland

Murmansk	68°58' N, 33°5' E	24. Mai – 19. Juli	6. Dez. – 6. Jan.
Pewek	69°42'0" N, 170°19'0" E	15. Mai – 28. Juli	27. Nov. – 16. Jan

Nähere Erläuterungen zu diesen astronomischen Ereignissen auf S. 214.

Wie still es hier ist. Die Sonne ruht in der lautlosen Landschaft. Glühend tief sind die zauberhaften Farben der weichen Schatten. Eins gehört zum andern in dieser Natur ... Alles atmet die gleiche Verträumtheit.

Christiane Ritter,
Eine Frau erlebt die Polarnacht

Die Arktis und ihre Bewohner

Geografie

Die Arktis ist die nördliche zirkumpolare (den Nordpol umgebende) Erdregion. Die Bezeichnung ›Arktis‹ lässt sich aus dem Altgriechischen ableiten. Das griechische Wort αρκτικός (arktikos) bedeutet übersetzt soviel wie ›in der Nähe des Bären‹. Der Name bezieht sich auf das Sternbild des ›Großen Bären‹, das auch von Europa aus deutlich am Nordhimmel zu sehen ist. Übersetzt man die Bezeichnung ›Arktis‹ sinngemäß ins Deutsche, könnte man die Region demnach als ›Land unter dem Sternbild des Großen Bären‹, aber auch einfacher als Nordland bezeichnen. Ein wahrlich passender und schöner Name für eine der faszinierendsten Regionen unserer Erde.

Das arktische Gebiet

Im Gegensatz zu den fünf großen Kontinenten der Erde, bei denen Ozeane, Meere und Gebirgsketten die natürlichen Grenzen bilden, lässt sich die Region der Arktis nur schwer eindeutig definieren. Das Gebiet der Arktis beinhaltet das Arktische Meer sowie Teile Kanadas, Grönlands, Russlands, der Vereinigten Staaten, Islands und Norwegens. Es erstreckt sich damit am oberen Ende der Erdkugel über die drei Kontinente Europa, Nordamerika und Asien. Der eigentliche geografische Nordpol liegt mitten im teilweise ganzjährig gefrorenen Arktischen Ozean, der etwa zwei Drittel der Arktisfläche ausmacht. Im kalten Arktischen Ozean gibt es eine Reihe von größeren und kleineren Inseln. Die wichtigsten sind die Jan-Mayen-Inseln, Franz-Josef-Land, Spitzbergen, Severnaja Zemlja, Novaja Zemlja, die Neusibirischen Inseln, die Wrangelinsel und als größte Insel der kanadisch-arktische Archipel.

Anders als noch vor einigen Jahrzehnten üblich, wird die Arktis heute nicht mehr als eigenständiger, sozusagen ›nördlicher Kontinent‹ bezeichnet. Die Arktis ist weder identisch mit einem Staatsgebiet noch mit einer klar zu definierenden

Im Ilullisat-Eisfjord auf Grönland

Landmasse. Auch aus geologischer Sicht stellt die Arktis keine einheitliche Region dar. Während das Nordpolarmeer zwar geografisch als Einheit zu betrachten ist, bildet die Grenzziehung der Landmasse, die zum Arktischen Raum gerechnet werden soll, größere Schwierigkeiten.

Die genauen Grenzen der Arktis werden von Wissenschaftlern daher auch nach höchst verschiedenen und sich teilweise widersprechenden Kriterien bestimmt. Noch bis vor einiger Zeit wurde die Arktis schlicht als die ›Region nördlich des Polarkreises‹ (66°34‘ nördliche Breite) definiert. Diese Definition hatte sicher den Vorteil, dass eine mathematisch klar beschriebene Linie im Gradnetz der Erde die Grenzen der Arktis bestimmte, allerdings schloss sie viele Gebiete, die nach anderen Kriterien durchaus als arktisch zu bezeichnen sind, von der Definition aus. Zudem konnte damit Veränderungen in den klimatischen Bedingungen der Region nur unzureichend Rechnung getragen werden. In der heutigen Zeit geben Wissenschaftlicher dementsprechend vor allem weitaus flexiblere klimatische und vegetationsgeografische Kriterien der arktischen Flächenbestimmung an. Eine dieser Bestimmungen, die sehr oft zur Definition der Grenze der Arktisregion verwendet wird und sich als die gängigste Definition in der Wissenschaft etabliert hat, ist die sogenannte ›10 Grad-Juli-Isotherme‹. Diese klimatische Linie definiert die Arktis als Region, in der die durchschnittliche Temperatur im wärmsten Monat Juli unter 10 Grad liegt. Die Gebiete, die zur Arktis gehören, lassen sich so mit Temperaturmessungen klar berechnen. In Zeiten der zunehmenden globalen Klimaerwärmung ist jedoch auch diese Definition problematisch, lässt sie die Arktis doch von Jahr zu Jahr ein Stückchen kleiner werden. Andere Möglichkeiten sind die Begrenzung der Arktis anhand der Baumgrenze, also anhand einer vegetationsgeografischen Linie, oder die Berücksichtigung wirtschaftsgeografischer Grenzziehungen.

Diese Vielzahl an unterschiedlichen Gebietsdefinitionen dürfte verdeutlicht haben, dass aus wissenschaftlicher Sicht die Arktis im Vergleich zu anderen geografischen Regionen der Erde nur sehr schwer zu greifen ist. Ihrer Schönheit und Einzigartigkeit tut dies jedoch mit Sicherheit keinen Abbruch.

Das Nordpolarmeer

Das Nordpolarmeer, auch Arktischer Ozean oder Nördliches Eismeer genannt, ist mit einer Gesamtfläche von 14 056 000 Quadratkilometern der kleinste der fünf Weltozeane. Seine Fläche entspricht damit in etwa der Größe Russlands. Die Länge seiner Küsten beträgt insgesamt 45 390 Kilometer, das entspricht ungefähr dem Siebenfachen des Erdradius. Weil er an die drei Kontinente Europa, Asien und Nordamerika angrenzt, gilt er auch als interkontinentales Mittelmeer. Ein unter Wasser gelegener Gebirgsrücken, der sogenannte Lomonossow-Rücken, der auch eine wichtige geopolitische Rolle spielt (→ S. 51), teilt den Ozean in ein europäisches und ein amerikanisches Becken. Die tiefste Stelle des Ozeans befindet sich mit einer Tiefe von 5450 Metern im europäischen Becken.

Der Arktische Ozean besitzt insgesamt nicht weniger als sieben Nebenmeere: die Barents-, Kara-, Laptew-, die Ostsibirische, Tschuktschen-, Beaufort- und

Eisschollen in der Karasee

die Grönlandsee. Mit dem Atlantik ist der Arktische Ozean durch das Europäische Nordmeer, mit dem Nordmeer durch die 85 Kilometer breite Beringstraße verbunden. Durch die Öffnung zum Atlantik gelangt auch der an der Oberfläche warme Golfstrom in das polare Becken und wird dort zum Nordatlantikstrom. Durch seinen Wärmetransport ist der Strom extrem wichtig für die klimatischen Bedingungen in Europa. Nicht umsonst wird er daher auch als ›Warmwasserheizung Europas‹ bezeichnet.

Nur in den sehr kurzen arktischen Sommern bildet das Nordpolarmeer eine wirkliche Wasserfläche und dies auch nur entlang der Festlandsküsten. Ein großer Teil des Ozeans befindet sich hingegen ganzjährig unter einer permanenten Eisdecke, in den kalten Wintern besteht das Meer beinahe komplett aus einer flächendeckenden Eisschicht, die so dick ist, dass auf ihr sogar tonnenschwere Lastkraftwagen problemlos fahren können.

Je nach Sommer kann der Arktische Ozean für drei bis fünf Monate für die Schifffahrt genutzt werden. Vor allem die Nordostpassage und die Nordwestpassage spielen hier eine wichtige wirtschaftliche Rolle. Um ein Befahren des Meeres so lange wie möglich zu garantieren, setzen die Anrainerstaaten Eisbrecher ein, um die Schiffswege eisfrei zu machen.

Der Arktische Ozean grenzt mit seinen Küstenlinien an Alaska, Kanada, Grönland, Island, Norwegen und Russland. Da der Ozean reich an natürlichen Ressourcen wie Öl und Gas ist und diese aufgrund des fortschreitenden Klimawandels immer leichter zugänglich werden, ist er auch Gegenstand politischer und wirtschaftlicher Interessen zwischen den Anrainerstaaten des Meeres. Die Zugehörigkeit vieler Abschnitte des Ozeans ist bis heute nicht abschließend geklärt und heftig politisch umstritten. Mit seiner einzigartigen Tier- und Pflanzenwelt ist der Arktische Ozean eines der letzten weitgehend unberührten Ökosysteme dieser Welt. Die zunehmenden Folgen des globalen Klimawandels, aber auch andere menschliche Einflüsse wie Öltanker gefährden jedoch auch den Arktischen Ozean stark.

Die Nordwestpassage

Bereits vor über 500 Jahren versuchten Seefahrer im Auftrag der europäischen Mächte, einen direkten Seeweg, der den Atlantischen und den Pazifischen Ozean verbindet, zu entdecken und für die kommerzielle Seefahrt nutzbar zu machen. Das Ziel war es, einen schnellen Weg von Europa nach Asien zu finden, der den Handel mit dem Orient deutlich erleichtern sollte und so den Ländern große wirtschaftliche Gewinne versprach. Zunächst jedoch sollten alle Versuche einer Durchquerung scheitern. Die erste komplette Durchfahrt gelang Roald Amundsen erst im Jahr 1906.

Die 5780 Kilometer lange Wasserstraße führt heute über das Nordpolarmeer (Arktischer Ozean), seine Randmeere sowie über die Meeresstraßen durch den kanadischen Archipel. Durch die Entdeckung der Passage verkürzte sich der Seeweg zwischen Europa und Asien erheblich und ermöglichte intensivere wirtschaftliche Beziehungen zwischen den beiden Kontinenten. Die Wasserstraße war und ist jedoch stark von der in den letzten Jahren immer weiter zunehmenden Seepiraterie betroffen, welche die Fahrt nicht selten zu einem gefährlichen Unterfangen macht. Aufgrund der extremen klimatischen Bedingungen ist eine wirtschaftliche Nutzung zudem nur sehr schwer möglich. Der Seeweg ist die meiste Zeit des Jahres gefroren und nur unter Einsatz von massiven Eisbrechern passierbar. Dies könnte sich jedoch bald ändern. Angesehene Klimaforscher gehen heute davon aus, dass die Passage in absehbarer Zukunft aufgrund der globalen Erderwärmung ganzjährig befahrbar sein könnte. Schon jetzt ist diese Entwicklung deutlich spürbar. Der Zeitraum der jährlichen Befahrbarkeit hat deutlich zugenommen. Zudem gibt es merkliche Fortschritte im Bau sogenannter arktistauglicher Tanker, die auch ohne Hilfe von kostenintensiven Eisbrechern die Route befahren können und so viele Kosten sparen könnten. Daher wird die wirtschaftliche Erschließung des Seeweges intensiv vorbereitet. Geplant ist derzeit der Aufbau einer Infrastruktur, welche die Sicherheit und den Service für den erwarteten Tankerverkehr in der Region gewährleisten soll. Was diese Intensivierung des wirtschaftlichen Schiffsverkehres für das Ökosystem der Arktis bedeuten wird, ist heute noch nicht abzusehen, Arktisforscher warnen jedoch bereits vor den Folgeschäden dieser Entwicklung.

Ein Atomeisbrecher bahnt sich seinen Weg durch drei Meter dickes Eis

Kurze Klimageschichte der arktischen Region

In den Vorstellungen der meisten Menschen ist die Arktis auf das Engste mit Kälte, Eis und widrigen Lebensbedingungen verbunden. Auch wenn es heute angesichts der riesigen und endlos wirkenden arktischen Eisflächen kaum zu glauben ist, gehen Wissenschaftler dennoch davon aus, dass das Klima der Arktis vor rund 55 Millionen Jahren subtropisch war. Darauf deuten Fossilienfunde von Mammutbäumen hin, welche die Forscher im ewigen Eis entdeckten. Auch der heute beinahe das ganze Jahr von einer dicken Eisschicht überzogene Arktische Ozean muss somit angenehm warme Temperaturen gehabt haben. Bei von Forschern vorgenommenen Bohrungen im Eis wurden zudem Überreste von Pflanzen entdeckt, die nur im Süßwasser leben können. Man geht daher heute davon aus, dass die Region der heutigen Arktis vor rund 40 Millionen Jahren ein riesiger Süßwassersee gewesen sein könnte, in dem, zumindest von den Temperaturen her, durchaus gebadet hätte werden können. In der Tertiärzeit vor etwa 30 Millionen Jahren kühlte die Erde jedoch über die Jahrtausende stark ab, und es bildeten sich die bis heute existierenden Eiskappen an den beiden Polen.

Die Temperatur in der nördlichen Polarregion blieb aber keineswegs während der ganzen Zeit bis heute konstant. Eine Gruppe von internationalen Wissenschaftlern schloss 2007 in einer breit angelegten Forschungsreihe aus der Formation der Strände an den Küstenregionen der Arktis, dass das Gebiet vor etwa 6000 bis 7000 Jahren für einen längeren Zeitraum eisfrei gewesen sein musste. Diese Entdeckung ist angesichts der immer weiter schmelzenden Eisschicht in der arktischen Region sicher eine spannende Tatsache, verdeutlicht sie doch, dass es auch jenseits jeglicher menschlicher Eingriffe extreme Klimaschwankungen in der Region geben kann. Treffen nun jedoch klimatische Grundtendenzen der Erwärmung und der massive Eingriff der Menschen in das Ökosystem der Arktis aufeinander, beschleunigt sich der Prozess natürlich noch zusätzlich.

Das Klima heute

Heute wird das Klima in der Arktis vor allem durch lange, kalte Winter und kurze, kühle Sommer bestimmt. Die geografische Breite der jeweiligen Arktisregion ist ausschlaggebend für die Länge der Tage und damit auch für das jeweilige Klima. Im Winter, wenn je nach geografischem Breitengrad die Sonne für Wochen und gar Monate vollständig verschwindet, herrscht tiefe Polarnacht mit hartem, eisigen Frost. Die durchschnittliche Wintertemperatur kann so in manchen Regionen durchaus minus 40 Grad betragen, während vor allem in den Küstenregionen, die von den wärmeren Meeresströmungen profitieren, deutlich moderatere Durchschnittstemperaturen nur leicht unter dem Gefrierpunkt anzutreffen sind. Das andere Extrem zur Polarnacht ist die Mitternachtssonne, die in der Zeit um Juli 24 Stunden am Tag am Himmel steht. Durch die permanente Sonneneinstrahlung kann sich die Arktis auf deutlich über 0 Grad erwärmen.

Allgemein liegen die Temperaturen in der Arktis im Januar zwischen minus 3 Grad und minus 40 Grad, im Juli zwischen plus 1 Grad und plus 10 Grad. Diese

Zahlen machen bereits die großen Temperaturunterschiede in der Arktis deutlich. Die küstennahen Gebiete sind in der Regel weniger kalt als die im Landesinneren gelegenen. Aufgrund des Einflusses des Meeres kann die Witterung jedoch auch in nahe beieinander liegenden Regionen sehr unterschiedlich sein. Auf der Eiskappe Grönlands werden beispielsweise durchschnittliche Jahrestemperaturen von minus 33 Grad gemessen, während in den angrenzenden Küstenregionen aufgrund warmer Meeresströmungen nur minus 7 Grad herrschen. Wenn jedoch die gefürchteten orkanartigen Polarstürme über das Land fegen, wird es auch an den Meeresküsten klirrend kalt, und es empfiehlt sich, schnell einen warmen Unterschlupf zu finden.

Anders als weitläufig angenommen ist der Nordpol keineswegs der kälteste Teil der Arktis. Den Kälterekord hält vielmehr der kleine russische Ort Oimjakon im Nordosten Sibiriens. Hier wurde bereits die geradezu unfassbare Temperatur von minus 77,8 Grad gemessen. Dies ist jedoch selbst für den hohen Norden eher eine Ausnahme.

Niederschläge sind in der Arktis eher selten, und das Klima ist eher trocken. Die durchschnittliche Niederschlagsmenge, meist in Form von Schneefall, erreicht in den meisten Gebieten gerade einmal 250 Millimeter pro Jahr. Im Vergleich dazu fällt in Hamburg durchschnittlich 756 Millimeter Niederschlag pro Jahr. Heftig einsetzende arktische Winde, die den Schnee aufwirbeln, können jedoch bei den Besuchern vor Ort das Gefühl eines permanenten Schneefalls

Russische Wetterstation auf Novaja Zemlja

Land und Leute

hervorrufen. Ein typisches klimatisches Phänomen in der Arktis ist der in weiten Teilen des Gebiets auftretende Nebel, der die Landschaft vor allem in den Morgenstunden in dichte Watte packt und eine faszinierende Atmosphäre schafft.

Eine der erstaunlichsten Wettererscheinungen der Region ist ohne Frage das Polarlicht. Diese einmalige Leuchterscheinung wird durch das Auftreffen geladener Teilchen des Sonnenwindes auf die Erdatmosphäre hervorgerufen. In langen, klaren Polarnächten wird so der Himmel oft von magisch wirkenden grünen, roten oder gelben Lichtern erhellt. Es ist daher kaum verwunderlich, dass in der Mythologie der Arktisbewohner die Polarlichter ihren festen Platz einnehmen. Während die Lichterscheinung in vielen Kulturen eher negativ besetzt war, wurde die Erscheinung im hohen Norden wenig gefürchtet und wurde positiv gedeutet. So wurden die Lichtschleier unter anderem mit tanzenden Frauen in Verbindung gebracht. In Nordamerika glaubten die Inuit, dass die Lichter mit dem Treffen von Medizinmännern und Ahnen in Zusammenhang stehe, die Kontakt aufnehmen möchten.

Schlitten im Sommer bei Qaanaaq in Nordwestgrönland

Klimawandel

Die Arktis ist verglichen mit anderen Regionen der Erde besonders stark von der globalen Klimaveränderung betroffen. In der Region des hohen Nordens wird der Umgang der Menschen mit ihrer Natur daher auch mit am deutlichsten, und die Szenarien, welche die international forschenden Experten befürchten, sind alarmierend.

Die Eisschmelze in der Arktis nimmt bereits heute dramatische Formen an. In den vergangenen Jahren erhöhte sich die durchschnittliche Temperatur in der Region etwa doppelt so schnell wie auf globalem Niveau. Auch wenn sich Politiker weltweit um eine Lösung der Klimaproblematik bemühen, ist ein Ende dieser Entwicklung derzeit nicht in Sicht. Bisher gibt es noch kein schlüssiges Konzept, wie der Rückgang der Eisdecke in der Arktis verhindert oder zumindest verlangsamt werden könnte.

Wissenschaftler berechneten, dass die Meereisbedeckung der Arktis 2008 über 34 Prozent unter der durchschnittlichen Bedeckung in den Jahren 1979 bis 2000 lag. Für 2009 rechneten die Experten mit der schnellsten Schmelze des Eises seit Beginn der Messungen. Würde sich der besorgniserregende Trend in dieser Form fortsetzen, ist davon auszugehen, dass die Arktis bereits im Jahr 2050 völlig eisfrei wäre. Die Konsequenzen einer solchen Entwicklung wären verheerend. Doch die direkten Folgen der Eisschmelze sind bereits schon heute sichtbar. Eine Kieler Forschungsexpedition beobachtete 2009 in Sibirien, dass Häuser Risse bekommen und einzustürzen drohen, weil der Dauerfrostboden langsam aufzutauen beginnt. Neben der arktischen Natur ist also auch der Mensch direkt durch den Klimawandel bedroht.

Die Arktis hat als ›Kühlhaus‹ des Weltklimas auch entscheidenden Einfluss auf die weitere Entwicklung der Klimaveränderung. Das Auftauen des Permafrostbodens führt zur Freisetzung von Methan, einem Treibhausgas, das in die Atmosphäre steigt und die globale Erderwärmung beschleunigt. Ebenso könnte ein weiteres Schmelzen der Eisschicht zu einer Erhöhung des Meeresspiegels führen. Alleine die Eismasse Grönlands (knapp drei Millionen Kubikkilometer) wäre nach Ansicht mancher Wissenschaftler groß genug, um den Meeresspiegel über sechs Meter ansteigen zu lassen. Viele Küstenregionen würden unwiederbringlich in den Fluten der Ozeane untergehen.

Der Rückgang der Eisschicht hat auch schwerwiegende Folgen für das sensible Ökosystem der Region. Bereits jetzt ist ein deutlicher Zuwachs der Gänsepopulation zu beobachten, während die Zahl der Rentiere deutlich zurückgegangen ist. Sorgen machen vielen Wissenschaftlern auch die Folgen der Erwärmung für die Robben- und Eisbärenpopulationen. Auch für die Bewohner der Arktis ist die Entwicklung dramatisch. Nach einer amerikanischen Studie sind sie in den nächsten Jahren ›mit großen wirtschaftlichen und kulturellen Folgen konfrontiert‹.

Neben den vielen negativen Effekten hat die Erwärmung aber auch positiven Einfluss auf die Wirtschaft des hohen Nordens. Durch den Rückgang des Eises werden schnellere und kostengünstigere Schiffsrouten durch die Arktis befahrbar. Zudem ermöglicht der Rückgang des Dauerfrostbodens den Abbau von Diamanten und anderen wertvollen Rohstoffen in der Arktis.

Im Süden Grönlands hat die Erderwärmung schon heute dazu geführt, dass neue landwirtschaftliche Flächen erschlossen werden. Was vor Jahrzehnten unmöglich erschien, könnte schon bald wahr werden: Äpfel aus Grönland.

Landschaftsformen der Arktis

Die Landschaftsformen der Arktis sind entsprechend der gewaltigen Größe des Gebietes höchst unterschiedlich. Nahezu alle geografischen Merkmale lassen sich je nach Breitengrad und den damit verbundenen Jahrestemperaturen finden. Eines der landschaftlichen Phänomene, das sich jedoch in fast allen Regionen der Arktis finden lässt und typisch für den hohen Norden ist, stellt der Permafrostboden dar. Mit Ausnahme Südgrönlands und des europäischen Festlandes taut der eisige Boden in der Arktis auch im Sommer nur oberflächlich auf. Darunter aber bleibt die Kälte dauerhaft gefangen. Permafrostböden bilden sich dort, wo die Jahresdurchschnittstemperatur minus 1 Grad und der Jahresniederschlag 1000 Millimeter nicht übersteigt. Grönland besteht damit beispielsweise zu 99 Prozent aus Permafrostboden. In Teilen der russischen Arktis erreicht der Permafrostboden eine kaum vorstellbare Tiefe von bis zu 1500 Metern. Die globale Erderwärmung ist jedoch dafür verantwortlich, dass die Gebiete mit Dauerfrostböden immer kleiner werden. Dies birgt einige Gefahren in sich. Gebäude, die auf den Böden gebaut wurden, können durch das Auftauen einstürzen. Daher werden Gebäude heutzutage vornehmlich auf Pfählen gebaut, die bis in die größeren Tiefen des Bodens reichen und somit auf festem Grund stehen.

Abgesehen vom eisigen Boden ist die Landschaft der Region, ebenso wie das arktische Klima auch, vor allem durch krasse Gegensätze geprägt.

Die Sibirische Tiefebene

Das Gebiet der Sibirischen Tiefebene, das von den beiden Flüssen Jenissej und Lena eingerahmt wird, ist durchzogen von ausgedehnten Seen- und Moorlandschaften. Vorgelagert erhebt sich die über 1000 Meter hohe Halbinsel Taimyr. Neben dem Kolyma-Tiefland befinden sich im äußersten Nordosten Sibiriens noch etliche beeindruckende und bis zu 2000 Meter hohe Berge, zwischen denen sich ausgedehnte Hochebenen erstrecken. Der Westen Sibiriens wird geografisch durch die Ausläufer des Uralgebirges begrenzt. Die Karasee mit ihren beiden Inseln Novaja Zemlja und Severnaja Zemlja grenzt somit direkt an den Ural. Die größten Flüsse der Region sind der Ob, der Jenissej, die Lena und der Kolyma. Sie sind im Sommer schiffbar, im Winter nutzen Lastkraftwagen die zugefrorenen Flüsse als Straße und bieten einen geradezu surrealen Anblick.

Die Inseln

Zwischen dem 70. und 80. Grad nördlicher Breite befinden sich in der Arktis zahlreiche Inseln, Halbinseln und Inselgruppen, wie beispielsweise die zu Norwegen gehörende Finnmark, auf der sich viele traumhaft schöne Fjorde finden lassen, und die russische Kola-Halbinsel. Vor der Westküste der Finnmark ragen die Inseln Spitzbergens imposant aus dem Nordpolarmeer. Der Name der Inseln ist hier Programm. Zu den ›spitzen Bergen‹ kann man hier grandiose Fjorde, Gletscher und Täler bewundern.

Land und Leute

Die nordwestgrönländische Siedlung Kullorsuaq

Grönland

Grönland ist ein Land der klimatischen Extreme. 80 Prozent der Landesmasse liegen ganzjährig unter dem ewigen Eis verborgen. Im Sommer sind jedoch einige Gegenden wie die südliche Hälfte der Westküste eisfrei. Das Peary-Land im äußersten Norden und einige Gegenden an der Ostküste, vor allem die Scoresby-Halbinsel, sind dann gut zu besichtigen. Im Süden Grönlands ist die eisfreie Küste sehr schmal, und Fjorde reichen bis weit ins Landesinnere hinein. Der Scoresby-Sund an der Ostküste ist mit über 350 Kilometern der längste Fjord der Erde und mit 1500 Metern auch einer der tiefsten. Der höchste Berg Grönlands ist der 3700 Meter majestätisch in den Polarhimmel ragende Berg Gunnbjörns. Grönland ist auch einer der wenigen Orte der Arktis, an dem warme Quellen, die vulkanischen Ursprung haben, gut erreichbar sind und zu einem Ausflug einladen.

Eisberg in der kanadischen Arktis

Alaska

In Alaska erstreckt sich an der Nordpolarmeerküste eine breite Küstenebene. Hier lässt sich die üppige und vegetationsreiche Tundra der Arktis bewundern. Die Ebene wird im Süden durch die zu 2700 Meter hohen Berge der Brooks Range begrenzt. Insgesamt ist das Land an der Beringstraße von Gebirgen gekennzeichnet
.

Kanadische Arktis

Der kanadisch-arktische Archipel bietet mit bis zu 2600 Meter hohen Bergen ebenfalls reichlich Anreize für begeisterte Bergsteiger. Die Gletscher der kanadischen Arktis liegen alle an der Ostseite des Archipels. Zwischen den Inseln erstreckt sich ein ausgedehntes Labyrinth von Wasserwegen, die jedoch die meiste Zeit des Jahres von Eis bedeckt sind. Die Hudson Bay reicht als verlängerter Arm des Arktischen Ozeans weit ins Landesinnere hinein. Im Westen Kanadas fließt der Mackenzie-Fluss mit seinem breiten Delta in die Beaufortsee.

Die Tier- und Pflanzenwelt

Das Leben blüht auch an den unglaublichsten Orten der Erde. Die Arktis ist dafür ein beeindruckendes Beispiel. Auch wenn sie von oben betrachtet zu einem großen Teil aus Eis besteht, ist sie keineswegs wie häufig angenommen eine ausschließlich lebensfeindliche Region für Pflanzen und Tiere. Wie viel an Leben sich in der Arktis entwickeln kann, ist dabei von mehreren Faktoren abhängig. Nicht nur die Temperatur ist entscheidend, sondern auch die Bodenbeschaffenheit, die Feuchtigkeit und vor allem die Wassermenge.

Eine große Zahl von Pflanzen und Tieren hat sich an die arktischen Lebensbedingungen auf eine beeindruckende Art und Weise angepasst. Im Eis befindet

Robbe im Archipel Svalbard

sich Algenrasen, besiedelt von Bakterien und niederen Tieren. Kleine Wimpertierchen haben es sich im Eis ebenso gemütlich gemacht wie Fadenwürmer, Rädertierchen, Floh- und Flusskrebse. Neben diesem ›arktischen Kleintierzoo‹ gibt es jedoch noch eine ganze Reihe von großen Tieren und eine erstaunliche Bandbreite an Pflanzen. Auch das eiskalte Wasser des Arktischen Ozeans bildet den Lebensraum für eine Anzahl von tierischen Bewohnern. Insgesamt lässt die Region damit nur einen Schluss zu, der angesichts der widrigen Bedingungen große Anerkennung und Respekt verdient: Die Arktis lebt!

Man nimmt heute an, dass das arktische Ökosystem – also das Zusammenspiel zwischen Pflanzen und Tieren – verglichen mit anderen Ökosystemen unserer Erde relativ jung ist. Zudem war die arktische Region weitaus instabiler in ihrer Entwicklung. Insgesamt besitzt die Arktis deswegen vergleichsweise wenig unterschiedliche Arten. Die häufigen klimatischen Wechsel sorgen zudem dafür, dass die Zahl der Tiere der verschiedenen Arten sehr großen Schwankungen unterliegt. Die auf der Wrangelinsel beheimatete Schneegans besaß in den 1960er Jahren eine Populationsgröße von 400 000 Tieren. Nur zehn Jahre später gingen Forscher von nur noch 50 000 Tieren aus. Grund dafür waren die über zehn Jahre regelmäßig vorkommenden Schneestürme im Frühjahr in den Jahren nach 1965, die es den Tieren unmöglich machten, ihre Eier zu legen. Bis Ende des 20. Jahrhunderts hatte sich die Populationszahl wieder etwas erholt und wird nun mit ungefähr 100 000 Tieren angegeben. Aufgrund dieser hohen Schwankungen in den Populationszahlen der Tiere und des Auftretens von Pflanzen, sehen Wissenschaftler die Arktis als ›anfälliges‹ Ökosystem an.

Pflanzen

Allgemein betrachtet sind in der arktischen Region vier unterschiedliche Vegetationszonen anzutreffen: Die boreale Nadelwaldzone (Taiga), die baumlose südliche Tundra, die nördliche Tundra sowie die Kälte- und Eiswüste. Diese Zonen unterscheiden sich hauptsächlich durch die durchschnittliche Jahrestemperatur.

Die nördliche Hemisphäre ist umgeben von einem Nadelwaldring. Nördlich davon beginnt die arktische Tundra. Die Böden in der Tundra sind entweder zu sandig oder zu aufgeweicht, um das Wachsen von tiefwurzelnden Pflanzen zu ermöglichen. Die Pflanzen haben in der Tundra daher flache, weit verzweigte Wurzeln, ihre Blüten wirken empfindlich und zerbrechlich. Sie wachsen in der Regel sehr nah am Boden, wo die Temperaturen etwas höher sind und der Wind nicht seine volle Wirkung erreichen kann.

Trotz der enormen Anpassungsfähigkeit vieler Pflanzenarten setzen die ungünstigen Bodenbedingungen dem Wachstum höherer Gewächse enge Grenzen. Die Wurzel einer Weide kann beispielsweise nur wenige Zentimeter Durchmesser haben und dennoch mehrere Jahrhunderte alt sein. Größere Pflanzen wie Bäume lassen sich nur an den Randgebieten des arktischen Gebietes, in der sogenannten borealen Nadelwaldzone, finden.

Im arktischen Frühling erwacht die Pflanzenwelt jedoch durchaus zu einer erstaunlichen Üppigkeit. In der Tundra wachsen dann Moose, lugen Sträucher,

Geflechte und sogar Blütenpflanzen schüchtern aus der Erde. Zusammen bieten sie so ein farbenintensives Pflanzenkleid, in dem sich die Rauheit der klimatischen Bedingungen widerspiegelt. Nicht ganz ohne Grund haben also die Wikinger einer der arktischen Inseln den Namen Grönland (›Grünland‹) gegeben. Insgesamt wachsen in der Arktis mehr als 4000 verschiedene Pflanzenarten. Davon gehören aber nur etwa 500 zu den sogenannten höheren Pflanzen. Die Blütenpflanzen lassen sich in Spaliersträucher, Polsterpflanzen, Gräser und Seggen sowie Rosettenpflanzen einteilen. Die Vegetation der Arktis ist sehr empfindlich, daher sollten Pflanzen auf keinen Fall gepflückt oder ausgegraben werden. Um die dünne Pflanzendecke nicht zu gefährden, sollten die befestigten Wege zudem nicht verlassen werden.

Die Vegetationsperiode beträgt gerade einmal drei bis vier Monate. Für die Pflanzen ist es daher aufgrund des kurzen Sommers wichtig, möglichst früh zu blühen. Zudem haben sie erstaunlich raffinierte Techniken entwickelt, um ihren Fortbestand zu ermöglichen. Um zu verhindern, dass Samen im Winter oder in einer ausgehenden Vegetationszeit keimen und damit den Winter nicht überstehen, sind die meisten arktischen Arten Frostkeimer, das heißt, ihre Samen erlangen die Keimfähigkeit erst nach dem Durchleben eines Frostes. Für das besonders surreal wirkende Phänomen des Blutschnees sind übrigens Algen verantwortlich. Ihre Sporen enthalten rote Farbstoffe (Carotinoide). Wenn diese in größerer Menge auftreten, können sie die arktischen Schnee- und Eisflächen rot färben.

Südlich des 70. Breitengrades erstreckt sich die niederarktische Tundra. Ausreichende und vor allem regelmäßige Niederschläge sorgen hier für ausreichende Feuchtigkeit. Eine der häufigsten Vegetationsformen ist die Zwergstrauchheide. Besonders häufig kommen hier auch Knöterich, Weidenröschen, Wollgras und flach wachsende Birken und Weiden vor, ebenso die schwarze Krähenbeere, die echte Bärentraube, Blaubeere, Rauschbeere, Preiselbeere sowie Bärlapp.

Für einen sehr schönen Farbtupfer in der arktischen Landschaft sorgt der Arktische Mohn. Zusammen mit der Arktischen Weide ist diese Pflanze aus der Familie der Mohngewächse die am weitesten im Norden lebende Pflanze. Beide überleben noch nördlich des 82. Breitengrads. Um dies zu gewährleisten, hat der Arktische Mohn eine spezielle Wärmeaufnahme. Die Blütenblätter der Pflanze sind so geformt, dass sie die Sonnenstrahlen einfangen und auf die Fruchtknoten im Blütenzentrum reflektieren. Dabei wenden sich die Blütenköpfe der Sonne rotierend zu und lassen deren Strahlen immer in optimalem Einfallswinkel stehen. Auf diese Weise gelingt es der Pflanze, die Temperatur zu steigern und die Samenreifung in kürzester Zeit zu ermöglichen – im kurzen arktischen Sommer wesentlich für das Überleben der Art. Je näher man dem Nordpol kommt, desto spärlicher werden jedoch die zu entdeckenden Pflanzen. In den kältesten Teilen der Arktis ist der Boden karg und ohne jegliche Vegetation. Hier regiert die ewige Kälte, die ihre ganze eigene Ästhetik hat.

von links nach rechts und von oben nach unten: Zwergbirke, Silberwurz,
Rauhes Läusekraut, Schlangensteinbrech, Rasensteinbrech, Stengelloses Leimkraut,

Tiere

Auch für die Tierwelt der Arktis gilt, dass es im Vergleich zu anderen Regionen der Erde verhältnismäßig wenig Meeresbewohner und Landtiere gibt. Von den weltweit nachgewiesenen 3200 Säugetieren kommen nur 23 in der Arktis vor, von den etwa 8600 Vogelarten schaffen es gerade einmal 70 bis in den hohen Norden. Hingegen kommen über 1000 Insektenarten vor, die sich aufgrund ihrer sehr viel geringeren Größe besser an die eisigen Klimabedingungen anzupassen vermögen.

Diejenigen Tiere, die in der Arktis leben, haben jedoch zum Teil erstaunliche Überlebensstrategien für das Leben in der Kälte entwickelt. Eine weit verbreitete Technik ist die Fähigkeit, in einen Zustand der Kältestarre oder sogar des Erfrierens zu verfallen. Vor allem Insektenarten sind während des kalten Winters gefroren und erwachen erst im aufkommenden Frühling wieder zu neuem Leben. Viele andere Tierarten halten bei reduzierter Körperfunktion Winterschlaf und kommen so durch den harten arktischen Winter.

Landsäugetiere

Der wohl mit Abstand populärste tierische Bewohner der Arktis ist der Eisbär, auch Polarbär genannt. Daneben lassen sich in der Region aber noch eine ganze Reihe von weiteren großen Säugetieren beobachten, die an Land leben: Der arktische Fuchs und Wolf, Rentiere und Lemminge lassen sich hier als bekannteste Tiere aufführen. Einer der merkwürdigsten und kuriosesten Landbewohner der Arktis ist sicherlich der Moschusochse. Die männlichen Tiere wiegen etwa 400 Kilogramm und werden bis zu 2,50 Meter lang und 1,50 Meter hoch. Auffällig sind ihre über die Schulter ragenden Buckel und ihre im Verhältnis zum Körper großen Köpfe. Trotz seiner Körperfülle bewegt sich der Moschusochse

Eisbären mit Beute, Archipel Svalbard

schnell und elegant. Der Bewohner der Tundra gehört zu den wenigen großen Säugetieren, welche die Eiszeit überlebt haben, da er sich perfekt an die eisigen Bedingungen angepasst hat. Falls Sie einen dieser Arktisbewohner während ihrer Reise zu Gesicht bekommen, denken Sie daran, ein Erinnerungsfoto zu machen. So schnell wird die Gelegenheit nicht wieder kommen.

Die bewährtesten Hilfsmittel der großen Säugetiere, um sich gegen die Kälte zu schützen, sind ihr Fell und ihr Fett. Robben, Seehunde und Walrosse sind beispielsweise von einem dicken, schützenden Speckmantel umgeben.

Bartrobbe

Sicher ist diese Isolation jedoch nur, solange sie keinen Hunger leiden und nicht ihre natürlichen Fettressourcen aufbrauchen müssen. In Zeiten mangelnder Nahrung sind sie der Kälte weitgehend ungeschützt ausgeliefert. Auch die antarktischen Pinguine, die am anderen Pol der Erde leben, haben einen guten Schutz vor dem Eis entwickelt. Neben ihrem Speckmantel werden sie von einem extrem dichten Gefieder umgeben, das ihre Haut effektiv vor Wasser und Kälte schützt.

Der Arktische Ozean bietet den Lebensraum für verschiedene Robbenarten wie Ringel- und Bartrobbe, Seehunde und Walrosse.

Fische und Meeressäuger

Die in der Nähe der Küsten gelegenen Gewässer sind verhältnismäßig fischreich. So leben dort beispielsweise Lachse und Kabeljau. Auch verschiedene Krebsarten sind anzutreffen. Aber auch die größten Säugetiere der Erde, die Wale, lassen sich in den Gewässern der Arktis finden. Grönland-, Weiß- und Narwal gehören zu ihren Bewohnern. Wenn Sie Glück haben, werden Sie von Ihrem Schiff aus die Möglichkeit haben, einen dieser Meeresgiganten zu Gesicht zu bekommen.

Besonders typisch für die Region ist der Grönlandwal. Die Tiere leben ausschließlich in arktischen und subarktischen Gewässern und werden daher auch Polarwale genannt. Sie werden bis zu 18 Meter lang. Bekannte Aufenthaltsgebiete sind die Davis-Straße nördlich und westlich von Labrador, die Hudson Bay westlich von Alaska sowie nordsibirische Gewässer. Charakteristisch für den Wal ist der im Vergleich zum restlichen Körper überdimensioniert wirkende Kopf, der 30 bis 40 Prozent des gesamten Körpers ausmacht. Seine typische gewölbte Gestalt wird durch seinen stark gebogenen Oberkiefer hervorgerufen. Grönlandwale haben eine dunkelgraue bis schwarze Färbung und sind vor allem an einem cremefarbenen bis weißen Kehlfleck zu erkennen, auf dem sich eine Kette dunkler Punkte befindet. Eine der faszinierendsten Eigenschaften der Tiere ist ihre Fähigkeit, mit ihrem Kopf durch die Packeisschicht zu brechen. Es wurden in der Arktis bereits Tiere beobachtet, die eine bis zu 18 Zentimeter dicke Eisschicht durchbrachen. Vermutlich können die Wale mit Hilfe von Lauten die Eisdicke abschätzen und so vermeiden, bei Wanderungen unter dem Eis in Gebiete zu geraten, die sie nicht mehr durchbrechen können. Die Grönlandwale erreichen ein erstaunliches Alter. Im Jahre 2007 fanden Forscher einen Wal, in dessen Körper eine Harpunenspitze aus dem Jahr 1890 steckte! Wie viele andere Tiere auch ist der Grönlandwal seit Jahrzehnten extrem bedroht. Bereits 1931 wurden die Tiere als erste Walart überhaupt vom damaligen Völkerbund

Walross

unter Artenschutz gestellt. Heute ist es nur noch den einheimischen Inuit genehmigt, die Wale als Teil einer jahrhundertealten Tradition in begrenztem Maße zu jagen. Dennoch droht den Meeresgiganten durch die zunehmende Förderung von Öl in der Region große Gefahr. Wegen der teilweise sehr kleinen Populationen könnte schon ein einziger Unfall dramatische Auswirkungen haben.

Die Meerestiere der Arktis sind wesentlich besser an die Temperaturschwankungen angepasst als ihre Artgenossen in der antarktischen Region. Normalerweise würde die klirrende Kälte dem Leben im Meer keine Chance lassen. Die vielfältigen Strategien der Kälteanpassung der Polarmeerbewohner sind daher verblüffend. Eine Möglichkeit des Überlebens ist die Produktion von Glyzerin, einer Substanz aus Fett- und Kohlehydratverbindungen. Der Stoff, den wir von seiner Nutzung als Kühlflüssigkeit kennen, ist ein genialer Vereisungsverhinderer. Zahlreiche Krebse und Fische nutzen daher das Glyzerin zum Überleben. Andere komplexere Lebewesen verzichten hingegen auf rotes Blut, um im kalten Wasser leben zu können. Die roten Blutkörperchen sind zwar für die Speicherung von Sauerstoff zuständig, machen das Blut aber dickflüssig und frostempfindlich. Die sogenannten ›Weißblutfische‹ sind Lauerjäger, und so reichen ihnen zehn Prozent der Sauerstoffkapazität von normalem Blut völlig aus.

Vögel

Die Arktis beherbergt auch zahlreiche Vogelarten: Lummen, Krabbentaucher und Papageientaucher bevölkern zu Tausenden die felsigen Küsten der Region. Auch in den nördlichsten Gebieten der Arktis lassen sich Vögel wie Schneeeulen und verschiedene Möwenarten vortrefflich beobachten. Zu den typischen Vogelarten zählen auch Sturmvögel und Seetaucher, wie der sehr schön anzuschauende Sterntaucher.

Ein besonders lustig anzusehender Vogel in der Arktis ist der Papageientaucher. Die Vögel lassen sich im nördlichen Polarmeer finden und kommen unter anderem an den Küsten Grönlands und Spitzbergens vor. Insgesamt leben 40 Prozent aller Papageientaucher in der arktischen Zone. Ihre dreieckigen, seitlich abgeflachten, rot-blau-gelben Schnäbel, ihre gedrungene, dickköpfige Gestalt und ihr schwarz-weißes Gefieder sowie die leuchtend orange-roten Füße machen die Tiere aus der Familie der Alkenvögel unverwechselbar. Die Vögel wiegen zwischen 320 und 480 Gramm und werden bis zu 29 Zentimeter lang. Ihre Flügelspannweite beträgt 47 bis 63 Zentimeter. Der Papageientaucher ist somit deutlich kleiner als der Tordalk oder der Trottellumme, zwei andere Vertreter der Alkenfamilie. Besonders schön für Arktisreisende ist die Tatsache, dass die Vögel keine Angst vor Menschen zeigen. Auch wenn Sie den Papageientaucher aus der Nähe fotografieren, bleibt dieser seelenruhig sitzen und bietet so ein ideales Fotomotiv. Ihre Zutraulichkeit wurde den Vögeln früher häufig zum Verhängnis, denn man fing die ›Puffins‹, wie sie in Schottland heißen, zu Tausenden in Netzen, um sie zu verspeisen oder zu Tran zu verarbeiten. Die Nahrung der Papageientaucher besteht vor allem aus kleinen Schwarmfischen wie Sandaalen, Sprotten, Heringen oder kleineren Dorschverwandten. Im Winter jagen sie zudem noch Borstenwürmer sowie Krusten- und Weichtiere. Die Vögel tragen gefangene Fische quer im Schnabel, um ihre Unterwasserjagd fortsetzen zu können. Bei der Heimkehr zu ihrer Nisthöhle werden Papageientaucher häufig von Raubmöwen angegriffen. Die Brutzeit verbringen die Papageientaucher in Kolonien. Dazu bauen die Vögel ihre Nester gerne in verlassenen Bauen von Kaninchen oder Sturmtauchern. Nicht selten graben die Tiere aber auch Bruthöhlen. Außerhalb der Brutzeit leben die Vögel auf dem offenen Meer. Durch Überfischung der Meere sind Papageientaucher heutzutage vielerorts vom Aussterben bedroht, weil sie nicht mehr genügend Nahrung finden. In manchen Kolonien verhungerten Jungvögel zu Tausenden.

Insekten wie Bienen, Wespen, Fliegen, Schmetterlinge, Käfer und Heuschrecken treten in allen vegetationsbedeckten Teilen der Arktis auf und vervollständigen die trotz der eisigen Kälte erstaunlich reichhaltige Tierwelt der arktischen Region.

Dickschnabellummen

Der Polarbär

Der Polarbär, oder auch einfach Eisbär genannt, ist mit seiner mächtigen und dennoch elegant anmutenden Gestalt das größte an Land lebende Raubtier der Erde. Nicht erst seit der überaus erfolgreichen Vermarktung des Berliner Eisbären Knut löst der ›ewige Wanderer‹ des Nordens mit seiner Schönheit auf der ganzen Welt bei Groß und Klein Begeisterung aus. Auch Staaten schmücken sich gerne mit dem mächtigen Jäger als nationales Symbol. So ziert der Polarbär das Wappen Grönlands sowie Wappen und Flaggen weiterer kleinerer nordischer Staaten. Insgesamt gibt es heute noch bis zu 5000 der Polarbewohner in der Arktis.

Der Eisbär kann eine enorme Größe erreichen, vor allem, wenn er sich auf seine Hinterbeine stellt. Männchen können bis zu 2,60 Meter lang werden und über 400 Kilogramm wiegen. Damit überragt das Tier den Menschen bei weitem! Das für den Eisbären typische weiß-gelbliche Fell stellt in der arktischen Eisregion eine ideale Tarnung dar, die ihm das Jagen erleichtert. Zudem ist es wasserabweisend: eine wichtige Eigenschaft für den überaus guten Schwimmer.

Das Leben der Eisbären ist auf das Engste mit dem arktischen Packeis verbunden. Die auf den Schollen lebenden Tiere reisen auf der Suche nach Nahrung mit ihnen sozusagen per Anhalter bis in die nördlichsten Teile der Arktis. Der Polarbär ist ein absoluter Einzelgänger. Nur ab und an zur gemeinsamen Nahrungsbeschaffung und zur Paarung treffen sich die Tiere. Der zum größten Teil eisfreie Sommer ist die schwierigste Zeit für die Eisbären, da sie dann nur sehr schwer Nahrung finden. Sie streifen dann vor allem in der Tundra umher und ernähren sich von Hühnern und Enten. In dieser Zeit sind sie hungrig und daher auch für Menschen sehr gefährlich. Diese Gefahr sollte unter allen Umständen ernstgenommen werden, und es ist dringend davon abzuraten, einem Tier zu nahe zu kommen. Auch Menschen werden als potentielle Nahrung gesehen!

Seit den 50er und 60er Jahren des letzten Jahrhunderts ist die Zahl der Eisbären durch Jagd und Trophäenjagd dramatisch zurückgegangen. Der Eisbär steht aus diesem Grund seit 1973 unter striktem Artenschutz. Es ist streng verboten, die Bären zu verfolgen, anzulocken, zu füttern oder zu stören. Obwohl sich durch die Maßnahmen die Zahl der Eisbären wieder erhöht hat, ist der ›Herrscher der Arktis‹, wie die ganze Region, von der globalen Erderwärmung bedroht. Experten befürchten, dass die Zahl der Polarbären in den nächsten Jahrzehnten wieder dramatisch zurückgehen könnte.

Er ist auf das Packeis angewiesen

Die Menschen in der Arktis

Die Arktis ist eine im globalen Vergleich gesehen nur sehr dünn besiedelte Region der Erde, was natürlich vor allem mit den extremen Lebensbedingungen in der ewigen Kälte des hohen Nordens zu erklären ist. Insgesamt leben gerade einmal zwei bis vier Millionen (je nach Definition der arktischen Grenzen) Menschen in diesem riesigen Gebiet.

Die indigenen Bevölkerungsgruppen

Bereits lange bevor die Europäer die Arktis entdeckten, gab es dort bereits eine verstreut lebende indigene Bevölkerung. Diese ursprünglichen Bewohner des Nordens, die sogenannten Paläoeskimos, gehören ethnisch gesehen vielen verschiedenen Gruppen an. Gemeinsam ist ihnen allerdings, dass sie alle ursprünglich aus dem asiatischen Raum stammten und in die arktischen Regionen einwanderten. Frühzeitliche Forscher gehen davon aus, dass sich die ersten indigenen Völker bereits vor über 10 000 Jahren im äußersten Norden des amerikanischen Kontinents niederließen. Die schrittweise Eroberung des Gebietes muss aus der heutigen Sicht mit ungeheuren Anstrengungen und Entbehrungen verbunden gewesen sein. Die ungewöhnlich harten Lebensbedingungen im hohen Norden stellten eine große Belastung für die indigenen Völker dar, die sie jedoch über die Jahrtausende – im Gegensatz übrigens zu vielen eingewanderten Europäern – perfekt gemeistert haben.

Die Jagd auf Roben, Walrosse und der Fischfang wurden zu Lebensgrundlagen der Menschen an den Küsten. Im Landesinneren sicherte man sich seine Existenz vor allem durch die Rentierjagd. Doch die Menschen mussten im Laufe der Zeit nicht nur mit der lebensfeindlichen Umwelt zurechtkommen, auch die europäischen Mächte und ihr teils rücksichtsloses Interesse an der Region machten ihnen das Leben schwer.

Die Bewohner der Arktis wurden lange Zeit vor allem als ›Eskimos‹ bezeichnet, wobei die Herkunft der Bezeichnung umstritten ist. Viele der indigenen Einwohner der Arktis empfinden den Begriff Eskimo jedoch als herabsetzend, weshalb er heute nur noch selten verwendet wird. Die Sprachen der indigenen Bevölkerungen unterscheiden sich – obwohl sie auf gemeinsamen Wurzeln aufbauen – innerhalb der unterschiedlichen Gebiete der Arktis sehr voneinander.

Die Völker des arktischen Raums werden heute aus anthropologischer Sicht drei großen Kulturbereichen zugeordnet: Im asiatischen Raum leben neben den Inuit vor allem zahlreiche sogenannte paläoasiatische Stämme. In der nordamerikanischen Region

Grönländische Kinder

leben verschiedene Eskimostämme. In den subarktischen Gebieten leben indianische Völker, und in Grönland leben neben Inuit die West- und Ostgrönländer. Hier soll es im Weiteren vor allem um die indigenen Bevölkerungsgruppen der Arktis gehen, da es diese waren, die über die Jahrhunderte das Leben in den arktischen Regionen prägten und in enger Verbindung mit ihrer Umgebung eine außergewöhnliche Lebensweise entwickelten.

Neben den indigenen Völkern leben in den Arktis noch zahlreiche Menschen aus Skandinavien, Russland und Nordamerika, die sich im Laufe der Zeit in den polaren Gebieten niedergelassen haben.

Die Jakuten

Die zahlenmäßig größte indigene Gruppe unter den Nordvölkern stellen die Jakuten dar. Sie sind aus der ethnischen Perspektive gesehen ein sogenanntes Turkvolk. Sie stehen heute traurigerweise trotz ihrer großen Zahl auf der Liste der bedrohten Völker. Um das Jahr 1000 brachen sie von ihrem ursprünglichen Siedlungsgebiet am heute in Russland liegenden Baikalsee auf und ließen sich an der Lena – einem der längsten Flüsse der Erde – in Sibirien nieder. Heute leben etwa 400 000 von ihnen in der autonomen Republik Sacha (deutsch: Mensch) innerhalb der Russischen Föderation im fernöstlichen Sibirien. Hauptstadt der Republik ist Jakutsk mit ungefähr 240 000 Einwohnern. Flächenmäßig ist Sacha das größte Föderationssubjekt der russischen Föderation und besitzt weitgehende Autonomierechte. Zur Zeit der sowjetischen Herrschaft war dies keineswegs der Fall. Vor allem die kommunistischen Machthaber versuchten mit aller Gewalt, die Eigenständigkeit der Jakuten zu beenden und sie zu assimilieren. Heute stellen die Jakuten knapp vor den Russen jedoch wieder die größte Bevölkerungsgruppe in Sacha.

Jakutische Mädchen in Sibirien

Das ganze Territorium der Jakuten ist von Permafrostboden überzogen. In Sacha wird diese Tatsache mit einer mythischen Legende erklärt: Als Gott die Erde erschuf, so erzählt man sich dort, schickte er einen Engel mit einem Sack voller Reichtümer über Sibirien. Als der Engel Jakutien überflog, wurden ihm aber die Finger vor Kälte steif und er ließ alles fallen. Gold, Silber und Platin fielen auf die Erde herab. Aus lauter Zorn über seinen erlittenen Verlust strafte der Engel aber die ganze Region mit einem nie endenden Winter. So ist Sacha heute reich an Rohstoffen, jedoch gefangen in der ewigen Kälte.

Obwohl viele der Jakuten im 18. Jahrhundert nach ihrer Unterwerfung durch die Russen zum christlichen Glauben bekehrt wurden, haben sich in einigen Regionen bis heute die traditionelle Vorstellungen des Schamanismus erhalten. Die Lebensweise der Jakuten ist ebenfalls zweigeteilt. Während sich einige nach wie vor wie ihre Vorfahren als Nomaden (Fischer und Jäger) ihre Lebensgrundlage erwirtschaften, haben andere die moderneren Formen der russischen Landwirtschaft und Viehhaltung übernommen. Erhalten hat sich bis heute aber die Sprache der Jakuten, das Jakutische (auch ›sibirische Turksprachen‹ genannt). Es gehört zur Familie der Turksprachen, nimmt dort aber eine Sonderstellung ein, da es auch Elemente des Mongolischen aufweist. Heute ist Jakutisch die Muttersprache von etwa 94 Prozent der Jakuten sowie Zweitsprache von gut 5000 Menschen.

Die Inuit

Neben den Jakuten sind die Inuit mit ungefähr 150 000 Menschen eine der größten polaren indigenen Bevölkerungsgruppen. Von den verschiedenen Inuitgruppen leben etwa 50 000 in Grönland, ebenso viele in der kanadischen Arktis. Die restlichen verteilen sich über die unterschiedlichsten Regionen der Arktis. Die Situation der Gruppen unterscheidet sich je nach dem Staat, in dem sie leben.

Im Norden Kanadas verfügen die Inuit beispielsweise über ein selbständig verwaltetes Territorium, das den Namen Nunavut (deutsch: ›Unser Heimatland‹) trägt. Das Territorium, das immerhin ein Fünftel des kanadischen Staatsgebietes ausmacht, ist zwar formal der kanadischen Bundesregierung untergeordnet, verfügt aber seit 1999 über eine autonome Verwaltung und weitgehende Rechte. Es ist das erklärte Ziel Kanadas, den Inuit damit eine Möglichkeit zu bieten, ihre eigene Kultur zu leben und zu pflegen. Nach vielen Jahren einer restriktiven Politik gegenüber den Arktisvölkern ist dies sicher ein wichtiger Schritt hin zur Erhaltung der arktischen Kulturen.

Auch in Grönland haben die dort lebenden Inuitgruppen (insgesamt leben auf der Insel drei zu unterscheidende Gruppen) sehr weitgehende Autonomierechte. Obwohl formal immer noch zu Dänemark gehörend, besitzt das Land, das hauptsächlich von der indigenen Bevölkerung bewohnt wird, vor allem seit dem Inkrafttreten der Selbstverwaltungsordnung vom 22. Juni 2009 eigenständige Institutionen.

Wie Wissenschaftler anhand von gefundenen kulturellen Gegenständen feststellen konnten, kamen die ersten Inuit bereits vor tausenden von Jahren in die Region nördlich des Polarkreises und erschufen sich dort eine einzigartige und

Land und Leute

Grönländische Inuit-Familie

bis heute faszinierende Kultur. Innerhalb der Inuit gibt es sehr viele verschiedene Gruppen, die sich nach ihrer geografischen und politischen Lage und nach ihrer Geschichte unterscheiden.

Die traditionelle Sprache, das ›Inuktitut‹ (deutsch: ›Sprache der Menschen‹), wird zwar in einigen Gegenden der Arktis gesprochen und gepflegt, doch übernahmen die meisten der Inuit die Landessprachen der Nationen, in denen sie wohnen. Es wird heute davon ausgegangen, dass es noch etwa 80 000 Sprecher des Inuktitut gibt. Die Sprache gehört zur Gruppe der eskimo-aleutischen Sprachen und gliedert sich regional in verschiedene Dialekte. Die Sprache besitzt ein sehr reiches morphologisches System, in dem verschiedene Morpheme an Wurzelwörter angehängt werden können (so wie Verb-Endungen in europäischen Sprachen). Damit können mit einem Wort Sachverhalte zum Ausdruck gebracht werden, für die das Deutsche mehrere Wörter benötigen würde. So bedeutet das Wort ›tusaatsiarunnanngittualuujunga‹ auf Deutsch: ›Ich kann nicht sehr gut hören‹. Seien Sie jedoch unbesorgt, keiner wird von Ihnen erwarten, dass Sie die Sprache beherrschen! Mehrere Inuit-Gruppen bemühen sich in zunehmenden Maß, diese alte Sprache am Leben zu erhalten.

Erhalten hat sich auch die Jagdkultur der Inuit. Zur Fortbewegung auf dem Wasser nutzen sie traditionelle Boote, die Kajaks, während sie sich auf der schneebedeckten Landfläche vor allem mit Hilfe von Hunden auf Schlitten bewegen.

Die Samen

Ein weiteres indigenes Volk sind die Samen (früher unkorrekt Lappen genannt). Ihre Bevölkerungsgröße wird auf etwa 70 000 geschätzt. Die Samen verfügten nie über eine selbständige Staatlichkeit. Ihr Siedlungsgebiet erstreckt sich über die Staaten Norwegen, Finnland, Schweden und Russland. Seit Jahren versucht das Volk jedoch, sein Recht auf Autonomie einzufordern, was sich auch in einem wachsenden Nationalbewusstsein der Menschen und in einer eigenen samischen Flagge widerspiegelt. Mittlerweile besitzt das Volk auch ein länderübergreifendes Parlament, das jedoch so gut wie keine Rechte besitzt. Nach wie vor sind die Samen daher auf das Wohlwollen der jeweiligen Nationen angewiesen. Während ihnen beispielsweise Norwegen eine große Eigenständigkeit zugesteht, ist die Situation der Samen in Russland weitaus schwieriger.

Die genaue Herkunft der Samen konnte von der Wissenschaft bis heute nicht abschließend geklärt werden. Archäologische Funde beweisen jedoch, dass dieses nordische Volk bereits seit über 10 000 Jahren in der Region ansässig ist. Ähnlich wie bei den Jakuten haben sich einige Samen ihre traditionelle Naturreligion, den Schamanismus, bis heute erhalten. Nachdem die Naturreligion über die Jahrhunderte immer wieder gewaltsam unterdrückt worden war (so wurden beispielsweise Schamanen hingerichtet) besinnen sich heute immer mehr Samen ihrer traditionellen religiösen Wurzeln. Ein typisches Ritualinstrument der samischen Religion ist eine in bunten Farben und mit verschiedenen Symbolen bemalte Trommel, welche die ganze Welt symbolisiert. Zu den bekanntesten kulturellen Errungenschaften des Volkes, die in der ganzen Welt Anklang fand, gehört die Erfindung der Skier.

Mythen und Schamanismus im hohen Norden

Vor langer Zeit, so erzählt uns einer der zahlreichen Mythen der Arktis, lebten die Menschen in völliger Dunkelheit, bis ein Rabe kam und ihnen die Sonne brachte. Durch eine Unachtsamkeit verlor er jedoch einen Teil des Sonnenballs im Flug. Aus diesem Grund werden nur im Sommer die Tage und Nächte erhellt, während im Winter andauernde Finsternis herrscht.

Dieser Mythos ist nur einer von vielen, die sich die Völker der Arktis seit Jahrhunderten von Generation zu Generation weitererzählen, ausschmücken und umwandeln. Eine Schriftkultur hatten die Inuit nicht. In ihren Märchen und

Inuit-Familie in Savissivik

Mythen spiegeln sich vor allem die extremen Lebensbedingungen im hohen Norden wieder. Die Geschichten erzählen von Licht und Dunkelheit, von Zeiten des Hungers und Zeiten des Jagdglückes, von Menschen, die mystische Kräfte besaßen und von Begegnungen mit Geistern. Und immer wieder von den Tieren, die sie umgeben, die Teil ihres Lebens sind und die sie ernähren.

Bei den indigenen Völkern gilt Respekt vor Tier und Natur als der Schlüssel dafür, das Gleichgewicht in der Welt zu wahren. Viele Tiere werden von den Menschen hoch geachtet. So beispielsweise der Rabe, der mit seinem schwarzen Gefieder im Winter einen krassen Kontrast zu dem Weiß des Eises bildet, und der Polarbär, da er ihre Vorfahren das Jagen lehrte.

Der ursprüngliche Glaube der Polarvölker ist vor allem durch den Schamanismus geprägt. Der Schamane wird in dieser Glaubensvorstellung als Mittler zwischen der Welt der Menschen und der Welt der Geister verstanden. Diese Rolle können interessanterweise Frauen wie Männer übernehmen. Um sich der Rolle eines Schamanen als würdig zu erweisen, muss der zukünftige Angakok (so die eigentliche Bezeichnung des Schamanen) alleine aufbrechen und tagelang durch das ewige Eis wandern. Auf seinem Weg muss er mit gefährlichen Tieren kämpfen, die ihm, wenn er sie überwindet, in Zukunft als Schutzgeister dienen werden, und Geistern begegnen, die ihn in das Reich der Berge und Meere führen. Von ihnen wird der Anwärter auch in das geheime Wissen eingeführt und bekommt sein persönliches Schamanenlied. Wer solche Prüfungen überlebt, der wird wegen seiner außergewöhnlichen Kräfte von Menschen und Geistern gleichermaßen verehrt und gefürchtet. Ein Schamane kann jederzeit wieder in die Geisterwelt zurückkehren und dort mit seinen Geistern in Kontakt treten.

Die Kraft der Angakok wird vor allem dann nötig, wenn Hungerzeiten anbrechen. Er hat die Aufgabe, die gebrochene Balance zwischen den Menschen und den Tieren, die verärgert sind und sich zurückziehen, wieder herzustellen. Eine Möglichkeit, dies zu tun, ist es, mit dem Herrn der Tiere in Verbindung zu treten.

Chorprobe in Qaanaak

Je nach Glaubensrichtung lebt dieser Herrscher entweder auf dem Mond oder auf dem tiefen Meeresgrund. Der Schamane beginnt, rhythmisch seine Trommeln zu schlagen, fällt zu Boden und verlässt seinen Körper. Später berichtet er den gespannt Wartenden von seinen Erlebnissen und Gefahren. Ist das Gleichgewicht immer noch nicht wieder hergestellt worden, versucht der Schamane mit Liedern und mit speziellen Amuletten den Zorn der Tiere zu besänftigen.

Diese animistische Schamanentradition hat sich leider nur in einigen Gegenden der Arktis bis heute erhalten. Auch vor den Völkern des hohen Nordens haben die Entwicklungen der Moderne nicht halt gemacht. Immer mehr weicht die traditionelle Selbstversorgung einem Tauschhandel, bei dem windige Pelzhändler ein gutes Geschäft auf Kosten der Nordvölker, aber auch auf Kosten der Tierwelt machen. Die Balance zwischen Mensch und Tier ist aus dem Gleichgewicht geraten. Europäische Missionare, getrieben von dem Wunsch, die ›Ungläubigen‹ zu bekehren, brachten zudem einen neuen Gott und ließen Internate und Krankenhäuser bauen, in denen die Kraft der Angakok keinen Platz mehr hatte. Einige der indigenen Bevölkerungsgruppen, und hier vor allem die jüngere Generation, beginnen sich jedoch wieder auf ihre traditionellen Glaubensvorstellungen zu besinnen und diese auch aktiv zu pflegen. Angesichts dieser einzigartigen Vorstellungswelt und aufgrund der Gefahr ihres Aussterbens ist dies sicher eine zu begrüßende Entwicklung.

Kultureller Wandel

Die Kultur der Inuit, die sich über Jahrtausende fast vollständig unabhängig von jedem äußeren Einfluss entwickeln konnte, veränderte sich in den nur 200 Jahren zwischen dem Beginn des 19. und dem Ende des 20. Jahrhundert von Grund auf. Die einstige Autonomie wandelte sich dabei in eine fast vollständige Abhängigkeit von westlichen Produkten und Märkten.

Um das Jahr 1850 lebten die Inuit den Winter über in ihren Schneehäusern, die wir besser als Iglus kennen. Der eigentliche Begriff Iglu bezieht sich jedoch keineswegs nur auf aus Schnee und Eis gebaute Behausungen, sondern auf Häuser im Allgemeinen. Die klassischen Schneehäuser besaßen einen Tunnel als Eingang, aus dem kalte Luft entweichen konnte. Zudem verfügten die ›Wohnungen‹ über eine höher gelegene Schlafplattform und ein aus Tierhaut gefertigtes Tuch, in dem Wasser gesammelt werden konnte. Geheizt wurden die Schneehäuser mit Öllampen. In den milderen Sommermonaten wohnten die Arktisbewohner in Zelten aus Robbenhaut. Die Ernährung bestand zu jener Zeit vor allem aus fettigem Essen, da Fett für das Überleben in der eisigen Kälte elementar war. Traditionell wurde das Essen im Kreis der Familie eingenommen. Die Mitglieder saßen um den Topf, beginnend mit dem Vater als Oberhaupt der Familie durfte jedes Familienmitglied nach und nach mit einem Messer ein Stück des Essens für sich abschneiden und verspeisen.

An der Kleidung der Inuit konnte Mitte des 19. Jahrhunderts die Herkunft der Person eindeutig bestimmt werden. Die regionalen Unterschiede waren nicht nur an der Form, sondern auch am Material und der Herstellungstechnik erkennbar.

Land und Leute

Bis heute ist das Kajak ein unverzichtbares Hilfsmittel

Neben den regionalen Unterschieden war auch entscheidend, für welchen Zweck ein Kleidungsstück gefertigt wurde. Robbendarm war als wasserabweisendes Material beispielsweise sehr gut für die Herstellung von Kleidung für die Kajakfahrt geeignet. Bei allen Unterschieden war jedoch vor allem wichtig, dass die Kleidung vor der arktischen Kälte schützen konnte.

Die einschneidende Veränderung in der Lebensweise der indigenen Bevölkerungen war der zwischen 1950 und 1960 stattfindende Prozess des Wechsels vom Nomadenleben der Menschen hin zur Sesshaftigkeit. Traditionell waren die Inuit auf der Suche nach Nahrung viel umhergezogen. Nun aber ersetzte das Holzhaus Iglu und Tierhautzelt. Immer mehr Luxusgüter wie Waschmaschine, Kühlschrank oder Elektroherd hielten Einzug in die Wohnungen. Statt mit dem Hundeschlitten bewegte man sich von nun an motorisiert, meist mit Vans, über die eisigen Pisten.

Auch das Familienleben veränderte sich. Die klassischen Rollenverteilungen zwischen Mann und Frau begannen mehr und mehr zu verwischen. Kunst und Handwerk gaben auch den Frauen die Möglichkeit eines eigenen Verdienstes. Lebte man früher noch in Großfamilien in Zelten oder Camps, waren es nun kleinere Familienstrukturen, die das Sozialgefüge prägten.

Auch viele Wertvorstellungen änderten sich rapide. In der klassischen Kultur hatten nur die eigenen Gegenstände wie Jagdwaffen oder Nähzeug zur eigentlichen persönlichen Habe gezählt. Das Land der Arktis war nach den alten traditionellen Vorstellungen im Besitz aller auf ihm lebenden Menschen. Mit der westlichen Lebenswelt kam jedoch auch das kapitalistische Denken in Besitzverhältnissen in den hohen Norden. Große Teile des Landes wurden privatisiert, und Eigentum entwickelte sich zunehmend zum Statussymbol.

Land und Leute

Internet gibt es in allen Siedlungen Grönlands

Viele der Polarbewohner kamen nur sehr schlecht mit den einschneidenden Veränderungen und Anforderungen der neuen Lebenswelt zurecht und griffen zu Alkohol und anderen Drogen. Viele bis dato unbekannte Krankheiten wie Tuberkulose oder Kinderlähmung traten vermehrt auf. Auch wenn viele Neuerungen den Menschen der Arktis sicherlich manche Erleichterungen einbrachten, führten sie doch auch zu grundlegenden Veränderungen der Sozialstruktur und der traditionellen Bräuche der Inuit, so dass dieser Prozess zumindest ambivalent zu beurteilen ist.

Die Ureinwohner sahen sich gezwungen, sich völlig neuen Lebensbedingungen anzupassen, was auch zu erheblichen Verwerfungen in ihrem traditionellen Sozialgefüge und zu Verlusten auf kulturellem Gebiet führte.

Um die Aufrechterhaltung ihrer Lebensweise zu sichern, haben sich daher viele Inuitstämme mit der ›Inuit Circumpolar Conference‹ (deutsch etwa: Polarkreiskonzil der Inuit) eine selbständige und international agierende Interessenvertretung geschaffen. Das Konzil setzt sich mit den verschiedensten Themen auseinander: dem Ozonloch, dem Aussterben von Meeressäugern, dem Raubbau an Rohstoffen und mit sozialen Problemen wie dem Drogenmissbrauch der Inuit. Dieses Engagement fand bis in die Vereinten Nationen hinein Respekt und Anerkennung und kann sicher als Ausdruck einer wieder zunehmenden Selbstwertschätzung der Inuit gedeutet werden. Neben dem Konzil gibt es auch andere Organisationen, so beispielsweise die ›Labrador Inuit Association‹ und den ›Inuit Tapirisat of Canada‹, die sich aktiv für die Belange der Inuit einsetzen. Angesichts dieser Organisationen ist die Hoffnung sicher berechtigt, dass wir auch in Zukunft Teile der alten Traditionen und Vorstellungen der arktischen Völker bewundern können.

Kunst, Musik und Literatur

Viele der indigenen Völker unternahmen vor allem in den letzten Jahren große Anstrengungen, um ihre Traditionen und Bräuche auch mit ins 21. Jahrhundert zu nehmen. Musik, Kunst oder Literatur sind dabei die besten Möglichkeiten, die eigene Kultur lebendig zu halten und sie auch einem breiteren Publikum nahezubringen. Zudem lassen sie sich im Hinblick auf den zunehmenden Arktistourismus auch gewinnbringend vermarkten und bescheren den Arktisvölkern neue Möglichkeiten, ihren Lebensunterhalt zu bestreiten.

Bildende Kunst und Kunsthandwerk

Die künstlerische Darstellung der polaren Tierwelt hat in der Kultur der Polarvölker eine lange zurückreichende Tradition. Tiere wie Bären, Wale oder Raben galten in den alten religiösen Vorstellungen der Menschen als Geister und Schutzheilige und wurden verehrt. Meisterhaft geschnitzte Masken, aufwendig geschmückte Ritualkleidung und eine ganze Bandbreite an Instrumenten für die zeremoniellen Feiern gehören zu den schönsten Objekten dieser einzigartigen Kunstkultur. Viele der heutigen Künstler versuchen nun, an diese alten Traditionen anzuknüpfen und sie durch ihre Werke am Leben zu erhalten. Bildende Kunst und Kunsthandwerk sind vermehrt ab der Mitte der 1950er Jahre wieder als Quelle der Wertschöpfung aufgetaucht. Moderne Inuit-Künstler fertigen Grafiken und Skulpturen an, in denen die Seele der Vergangenheit fortlebt. Sie lassen sich dabei von den Märchen und der Fabelwelt ihrer Vorfahren inspirieren. Eines der am häufigsten vorkommenden Motive ist dabei die kunstvolle dargestellte Verbindung zwischen Mensch und Tier. Die Anfertigung von Serpentin- und Marmorskulpturen, Kunstgrafik, Wandbehängen und -teppichen, Schmuck, Keramiken und Puppen gibt heute einer großen Zahl von Künstlern aller Generationen neben Jagen und Fischen eine wesentliche Lebensgrundlage.

Eines der interessantesten Werke von Inuit-Künstlern und Künstlerinnen ist der Tupilak. Das Inuit-Wort ›Tupilak‹ bezeichnet in seiner direkten Übersetzung eigentlich die Seele oder auch den Geist eines Verstorbenen. Heute jedoch beschreibt das Wort Tupilak eine weite Auswahl von kleinen Figuren, die mythische oder spirituelle Geschöpfe darstellen. Die Figuren sind seit über 4000 Jahren in der Tradition und der Kultur der Inuit bekannt. Im Laufe der Zeit wurden die meist bis zu 20 Zentimeter großen Kunstwerke immer mehr zu trollähnlichen Wesen mit tierischen und menschlichen Zügen. Historisch gesehen wurde der Geist des Tupilaks vor allem dazu genutzt, um persönlichen Feinden Schaden zuzufügen. Oft wurde die Figur dazu in das Meer gesetzt, damit sie den Feind von sich aus finden und töten konnte. Dies war jedoch nicht ganz gefahrlos, denn wenn der Tupilak des Feindes über noch größere Zauberkräfte verfügte, konnte er den Angriff abwehren, zum Gegenangriff übergehen und den Besitzer des ersten töten.

Die bunten Farben der grönländischen Nationaltracht

Heute sind die interessanten Tupilak-Figuren in ihren verschiedenen Formen und aus verschiedenen Materialien gefertigt in allen Fremdenverkehrsbüros und Andenkenläden erhältlich. Falls Sie sich für Kunst interessieren, werden Sie in der Arktis also auf jeden Fall fündig. Zudem tragen Sie mit einem Kauf der Objekte Ihren Teil dazu bei, die uralte Tradition der Polarkunst am Leben zu erhalten. Daher lohnt es sich, die Kunstobjekte direkt bei den Menschen vor Ort zu erwerben.

Literatur

Wie bereits erwähnt, verfügen die Völker des hohen Nordens über eine weit in Vergangenheit reichende Tradition der Mythen- und Legendenerzählung. Die Geschichten sind jedoch ausschließlich mündlich überliefert, da die Sprachen des Nordens lange keine Schrift kannten. Auch in der heutigen Zeit gibt es nur eine kleine Anzahl von Literaten in unserem westlichen Sinne. In zunehmendem Maße machen sich jedoch die Ureinwohner daran, Berichte, Überblicke und Essays über traditionelle Zusammenhänge oder eigene Erlebnisse zu veröffentlichen. Zu den bekanntesten Inuit-Autoren zählen unter anderem Peter Irniq (1947 geboren), der Schriftsteller, Dichter, Cartoonist und Fotograf Alootook Ipellie (1951–2007) oder der ebenfalls schriftstellerisch aktive Zebedee Nungak (1951 geboren). Ihre Werke findet man in gut sortieren Buchläden in Deutschland oder aber (meist in englischer Sprache) auch in Geschäften vor Ort.

Musik

Auch was die Musik anbelangt, verfügen die Inuit über keine historisch gewachsene Tradition. Vieles aus ihrer Geschichte, die von Generation zu Generation erzählt wurde, wurde jedoch in Form von einfach komponierten Liedern, den sogenannten ›Aya-Yait‹, vorgetragen. Die meisten dieser musikalischen Werke dienten der einfachen Unterhaltung oder mystischer Heiligenanbetung. Beispiele hierfür ist der traditionelle Kehlengesang oder das rituelle Trommeln zu Tänzen. Erst durch ihren Kontakt mit Europäern kamen die Polarvölker zum ersten Mal in Berührung mit westlichen Musikinstrumenten. Vor allem die Geige und die Ziehharmonika stießen dabei auf eine bis heute ungebrochene Resonanz. Die Walfänger waren es schließlich, die den Polarvölkern ihren ersten großen musikalischen Trend brachten. Der Squaredance, ein ursprünglich aus den USA stammender Volkstanz, wurde auch im ewigen Eis leidenschaftlich gerne getanzt.

Seit einiger Zeit entwickelt sich auch bei den Inuit-Völkern eine eigene Popmusik, die ursprünglich aus dem Süden übernommen, umgeformt und neu interpretiert wurde. Die derzeit wohl bekannteste Sängerin ist die 1967 geborene Susan Aglukark. Sowohl die traditionelle Musik wie auch moderne Musik werden mittlerweile in der westlichen Welt durch die von Inuit gegründete Plattenfirma ›Inukshuk Records‹ vermarktet. Vor allem in spirituellen und esoterischen Kreisen findet die mystisch-hymnische Musik großen Anklang. Eine Auswahl der angebotenen CDs findet man (in englischer Sprache) bei Interesse unter www.inukshukproductions.ca.

Politik und Wirtschaft

Völkerrechtlich gesehen teilen insgesamt sechs Staaten das Gebiet der arktischen Landmasse und des Arktischen Ozeans unter sich auf (nimmt man eine andere, weiter gefasste Definition der Arktisregion als Grundlage, können es auch mehr sein). Diese sind: Kanada, Grönland, die Russische Föderation, die Vereinigten Staaten von Amerika, Island und Norwegen.

Die Russische Föderation hat unter diesen Staaten flächenmäßig den größten Anteil an Landmasse im hohen Norden. Das Gebiet zieht sich dabei vom Weißen Meer an der Grenze Finnlands bis nach Tschukotka im äußersten Nordosten an der Beringstraße, nur einen Katzensprung von Alaska entfernt. Auch die Sibirien vorgelagerten Inseln und Franz-Josef-Land gehören zum russischen Territorium.

Um einiges kleiner ist der Anteil der Vereinigten Staaten von Amerika am arktischen Gesamtgebiet. Es beschränkt sich auf den Bundesstaat Alaska, der sich zwischen dem 141. und 169. westlichen Längengrad erstreckt. Alaska ist weltweit die größte Exklave eines Staates und besitzt eine Einwohnerzahl von rund 700 000 Menschen.

Die kanadische Arktis beinhaltet große Teile der Nordwest Territories, zu denen auch das kanadisch-arktische Archipel mitsamt seinen unzähligen Inseln gehört, sowie kleine Teile des nördlichen Yukon und der Grenze zu Alaska. Hinzu kommen noch kleinere Gebiete in den Provinzen Manitoba und Quebec.

Das benachbarte Grönland nimmt eine Sonderstellung unter den arktischen Staaten ein. Die größte Insel der Erde wird von ihren Bewohnern auch ›Kalaallit Nunaat‹ (deutsch: Land der Grönländer) genannt. Bereits seit 1979 besitzt Grönland einen Autonomiestatus innerhalb des Königreiches Dänemark. Bei einer Volksabstimmung im Jahre 2008 stimmten die Einwohner der Insel mit großer Mehrheit für eine Selbstverwaltungsorganisation des Landes, die am 22. Juni 2009 umgesetzt wurde. Nach den neuen Regelungen verbleiben nun nur noch die Außen- und Sicherheitspolitik der Insel in dänischer Hand. Grönland ist bei einer Fläche von über zwei Millionen Quadratkilometer vergleichsweise sehr dünn besiedelt. Gerade einmal 56 000 Menschen leben auf der Insel. Die Bevölkerungsdichte auf der Insel liegt so gerade einmal bei 0,026 Einwohnern pro Quadratkilometer. In Deutschland sind es zum Vergleich 230 Einwohner pro Quadratkilometer.

Der Anteil Norwegens an der Arktis beschränkt sich auf einen schmalen Küstenstreifen, die kleine Insel Jan Mayen und das Verwaltungsgebiet Svalbard, bestehend aus den Bäreninseln und Spitzbergen. Auch ein Teil Islands zählt je nach Definition der Grenzen zur arktischen Region.

Politischer Status der Arktis

Der politische Status von Teilen der Arktis, vor allem des Arktischen Ozeans, ist bis heute völkerrechtlich nicht eindeutig geklärt und sorgte bereits für politische Differenzen zwischen den Anrainerstaaten. Teile der Staatsgebiete von Russland, den USA und Kanada, Grönland und Svalbard (zu Norwegen gehörend) sowie der Region Lappland erstrecken sich über die arktische Region. Russland sorgte

Land und Leute

in diesem Zusammenhang international für großes Aufsehen, als es Mitte 2007 seinen Gebietsansprüchen demonstrativ Nachdruck verlieh und eine russische Flagge genau auf dem geografischen Nordpol platzierte. Es folgte eine Welle des Protestes von Seiten anderer arktischer Anrainerstaaten.

Obwohl die arktische Region schon seit Jahrhunderten das Interesse verschiedenster Mächte geweckt hatte, nimmt seit einigen Jahren die Konkurrenz deutlich an Intensität zu. Grund hierfür sind die Effekte der globalen Erderwärmung, die eine Förderung der in großen Mengen vorhandenen Rohstoffe in der Arktis in naher Zukunft erlauben könnte. Es wird heute davon ausgegangen, dass bis zu 25 Prozent der weltweiten Erdgas- und Erdölvorkommen auf dem arktischen Meeresgrund liegen. In Zeiten der weltweiten Rohstoffknappheit ist dies ein mehr

als lukratives Geschäft. Galten diese noch bis vor kurzem als nicht förderbar, wecken sie nun durch das Schmelzen der Eisdecke Begehrlichkeiten. Zudem kann aufgrund von bisher eisbedeckten, nun aber eisfreien Teilen der Arktis darüber nachgedacht werden, eine dauerhafte kommerzielle Nutzung von Schifffahrtsrouten im Nordpolarmeer zu gründen. Auch hier locken wirtschaftliche Interessen. Der Wettlauf um die Hoheitsrechte ist eröffnet.

Der völkerrechtliche Status der Arktis basiert momentan auf der 1982 verabschiedeten UN-Seerechtskonvention, der bislang alle Anrainerstaaten außer den USA beigetreten sind. Das Regelwerk sieht vor, dass die Gebiete, die sich ausgehend von den Küstenlinien 200 Seemeilen in den Ozean hinein erstrecken, in das Hoheitsgebiet der jeweiligen Staaten fallen. Diese Regelung ist bei keinem der Arktisstaaten umstritten. Die Gebiete werden als ›Ausschließliche Wirtschaftszonen‹ bezeichnet. Dies erlaubt es den Anrainerstaaten, diese wirtschaftlich zu nutzen sowie Regelungen zum Schutz der Gewässer zu erlassen.

Der geografische Nordpol und ein bis zu 300 Kilometer großes Gebiet um ihn herum sind jedoch so weit vom Festland entfernt, dass sie nach derzeit geltendem Recht im Besitz keiner der

Russischer Atomeisbrecher

Anrainerstaaten sind. Dieses Gebiet wird somit aus völkerrechtlicher Perspektive als internationales Gewässer behandelt. Das UN-Seerechtsabkommen sieht jedoch vor, dass die ›Ausschließliche Wirtschaftszone‹ erweitert werden kann, wenn nachgewiesen wird, dass der Meeresrücken eine natürliche Verlängerung des Festlandes der jeweiligen Staaten darstellt. Dieser Passus ist auch für das russische Verhalten im Jahre 2007 verantwortlich, da nach russischer Berechnung der sogenannte Lomonossow-Rücken eine natürliche Verlängerung des russischen Festlandes ist. Somit wäre der geografische Nordpol Teil der ›Ausschließlichen Wirtschaftszone‹ Russlands.

Norwegen widerspricht dieser These jedoch vehement und vertritt stattdessen die Ansicht, der Lomonossow-Rücken sei Teil Grönlands und der geografische

Land und Leute

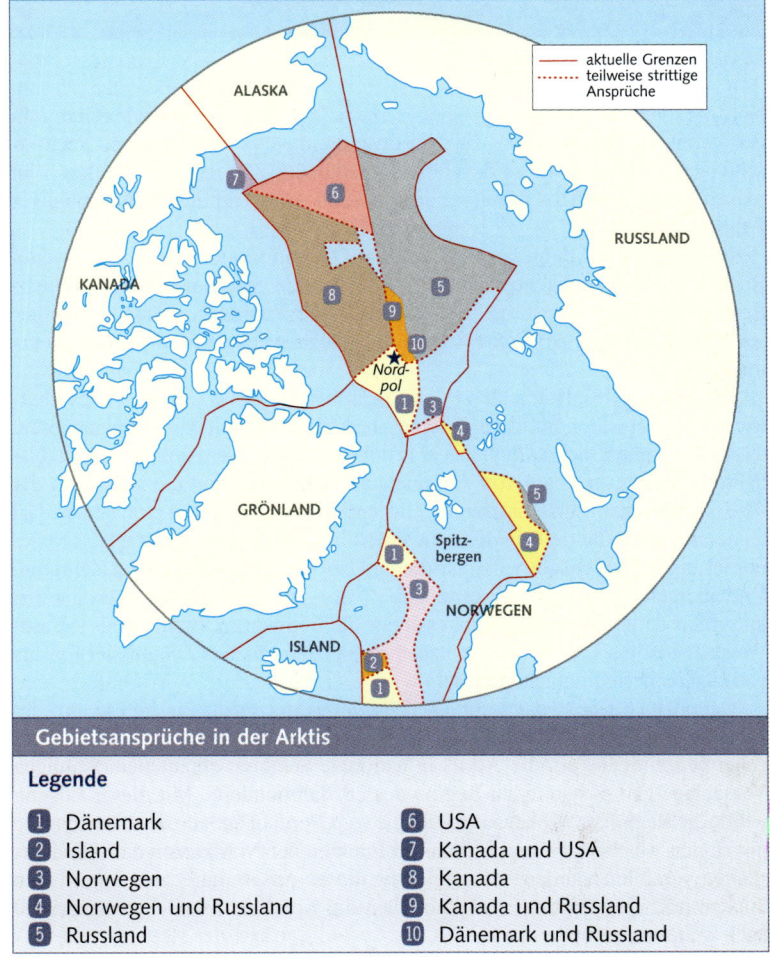

Gebietsansprüche in der Arktis

Legende

1 Dänemark
2 Island
3 Norwegen
4 Norwegen und Russland
5 Russland

6 USA
7 Kanada und USA
8 Kanada
9 Kanada und Russland
10 Dänemark und Russland

Rostige Ölfässer in der russischen Arktis

Nordpol somit Teil des norwegischen Herrschaftsgebiets. Ein neutrales Gremium der Vereinten Nationen kam zu dem Resultat, dass es noch weiterer Nachforschungen bedürfe, um diese Zugehörigkeit eindeutig zu belegen. Der Streit zeigt jedoch exemplarisch die Probleme des unklaren völkerrechtlichen Status einiger Arktisregionen auf.

Leider wird bei dem ganzen Streit um Öl- und Gasvorkommen oft wenig Rücksicht auf die indigene Bevölkerung der Region genommen. Eine der wichtigsten internationalen Organisationen, die die Rechte der Arktisbewohner schützen soll, ist der Arktische Rat, der die Aufgabe einer Koordinationsinstanz innehat (→ S. 55).

Bei realistischer Betrachtung der politischen Situation scheint vieles übertrieben. So haben renommierte Wissenschaftler wiederholt darauf hingewiesen, dass ein Großteil der vorhandenen Erdöl- und Erdgasressourcen sich bereits heute in Hoheitsgebieten von Anrainerstaaten befindet und die außerhalb der ›Ausschließlichen Wirtschaftszonen‹ liegenden Ressourcen den globalen Bedarf nicht einmal drei Jahre lang decken würden. Angesicht der enormen Kosten der Förderung ist dies ein aus wirtschaftlicher Perspektive gesehen kurzer Zeitraum. Und auch eine dauerhafte kommerzielle Nutzung der arktischen Seerouten ist unter den derzeitigen Bedingungen mehr als fragwürdig. Studien des Alfred-Wegener-Institus in Bremerhaven haben gezeigt, dass auch in Zukunft der Einsatz von Eisbrechern unumgänglich sein wird.

Dennoch ist eine völkerrechtliche Zuordnung der Arktis für die Zukunft der Region entscheidend. Eine Reihe von Politikern und Wissenschaftlern fordert daher seit einiger Zeit, die Arktis in nationale Sektoren einzuteilen. Ähnliche Vorschläge gab es bereits zu Beginn des 20. Jahrhunderts. Mit dieser Lösung würde die Region in Winkel aufgeteilt, die vom Nordpol entlang der Längengrade bis zu den westlichsten und östlichsten Punkten der Nordküsten der Anrainerstaaten verlaufen würden. Allerdings ist dieser Ansatz unter den betroffenen Staaten höchst umstritten, und so bleiben die Konflikte um Gebietsansprüche auch weiterhin aktuell.

Der Arktische Rat

Seit dem 15. Jahrhundert lieferten sich Eroberer und Entdecker aus Europa und Amerika einen Kampf um das Gebiet der Arktis. Sie kamen als Walfänger, Jäger oder Kaufleute, als Siedler oder Wissenschaftler. Gemeinsam war ihnen allen die Gier nach Ruhm und Geld. Die Opfer dieser Politik waren die einheimischen Völker – von den Fremden verächtlich Eskimos genannt. Um den Schutz der indigenen Arktisvölker zu gewährleisten, wurde daher 1996 der sogenannte Arktische Rat gegründet. Ziel des zwischenstaatlichen Abkommens zwischen den Anrainerstaaten der Arktis ist es, den Schutz der indigenen Bewohner und der Umwelt zu gewährleisten. Zudem hat sich der Rat zur Aufgabe gemacht, Forschungsvorhaben und Entwicklungsprojekte zu verwirklichen.

Die Außenminister der Mitgliedsländer Dänemark, Finnland, Island, Kanada, Norwegen, Russland, Schweden und der Vereinigten Staaten räumten in ihrer Gründungserklärung den indigenen Völkern der Arktis weitreichendes Mitspracherecht bei allen Entscheidungen ein. So gehören seit der Gründung sechs Organisationen der indigenen Bevölkerung zu den ständigen Mitgliedern des Rates. Der Arktisrat ist in zahlreichen Politikfeldern, die die Arktis betreffen, führend. Die Zentrale des Rates ist in Kopenhagen angesiedelt. Treffen finden in einem sechsmonatigen Turnus statt. Auch ausländische Beobachter wie die Bundesrepublik Deutschland nehmen an den Treffen teil. In den vergangenen Jahren hat sich der Rat vor allem darum bemüht, die Folgen der globalen Erderwärmung für die Arktisregion zu dokumentieren. 2004 veröffentlichte die Institution das ›Arctic Climate Impact Assessment‹ (deutsch: Klimafolgenabschätzung für die Arktis, ACIA). Die Studie ist eine detaillierte Auflistung der Klimaveränderungen in den letzten Jahren und enthält Schätzungen, wie sich die Entwicklung in der Zukunft darstellen wird.

Im Hafen von Murmansk (Russland)

Wirtschaftszweige

Da die Arktis auch wirtschaftlich gesehen keine einheitliche Region darstellt und die Möglichkeiten des Wirtschaftens sowohl von den klimatischen Bedingungen der jeweiligen Gegend wie auch von der Politik der jeweiligen Arktisstaaten abhängig sind, ist es schwer, allgemeine Aussagen über die Wirtschaft der Arktis zu treffen. Die wichtigsten Wirtschaftszweige sind heute statistischen Angaben zufolge die Pelztierjagd und -zucht, die Rentierzucht und die Fischerei, also die klassischen und traditionellen Wirtschaftszweige des hohen Nordens. In den zahlreichen Flüssen werden im Sommer vor allem Lachse gefangen, die weltweit einen exzellenten Ruf genießen. Auch in den arktischen Küstengewässern wird viel gefischt. Vor den Küsten Westgrönlands werden beispielsweise gewaltige Mengen Kabeljau und Garnelen gefangen. Das Nordpolarmeer zählt zu den bedeutendsten Fischgründen der Welt, und viele Länder sind schon seit Generationen mit ihren Fangflotten dort vertreten. Dort werden auf offener See auch Wale und Seehunde gejagt. Die Bilder dieser äußerst brutalen Jagd sind in regelmäßigen Abständen in den Nachrichten zu verfolgen und sorgen bei Tierschützern weltweit für Proteste. Insgesamt haben rücksichtslose Ausbeutung der Tierwelt, auch durch die indigenen Bevölkerungsgruppen, die Populationen vieler polarer Meerestierarten in den letzten Jahrzehnten bedrohlich sinken lassen. Ein Umdenken hin zu einem nachhaltigen Umgang mit den arktischen Flüssen und Meeren sowie deren tierischen Bewohnern setzt sich in den Köpfen vieler leider erst sehr langsam durch.

Wegen der klimatischen Gegebenheiten ist Landwirtschaft in der arktischen Region nur sehr beschränkt möglich. Weit verbreitet ist vor allem die Haltung von Milchkühen, hauptsächlich zur Versorgung der Menschen vor Ort. Allein im Norden Russlands gibt es jedoch fast eine Million Stück Vieh. Aufgrund des Einflusses des Golfstromes ist in Skandinavien Landnutzung bis weit nach Norden möglich. Vorherrschende Anbauprodukte sind dort Kartoffeln und Gerste.

Sehr stark entwickelt hat sich in den vergangenen Jahren vor allem der Bergbau. In Kanada und Russland wird Nickel und Kupfer gefördert, auf Spitzbergen Kohle und in Kanada, Nordskandinavien und Russland Eisen und Buntmetalle. Weitere in größeren Mengen abgebaute Mineralien der russischen Arktis sind Gold, Zinn, Muskovit und Wolfram. In Grönland werden Blei, Zink und Molybdän gewonnen. Ausgedehnte Kohleminen gibt es auf Spitzbergen. Der kanadische Bergbau in der Arktis liefert vor allem Uran, Kupfer, Nickel, Blei, Zink, Asbest, Eisenerz, Erdöl und Erdgas.

Seit einiger Zeit werden in Nordkanada, Alaska und Sibirien auch Öl- und Gasvorkommen in zunehmendem Maße ausgebeutet. Diese natürlichen Ressourcen versprechen angesichts der weltweiten Rohstoffknappheit lukrative Gewinne. Es gibt eine Pipeline, die Öl von der Prudhoe Bay am Polarkreis zum eisfreien Verladehafen Valdez in Südalaska transportiert. Pläne, die Öl- und Gasförderung auszuweiten, stoßen jedoch auf den zunehmenden Widerstand von Tier- und Umweltschützern, die eine Beeinträchtigung der Tierwelt, aber

Jäger in Rodebay in der Nähe von Ilulissat beim Zerlegen eines Grönlandwals

Land und Leute

auch Tankerkatastrophen mit unvorhersehbaren Folgen für die arktische Region
befürchten. Zudem ist die Förderung der Bestände um ein vielfaches teurer als
in anderen Fördergebieten der Erde.

Die verkehrstechnische Infrastruktur ist in der Arktis sowohl an Land als
auch im Nordpolarmeer aufgrund des kalten Klimas und der damit verbundenen jahreszeitbedingten Vereisung sehr eingeschränkt. Abgesehen von einigen
wichtigen Verkehrslinien auf dem kanadischen Festland, im Norden Russlands
und in den nördlichen Teilen Norwegens und Schwedens gibt es nur wenige
Straßen. Der Aufbau eines ausgedehnten Eisenbahnnetzes ist mit Ausnahme
der russischen Arktis bisher noch nicht in Angriff genommen worden. Um eine
ganzjährige Küstenschifffahrt zu gewährleisten, werden im Winter die wichtigen
Schifffahrtsstraßen von Eisbrechern freigehalten. Der Flugverkehr ist für die
Infrastruktur der Region überaus wichtig. Die größeren Städte und Siedlungen
werden von Flughäfen aus versorgt. Fluglinien verbinden zudem abgelegene
Gemeinden und Bergbausiedlungen mit den größeren Städten.

Einer der am schnellsten wachsenden Wirtschaftszweige ist heutzutage
ohne Frage der Tourismus, der sich zu einer der wichtigsten Einnahmequellen
entwickelt hat. Der Tourismus in der Arktis ist keineswegs so neu, wie man
heute vielleicht annehmen mag. Bereits vor über 100 Jahren legten an der Insel

Alte Eisenbahn in Ny-Ålesund (Spitzbergen)

Spitzbergen Schiffe an, mit denen Touristen die landschaftliche Schönheit der Region erkunden wollten. Zum ersten Mal kamen wohl in den 1890er Jahren vom norwegischen Festland aus Boote mit Touristen an. Die wirkliche touristische Erschließung der Arktis folgte jedoch erst in der zweiten Hälfte des 20. Jahrhunderts. Große Kreuzfahrtschiffe bringen in regelmäßigen Abständen Reisende aus aller Welt in die Arktis. Davon profitiert auch die Binnenkonjunktur, denn die Touristen sind gerne bereit, Geld für lokale Produkte auszugeben. Neben den großen Kreuzfahrtschiffsangeboten etablieren sich mehr und mehr die auf eine längere Tradition zurückblickenden Expeditionskreuzfahrten. Im Gegensatz zu den großen Kreuzfahrtschiffen mit mehreren hundert Passagieren beherbergen die kleineren Expeditionsschiffe maximal 200 Personen. Durch ihre kompaktere Größe und den geringeren Tiefgang können die Schiffe auch Gegenden in der Arktis anfahren, die für die großen Schiffe nicht zugänglich sind und machen so den Arktisbesuch zu einer individuelleren und spezielleren Erfahrung.

Die Entdeckung und Erforschung der Arktis

Historiker und Archäologen, die sich mit der Frühgeschichte der Arktis beschäftigt haben, nehmen an, dass vor rund 10 000 Jahren die ersten Menschen, die Inuit, über die Landbrücke der Bering-Straße in das Gebiet der heutigen Arktis vordrangen. Die Inuit ließen sich vor allem im äußersten Norden Amerikas nieder. Im Laufe der Jahrhunderte spalteten sich viele kleinere Gruppen ab, neue wanderten zu und besiedelten das heutige Grönland sowie Island. Über viele Jahrtausende hinweg entwickelte sich eine spezifische Inuit-Kultur mit unterschiedlichen regionalen Ausprägungen. Daher ist es heute schwierig, von den Inuit als Ganzes zu sprechen. Einige allgemeine Entwicklungen lassen sich dennoch herausarbeiten: Ab etwa 2000 vor Christus verbreitete sich die sogenannte Prä-Dorset-Kultur. Die als Nomaden lebenden Inuitgruppen gingen zu jener Zeit mir Pfeil und Bogen bewaffnet auf die Jagd nach Nahrung und wohnten im Sommer in mit Fell überzogenen Behausungen, im Winter in Iglus. Die darauf folgende Dorset-Kultur hielt sich bis etwa 1300 nach Christus. Sie war vor allem durch eine erstaunliche technische und kulturelle Weiterentwicklung gekennzeichnet. Wie archäologische Funde heute verdeutlichen, besaßen die Inuit zu der damaligen Zeit schon ein erstaunliches Geschick in der Herstellung von kunstvoll verzierten Geräten und Gebrauchsgegenständen. Die Dorset-Kultur ging ab dem 15. Jahrhundert in der Thule-Kultur auf, die aber einige nützliche Errungenschaften wie den Iglubau übernahm. Diese neue Kultur brachte perfekte Jagdmethoden hervor. So entstanden in jener Zeit beispielsweise das bis heute benutzte Kajak und das Reiseboot. Auch neuartige Lanzen und Harpunen zählten zu den Errungenschaften der Thule-Kultur. Damit waren die Thule-Inuit in der Lage, sogar so große Tiere wie den Wal zu erlegen, der einem Stamm für mehrere Wochen als Nahrung ausreichte. Die Menschen lebten in dieser Zeit in relativ unabhängigen Familiengemeinschaften und bewohnten teilweise schon kleine und fest gebaute Siedlungen.

Moderne Entdecker im Hafen von Longyearbyen (Spitzbergen)

Land und Leute

Die ersten Expeditionen durch Griechen und Wikinger

Im 4. Jahrhundert vor Christus entdeckten die Griechen als erste Europäer den polaren Norden. Die Quellen berichten, dass im Jahr 330 vor Christus der griechische Seefahrer und große Entdecker der Antike Pytheas auf der Suche nach dem ›Land, in dem die Sonne nie untergeht‹ von Schottland aus in den hohen Norden segelte. In seinen überlieferten Reiseberichten blickt er auf das ›träge und geronnene Meer‹. Er war damit nach heutigem Wissensstand der erste Europäer, der das ewige Eis der Arktis erblickte. Man geht davon aus, dass er auf seiner Fahrt Grönland und Island erreichte.

Die nächsten Europäer, die sich aufmachten, das Nordland zu entdecken, waren die Wikinger. Die Geschichtswissenschaft bezeichnet diese Phase aus der heutigen Perspektive als die erste Kolonialisierung der Arktis. Der aus Norwegen stammende Wikinger Gunnbjørn entdeckte Grönland um 875. Im Jahr 982 landete dann Erik der Rote mit seinen Schiffen zum ersten Mal auf Grönland. Seinen Beinamen ›der Rote‹ bekam Erik übrigens aufgrund seiner roten Kopf- und Barthaare und weil, so sagt die Legende, ›Blut an seinen Händen klebte‹. Erik gründete in Grönland zwei Siedlungen nahe dem heutigen Nuuk, die bis ins 15. Jahrhundert hinein Bestand haben sollten. Die Quellen erzählen weiter, dass es der Sohn Eriks des Roten, Leif Eriksson, war, der als erster Europäer Nordamerika erreichte. Nachdem Eriksson zusammen mit seiner Mutter um das Jahr 1000 zum Christentum übergetreten war, sorgte er umgehend für eine Katholisierung Grönlands.

Im Jahr 1194 entdeckten von Island kommende Wikinger auf der nordöstlichen Route die Inselgruppe Svalbard. Damit hatten die Wikinger einen entscheidenden Anteil an der Entdeckung der Arktis. Einige Überlieferungen berichten, dass die Wikinger auch den amerikanischen Kontinent erreicht hätten. Ausreichend wissenschaftliche Belege gibt es jedoch für diese Theorie nicht.

In der zweiten Hälfe des 13. Jahrhunderts hatte die Kirche bereits den Löwenanteil des grönländischen Landes in ihrem Besitz und Norwegen die Vorherrschaft auf Grönland. Bereits um 1350 mussten die ersten Siedlungen aufgrund der schwierigen Lebensbedingungen jedoch wieder aufgegeben werden. Anders als die Inuit waren die Norweger weit weniger auf das Leben im ewigen Eis eingestellt, und im 15. Jahrhundert war ein Großteil der Siedlungen bereits verwaist oder verschwunden.

Händler und Missionare

Ab dem 16. Jahrhundert kamen Wal- und Seehundfänger aus England und Holland in die Region, so dass ab dem 17. Jahrhundert einige Walfängerstationen errichtet wurden, so beispielsweise in Amsterdamoga auf einer Insel nordwestlich von Spitzbergen.

Noch heute kann man die Gräber der einstigen Siedler in der Gegend finden. Um das Jahr 1596 entdeckte der Niederländer Willem Barents Spitzbergen. Nach ihm sind auch die Barentssee und die beiden an der Ostseite Spitzbergens liegen-

Land und Leute

Gedenktafel für Willem Barents auf Spitzbergen

den Barentsinseln benannt. 1605 wurde Grönland offiziell dänisch. 1670 wurde von kanadischen Pelzhändlern die Hudson's Bay Company zum Handel mit den damals so genannten Eskimos gegründet.

Die von der Wissenschaft als zweite Kolonisation der Arktis bezeichnete Periode begann mit dem norwegischen Pfarrer Hans Egede. In der Vermutung, die ehemaligen Siedler aus dem 13. und 14. Jahrhundert wären vom katholischen Glauben abgefallen, beschloss er im 18. Jahrhundert, nach Grönland zu reisen, um das Land ein weiteres Mal zu missionieren und den katholischen Glauben wieder aufleben zu lassen. Als er im Jahre 1721 Grönland erreichte, fand er jedoch zu seiner großen Verwunderung keine Wikinger mehr vor, sondern die Inuit. Über den Verleib der einstigen Siedler gibt es verschiedene Meinungen. Einige Wissenschaftler gehen davon aus, dass ihnen eine lang anhaltende Kälteperiode zum Verhängnis wurde. Andere vermuten, es könne sich auch um kriegerische Auseinandersetzungen mit den Thule-Inuit gehandelt haben. Für beide Theorien fehlen jedoch aussagekräftige Quellen.

Fest steht jedoch, dass Hans Egede rasch die Sprache und Kultur der Inuit lernte und sich daran machte, den christlichen Glauben auf Grönland zu verbreiten. Dabei bedurfte es jedoch einiger Phantasie. Die Passage ›unser täglich Brot gib uns heute‹ im Vaterunser übersetzte er für die Inuit mit ›unser täglich Walross gib uns heute‹. Der Grund für diese aus heutiger Sicht lustige Neuinterpretation des Gebetes war der Umstand, dass die Inuit Brot zu dieser Zeit noch nicht kannten. Walrosse hingegen waren das Synonym für ausreichend Nahrung. 1728 gründete Egede die Siedlung Godthåb (Gute Hoffnung), welche die heutige Hauptstadt Grönlands mit dem Namen ›Nuuk‹ ist. Bis heute ist der Pfarrer ein Nationalheiliger in Grönland. In Nuuk befindet sich heute eine große Statue, die ihn als Missionar zeigt.

Die westeuropäischen Expeditionen

Ab dem 16. Jahrhundert begannen sich auch die westeuropäischen Herrschaftshäuser zunehmend für eine Entdeckung und Erforschung der Arktis zu interessieren. Im Vordergrund stand jedoch weniger die wissenschaftliche Neugier, sondern wirtschaftliches Interesse. Weniger die Landnahme als vielmehr der Handel war also die Triebfeder der ersten westeuropäischen polaren Expeditionen. Die großen Königreiche Europas waren zu jener Zeit auf der Suche nach einem kürzeren Seeweg in den Orient, um so ihren Gewinn durch einen schnelleren Transport steigern zu können. Dies war der Beginn einer über 300 Jahre langen Seefahrtgeschichte im nördlichen Polarmeer, die nicht nur viele große und bis heute bekannte Entdecker, sondern auch eine ganze Bandbreite an Legenden und Mythen hervorbringen sollte.

Ziel aller Schifffahrer und Abenteurer zu dieser Zeit war zunächst die Entdeckung der Nordwestpassage. Die Idee stammte von dem italienischen, jedoch im Dienste der Engländer stehenden Seefahrer und Entdecker des nordamerikanischen Festlands John Cabot (1450–1499). Cabot war damit der erste Seefahrer, der einen Seeweg nach Asien suchte und – wie viele nach ihm – scheiterte. Jeder der Entdecker machte auf seinen Fahrten jedoch interessante Entdeckungen und Beobachtungen, die zwar nicht die eigentliche Intention der Reisen waren, jedoch einen großen Anteil an der Erforschung der arktischen Region hatten.

Die folgenden Entdecker, die sich auf die Suche nach einer Passage an Kanada vorbei nach Ostasien machten, segelten ebenso wie Cabot unter englischer Flagge. Sir Hugh Willoughby machte 1553 den Anfang. Doch seine Mission scheiterte ebenso wie etwas über 20 Jahre später die Suche Martin Frobishers. Frobisher war 1576 mit drei Schiffen in See gestochen. Die Durchfahrt in den Orient entdeckte er zwar nicht, er umrundete jedoch die Baffin-Inseln und entdeckte eine Bucht, die heute seinen Namen trägt: die Frobisher Bay. Und noch etwas anderes brachte er von seiner ersten Reise mit: das Gerücht, dass es im hohen Norden reichhaltige Bodenschätze wie Gold geben solle. Dies veranlasste englische Kaufleute umgehend, ihm zwei weitere Expeditionen in den Norden zu finanzieren, die jedoch ebenso nicht von Erfolg gekrönt waren. Auch das angebliche Goldvorkommen stellte sich bald als nicht vorhanden heraus.

Kirche in Sisimiut (Grönland)

Land und Leute

Eisberg in kanadischen Gewässern

Ebenfalls auf insgesamt drei Expeditionen erforschte der englische Seefahrer John Davis (1550–1605) zwischen 1585 und 1587 die Wasserstraße zwischen Kanada und Westgrönland. Ihm sind zahlreiche Entdeckungen sowie detaillierte wissenschaftliche Beschreibungen von Land und Leuten der Arktis zu verdanken. Auf seinen Reisen erkundete Davis unter anderem die später nach ihm benannte Davisstraße, er erreichte den Gilbert Sund (musste seine Pläne, den 80. Breitengrad zu überfahren, jedoch wegen der dicken Eisschicht aufgeben) und entdeckte auf einer Reise in südliche Gefilde die Falklandinseln.

Der einsetzende englisch-spanische Krieg (ab 1585) setzte dem Entdeckerdrang Englands zunächst einmal ein jähes Ende. Es kam die kurze Zeit der holländischen Expeditionen, die sich ebenso wie die Engländer auf die Suche nach der Durchfahrt zu den Schätzen des Orients machten. Der aus heutiger Sicht bedeutendste Abenteurer jener Zeit war Willem Barents (1550–1597). Er verließ den Hafen von Amsterdam im Jahre 1594 mit zwei Schiffen und erreichte wenig später Novaja Zemlja, als dessen Entdecker er heute gilt. 1596 entdeckte er zudem die weiter nördlich gelegene Bäreninsel und Spitzbergen. Die massiven Eismassen verhinderten im weiteren Verlauf seiner Reise ein weiteres Vordringen gen Norden. Dennoch war er der erste Europäer, dem es gelang, den 80. Grad nördlicher Breite zu überqueren. Doch sein Abenteuergeist sollte ihn das Leben kosten. Sein Schiff wurde vom Packeis eingeschlossen, und er musste zusammen mit seinen Gefolgsleuten einen harten Winter in der arktischen Kälte verbringen. Fünf Teilnehmer der Expedition erlagen den Qualen des Polarwinters, unter ihnen auch Willem Barents, der am 20. Juni 1597 starb. Die Arktisexpeditionen hatten ihr erstes prominentes Todesopfer gefordert. Erst beinahe 300 Jahre später entdeckte man das Winterhaus Barents mit zahlreichen Geräten und seinem Tagebuch, aus dem die Nachwelt über diese erste Überwinterung eines Europäers in der Arktis erfuhr. Die Holländer waren durch dieses Schicksal Barents zu der Entscheidung gekommen, sich zunächst aus der weiteren Entdeckung der Nordwestpassage herauszuhalten. Die Engländer waren wieder an der Reihe.

Abenteurer auf Franz-Josef Land, Russland: Ausrüstung von Thomas Ulrich und Børge Ousland, unterwegs vom Nordpol zurück in die Zivilisation

Im Jahre 1607 bekam Henry Hudson von England den Auftrag, erneut nach dem Seeweg nach Ostasien, speziell nach China, zu suchen. Die aus heutiger Sicht doch sehr abenteuerlich anmutende Idee Hudsons war es, Ostasien über den, wie man damals glaubte, eisfreien Nordpol zu erreichen. Insgesamt vier Mal versuchte Hudson, über unterschiedliche Routen den Weg nach China zu finden. Auf seinen Expeditionen erreichte er Spitzbergen und Grönland und stieß bis an die Küste der amerikanischen Insel Manhattan vor. Die Hudson Bay trägt daher heute seinen Namen. Trotz dieser vorweisbaren Erfolge gelang es auch ihm nicht, den Weg nach Ostasien zu finden, was auch an den wiederholten Meutereien seiner Besatzungen lag. Als seinem Schiff bei seiner vierten Expedition auf dem Rückweg zur Hudson Bay die Verpflegung an Bord knapp zu werden drohte, meuterte die Besatzung erneut. Hudson, sein Sohn und einige treue Besatzungsmitglieder wurden von den Meuterern in einem kleinen Boot ohne Nahrungsmittel ausgesetzt und blieben danach verschollen. Was aus den Ausgesetzten wurde, ist nicht bekannt, es wird jedoch davon ausgegangen, dass sie auf See verhungerten.

Nachdem in den folgenden Jahren auch weitere Expeditionen nicht den nötigen Durchbruch erzielt hatten, begann das Interesse der Westeuropäer an der Nordwestpassage mehr und mehr zu schwinden.

Im 17. und 18. Jahrhundert waren es vor allem Wal- und Robbenfänger, die sich mit ihren Schiffen in den hohen Norden aufmachten. Aus Angst, der Konkurrenz wichtige Informationen in die Hände zu spielen, verheimlichten sie jedoch ihre Erkenntnisse über Routen, Küsten und Wasserstraßenverläufe, so dass ihre Reisen kaum neue Erkenntnisse über die arktische Region brachten.

Russische und amerikanische Expeditionen

Mit der Erschließung der westlich des Urals gelegenen Gebiete begann Russland bereits im 16. Jahrhundert. Federführend bei den Expeditionen war die russische Kaufmannsfamilie der Stroganoffs. Im Jahre 1588 erhielt die Familie vom russischen Zaren Iwan IV. das alleinige Handelsrecht für Sibirien und wurde darüber hinaus mit der wirtschaftlichen Erschließung des Gebietes beauftragt. Die Stroganoffs erteilten ihrerseits wiederum den Auftrag an die Kosaken und ihren berühmten Anführer Jermak Timofejewitsch, das Land zu erschließen. Innerhalb von nur einem halben Jahrhundert hatten diese das gesamte Gebiet von Ost nach West durchschritten und den Pazifik erreicht. Auf dem erschlossenen Land errichtete die Familie Festungen, unterhielt eigene Truppen und betrieb einen lukrativen Pelzhandel. Die immer weiter aufstrebende Familie wurde jedoch dem neuen Zaren Peter dem Großen bald zu mächtig, und er sorgte dafür, dass die Stroganoffs weitgehend entmachtet wurden.

Der Zar selber hatte nun jedoch ebenfalls Interesse an der arktischen Region gefunden. Er wollte herausfinden, ob es möglich wäre, von Asien nach Amerika über eine Landbrücke zu gelangen. Vor allem geopolitische und strategische Gründe veranlassten ihn, der Sache nachzugehen und so beauftragte er den Dänen Vitus Bering 1725 mit der Aufgabe. Mit seiner ersten Kamtschatkaexpedition unter russischer Flagge von 1725 bis 1730 scheiterte der ›Kolumbus des Zaren‹, wie Bering auch genannt wurde, noch aufgrund der schlechten Wetterlage, die ihn zum Umkehren zwang. Kaum nach Russland zurückgekehrt, machte sich Bering jedoch umgehend daran, seine zweite, weitaus größer angelegte Kamtschatkaexpedition vorzubereiten. Die von 1733 bis 1743 stattfindende Expedition Berings war mit über 3000 beteiligten Personen bis heute eine der größten in der Geschichte der polaren Seefahrt, erwies sich als großer Erfolg und wurde vom gelehrten Europa mit Beifallsstürmen bedacht. Zu den Erfolgen Berings zählen die Entdeckung Alaskas, der Aleuten, der Kommandeurinseln und der später nach ihm benannten Beringinsel.

Er erstellte zudem genaues Kartenmaterial zu den Küsten Russlands und erforschte Sibirien und Kamtschatka.

Sein wichtigster Erfolg war jedoch zweifelsohne die Entdeckung der nach ihm benannten Beringstraße, also der Meerenge zwischen der östlichsten Stelle Asiens und dem westlichsten Punkt Amerikas (und damit zwischen Amerika und Russland). Neurussland, wie Alaska damals genannt wurde, war damit fest in russischer Hand. Seinen großen europaweiten Erfolg konnte Bering jedoch selbst nicht mehr genießen. Im Jahre 1741 starb er während

Vitus Bering (1681–1741)

einer klimatisch erzwungenen Arktis-
überwinterung auf der Beringinsel an
Skorbut. Sein Grab wurde erst 1991
gefunden und seine sterblichen Überreste nach Moskau überführt. Bering
genießt bis zum heutigen Tage großes
Ansehen in Russland.

Lange Zeit hatten die Vereinigten
Staaten von Amerika reichlich wenig
Interesse an der Erkundung ihres arktischen Hinterlandes gezeigt. Die Amerikaner waren gemessen an anderen
Mächten der damaligen Zeit kein See-
fahrervolk, und an einem Handelsweg
nach Asien hatten sie wenig Interesse.

*Das Wappen der kanadischen Hudson's Bay
Company*

Diese Einstellung änderte sich erst, als
sich bei einigen amerikanischen Geschäftsleuten die Erkenntnis durchzusetzen
begann, dass sich sehr viel Geld mit der Jagd und dem Verkauf von Robbenfell
und Walen machen ließ. Dieses wirtschaftliche Interesse lockte mit den Jahren
mehr und mehr Abenteurer in den hohen Norden. Eines der wichtigsten Unternehmen in diesem Zusammenhang war die 1670 gegründete Hudson's Bay
Company, die über einen Zeitraum von mehreren hundert Jahren den Pelzhandel
in Nordamerika kontrollierten sollte.

In den ersten Jahren unternahm das Unternehmen Expeditionen in die unbekannte Weite Nordamerikas und gründete zahlreiche Handelsstationen. Viele
der durch die Pelzunternehmen beauftragten Entdecker lieferten neben karto-
grafischem Material auch detaillierte Erzählungen zu den Lebensgewohnheiten
der Inuit. Samuel Hearne oder Alexander Mackenzie seien hier als Beispiele
aufgeführt. Noch heute existiert die Hudson's Bay Company als ältestes einge-
tragenes Unternehmen Kanadas und eines der ältesten der Welt. Es hat sich vor
allem auf den Verkauf von Pelzprodukten spezialisiert, sieht sich aber immer
größer werdendem Druck von Tierschützern ausgesetzt.

Die Nordostpassage

Bereits seit dem frühen 16. Jahrhundert versuchten Forscher und Abenteurer aus
Europa, einen schiffbaren Seeweg entlang der sibirischen Küste durch die Beringstraße in den fernen Osten zu finden. Nicht nur die Sehnsucht nach Ruhm war der
Grund für die teilweise dramatisch verlaufenden Expeditionen, sondern es gab
auch wirtschaftliche Interessen. Durch die Nutzbarmachung von Handelswegen
nach Asien wollte man den Warenaustausch beschleunigen. Denn selbst auf dem
Weg durch den Suezkanal muss ein Schiff theoretisch fast die doppelte Distanz
zurücklegen, um ans gleiche Ziel zu gelangen. Doch über viele Jahrhunderte
gelang es trotz hartnäckiger Versuche keiner der zahlreichen Expeditionen, sich
den Traum eines schnelleren Wegs nach Asien zu erfüllen.

Der italienische Seefahrer Sebastiano Caboto, der bereits 1517 eine Expedition zur Auffindung der Nordwestpassage geleitet hatte, unternahm als einer der ersten ab 1553 mehrere Fahrten zur Suche nach einem nordöstlichen Seeweg. Eine dieser Expeditionen erreichte 1556 die Doppelinsel Novaja Zemlja. Im weiteren Verlauf des 16. Jahrhunderts fanden daraufhin mehrere Expeditionen durch englische und holländische Seefahrer wie Barents statt. Diese scheiterten jedoch allesamt an den schwierigen Bedingen der Arktis im Packeis.

Die Entdeckung von Seewegen im Indischen Ozean, die ebenfalls einen schnelleren Seeweg nach Asien ermöglichten, ließ das Interesse an der Nordostpassage in der darauffolgenden Zeit deutlich zurückgehen. Es war der russische Zar Peter der Große, der im frühen 18. Jahrhundert die Suche wieder aufnahm. Die darauf folgende ›Große Nordische Expedition‹ unter dem dänischen Seefahrer Vitus Bering erreichte die nördlichen und östlichen Küsten Sibiriens und bestätigte die bereits vermutete, aber noch nicht bewiesene Annahme eines zusammenhängenden Meeres im Norden. 1736 fand man zudem in den Archiven der sibirischen Stadt Jakutsk einen Bericht des russischen Seefahrers Semjon Iwanowitsch Deschnjow über eine 1648 erfolgte Umfahrung der Landspitze im Nordosten Russlands – des heutigen Kap Deschnjow. Das einzige noch unbekannte Küstenteilstück zwischen der Mündung des Flusses Kolyma und der Beringstraße beschrieb 1820 bis 1824 die Expedition des deutschstämmigen Offiziers Ferdinand von Wrangel. Damit war die Nordostpassage in ihren Teilstücken entdeckt.

Als endgültiger Entdecker eines nördlichen Seeweges nach Asien sollte schließlich der schwedische Arktisforscher Adolf Erik Freiherr von Nordenskiöld (1832–1901) in die Geschichtsbücher eingehen: Er unternahm unterschiedlichste Expeditionen, unter anderem nach Spitzbergen und Grönland, bis er sich schließlich auch für die Nordostpassage zu interessieren begann. Doch seine Berichte über die Möglichkeit einer Handelsroute im Norden wurden angezweifelt. Mit seinem Schiff, der ›Vega‹, brach er 1878 auf und umrundete das nördlichste Kap Asiens, das Kap Tscheljuskin. Danach blieb es zunächst einmal still um die Expedition. Auf dem Kurs entlang der sibirischen Küste hatten Eisschollen den Weg nach Norden versperrt. Die ›Vega‹ fror im Eis fest. Das unfreiwillige Winterlager sollte beinahe 300 Tage dauern. Im Juli 1879

Adolf Erik Nordenskiöld auf einem Gemälde von Axel Jungstedt (1902) kam das Schiff endlich wieder frei, und Nordenskiöld hatte die Nordostpassage bezwungen, was in der damaligen Zeit eine absolute Sensation war, für die der schwedische Seefahrer mit Ruhm und Anerkennung überschüttet wurde. Der Reisebericht über seine abenteuerliche Expedition wurde in mehreren Sprachen publiziert. Heute noch erinnert ein Monument des legendären Schiffes ›Vega‹ in Stockholm an die Leistungen des Seefahrers.

Bereits Mitte des 20. Jahrhunderts wurde die sibirische Passage jedoch zur Routine. Vor allem zwischen den beiden Weltkriegen gab es einen hauptsächlich von der damaligen Sowjetunion getragenen regen Schiffsverkehr. Neben vielen Frachtern waren auch Forschungs- und Kriegsschiffe während der Sommermonate, in denen die Passage schiffbar war, unterwegs. Der nördliche Küstenverkehr zwischen den Mündungen von Lena, Jenissei und Ob wurde für die industrielle Entwicklung Sibiriens zwischen den 1930er und 1970er Jahren zu einem wichtigen Transportweg. Bei ›GLAVSEVMORPUT‹, der sowjetischen Behörde für die Nordostpassage, waren bis zu 35 000 Menschen beschäftigt. Doch der Seeweg verlor an Bedeutung. Der Ausbau des Schienen- und Luftverkehrsnetzes machte ihn vergleichsweise unkalkulierbar, wegen des nur schwer vorhersagbaren Treibeises und auch wegen plötzlich auftretender Packeisbarrieren gegen Ende des Sommers – dies ausgerechnet in den 70er Jahren, eigentlich doch die Zeit, da die globale Erwärmung nach einer Pause von zweieinhalb Jahrzehnten erneut einsetzte.

Die Durchquerung der Nordwestpassage

Nachdem das Projekt, einen westlichen Seeweg nach Asien zu finden, für einen langen Zeitraum aufgegeben worden war, machten sich die Engländer zu Beginn des 19. Jahrhunderts daran, die Suche nach der Nordwestpassage wieder aufzunehmen. Der erste, der sich auf den Weg machte, war William Edward Parry. Auf seiner ersten eigenen Arktisexpedition in den Jahren 1819 und 1820 erforschte Parry mit seinen beiden Schiffen den bis dato unbekannten Teil der kanadischen Arktis und wurde zum Entdecker der Banksinsel, der Bathurstinsel und der Melvilleinsel. Diese sowie die Devon- und Cornwallisinsel wurden im Folgenden nach ihrem Entdecker benannt. Heute trägt die Inselgruppe jedoch den Namen Königin-Elisabeth-Inseln. Parrys bald darauf folgende zweite und dritte Expedition erbrachten wieder nicht die ersehnte Durchquerung des kanadisch-arktischen Archipels, lieferten dafür aber wissenschaftliche Beobachtungen über die Lebensweise der kanadischen Inuit. Im Jahre 1827 war Parry zudem einer der ersten Abenteurer, die sich auf die Suche nach dem geografischen Nordpol machten.

Eine der tragischsten Geschichten im Zusammenhang mit den Versuchen, den Seeweg nach Asien zu finden, ist sicherlich die Expedition unter dem Engländer Sir John Franklin. Bereits bei seiner ersten Expedition in die arktischen Gewässer zwischen 1819 und 1822 waren er und seine Besatzung in den Nordwest-Territorien Kanadas in eine Notlage gekommen, in der sie gezwungen waren, Flechten und ähnliches zu essen. Um zu überleben, so wird berichtet, verzehrte Franklin gar seine Lederstiefel, was ihm den Spitznamen ›der Mann, der seine Schuhe aß‹ eingebracht haben soll. Doch auch nach diesen Erfahrungen war Franklin besessen davon, die Nordwestpassage ausfindig zu machen, und so startete er 1845 mit den beiden Schiffen HMS Terror und HMS Erebus zu seiner tragischen Fahrt, von der er und seine 129 Mann Besatzung nie zurückkehren sollten. Schon kurz nach dem Beginn der Reise fehlte jedes Lebenszeichen der Seeleute. Im Folgenden wurden zahlreiche Suchexpeditionen entsandt, um das Schicksal der beiden Schiffe zu klären. Diese brachten tatsächlich Licht ins Dunkel: Nachdem die beiden Schiffe Franklins im Eis eingeklemmt worden waren, versuchten Franklin und seine Besatzung, zu Fuß dem Tod zu entkommen. Gefundene Knochenreste legten den Verdacht nahe, dass die letzten Überlebenden am Ende sogar dem Kannibalismus verfielen, um dem Hungertod zu entkommen. Die gemachten Funde deuten jedoch auch darauf hin, dass es Sir John Franklin in der Tat als Erstem gelungen war, entscheidende Teile der Nordwestpassage zu durchsegeln. So wurde der englische Seefahrer zu einem tragischen Helden – ein Schicksal, das nach ihm noch andere Abenteurer ereilen sollte.

Die Ehre der Entdeckung der Nordwestpassage wurde einem anderen Landsmann Franklins zuteil: Robert McClure. Wie viele andere Seeleute war der britische Kapitän der ›Investigator‹ auf der Suche nach John Franklin 1850 in See gestochen. Über die Beringstraße und die Beaufortsee erreichte er nach einigen erfolglosen Versuchen den Melvillesund. Damit war das letzte Teilstück der

Die Terror, eines der Schiffe, mit denen Franklin scheiterte

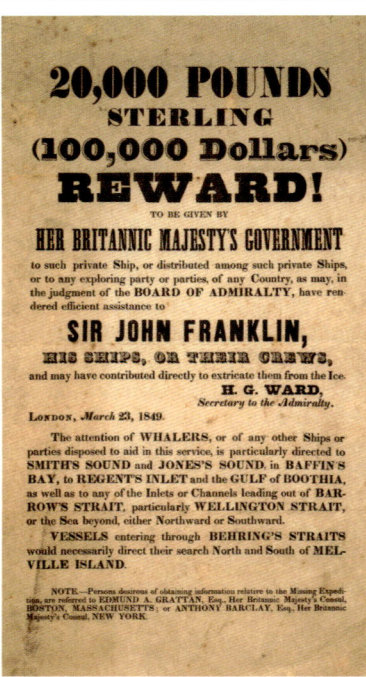

Aufruf zur Suche nach der Franklin-Expedition

jahrhundertelang gesuchten nordwestlichen Durchfahrt zwischen Pazifik und Atlantik entdeckt! Um dieses Ziel zu erreichen, mussten McClure und seine Mannschaft nicht weniger als vier Überwinterungen im Eis überstehen und am Ende sogar ihr Schiff aufgeben. 1854 ging die Besatzung an Bord eines anderen, nach dem verschollenen Franklin suchenden englischen Schiffes. Insgesamt fünf Besatzungsmitglieder überlebten die Entdeckung der Passage nicht.

Die erste komplette Durchfahrt der Nordwestpassage bewerkstelligte rund 50 Jahre später der Norweger Roald Amundsen (1872–1928). Der spätere Entdecker des Südpols stach 1903 mit einem kleinen Heringsboot namens Gjøa in See. Mit nur einer Überwinterung schaffte Amundsen nach einigen Versuchen schließlich die Durchquerung der Passage, wofür er 1906 in seinem erst ein Jahr zuvor unabhängig gewordenen Heimatland Norwegen wie ein Nationalheld gefeiert wurde.

Jenseits von Gier und Ruhm

Um die Mitte des 19. Jahrhunderts setzte sich bei vielen Polarforschern die Erkenntnis durch, dass eine erfolgreiche Erkundung des arktischen Nordpolarmeeres nur möglich sei, wenn man von den Ureinwohnern der Region lernen würde, mit den extremen Bedingungen im hohen Norden umzugehen. Anders als die Europäer und Amerikaner konnten die Inuit auf Jahrhunderte zurückreichende Erfahrungen aufbauen. Als einer der ersten setzte der Amerikaner Elisha Kane diesen Ansatz in die Tat um. Auf seiner 1854 begonnenen Tour in das Polarmeer waren auch Inuit an Bord seines Segelschiffes. Auch auf vielen anderen Expeditionen dieser Zeit trugen die indigenen Menschen der Region einen entscheidenden Anteil zu der Erforschung ihrer Heimat bei.

Dem dänisch-grönländischen Polarforscher und Ethnologen Knud Rasmussen (1879–1933), der selbst ein Halbinuit war, ging es in seinen Reisen nicht wie vielen seiner früheren und späteren Kollegen um Reichtum oder Ruhm, sondern um die wissenschaftlich fundierte Untersuchung der Inuitkultur. Wie kein anderer vor ihm beschäftigte er sich auf zahlreichen Landesexpeditionen mit den Menschen des hohen Nordens. Ausgangspunkt seiner Expeditionen war die von ihm ins Leben gerufene Handels-, Forschungs- und Missionarstation ›Thule‹, deren gesamten Gewinn er in den Aufbau eines Krankenhaus überführte. Insgesamt unternahm Rasmussen zwischen 1912 und 1933 sieben wissenschaftliche Reisen in die Arktis. Neben der geografischen Erforschung der Region hatten seine Expeditionen vor allem kulturelle Forschungen als Ziel. Er beschäftigte sich mit der Kultur, den Sagen und der Sprache der Inuit. Aus heutiger Sicht betrachtet, steht außer Frage, dass die Arbeit Knud Rasmussens entscheidend zur weitgehend erfolgreichen Überführung der Inuit in die moderne Zeit beigetragen hat.

Einer der wenigen deutschen Polarforscher, bei dem ebenfalls vor allem wissenschaftliches Interesse im Vordergrund seiner Arbeit stand, war der Berliner Geophysiker und Meteorologe Alfred Wegener. Von 1906 bis

Knud Rasmussen in jungen Jahren

1930 unternahm Wegener insgesamt vier große Polarexpeditionen. Neben der Erforschung der noch unbekannten grönländischen Nordostküste war er als Meteorologe vor allem an den Spezifika des arktischen Klimas interessiert. Um dies zu erreichen, ließ er meteorologische Stationen errichten, Fesselballons zur Messung des Klimas aufsteigen und Bohrungen im Eis vornehmen. Seine letzte Expedition im Jahre 1930, auf der er unter anderem einen von ihm entwickelten Schlitten mit Propellerantrieb testen wollte, wurde ihm zum Verhängnis. Auf dem Rückweg von einer Forschungsstation starb Wegener am 16. November an Herzversagen wegen Überanstrengung. Ein Jahr später wurde sein Grab gefunden. Sein grönländischer Begleiter blieb verschollen und mit ihm das Tagebuch Alfred Wegeners.

Der deutsche Forscher Alfred Wegener

Zwischen den Kulturen: der Polarforscher Knud Rasmussen

Knud Johan Victor Rasmussen zählt heute zu den großen Pionieren der Erforschung der Arktis. Rasmussen wurde am 7. Juni 1879 als Sohn des dänischen Pastors und Sprachforschers Christian Rasmussen und Louise Rasmussen, einer Grönländerin mit Inuitvorfahren, in Ilulissat, der drittgrößten Stadt Grönlands, geboren. Einen Teil seiner Kindheit verbrachte der junge Knud bei seinen Inuitverwandten, wo er bereits in frühen Jahren mit der Kultur und Lebensweise der indigenen Polarbevölkerung in Berührung kam. So wuchs Knud in zwei unterschiedlichen Kulturen auf und sprach sowohl Grönländisch als auch Dänisch fließend. Bereits als kleiner Junge war Rasmussen ein auch für grönländische Verhältnisse begnadeter Hundeschlittenfahrer, und er wird mit den Worten zitiert: ›Gib mir Schnee, gib mir Hunde, den Rest kannst du behalten.‹ Seine Ausbildungsjahre verbrachte er in Dänemark. Dort studierte er Völkerkunde und wurde Journalist. Als Korrespondent schrieb er für verschiedene dänische Zeitungen und reiste öfters in die polaren Regionen. Eine seiner ersten Expeditionen führte ihn 1903 zu den Polar-Inuit in die nordgrönländische Stadt Thule, die bis dahin isoliert von der restlichen Bevölkerung Grönlands gelebt hatten. Dort blieb Rasmussen mehrere Monate und informierte sich detailliert über ihre Lebensweise, ihren Glauben sowie ihre Mythen und Sagen. Mit seiner Berichterstattung verfolgte er den Wunsch, dass die Menschen aus Thule ihre Kultur nicht zugunsten der modernen Welt aufgaben, aber gleichzeitig mit Dingen des täglichen Bedarfs versorgt werden konnten. Als er später nach Grönland zurückkehrte, gründete er im Jahre 1910 die Handelsstation ›Thule‹. Von hier aus unternahm er bis zu seinem Tod 1933 zahlreiche Expeditionen in die Polarregionen. Die berühmteste dieser Expeditionen war zweifelsohne die mehr als drei Jahre dauernde Reise mit dem Hundeschlitten entlang der Nordwestpassage von Grönland bis nach Alaska.

Büste von Knud Rasmussen im Museum von Ilulissat (Grönland)

Im Zentrum von Rasmussens Interesse stand zeitlebens die Kultur der Inuit. Sein Traum war es, dafür zu sorgen, dass die Inuit aus den verschiedenen Ländern mehr voneinander wissen und besser zusammenhalten, um ihre Interessen gemeinsam zu vertreten. 1925 erhielt er dafür die Ehrendoktorwürde der Universität Kopenhagen. Auch als Schriftsteller war Knud Rasmussen tätig, und so können wir auch heute noch von seinen Expeditionen und Forschungen lesen. Zu seinen Werken zählen unter anderem ›Mein Reisetagebuch‹ (1915), ›Mythen und Sagen auf Grönland‹ (1921–1925), ›Von Grönland bis zum Stillen Ozean‹ (1925–1926) und sein wohl bekanntestes Buch: ›Die große Schlittenreise‹ (1932).

In seiner Geburtsstadt Ilulissat befindet sich heute ein Museum, das an den wohl berühmtesten aller Grönländer erinnert.

Der Wettlauf zum Nordpol

Nachdem frühere Versuche, den Nordpol mit dem Segelschiff zu erreichen, fehlgeschlagen waren (so beispielsweise Edward Parry im 19. Jahrhundert), setzte Ende des 19. Jahrhunderts ein regelrechtes Wettrennen um die Entdeckung des nördlichsten Punktes der Erde ein. Waren die ersten Polarexpeditionen noch vor allem von wirtschaftlichem Interesse geprägt gewesen, ging es nun vor allem um Ruhm und Ehre. Bis zum heutigen Tage ist jedoch nicht hinreichend geklärt worden, wer der erste Mensch war, der den geografischen Nordpol erreichte. Vor allem zwei Männer, die zu erbitterten Konkurrenten wurden, beanspruchten den Titel des ersten Menschen am Nordpol für sich: Robert Peary und Frederick Cook.

Einer der ersten, die es versuchten, war der norwegische Polarforscher und spätere Friedensnobelpreisträger (für seine Verdienste um die internationale Flüchtlingshilfe) Fridtjof Wedel-Jarlsberg Nansen. Als Polarforscher hatte er beobachtet, dass bei Grönland immer wieder Treibholz von sibirischen Baumstämmen angeschwemmt wurde. Daraus schloss Nansen, dass es eine Meeresströmung quer durch das Nordpolarmeer geben müsse. Sein Plan, den Nordpol zu erreichen, war aufgrund dieser Beobachtungen so genial wie verrückt. Er wollte mit einem speziell für diesen Zweck konstruierten Schiff im Eis eingeschlossen über den Nordpol driften und bei Spitzbergen wieder eisfreies Wasser erreichen. 1893 war es soweit, und Nansen stach mit seinem Schiff, der Fram, in See und ließ sich in der Nähe der Neusibirischen Inseln im Packeis einfrieren. Doch bald wurde klar, dass der Nordpol auf diese Weise nicht zu erreichen war, und der Abenteurer entschloss sich, mit einem Teil seiner Mannschaft den Nordpol per Fuß zu suchen. Sie erreichten den Nordpol jedoch nicht und mussten bei

Die Fram, das Schiff, mit dem Nansen zum Nordpol wollte

86 Grad nördlicher Breite aufgeben. Trotz einer harten Überwinterung auf Franz-Josef-Land überlebten alle Teilnehmer das waghalsige Unternehmen. Auch die Fram kam im August 1896 mit der restlichen Mannschaft an Bord wohlbehalten aus dem Packeis. Zwar war Nansens Vorhaben fehlgeschlagen, doch hatte sein Experiment den Beweis einer ostwestlichen Polarströmung geliefert. Über seine außergewöhnlichen Erfahrungen veröffentliche er später das Buch ›In Nacht und Eis: Die norwegische Polarexpedition 1893–96‹, das es seit 2007 auch als Hörbuch zu kaufen gibt.

Die Frage, ob nun Robert Peary oder Frederick Cook der erste Mensch am geografischen Nordpol war, gehörte bereits zu Beginn des 20. Jahrhundert zu einem der meistdiskutierten Themen innerhalb der Forscherwelt. Obwohl beide behaupteten, dort gewesen zu sein – Cook angeblich am 21. April 1908 und Peary angeblich am 6. April 1909 – geht die man heute davon aus, dass keiner der beiden den Nordpol jemals erreichte.

Der Amerikaner Frederick Cook lernte sein Handwerkszeug als Seemann und Polarforscher von keinem geringerem als dem Südpolbezwinger Roald Amundsen, mit dem ihn eine enge jahrelange Freundschaft verband und mit dem er bereits mehrere gemeinsame Expeditionen unternommen hatte. 1903 führte er dann seine erste eigene Expedition im Nordpolarmeer an. Sein Ziel war die Besteigung des über 6000 Meter hohen Mount McKinley in Nordamerika. Obwohl er im nachhinein behauptete, den Berg 1906 als erster bestiegen zu haben, stellte sich bald heraus, dass er und seine Begleiter keineswegs den McKinley, sondern vielmehr einen weniger hohen Berg in einigen Kilometern Entfernung erklommen hatten. Sein Eifer nach Rekorden brachte ihn kurz darauf auf eine neue Idee: Er hatte sich zum Ziel gesetzt, als erster Mensch der Erde den geografischen Nordpol zu erreichen. Begleitet von zwei Inuit machte sich Cook 1908 auf den Weg, um Geschichte zu schreiben. Von der kanadischen Axel-Heiberg-Insel brach er gen Norden auf und behauptete später, den Pol am 21. April erreicht zu haben. Im Anschluss reiste er weiter nach Devon Island, wo er überwinterte, bevor er 1909 Grönland betrat. Er machte seine Entdeckung kurze Zeit später mit viel Publikumswirksamkeit und der Hilfe von Roald Amundsen publik und ließ sich als erster Mensch am Nordpol begeistert feiern.

Nur ein Jahr nach dem Aufbruch Cooks machte sich der amerikanische Polarabenteurer Robert Peary daran, den Nordpol zu erreichen. Bereits in den Jahren ab 1891 hatte er zahlreiche Expeditionen nach Grönland unternommen, auf denen er einen lukrativen Handel mit den Inuit trieb. 1897 brachte er von einer Tour sogar sechs Inuit mit nach New York, wo er sie wie Haustiere hielt. Nachdem einige der unfreiwilligen Begleiter an Tuberkulose gestorben waren, präparierte Peary die Körper der Toten und stellte sie in Museen aus, wo diese bis ins späte 20. Jahrhundert hinein besichtigt werden konnten. Für die Inuit gilt Peary seitdem als Peiniger ihres Volkes. In den Jahren 1905 und 1906 machte er sich nun das erste Mal daran, den Nordpol zu erreichen. Obwohl er so nahe an den nördlichsten Punkt der Erde herankam wie noch kein Mensch zuvor – Peary war nur noch 280 Kilometer vom Pol entfernt – musste er seine Reise bei 87 Grad nördlicher Breite abbrechen. Dabei verlor er acht Zehen durch Erfrierung. 1908

Land und Leute

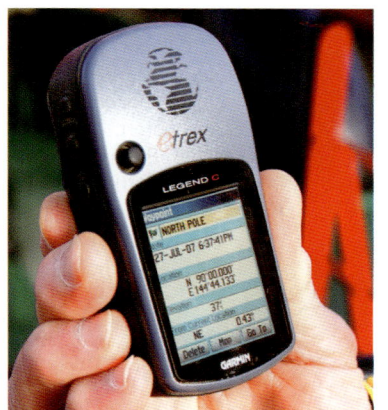

Der 90. Grad nördlicher Breite – der Nordpol

brach der Abenteurer zu seiner zweiten Nordpolexpedition auf. Der Druck auf ihm lastete schwer, in seinem Tagebuch notierte er: ›Meine letzte Chance. Der letzte Pfeil im Köcher.‹ Zudem wusste er um die Expeditionsfahrt Cooks, ohne jedoch das Ergebnis zu kennen. Als sein Schiff, die Roosevelt, nur noch etwa 200 Kilometer vom Pol entfernt war, entschloss sich Peary, zu Fuß den letzten Teil des Weges über das Eis zu gehen. »Endlich am Pol. Der Preis von drei Jahrhunderten. Mein Traum und Ziel seit zwanzig Jahren. Endlich mein!«, schrieb er später in sein Tagebuch. Nach seiner sicheren Rückkehr proklamierte er öffentlich das Erreichen des Pols am 6. April 1909 für sich.

Im Schatten von Cooks ein Jahr zuvor erfolgter angeblichen Entdeckung wurde Peary jedoch zunächst wenig beachtet und er beschloss, in die Offensive zu gehen. Er bezichtigte Cook öffentlich der Lüge und proklamierte die Entdeckung des Nordpols für sich. Der hatte jedoch mit Roald Amundsen einen mächtigen und bekannten Unterstützer. Die Öffentlichkeit war tief gespalten, und ein wahrer Zeitungskrieg entbrannte zwischen den beiden Kontrahenten. Nachdem jedoch Cooks Betrug bei der angeblichen Besteigung des McKinley bekannt wurde, war sein Ruf ruiniert, und auch sein Freund Amundsen distanzierte sich vorsichtig von ihm. Bereits im Jahre 1910 wurde Cook nach eingehender Prüfung seiner Aufzeichnungen über seine Expedition des Betrugs überführt, und ihm wurde die Entdeckung des Nordpols wieder aberkannt. Peary stand nun voll im Rampenlicht, wurde vielfach geehrt und gilt in Amerika bis heute bei vielen als der erste Mensch am Nordpol. Doch es gibt berechtigte Zweifel, ob Peary jemals dort war. Diese Bedenken beziehen sich vor allem auf die enormen Tagesetappen, die er angeblich zurückgelegt haben will. Schafften er und seine Begleiter laut Tagebucheinträgen zu Beginn des Landweges täglich rund 20 Kilometer, sollen es in den Tagen vor und nach der eigentlichen Nordpolentdeckung über 100 Kilometer am Tag gewesen sein. Selbst moderne Schlitten in heutiger Zeit legen jedoch kaum mehr als 35 Kilometer am Tag zurück. Verdächtig scheint auch, dass sich der sonst so forsche und öffentlichkeitssuchende Peary bei der Rückkehr mit der Reisebeschreibung auffällig zurückhielt. Hier vermuten viele Kritiker Pearys nun, dass er die Beschreibung von Cooks angeblicher Nordpoleroberung abwarten wollte, um nicht in die Verlegenheit zu kommen, den Nordpol als bergige Landschaft zu beschreiben, wenn Cook ihn beispielsweise als flache Ebene beschrieben hätte. Heute geht man davon aus, dass ›Peary's Nordpol‹ etwa 100 Kilometer vom eigentlichen geografischen Pol entfernt lag. Heute gehen die meisten Polarforscher daher davon aus, dass keiner der beiden Konkurrenten, also weder Peary noch

Cook, den Nordpol jemals erreichte. In den Vereinigten Staaten gilt Peary jedoch trotz aller berechtigter Zweifel an seinen Angaben nach wie vor als der erste Mensch am Nordpol.

Nachdem das Erreichen des Nordpols mit dem Schiff unmöglich erschien, machte sich eine ganze Reihe von Abenteurern daran, den Nordpol mit einem fliegenden Fortbewegungsmittel zu erreichen. 1925 scheiterte Roald Amundson mit seiner fliegenden Expedition noch an Navigationsfehlern. Er landete fälschlicherweise einige Kilometer vor dem eigentlichen Nordpol auf dem Eis. Nur ein Jahr später sollte der Versuch jedoch gelingen. Zusammen mit dem italienischen Luftschiffpionier und General Umberto Nobile startete er am 11. Mai 1926 mit dem Luftschiff Norge vom auf Spitzbergen gelegenen Ny-Ålesund gen Norden.

Umberto Nobile überflog als erster den Nordpol

Am 12. Mai 1926 flogen die Pioniere über den Nordpol. Damit sind sie die beiden wohl die ersten Menschen, die den Nordpol zweifelsfrei zum ersten Mal gesehen haben! Bei einer zweiten Fahrt zum Nordpol startete Nobile ohne Amundsen von Spitzbergen aus. Nur einen Tag nach der zweiten Überquerung des Nordpols stürzte sein Luftschiff ›Italia‹ jedoch ab. Auf der Suche nach seinem verschollenen Freund, der im Juli von einem sowjetischen Eisbrecher leicht verletzt geborgen werden konnte, verschwand Roald Amundsen, der sowohl den Süd- wie auch den Nordpol gesehen hatte, für immer im ewigen Eis. Was in der damaligen Zeit noch die Welt in Atem hielt, ist heute zur reinen Routine geworden. Seit 1954 wird die Route über den Nordpol von Linienflügen genutzt, um von Europa nach Ostasien oder nach Nordamerika zu gelangen.

Der erste Mensch, der den Nordpol erwiesenermaßen mit seinen eigenen Füßen betrat, war der britische Polarforscher Sir Walter Herbert im Jahre 1969. Er nutzte dabei insgesamt vier Hundeschlitten, die von 40 Huskies gezogen wurden. Um die Versorgung und das benötigte Material der Expedition sicherzustellen, hatte sich Herbert dazu entschlossen, sich durch Flugzeuge aus der Luft versorgen zu lassen. Am 6. April 1969 erreichte er den geografischen Nordpol. Mit den zunehmen technischen Möglichkeiten gelang es in der Folgezeit auch Schiffen, den Nordpol erreichen. Den Anfang machte das amerikanische nukleare U-Boot USS Nautilus 1958, einige Jahre später (1977) gelang es auch dem sowjetischen Eisbrecher Arktika, das Ziel zu erreichen. Der Wettlauf zum nördlichsten Punkt der Erde, von dem viele Abenteurer und Forscher jahrzehntelang geträumt hatten, war damit zu Ende.

Roald Amundsen: Der Bezwinger beider Pole

Einer der klangvollsten und bekanntesten Namen in der Geschichte der Polarforschung ist ohne Zweifel der des Norwegers Roald Amundsen, der in seinem Leben sowohl den Süd- wie auch den Nordpol erreichte und sich damit unsterblich machte. Der am 16. Juli 1872 in Fredrikstad (Norwegen) geborene Amundsen stammte aus einer wohlhabenden Familie. Sein Vater, der Schiffseigner Jens Amundsen, war durch Sklavenhandel zu einem beträchtlichen Reichtum gelangt. Schon der Name seines fünften Sohnes Roald deutete auf dessen spätere Erfolge hin. Der altnordische Name bedeutet so viel wie ›der Ruhmvolle‹. Schon als Kind hatte er den sehnlichen Wunsch, einmal Polarforscher zu werden. Wie er später berichtete, hatte er in seiner Jugendzeit die Bücher John Franklins, eines britischen Polarforschers, der bei seinem Versuch, die Nordwestpassage zu entdecken, ums Leben gekommen war, geradezu verschlungen. »Seltsam«, schrieb Amundsen später in seiner Autobiografie, »dass gerade die Beschreibung solcher Entbehrungen, die er und seine Leute zu erdulden hatten, mich an der Erzählung Sir Johns am meisten fesselte. Auch ich wollte für eine erhabene Sache leiden.«

Amundsen studierte nach seiner Schulzeit mit mäßigem Interesse und noch mäßigeren Leistungen an der Königlich-Norwegischen Frederiks-Universität Kristiania Sprachen (darunter auch Deutsch) und Philosophie, seine ganze Energie verwendete er jedoch auf seine wahre Leidenschaft: die Polargebiete. Sein Ziel war vor allem der Ruhm. Mit Ach und Krach legte er sein Staatsexamen ab und heuerte als Matrose an. Später schrieb er darüber: ›Mit großer Erleichterung verließ ich kurz darauf die Universität, um mich mit ganzer Seele in den Traum meines Lebens zu stürzen.‹

Konsequent widmete er sich seiner seemännischen Ausbildung. Er machte sein Steuermannspatent und ging 1897, mit einer Empfehlung Fridtjof Nansens, als Zweiter Offizier unter dem Kommando des belgischen Antarktisforschers Adrien de Gerlache auf seine erste Südpolar-Expedition – der Anfang war gemacht. Mit gerade einmal 29 Jahren machte er, nach einem weiteren Studium am Marineobservatorium in Wilhelmshaven und an der Deutschen Seewarte in Hamburg, sein Kapitänspatent. Dank der Erbschaft seines mittlerweile verstorbenen Vaters kaufte er sich sein eigenes Schiff, die ›Gjøa‹.

In den Jahren 1903 bis 1906 gelang es Amundsen, die Nordwestpassage, an der sich Abenteurer seit mehr als vier Jahrhunderten versucht hatte, vom Atlantik zum Pazifik zu durchfahren. In seiner gerade unabhängig gewordenen Heimat Norwegen wurde er daraufhin wie ein National-

Roald Amundsen

held gefeiert, seine Reisebeschreibung zum Bestseller. Doch sein Streben nach Ruhm ließ ihn nicht zu Ruhe kommen. Seine Lebensbestimmung trieb ihn weiter, zu neuen Rekorden in der Polarwelt. Sein nächstes Ziel sollte der Südpol sein. Das Rennen zum südlichsten Punkt der Erde war 1910, als Amundsen mit seinem Schiff ›Fram‹ in See stach, bereits voll im Gange. Sein schärfster Konkurrent und Widersacher war der Engländer Robert Falcon Scott, ein Kapitän der Royal Navy.

Zeitgleich machten sich die beiden Konkurrenten daran, den Südpol zu erreichen: »Wenn wir gewinnen wollen, darf kein Hosenknopf fehlen«, schärfte Amundsen seiner Mannschaft ein. Am 19. Oktober 1911 machte sich Amundsen mit fünf Männern, 54 Hunden und vier Schlitten auf den Weg. Ihr Tempo war atemberaubend. Bereits am 14. Dezember waren sie am Ziel, feierlich wurde die norwegische Flagge platziert. In seiner Heimat wurde Amundsen mit großem Jubel empfangen. Nur der tragische Tod seines Rivalen Scott, der den Südpol kurz nach Amundsen erreicht hatte, jedoch auf dem Rückweg ums Leben gekommen war, trübte die Stimmung ein wenig. Später berichtete Amundsen über seine abenteuerliche Reise in dem Buch ›Die Eroberung des Südpols, 1910–1912‹.

Nachdem sich Amundsen ein wenig in seinem Ruhm gesonnt hatte, nahm der unermüdliche Entdecker sein neues Ziel in Angriff: den Nordpol. Diesmal mit einem Flugzeug! Diesmal war dem Pionier das Glück jedoch weniger hold. Als eine der beiden Maschinen, mit denen Amundsen 1925 gestartet war, notwasserte, musste er seine Expedition bereits kurz nach Beginn abbrechen. Noch während er mit Hilfe des Italieners Umberto Nobile seine nächste Expedition zum Nordpol, diesmal mit einem Zeppelin, plante, ereilte ihn die Nachricht, dass der Amerikaner Richard Byrd mit einer zwei-motorigen Fokker-Maschine den Pol bereits erreicht hatte. Die ›Norge‹, so der Name des Zeppelins, konnte nur noch Zweiter werden, aber sie war mit über 100 Metern Länge bedeutend eindrucksvoller und publikumswirksamer als Byrds kleines Flugzeug. Am 11. Mai 1926 startete sie. Es wurde ein grandioser Flug quer über die Arktis und den Pol bis Alaska. Noch einmal war der Name Amundsen in aller Munde.

Darauf begann sein langsamer Abstieg: Amundsen zog sich zunehmend zurück, bekam finanzielle Probleme und verhielt sich für viele seiner ehemaligen Weggefährden sonderbar: »Ich begreife Amundsens Verhalten nicht«, schrieb sein alter Förderer Nansen 1927. »Ich habe den Eindruck, als sei er ganz aus dem Gleichgewicht geraten und für seine Handlungen nicht mehr voll verantwortlich.« Das letzte Mal, dass Amundsen in die Öffentlichkeit trat, war bei der Suche nach Umberto Nobile, der mit seinem neuen Luftschiff ›Italia‹ angetreten war, um die Arktisüberquerung zu wiederholen, und verschollen war. Amundsen mietete ein zweimotoriges Flugboot samt Besatzung. Am Morgen des 18. Juni 1927 startete er Richtung Spitzbergen und wurde nie wieder gesehen. Wochen später bargen Fischer einen Schwimmer und einen Benzintank der Maschine – mehr wurde nie gefunden. Die See behielt ihr Geheimnis bis heute. Etwas außerhalb von Amundsens Geburtsort Fredrikstadt, sind heute eine Gedenkstätte und ein Museum über den Menschen und Polarforscher Roald Amundsen zu besichtigen

Wer mehr über Amundsen und die Entdeckung der Arktis erfahren möchte, sollte unbedingt das FRAM-Museum in Oslo besuchen (www.frammuseum.no). Weitgehend unbekannt, dafür umso interessanter ist das Arktis-Antarktismuseum in St. Petersburg mit vielen Modellen von Schiffen (www.saint-petersburg.com/museums).

Krieg in der Arktis und der Beginn des Ost-Westkonfliktes

Auch der polare Norden blieb im 20. Jahrhundert nicht von den großen militärischen und politischen Auseinandersetzungen verschont. Im Zweiten Weltkrieg von 1939 bis 1945 kam der Arktis eine große strategische Bedeutung als Gebiet für den Transport von Waffen und Nachschub und als Standort für Wetterstationen zu. Hitlers sogenannte ›Operation Weserübung‹ begann im April 1940 und hatte unter anderem zum Ziel, die für die Stahlproduktion wichtige Versorgung mit Eisenerz über den norwegischen Hafen Narvik zu sichern. In der gesamten Region der Arktis errichteten die Kriegsparteien Wetterstationen zur Erhebung von Daten. Die Wetterdaten wurden sowohl für die Wettervorhersage in Europa und für die Kriegsführung der U-Boote im Nordatlantik als auch für die Operationsführung von Marine und Luftwaffe im Nordpolarmeer benötigt. Wie wichtig diese Daten waren, zeigt unter anderem das Beispiel der Landung der Alliierten in der Normandie am 6. Juni 1944. Eine vorübergehende Wetterverbesserung auf dem Nordatlantik am Tag vor der Invasion, welche die Operation über Meer erst möglich machte, war von den deutschen Wetterstationen nicht erkannt worden. Da es die Tage vor dem 6. Juni anhaltend geregnet hatte, hatte man eine Invasion der alliierten Truppen für den 6. Juni ausgeschlossen.

Im Spätsommer 1941 griffen die deutsche Wehrmacht und die mit ihr verbündeten Finnen die Sowjetunion im hohen Norden an. Das Ziel, der Polarmeerhafen Murmansk, über den die Alliierten die Rote Armee mit Waffen versorgten, wurde nie erreicht. Finnland einigte sich mit Stalin auf einen Separatfrieden, und die einstigen Waffenbrüder wurden aus dem Land getrieben – die SS hinterließ beim Rückzug auf Hitlers Befehl verbrannte Erde.

Heute fahren Reisende aus aller Welt mit russischen Atomeisbrechern zum Nordpol

Auch die Alliierten verfolgten ihre Kriegsziele in der Arktis. Im August 1941 landete ein kleiner Trupp britischer Soldaten auf Spitzbergen, um die Lage auf der Insel zu erkunden. Doch dies war erst der Anfang. Im Verlauf der sogenannten ›Operation Gauntlet‹ sicherte ein kanadisch-britisches Expeditionskorps unter norwegischer Führung im September 1941 ganz Spitzbergen, räumte die zivilen meteorologischen Anlagen und stellte die Insel unter Kriegsrecht. Die Inuit-Völker litten besonders unter den Auseinandersetzungen. Mit der Errichtung von Stützpunkten, Landebahnen und Funkstationen wurde die gesamte Region erschlossen und die bisherige Abgeschiedenheit der indigenen Gemeinschaften auf abrupte Art und Weise beendet.

Noch heute können stumme Zeugen des Zweiten Weltkriegs in der Arktis gefunden werden. Wenn es im arktischen Sommer zu tauen beginnt, tauchen Utensilien von Soldaten, sogar Geschütze und Panzer auf. Zudem lassen sich an den Küsten gestrandete Zerstörer finden und die Hütten der Wetterstation ›Haudegen‹ auf Spitzbergen, wo im September 1945 die letzten Deutschen kapitulierten.

Die Zeit nach dem Ende des Zweiten Weltkriegs stand vor allem im Zeichen des erbittert geführten Kalten Kriegs zwischen den Vereinigten Staaten von Amerika und der Sowjetunion. Auch die polare Arktisregion konnte sich dem Wettkampf der beiden konkurrierenden Supermächte nicht völlig entziehen. Radaranlagen wurden überall in der Region errichtet, an vielen Orten Truppen stationiert. Mit Luftvermessungen wurden Karten in bisher unerreichter Genauigkeit erstellt, was die Streitigkeiten über Souveränitätsrechte in der Region anheizte.

Die Polarstation ›Buchta Tichaja‹ auf Franz-Josef-Land

Unterwegs in der Barentssee

Besonders schlimm war die Situation für diejenigen Polarbewohner, die in der Sowjetunion lebten. Die Völker im sowjetischen Einflussbereich verloren trotz erheblichen Widerstandes unter der kommunistischen Regierungsform, die so wenig Autonomie wie möglich zulassen wollte, rasch ihre Selbständigkeit. Die Menschen, die bis dato vor allem ein Nomadenleben geführt hatten, wurden ohne Rücksicht auf ihre kulturellen Traditionen in die landwirtschaftliche Kollektivierung gezwungen. Ihre Herden wurden in die neu entstehenden Kolchosen eingegliedert und die vorher frei und unabhängig lebenden Menschen entmündigt und entrechtet. Anders als die in der ›westlichen Welt‹ lebenden Polarvölker hatten die Menschen keine Chance, ihre eigene Kultur und Tradition offen zu leben.

Doch auch Länder, die nicht im Machtbereich der Kommunisten lagen, bekamen die Zeichen der Zeit zu spüren. Grönland war wegen seiner Lage von den unmittelbaren Folgen der amerikanisch-sowjetischen Auseinandersetzung am stärksten betroffen. Durch seine unmittelbare Nähe zum sowjetischen Gebiet kam dem Land eine große geostrategische Bedeutung zu. 1951 wurde daher zwischen Dänemark und den USA ein Vertrag über die militärische Nutzung der Insel unter NATO-Regie geschlossen. Nur ein Jahr später begannen die Amerikaner bereits, große Luftstützpunkte auf Grönland zu errichten. Sie hatten somit die Möglichkeit, Bomber und Aufklärungsflugzuge im Ernstfall schnell über sowjetischem Luftgebiet einsetzen zu können.

Was für ein Schiff! ... Aber wie weit würde der Weg durchs Polarmeer sein und wie groß ein Eisberg? Die Admiral Tegetthoff war 32 Meter lang und 7,3 Meter breit. Was waren drei Mastbäume und hundert Pferdestärken gegen Schollen, so groß, daß man Paläste auf ihnen hätte errichten können?

Christoph Ransmayr,
Die Schrecken des Eises und der
Finsternis

Mit dem Schiff in die Arktis

Kreuzfahrt oder Expedition?

Eine der besten Arten, den hohen Norden zu besuchen, ist eine Reise mit dem Schiff, denn viele der kleineren Orte sind auch heute mit anderen Verkehrsmitteln so gut wie nicht zu erreichen. Zudem ist die Schiffsreise auch die mit Abstand umweltfreundlichste Variante einer Arktisreise.

Traditionell gesehen war der Schiffstourismus auf kleinere Schiffe beschränkt, die eine überschaubare Gruppe von Touristen an den Küsten der Arktisländer absetzten. So waren die jährlichen Besucherzahlen bis vor einigen Jahren verglichen mit anderen touristischen Gebieten der Erde eher niedrig. Doch auch die modernen Kreuzfahrtunternehmen haben das Geschäft mit der Arktis für sich entdeckt. Dies hat zur Folge, dass große Schiffe mit mehreren hundert Passagieren an Bord nunmehr zahlreiche Häfen in der Arktis anlaufen und teilweise ganze Touristenströme über den meist dünn besiedelten Küstengebieten ausschütten. In den letzten Jahren sind die beiden beliebtesten Reiseziele in der Arktis, Svalbard (Spitzbergen) und Alaska, von immer größeren Schiffen immer häufiger angesteuert worden. Auch andere Regionen der Arktis, wie zum Beispiel das arktische Kanada und Grönland, werden heute in den Sommermonaten regelmäßig von Kreuzfahrttouristen besucht.

Dieser Wandel bringt einige Probleme für die Menschen und die Natur der Arktis mit sich. Das kleine Dorf Ny-Ålesund, in dem unter normalen Umständen gerade einmal um die 180 Polarforscher wohnen, wird im Sommer beispielsweise regelmäßig von den großen Kreuzfahrtschiffen angelaufen. An manchen Tagen überfluten hunderte Touristen gleichzeitig das Dorf. Die Besucher wissen oft nicht, wie sie sich in der Arktis zu verhalten haben und füttern wilde Polarfüchse und andere Tiere, obwohl dies strikt untersagt ist. Für viele von ihnen ist die Reise in die Arktis nur ein Teil einer größeren Kreuzfahrt, dementsprechend

Nicht unproblematisch: Kreuzfahrtschiff auf Spitzbergen

Kleiner Hafen auf den Lofoten (Norwegen)

gering ist oft das Interesse und die vorhergegangene Auseinandersetzung mit der Region. Dennoch ist der zunehmende Massentourismus durch die großen Kreuzfahrtschiffe für die Arktisregion Fluch und Segen zugleich, bringt er doch mit den Touristen auch Geld in die Städte und Gemeinden.

Neben den großen Hotelschiffen hat sich in den letzten Jahren aber auch das ›Expedition Cruising‹, wie es im Englischen heißt, entwickelt. Es handelt sich dabei um Reisen mit Boutique-Schiffen, die in der Regel zwischen 50 und 200 Passagiere an Bord nehmen, manche Schiffe sogar noch weniger, wie Sie bei den Schiffsbeschreibungen (→ S. 94) nachlesen können, und Ziele anfahren, die weder mit Auto und Flugzeug noch mit den großen und daher weitaus unflexibleren Kreuzfahrtschiffen erreicht werden können.

Die Expeditionsschifffahrten wurden einst von Lars Eric Lindblad in den 1960er Jahren erfunden. Der schwedischstämmige Amerikaner war der erste, der 1966 mit Touristen in die Antarktis reiste. 1969 baute er das legendäre Schiff ›Lindblad Explorer‹, was den Anfang des Expeditionskreuzfahrens darstellte. Es handelt sich bei den Expeditionsreisen um Reisen zum Nordpol, Spitzbergen-Umrundungen, die Nordwest- und Nordostpassagen und Reisen entlang der Küsten Grönlands, die im Gegensatz zu den großen Kreuzfahrtschiffen vor allem auf Information und Bildung Wert legen. Das Angebot dieser Reisen hat sich in den letzten Jahren deutlich vergrößert, und ein Ende des Trends ist nicht in Sicht. Die einzelnen Schiffe dieser Expeditionskreuzfahrten sowie eine detaillierte Beschreibung der Ziele, die von den Schiffen angefahren werden, finden sich in den folgenden Kapiteln.

Eine weitere, sehr beliebte Variante der Schiffsreisen sind darüber hinaus die an der Westküste Norwegens verkehrenden Hurtigruten. Der entscheidende Unterschied sowohl zu den Expeditionskreuzfahrten als auch zu den großen Hotelschiffen besteht darin, dass die Schiffe historisch gesehen, aber auch in der heutigen Zeit primär nicht für touristische Zwecke eingesetzt werden. Vielmehr

Rettungsboote an Bord eines Expeditionskreuzfahrtschiffes

handelt es sich um Postschiffe, die eine zuverlässige Anbindung des norwegischen Nordens an den besser entwickelten Süden sicherstellen sollten. Auch heute fahren die Hurtigruten noch streng nach Fahrplan. Der Unterschied zu früher besteht jedoch darin, dass die Schiffe auch von Besuchern aus aller Welt genutzt werden, um die Küsten Norwegens kennenzulernen. Zudem steuern die Schiffe auch Ortschaften an, die vor allem vom touristischen und weniger vom infrastrukturellen Gesichtspunkt aus von Interesse sind.

Um einen natur- und menschengerechten Tourismus in der Arktis zu fördern, veröffentlichte der Word Wide Fund For Nature (WWF) die zehn Grundsätze des Arktis-Tourismus. Mit dem Programm richtet sich der WWF an Reiseunternehmer mit dem Ziel, ihnen die Spielregeln des nachhaltigen Arktis-Tourismus näher zu bringen. Auch für die Reisenden selber entwickelte der WWF einen Leitfaden, mit dessen Hilfe ein angebrachtes Verhalten seitens der Touristen erreicht werden soll. Aber auch von Seite der Kreuzfahrtunternehmen wurde eine Vereinigung ins Leben gerufen, die sich zum Ziel gesetzt hat, Tourismus und die Erhaltung der Umwelt, der heimischen Kulturen und der historischen Stätten in Einklang zu bringen. Die Association of Arctic Expedition Cruise Operators (AECO) wurde 2008 gegründet. Ihr gehören insgesamt 13 Mitglieder mit zusammen 23 Schiffen an (→ S. 120). Die AECO betreibt vor allem die bei den meisten Anrainer-Gemeinden beliebteren kleineren Expeditionsschiffe und keine riesigen Kreuzfahrtschiffe. Die AECO findet man auch im Internet unter www.aeco.no.

Richtschnur des WWF für Arktisbesucher

1. Machen Sie Tourismus und Naturschutz miteinander vereinbar.

Mit dem Geld, das Sie für Ihre Reise bezahlen, bestimmen Sie mit über die Entwicklung und Entwicklungsrichtung des Arktis-Tourismus. Belohnen Sie daher mit Ihrem Geld anerkannte und naturschutzfreundliche Reiseveranstalter und Anbieter.

Holen Sie vor dem Besuch von Naturreservaten und anderen geschützten Gebieten die etwaigen notwendigen Genehmigungen ein. Verlassen Sie diese Gebiete so, wie Sie sie vorgefunden haben, und vermeiden Sie Beeinträchtigungen der Tierwelt.

Informieren Sie sich über die Gesetze und Bestimmungen zum Schutz der Tier- und Pflanzenwelt in der Region, die Sie besuchen, und halten Sie diese Richtlinien ein. Machen Sie sich kundig über bedrohte Arten in der betreffenden Region. Bejagen und befischen Sie diese Arten nicht und kaufen Sie auch keine aus ihnen hergestellten Produkte.

Von Ihrem Feedback hängt viel ab. Wenn eine Reise, ein Reiseservice oder ein Anbieter ökologisch verantwortungsvoll aufgetreten ist, lassen Sie dies den Betreiber oder Veranstalter wissen – das gleiche gilt für den Fall, dass Verbesserungen notwendig sind.

Schließen Sie sich Natur- und Umweltschutzorganisationen an, die sich für die Arktis einsetzen, und unterstützen Sie Arktis-Schutzprojekte.

2. Unterstützen Sie die Erhaltung der unberührten Natur und des Artenreichtums.

Informieren Sie sich über Initiativen zum Schutz von Flora, Fauna und der Lebensräume der Arktis. Leisten Sie Ihren Beitrag zur Unterstützung durch Spenden, freiwillige Mitarbeit, Umweltschutzinformationen gegenüber Dritten sowie durch die Interessenvertretung gegenüber Regierungen und der Wirtschaft.

Die großen unberührten Gebiete der Arktis sind eine einzigartige Umweltressource. Setzen Sie sich gegen Entwicklungen ein, die zur Zersplitterung dieser Gebiete führen könnten bzw. Fauna und Flora oder gar Ökosysteme gefährden.

Besuchen Sie Parks und Naturreservate. Die Besuchernachfrage und die Einnahmen durch Touristen sind ein Beitrag zur Unterstützung bestehender Schutzgebiete und können zur Ausweisung zusätzlicher Reservate führen.

3. Beachten Sie bei der Nutzung natürlicher Ressourcen das Prinzip der Nachhaltigkeit.

Gehen Sie zu Fuß oder benutzen Sie möglichst häufig Skier, Kajaks, Boote, Hundeschlitten oder sonstige nicht motorisierte Fortbewegungsmittel, um so die Lärm- und Abgasbelastung zu vermindern sowie die Beschädigung des Bodens möglichst gering zu halten. Vermeiden Sie nach Möglichkeit die Nutzung von Schneemobilen, besonders bei dünner Schneedecke.

Halten Sie beim Beobachten und Fotografieren der Tierwelt möglichst Abstand. Denken Sie daran, dass Sie einen unverfälschten Eindruck nur erhalten, wenn die Tiere Sie gar nicht bemerken. Widerstehen Sie der Versuchung, sich zu dicht an die Tiere heranzupirschen. Respektieren Sie die Signale einer Beunruhigung der Tiere wie etwa Warnrufe, Zeichen der Desorientierung, angelegte Ohren und aufgestellte Haare.

Besorgen Sie sich in Gebieten, in denen das Jagen und Fischen erlaubt ist, die notwendigen Genehmigungen. Befolgen Sie alle Vorschriften und nehmen Sie sich nur so viel, wie Sie tatsächlich brauchen. Jagen und fischen Sie nur unter Einhaltung des Prinzips der biologischen Nachhaltigkeit und niemals zu Lasten der in der Region lebenden Menschen.

Unberührte Naturgebiete sind eine natürliche Ressource – hinterlassen Sie sie so, wie Sie sie vorgefunden haben, damit auch andere sich daran erfreuen können. Sammeln Sie Andenken nur, wo dies erlaubt ist, oder wenn Sie eine Genehmigung dafür haben. Greifen Sie beim Campieren möglichst nicht verändernd in die Natur ein. Nutzen Sie bestehende Lagerstätten und Pfade statt neue zu schaffen.

Bestehen Sie als Teilnehmer einer organisierten Reise bzw. Tour darauf, dass Ihnen der Veranstalter vorherige umfassende Informationen über das Zielgebiet und die notwendigen Maßnahmen zur Vermeidung von Schäden gibt.

4. Reduzieren Sie Ihren Verbrauch, Abfall und die Umweltverschmutzung.
Durch die Wahl von Unterkunft und Produkten sowie Ihren möglichst sparsamen Verbrauch nehmen Sie entscheidenden ökologischen Einfluss. Entscheiden Sie sich für biologisch abbaubare bzw. recycelfähige Produkte mit möglichst wenig Verpackungsmaterial.

Nutzen Sie vorhandene Recycling-Einrichtungen. Wählen Sie als Teilnehmer einer organisierten Reise einen Reiseveranstalter, der Recycling durchführt.

Beschränken Sie sich in Ihrem Energieverbrauch, auch bei Heizung und warmem Wasser.

Hinterlassen Sie möglichst wenig Spuren Ihres Besuches und nehmen Sie Ihren Abfall mit.

Wählen Sie stets das ökologisch günstigste Transportmittel. Verzichten Sie nach Möglichkeit auf den Verbrauch fossiler Treibstoffe und auf motorisierte Fortbewegungsmittel.

Achten Sie bei der Wahl Ihrer Unterkünfte darauf, dass sie effiziente Abfallverwertung und Recycling einsetzen sowie energiesparend operieren. Nach Möglichkeit sollte die eingesetzte Energie aus umweltfreundlichen Quellen wie Sonnenlicht oder Wasserkraft erzeugt werden.

Ein Kapitän auf dem Eis

Mit Zodiacs in arktischen Gewässern

5. Respektieren Sie die einheimische Kultur.

Befassen Sie sich schon vor Antritt Ihrer Reise mit der Kultur und den Gebräuchen der Region(en), die sie besuchen werden.

Respektieren Sie die Rechte der Arktisbevölkerung. Sie können insbesondere dann damit rechnen, akzeptiert und willkommen geheißen zu werden, wenn Sie offen gegenüber Eindrücken sind, die Kulturen und Traditionen vor Ort zu verstehen versuchen und die lokalen Sitten und Umgangsformen respektieren.

Wenn Sie nicht mit einer organisierten Tour reisen, informieren Sie die Gemeinde im Zielgebiet über Ihr Kommen. Versorgungsgüter sind in der Arktis zum Teil knapp. Sie sollten daher darauf eingestellt sein, Ihre eigenen Vorräte mitzubringen.

Fragen Sie um Erlaubnis, bevor Sie Menschen fotografieren oder gar ihre private Lebenssphäre betreten.

6. Respektieren Sie wissenschaftliche und historische Stätten.

Respektieren Sie historische Stätten und Denkmäler, nehmen Sie von dort keine ›Souvenirs‹ mit. Selbst verlassen scheinende Bauten und Stätten können unter Denkmalschutz stehen oder von besonderem Wert für die Bevölkerung sein.

Halten Sie sich fern von verlassenen militärischen Einrichtungen.

Respektieren Sie die Arbeit von Wissenschaftlern. Teilen Sie der betreffenden Einrichtung Ihre Besuchsabsicht rechtzeitig vorher mit und betreten Sie unbefugt keine Arbeitsbereiche.

7. Bringen Sie der lokalen Bevölkerung Vorteile durch Ihren Besuch.

Mit Ihren Ausgaben als Besucher können Sie zum ökonomischen Überleben der

Gemeinden beitragen. Kaufen Sie lokal hergestellte Produkte und wählen Sie Reise- und Exkursionsveranstalter sowie sonstige Anbieter, deren Eigentümer ortsansässig sind und die am Ort lebende Mitarbeiter beschäftigen.

Kaufen Sie am Ort gefertigte Produkte und Handwerksgegenstände.

Entscheiden Sie sich nach Möglichkeit für Unterkünfte von am Ort ansässigen Eigentümern, Betreibern und Mitarbeitern.

8. Wählen Sie Reiseveranstalter mit gut ausgebildeten, erfahrenen Mitarbeitern.

Wählen Sie einen anerkannten Reiseveranstalter, der ausgebildete Mitarbeiter, möglichst mit Arktiserfahrung, einsetzt.

Ihr Reiseveranstalter sollte für Landreisen ein zahlenmäßiges Verhältnis von höchstens 15 Reisenden pro Reisebegleiter anbieten, bei Schiffsreisen höchstens 20 Passagiere pro Reisebegleiter.

9. Nutzen Sie Ihre Reise als Möglichkeit, Ihre Kenntnisse über die Arktis zu vertiefen.

Informieren Sie sich vor Ihrer Reise über den Lebensraum Arktis und die Regionen, die Sie besuchen werden. Nutzen Sie Ihre Reise als Möglichkeit, mehr über den Natur- und Umweltschutz in der Arktis zu erfahren.

Wenn Sie an einer organisierten Reise teilnehmen, wählen Sie einen Veranstalter, der Sie über den Lebensraum Arktis sowie über den Natur- und Umweltschutz und die entsprechenden Initiativen in diesem Raum informiert.

Wählen Sie Reisen und Exkursionen, bei denen Ihnen spezifische Informationen über Klima, Fauna und Flora, Ökologie, Völker und Kulturen sowie über Verhaltensregeln im besuchten Gebiet geboten werden.

10. Halten Sie Sicherheitsregeln ein.

Eisbären, Walrosse, Moschusochsen und andere freilebende Tiere stellen eine potentielle Gefahr dar. Begegnen Sie ihnen daher mit dem nötigen Respekt. Sie oder Ihre Gruppe sollten in Eisbärgebieten eine Feuerwaffe und andere Abschreckungsmittel mitführen.

Schlittenhunde sind Arbeitstiere. Versuchen Sie nicht, sie zu füttern oder zu streicheln. Hunde und Polarfüchse können außerdem Tollwut übertragen.

Die Begehung von Eisflächen und Gletschern verlangt besondere Fertigkeiten in der Verwendung von Seilen, Steigeisen, Eispickeln und anderem Sicherheitsgerät. Vertrauen Sie sich ausgebildeten Führern an.

Wenn Sie eine Tour allein oder in einer Gruppe unternehmen, stellen Sie sicher, dass die örtlichen Behörden über Ihre Route informiert sind.

Behalten Sie die Wetterverhältnisse im Auge. Seien Sie auf plötzliche gefährliche Wetterumschwünge gefasst. Vermeiden Sie Unterkühlung, Müdigkeit und Nässe.

Zu Ihrer Grundausrüstung, auch auf kurzen Exkursionen, sollten warme Bekleidung, festes Schuhwerk, Handschuhe, eine Mütze sowie winddichte Überbekleidung gehören. Führen Sie unbedingt auch Notproviant (zum Beispiel Schokolade) und eine Erste-Hilfe-Ausrüstung mit.

Grönländerinnen in Nationaltracht

Expeditionsschiffe

Bevor man eine Expeditionskreuzfahrt in der Arktis plant, sollte man sich zunächst folgende grundsätzliche Frage stellen: Welches Gebiet der Arktis möchte ich mit welchem Schiff bereisen? Auf diese Frage gibt es jedoch eine Vielzahl von Antworten, stets abhängig von den Bedürfnissen, Erwartungen und natürlich auch dem Geldbeutel, beziehungsweise der Bereitschaft, sich vom Geld zu trennen. Ein Alleinreisender kann leicht bis zu 1000 Euro pro Tag für eine sehr gut ausgestattete Außenkabine auf einem der teureren Expeditionsschiffe ausgeben. Kleine Gruppen mit vier Personen können jedoch auch mit weniger als 250 Euro pro Tag für eine Innenkabine hinkommen, wenn für sie eine luxuriöse Ausstattung an Bord nicht das entscheidende Merkmal ist. Doch nicht nur die Frage der Kosten ist ausschlaggebend für die Wahl eines Schiffes. Sie sollten sich auch überlegen, was ihnen bei Ihrer Reise besonders wichtig ist: Wollen Sie ein eher kleineres und damit auch familiäreres Schiff? Ist es Ihnen wichtig, dass an Bord Deutsch gesprochen wird oder kommen Sie auch hervorragend mit Englisch zurecht? Benötige ich eine Sauna oder ähnliche Erholungsmöglichkeiten, oder reicht mir die Schönheit der Natur? Die Liste der Fragen ließe sich noch eine ganze Weile fortsetzen, soll aber vor allem eine Sache besonders deutlich machen: Bei der Auswahl der Schiffe hat man als Reisender die Qual der Wahl, und Sie sollten sich gut überlegen, auf was es Ihnen besonders ankommt. Daher ist es auch unumgänglich, sich eingehend mit den Schiffen, ihren Leistungen und Besonderheiten eingehend auseinanderzusetzen. Dies sollte Sie vor unangenehmen Überraschungen, wie beispielsweise der nicht bedachten Sprache an Bord, bewahren.

Einige Leistungen sind auf allen Expeditionsschiffen üblich, und Sie sollten diese daher auch auf jedem Schiff antreffen. So sollte beispielsweise ein Arzt an Bord sein, an den Sie sich jederzeit wenden können. Jedoch trifft dies auf die ganz kleinen Schiffe nicht immer zu. Der Einsatz von Schlauchbooten, sogenannten Zodiacs, um sie von Bord der Schiffe zu den Sehenswürdigkeiten an Land zu bringen, gehört ebenso zum Standard aller Schiffe wie Vorträge von kompetenten Lektoren über die arktische Welt. Auf den nächsten Seiten folgt eine kurze Beschreibung der wichtigsten Expeditionsschiffe und der Veranstalter, für die sie unterwegs sind. Die Beschreibungen ab S. 94 umfassen die Schiffe, die in der Saison 2010 im Einsatz waren. Hier können sich durch Inbetriebnahme neuer Schiffe oder Außerdienststellung inzwischen Änderungen ergeben haben.

Unterwegs mit einem kleinen Expeditions-schiff

Eisklassen

Bei einer Schiffsfahrt im eisigen Nordmeer ist es interessant zu wissen, welche Eisklasse die jeweiligen Schiffe besitzen. Durch die Kategorisierung der Schiffe in Eisklassen wird ihre Eisfestigkeit angegeben. Alle Schiffe, die in den arktischen und antarktischen Meeren fahren, verfügen über Eisverstärkung, um das Eis durchbrechen zu können. Die Anzahl und die Einteilung der Eisklassen unterscheiden sich in verschiedenen Ländern. Hier zur Orientierung die wichtigsten Einteilungen:

Norwegen, Schweden, Finnland	
1A	Super: Extreme Eisverhältnisse (Eisdicke bis 1 m)
1A	Schwierige Eisverhältnisse (Eisdicke bis 0,8 m)
1B	Durchschnittliche Eisverhältnisse (Eisdicke bis 0,6 m)
1C	Leichte Eisverhältnisse (Eisdicke bis 0,4 m)
II	Sehr leichte Eisverhältnisse
Russland	
LL1	Eisdicke über 2 m
LL2	Eisdicke bis 2 m
LL3	Eisdicke bis 1,5 m
LL4	Eisdicke bis 1,0 m
UL1	Eisdicke bis 0,8 m
Vereinigte Staaten von Amerika	
A3	Eisdicke über 1 m
A2	Eisdicke bis 1 m
A1	Eisdicke bis 0,6 m
A0	Eisdicke bis 0,3 m
Deutschland (Germanischer Lloyd)	
E	(korrespondierende finnisch-schwedische Eisklasse II bzw. III)
E1	(korrespondierende finnisch-schwedische Eisklasse 1C)
E2	(korrespondierende finnisch-schwedische Eisklasse 1B)
E3	(korrespondierende finnisch-schwedische Eisklasse 1A)
E4	(korrespondierende finnisch-schwedische Eisklasse 1A Super)

Liste der Expeditionsschiffe

MS Bremen

Die MS Bremen ging 1990 im japanischen Kobe vom Stapel und kam 1993 zur Flotte der Hapag-Lloyd-Kreuzfahrtschiffe. Das Expeditionsschiff ist mit seinem im Vergleich zu anderen Schiffen geringen Tiefgang von 4,8 Metern wunderbar dazu geeignet, auch die kleinsten und entlegensten Häfen in der Arktisregion anzusteuern. Zudem ermöglicht dies dem Schiff auch, schmalere Fjorde und Wasserläufe zu befahren.

Der Heimathafen des Schiffes ist Nassau. Das 111 Meter lange und 17 Meter breite Schiff bringt es auf eine angenehme Reisegeschwindigkeit von 15 Knoten. Das Kommando haben hier deutsche Kapitäne. Bezahlt werden kann ohne lästige Umwechslung mit Euro. Das 4-Sterne-Expeditionsschiff bietet insgesamt Platz für maximal 164 Passagiere und 100 Mann Besatzung an Bord. Mit der Eisklasse E4 (die höchste Eisklasse für Passagierschiffe) ist es der Bremen auch möglich, das dichte Packeis bis zu einer Dichte von 50 Zentimetern zu durchbrechen. Gut geschulte Lektoren sorgen mit ihren abendlichen Vorträgen für eine kompetente Vorbereitung und einen fundierten Wissensstand über die Zielgebiete der Bremen. Für den gemütlichen Teil der Fahrt mit der Bremen sorgen ein Restaurant mit großem Panoramafenster, Bar, Schwimmbad und ein Fitnesscenter mit Sauna. Insgesamt herrscht an Bord eine freundliche und eher ungezwungene Atmosphäre, in der es nicht weiter schwer fallen sollte, mit Ihren Mitreisenden ins Gespräch zu kommen. Das hervorragende Restaurant und eine ausgezeichnete Weinkarte werden ebenso überraschen wie der Service. Der sehr erfahrene Reiseveranstalter Hapag-Lloyd Kreuzfahrten weiß genau, was die Reisenden wünschen. Nicht ohne Grund gibt es viele Menschen, die immer wieder zurückkommen oder schon während der Schiffsreise die nächste Kreuzfahrt buchen. Hinsichtlich Ausflügen und Anlandungen kann man sich in besten

Die MS Bremen in Grönland

Händen fühlen. Die expeditionserfahrene Crew kann dank der zwölf bordeigenen Zodiacs (wendigen Schlauchbooten) auch zahlreiche spannende Ausfahrten und Anlandungen ermöglichen, die nicht von allen Veranstaltern in der Arktis angeboten werden. So sind zum Beispiel Tierbeobachtungen aus nächster Nähe oder auch ein außergewöhnliches Barbecue in der Arktis möglich. Anoraks und Gummistiefel sind an Bord verfügbar, so muss man diese nicht selbst im Reisegepäck mitschleppen.

MS Hanseatic

Die MS Hanseatic ist sicher eines der Luxusschiffe unter den Expeditionsschiffen. Als einziges von wenigen Expeditionsschiffen weltweit wurde sie vom Berlitz Cruise Guide mit fünf Sternen ausgezeichnet. Das 122,8 Meter lange und 18 Meter breite Schiff wurde 1993 in Finnland gebaut und fährt für die Hapag-Lloyd Kreuzfahrten unter der Flagge der Bahamas. Das Schiff ist extrem manövrierfähig und verfügt wie auch die Bremen über 14 wendige bordeigene Zodiac-Schlauchboote, die auch Anlandungen ohne Pier und Tierbeobachtungen aus nächster Nähe ermöglichen. Zudem durchquert die Hanseatic im Wechsel mit ihrem Schwesterschiff sogar die Nordwestpassage von Grönland nach Alaska. Die Spitzengeschwindigkeit der Hanseatic beträgt 16 Knoten bei einem geringen Tiefgang von 4,91 Metern. Insgesamt bietet das Schiff 184 Passagieren und 125 Mann Besatzung Platz und zählt damit zu einem der größten Expeditionsschiffe. Ebenso wie auf der MS Bremen wird auch auf der Hanseatic an Bord Deutsch gesprochen, und Sie können bequem in Euro bezahlen. Mit der Kategorie E4 verfügt das Schiff über die höchste Eisklasse für Passagierschiffe und kann daher auch im Packeis bis zu einer Dichte von 50 Zentimetern fahren. Ihren luxuriösen Anspruch unterstreicht die Hanseatic mit einem wunderschönen und vortrefflichen Restaurant, drei Bars, einem Whirlpool und einem Wellnessbereich mit Sauna und Massagen. Ein besonderer Pluspunkt an Bord ist sicher die komfortable und großzügige

Die MS Hanseatic

Durchgang verboten

Unterbringung. Da es keine Innenkabinen gibt, hat man auch an Bord immer einen direkten Blick auf die polare Eiswelt. Fachkundige und namhafte Experten informieren in abendlichen Vorträgen kompetent über alles Wissenswerte. Falls Sie auch auf einer Arktisfahrt nicht auf Luxus verzichten wollen, ist dieses Schiff sicher wärmstens zu empfehlen. Wer Wert auf ausgezeichnetes Essen legt, kann kein besseres Schiff finden. Die Köche hätten sich bestimmt einen Michelin-Stern verdient. Kein Wunder, dass die günstigen Kabinen oft schon ein Jahr im Voraus ausgebucht sind. Es sei noch erwähnt, dass man von den Kabinen E-Mails (ohne Anhänge) kostenfrei empfangen und verschicken kann.

Polar Pioneer

Die MS Polar Pioneer wurde 1985 in Finnland gebaut und war mit ihrem verstärkten Rumpf zunächst als Forschungsschiff in den Gewässern der damaligen Sowjetunion unterwegs. Im Jahre 2000 wurde das Schiff im russischen St. Petersburg grundüberholt und zu einem Expeditionsschiff mit Unterbringungsmöglichkeiten für 56 Passagiere und 23 Mann Besatzung umfunktioniert. Das 71 Meter lange und 12 Meter breite Schiff bringt es auf offener See auf eine Geschwindigkeit von 12 Knoten. Es verfügt über die Eisklasse 1A. Sie sollten an Bord der englischen Sprache zumindest auf Konversationsebene mächtig sein, bezahlt werden kann mit US-Dollar. Der russische Kapitän der MS Polar Pioneer gehört mit seiner Mannschaft zu einem der erfahrensten Arktis-Nautikern der Welt. Da alle Kabinen des Schiffes Außenkabinen sind, werden Sie während der ganzen Reise traumhafte Blicke auf die Sie umgebende Natur genießen können. Die Unterbringung ist einfach, aber gemütlich. Im Vergleich zu anderen

Expeditionsschiffen ist die Polar Pioneer jedoch weniger luxuriös ausgestattet. Es befinden sich ein Bordrestaurant mit europäischen Köchen, eine Bar und eine gut sortierte Bibliothek an Bord des Schiffes. Die Vorträge an Bord werden von erfahrenen Polarexperten gehalten. Die großen Vorteile des Schiffes liegen sicherlich in der guten Manövrierfähigkeit und in seiner überschaubaren Größe, was es Ihnen sicher erleichtern wird, schnell mit den anderen Gästen ins Gespräch zu kommen. Zudem ist die Atmosphäre an Bord familiär und ungezwungen.

Prince Albert II

Das Expeditionsschiff Prince Albert II gehört ähnlich wie die MS Hanseatic zu den luxuriösesten Schiffen, auf denen Polarreisen angeboten werden. Das 1989 in Finnland gebaute Schiff trug in seinem Leben bereits verschiedene Namen, unter anderem ›World Discovery‹, unter dem es vor allem in Deutschland sehr bekannt war. 2008 ließ die Firma Silverseas das Schiff für mehre Millionen Dollar zu einem luxuriösen Expeditionsschiff mit der höchsten Eisklasse umbauen. Als das umgebaute Schiff im Juni 2008 in Monaco vom Stapel ging, war kein geringerer als Grimaldi-Fürst und Namensgeber Prinz Albert II. anwesend. Die Prince Albert II hat eine Länge von 108 Metern, eine Breite von 15,8 Metern und bringt es dabei auf eine Reisegeschwindigkeit von 14 Knoten. Die insgesamt 66 Außenkabinen bieten Platz für 132 Passagiere, die von einer 111 Mann starken Mannschaft betreut werden. An Bord wird in der Regel Englisch gesprochen, doch werden Sie auch viele Besatzungsmitglieder antreffen, die des Deutschen oder einer anderen international verbreiteten Sprache mächtig sind. Bezahlt werden kann mit US-Dollar. Jede Fahrt wird hier von einem arktiserfahrenen Experten geleitet. Zu den Highlights gehören sechs Luxussuiten, die das komplette obere Deck des Schiffes einnehmen, die aber auch ihren stolzen Preis haben. An die Unterhaltung der Passagiere ist ebenfalls gedacht worden. So steht ein elegantes Theater zur Verfügung, das hauptsächlich für Lesungen und Vorträge über die Arktis genutzt wird, und ein großzügiges Außendeck mit zwei Whirlpools. Doch die Prince Albert II weist noch weitere für ein Expeditionsschiff eher untypische Einrichtungen auf wie zum Beispiel eine sehr schicke Bibliothek, ein Internetcenter, einen Butlerservice und Kasinospiele. Ein exquisites Restaurant, eine Bar sowie ein Spa- und Beautybereich runden das reichhaltige Freizeitangebot ab. Die Atmosphäre an Bord ist dem luxuriösen Ambiente angepasst, worauf Sie sich bei einer Reise mit dem Schiff einstellen sollten.

Polar Star

Die 1969 in Finnland vom Stapel gelaufene Polar Star gehört eher zu den älteren Expeditionsschiffen in der Arktis. Ursprünglich war das Schiff als Eisbrecher unter dem Namen ›Njord‹ für die schwedische Marine im Dienst. 2001 wurde das Schiff jedoch grundlegend umgebaut und stellt nun ein modernes Expeditionsschiff für die polaren Regionen dar. Die Polar Star ist der erste Eisbrecher, der ausschließlich für Expeditionsfahrten genutzt wurde. Der Heimathafen des

86,5 Meter langen und 21,2 Meter breiten Schiffes ist Bridgetown. Die Reisegeschwindigkeit des Schiffes auf offener See wird mit 11,5 Knoten angegeben,
der Tiefgang beträgt 6,5 Meter, die Eisklasse ist 1A. Bis zu 105 Passagiere
und 40 Mann Besatzung finden auf der Polar Star Platz. An Bord des Schiffes
wird vor allem Englisch und Norwegisch gesprochen, doch sollte man in der
Regel auch auf eine deutschsprachige Reiseleitung treffen. Bezahlen kann man
entweder mit norwegischen Kronen oder aber mit amerikanischen Dollar. Der
Eisbrecher verfügt über komfortable Kabinen, Observation Lounge, Speisesaal,
Bibliothek und eine Bar. Ein absoluter Pluspunkt des Schiffes ist die sogenannte
Politik der ›offenen Brücke‹. Dies bedeutet, dass Sie als Gast ohne vorherige
Absprachen die Möglichkeit haben, sich auf der Brücke aufzuhalten um dort
Karten zu studieren oder mit dem Kapitän zu plaudern. Diese Idee wird nicht
nur Ihre Kenntnisse über die Abläufe auf einem Eisbrecher erhöhen, sondern
sorgt auch gleichzeitig für eine angenehm freundschaftliche Atmosphäre an
Bord. Es gibt keine spezielle Kleiderordnung. Wie auf allen anderen Schiffen
auch befindet sich ein englischsprachiger Arzt an Bord, der Ihnen 24 Stunden
am Tag zur Verfügung steht. Abendliche Vorträge bereiten Sie zudem bestens
auf alle Höhepunkte Ihrer Reise vor.

National Geographic Explorer

Das Expeditionsschiff NG Explorer lief ursprünglich 1982 in Norwegen vom
Stapel. Jahrelang war es unter dem Namen MS Lyngen für die Reederei Hurtig-
ruten ASA als Linienschiff im Nordpolarmeer unterwegs. 2007 wurde das
108,6 Meter lange und 16,5 Meter breite Schiff dann von der amerikanischen
Reederei Lindblad Expedition aufgekauft und in Göteborg umfassend umgebaut,
so dass es ab 2008 als Expeditionsschiff unter dem Namen ›National Geographic
Explorer‹ in den nördlichen Meeren eingesetzt werden konnte. In seiner neuen
Gestaltung bietet das 16 Knoten schnelle Schiff Unterbringungsmöglichkeiten

Im Funkraum eines Expeditionsschiffes

für insgesamt 148 Gäste in 81 komfortablen Außenkabinen. Wie die meisten Expeditionsschiffe in der Arktis verfügt auch die NG Explorer über die höchste Eisklasse und kann so im Packeis bis zu einem Meter Dicke fahren. Für die Freizeitgestaltung bietet die Explorer zwei Restaurants, die sich erfreulicherweise vor allem auf lokale Gerichte der Arktisregion spezialisiert haben, eine Bar, eine gut sortierte Bibliothek und einen Salon, in dem Sie Vorträge über die Region genießen können (diese können auch per Übertragung in Ihren Kabinen angesehen werden). Außerdem bietet das Schiff ein Fitnesscenter mit Wellness- und Saunabereich. Bezahlt werden kann in Dolar. Die NG Explorer bietet so insgesamt moderne Maßstäbe und eine angenehme Reiseatmosphäre. Ein weiterer Bonus des Schiffes ist auch hier die Politik der ›offenen Brücke‹, die es Ihnen erlaubt, den Kapitänen und Offizieren beim Navigieren über die Schulter zu schauen und mit Ihnen interessante Gespräche über die Kunst der Arktisschifffahrt zu führen.

Noorderlicht

Das bereits 1910 in Flensburg gebaute und bis heute majestätisch anmutende Segelschiff Noorderlicht gehört sicher zu den interessantesten Schiffen, auf denen Expeditionsfahrten im Nordpolarmeer unternommen werden können. 1991 wurde der einstige Dreimaster zu einem Zweimast-Schoner umgebaut und so an die extremeren Bedingungen der nördlichen Meere angepasst. So bekam das Schiff unter anderem einen stahlverstärkten Bug, um auch dem dichten Packeis trotzen zu können. Die 46 Meter lange und 6,5 Meter breite Noorderlicht gehört zu den kleinsten Expeditionsschiffen in der Arktis und bietet maximal 20 Personen Platz. Das Schiff besitzt eine Stammcrew aus drei sehr erfahrenen Holländern, einem Koch und einem kompetenten Reiseleiter. Die Sprache an Bord ist in der Regel Englisch, jedoch verfügt die Mannschaft auch über ausreichende Deutschkenntnisse, um sich mit Ihnen problemlos verständigen zu können. Sie sollten sich jedoch darauf einstellen, dass die Vorträge an Bord, die Einblicke in die Region der Arktis geben, ausschließlich auf Englisch gehalten werden. Die Bordwährung ist die norwegische Krone. Die Zwei-Personen-Kabinen an Bord sind gemütlich und zweckmäßig eingerichtet, im Vergleich zu anderen Schiffen werden Sie jedoch auf dem Segelschiff auf unnötigen Luxus verzichten müssen. So haben beispielsweise die Kabinen keine eigene Dusche oder Toilette. Diese sind auf dem Gang gelegen und müssen mit anderen Reisenden an Bord geteilt werden. Die intime und freundschaftliche Atmosphäre an Bord macht dies jedoch bei weitem wett. Besonders interessant und auch absolut einmalig ist sicherlich das Mitwirken der Reisenden an der Navigierung des Schiffes. Bei Segelmanövern und während der Wache (gegebenenfalls auch nachts!) ist die Mithilfe der Passagiere gefragt. So können Sie nicht nur Grundkenntnisse der Seefahrt erlangen, sondern sind auch körperlich während der Reise gefordert. Machen Sie sich jedoch keine Sorgen, man wird keine unmöglichen Dinge von Ihnen erwarten und Ihnen alles Notwendige in Ruhe erklären. Fest steht jedoch, dass diese Besonderheit die Fahrt mit der Noorderlicht sicherlich zu einem einmaligen und besonderen Erlebnis macht, an das Sie noch lange denken werden.

Mit dem Schiff in die Arktis

Die Antarctic Dream

Antarctic Dream

Die MS Antarctic Dream wurde 1958 in den Niederlanden gebaut und stand lange Zeit im Dienst der chilenischen Marine, um für das südamerikanische Land die wissenschaftliche Erforschung der Antarktis voranzubringen. 2004 wurde das Schiff von der spanischen Reederei Antarctic Shipping aufgekauft und zu einem modernen Expeditionsschiff umgestaltet. Die Antarctic Dream befährt seitdem sowohl die Arktis wie auch, worauf der Name ja bereits hindeutet, die Antarktis. Bei einer Länge von 83 Metern und einer Breite von 12 Metern bietet das Schiff Raum für maximal 84 Passagiere und 43 Mann Besatzung. Die Reisegeschwindigkeit der Antarctic Dream wird mit 12 Knoten angegeben, sie verfügt über die höchste Eisklasse. Die Besatzung an Bord ist international, und es wird Englisch, Spanisch und Deutsch gesprochen, bezahlt werden kann in Euro und Dollar. Der Kapitän des Schiffes ist Chilene und verfügt über viel Erfahrung beim Reisen in den polaren Gegenden. Die Kabinen des Schiffes sind sehr komfortabel eingerichtet und verfügen alle über eigene Dusche und Fernseher. Das Expeditionsschiff besitzt ein gutes Restaurant, einen Fitnessraum und eine Sauna. In der angenehm gestalteten Bordbibliothek findet man zahlreiche Bücher und Informationen über Flora und Fauna der arktischen Gebiete, und auch eine Bar zum gemütlichen Beisammensein steht Ihnen hier zur Verfügung. Insgesamt ist das Schiff recht angenehm ausgestattet. Besonders die Beobachtungs-Lounge ist ein großer Pluspunkt des Schiffes. Eine schöne Außenbrücke ermöglicht es den Passagieren zusätzlich, die Schönheit der Natur hautnah zu erleben. Auch auf der Antarctic Dream können Sie spannende Vorträge über ihre Reiseziele besuchen.

Fram

Die Fram ist eines der größten und neuesten Expeditionsschiffe, die in der Arktis Reisen anbieten. Das 2007 in italienischen Triest vom Stapel gelassene Schiff erinnert mit seinem Namen an das legendäre norwegische Polarforschungsschiff mit dem sich einst Roald Amundsen aufmachte um den Südpol zu erreichen. Es ist das jüngste Schiff der Hurtigruten-Flotte und wurde speziell für Expeditions- reisen mit den neuesten technischen Standards ausgestattet. Der Heimathafen der unter norwegischer Flagge fahrenden Fram ist Narvik. Das Schiff hat eine Länge von 110 Metern, eine Breite von 20,2 Metern und bietet Unterkunftsmöglich- keiten für bis zu maximal 318 Passagiere und 70 Mann Besatzung. Damit ist es von der Anzahl der möglichen Gäste an Bord das größte in der Arktis verkehrende Expeditionsschiff. Die Reisegeschwindigkeit des Schiffes auf offener See beträgt dabei stolze 18 Knoten (etwa 33,3 km/h). Es besitzt die eingetragene Eisklasse 1B und einen Tiefgang von 5,1 Metern. Die insgesamt 136 Kabinen sind sehr komfortabel eingerichtet und gliedern sich in Innen- und Außenkabinen auf. Sollten Sie daher ein Fenster mit Blick auf die arktische Umgebung wünschen, sollten Sie dies bei der Buchung bereits berücksichtigen. An Bord wird in der Regel Deutsch, Englisch und Norwegisch gesprochen, insgesamt gilt, dass auch hier die Besatzung sehr international ausgerichtet ist und eine Vielzahl von Sprachen gesprochen wird. Bezahlt werden kann mit Euro und Dollar. Auch der Wohlfühlfaktor kommt auf der Fram keineswegs zu kurz. Ein geschmackvoller Panoramasalon ermöglicht es den Passagieren, eindrucksvolle Einblicke in die Welt des hohen Nordens zu bekommen. Im eigens vorhandenen Vortragsraum werden Sie darüber hinaus von fachkundigen Lektoren in die Geheimnisse der arktischen Welt eingeführt. Sehr gute Restaurants, Cafeterias, Bars, Bord-Shops, Whirlpools, Saunen und Fitnessräume runden das luxuriöse Erlebnis auf Deck ab und lassen auch bei anspruchsvollen Gästen nur wenige Wünsche offen. Auch ein Internetzugang ist vorhanden.

Mit dem Schiff in die Arktis

Die Fram

MS Quest

Das Expeditionsschiff MS Quest wurde 1992 in Dänemark gebaut. Die Quest fuhr zwölf Jahre unter dem Namen Saqqit Ittuk als Linienschiff entlang der grönländischen Küste, bevor sie 2004 vollständig überholt und zum Expeditionsschiff mit der Eisklasse 1D umgestaltet wurde. Nach ihrem Umbau verfügt das Schiff heute über 26 Außenkabinen und bietet bis zu 58 Passagieren an Bord Platz. Die praktisch gestalteten Kabinen sind alle mit einem hellen skandinavischen Holz eingerichtet und verfügen über Bad und Toilette. Das Schiff und seine Besatzung legen besonders Wert darauf, dass die Reise ökologisch gestaltet wird. Die Quest ist mit einer Länge von 49 Metern und einer Breite von 11 Metern eines der kleineren Expeditionsschiffe. Dafür herrscht an Bord jedoch eine entspannte und freundschaftliche Atmosphäre, und die vergleichsweise geringe Größe erlaubt es dem Schiff, auch Gegenden anzusteuern, die für andere Expeditionsschiffe nur schwer zu erreichen sind. Eine Besonderheit des Schiffes ist eine sich über dem Brückendeck befindende Panoramalounge, die wunderschöne Blicke auf die arktische Eiswelt zulässt. Eine kleine, aber gut sortierte Bibliothek und eine Bar runden das Angebot der Quest ab. Wie bei anderen Schiffen auch, sind Sie als Gast der Quest ausdrücklich dazu eingeladen, dem Kapitän und seinen Offizieren bei der Navigation des Schiffes auf der Brücke beizuwohnen und sie mit Fragen zu löchern. Auch das Expeditionsteam, bestehend aus wissenschaftlichen Lektoren und ortskundigen Reiseleitern, steht Ihnen bei Fragen jederzeit zur Verfügung und bietet bei Vorträgen und Exkursionen Interessantes und Wissenswertes über die Arktis. Die Währung an Bord ist der US-Dollar.

Stockholm

Das kleinste, aber auch gleichzeitig eines der interessantesten und schönsten Expeditionsschiffe der Arktis ist ohne Zweifel die Stockholm. Das Schiff wurde bereits 1952 vom Stapel gelassen, 1999 jedoch liebevoll grundüberholt und für touristische Fahrten im Nordpolarmeer ausgestattet. So bekam das Schiff beispielsweise eine Eisverstärkung, um sich auch im Packeis bewähren zu können (Eisklasse IRS4). Bei einer Länge von 45 Metern und einer Breite von 8,8 Metern bietet das elegante Oldtimerschiff gerade einmal Platz für zwölf Passagiere und sieben Mann Besatzung. Die Sprache an Bord der auf offener See 10,5 Knoten schnellen Stockholm ist Englisch. Dieses zu

Die Stockholm

beherrschen ist mehr als ratsam, denn vor allem der charmante und extrem erfahrene Kapitän des Schiffes Per Engvall macht die Reise mit der Stockholm zu einem einzigartigen und erinnerungswürdigen Erlebnis. Per Engvall hat nicht nur seine eigenen Seekarten, sondern wird Ihnen auf den Spuren großer Polarentdecker auch verborgene Orte zeigen, die nur wenige Menschen vor Ihnen betreten haben und die von anderen Schiffen gar nicht angesteuert werden. Wenn Sie die verschneiten Geräte und andere Hinterlassenschaften vergangener Polarexpeditionen zu Gesicht bekommen, werden Sie sich fühlen wie auf einer Zeitreise. Zu diesem Gefühl tragen auch die alten originalen Messinstrumente bei, die Sie auf der Brücke bewundern können. Die Kabinen an Bord sind wie das ganze Schiff klein, aber zweckmäßig und verfügen über eigene Duschen und Toiletten. Überflüssigen Luxus dürfen Sie an Bord jedoch nicht erwarten, hier geht es eher nostalgisch zu. Ein gemütliches Restaurant und eine Bar stehen den Gästen zur Verfügung. Bezahlt werden kann mit Euro und US-Dollar. Ein kundiger und kompetenter Expeditionsleiter steht Ihnen an Bord für alle Fragen bereit. Wenn Sie eine nostalgische und besondere Arktisreise unternehmen wollen, so ist die Stockholm sicher eine gute Wahl.

Origo

Die MS Origo wurde 1955 für das schwedische Schifffahrtsministerium in Stockholm gebaut und ist das Schwesterschiff der MS Stockholm. 2002 wurde das Schiff der Eisklasse 1A komplett saniert und erfüllt somit als Expeditionsschiff den erforderlichen hohen Standard für seine Reisen im Nordpolarmeer. Die zwölf zweckmäßig eingerichteten und komfortablen Kabinen bieten Unterkunftsmöglichkeiten für 25 Personen, die von einer freundlichen Crew aus acht schwedischen Seemännern betreut werden. Einige der Kabinen verfügen jedoch über keine eigene Dusche und Toilette, dies sollte man bei einer Buchung berücksichtigen. Mit einer überschaubaren Länge von 40 Metern und einer Breite von 9 Metern gehört das 10 Knoten schnelle Schiff zu einem der kleineren Expeditionsschiffe der Arktis. Die Atmosphäre an Bord ist der überschaubaren Größe entsprechend entspannt und familiär, fast mag ein wenig Yachtgefühl an Bord aufkommen. Ähnlich wie andere Schiffe verfolgt auch die Origo eine Politik der offenen Brücke, das heißt, man ist herzlich dazu eingeladen, dem Kapitän und seiner Mannschaft bei ihrer Arbeit über die Schultern zu sehen und neugierige Fragen zu stellen. Die geringe Größe des

Die Origo

Schiffes ist vor allem dann ein Vorteil, wenn es darum geht, Fjorde oder Lagunen zu befahren, die für größere Schiffe nur schwer zugänglich sind. Für die Unterhaltung der Gäste sorgt ein Restaurant, das gutes und landestypisches Essen serviert, eine Bar, eine gut sortierte Bibliothek mit Büchern über die Arktisregion und einen Raum, in dem Sie Vorträge über die Geheimnisse der Arktis lauschen können. Bezahlt werden kann mit Euro und US-Dollar. Ein besonderes Highlight ist die windgeschützte und beheizte Brücke, von der Sie einen wunderschönen Blick auf die arktische Gletscherwelt haben. Die Origo ist insgesamt gesehen bestens geeignet für alle, die nach einem ›echten‹ Schiffserlebnis mit besonderem Charme von damals suchen.

Kapitan Khlebnikov

Der russische Eisbrecher Kapitan Khlebnikov ist wesentlich robuster als herkömmliche, eisverstärkte Schiffe, da er für den harten Einsatz im Eis Nordsibiriens konzipiert wurde. Die Eisklasse wird daher auch mit LL3 angegeben. Insgesamt gesehen zählen russische Arktisschiffe zu den besten und leistungsfähigsten der Welt. Sie bieten daher ein absolutes Maximum an Sicherheit für die Fahrten im nicht gerade ungefährlichen Nordpolarmeer. Erbaut wurde das Expeditionsschiff 1981 von der renommierten finnischen Wartsila-Werft. Es bietet Platz für bis zu 112 Passagiere bei einer Besatzungsstärke von 70 Mann. Die Kapitan Khlebnikov hat eine Länge von 122,5 Metern, eine Breite von 26,5 Metern und bringt es auf offener See auf eine Reisegeschwindigkeit von 15 Knoten. Zu den Gesellschaftsräumen an Bord der Schiffes zählen eine Lounge mit angeschlossener Bar, zwei Restaurants, die unter deutscher Leitung stehen und sehr gutes Essen servieren, eine kleine, aber gut ausgestattete Bibliothek und ein Vortragsraum, in dem englischsprachige Experten Wissenswertes über die Region vermitteln. Darüber hinaus verfügt das Schiff über einen Innenpool mit Fitnessraum und Sauna und einen kleinen Shop. Bezahlt werden kann mit US-Dollar. Die Passagierdecks sind durch einen Aufzug miteinander verbunden.

Die Kapitan Dranitsyn

Auf der Kommandobrücke sind Gäste fast immer herzlich willkommen, sie sollten ihren Besuch jedoch anmelden. Die Atmosphäre an Bord ist trotz der luxuriösen Ausstattung locker und leger. Durch seine extreme Eistauglichkeit gehört das Schiff zu den leistungsstarken Arktisschiffen der Welt und bietet so die Möglichkeit, Gegenden zu befahren, die von herkömmlichen Expeditionsschiffen nicht angefahren werden. Ein weiteres, sehr ungewöhnliches Highlight der Kapitan Khlebnikov ist der bordeigene Hubschrauber. Er dient dem Schiff nicht nur zur Eisaufklärung, sondern bietet den Passagieren an Bord auch unvergessliche Blicke in die polare Eiswelt. Das Schiff wird nach der Sommersaison 2011 außer Dienst gestellt.

Kapitan Dranitsyn

Die Kapitan Dranitsyn wurde 1980 in der Wartsila-Werft in Finnland als konventionell angetriebener Eisbrecher erbaut und ist baugleich mit der Kapitan Khlebnikov. 1999 wurde das 131 Meter lange und 26,5 Meter breite Schiff modernisiert und zu einem Expeditionsschiff umgebaut. Heutzutage fährt die Kapitan Dranitsyn zu weit abgelegenen Orten der Erde. Der Eisbrecher ist großzügig ausgelegt, jedoch nicht luxuriös ausgestattet. Man trifft bei den Reisen Menschen aus allen Ländern, die schon fast überall gewesen sind. Das bis zu 13 Knoten schnelle Schiff hat die Eisklasse LL3/A2. Auf dem Schiff befinden sich ein Restaurant, Bars, Lounges und ein Vortragsraum. Das Fitnesscenter und die Sauna mit Meerwasser laden zum Verweilen. Die Brücke ist rund um die Uhr für Passagiere zugänglich. Jede der 49 komfortablen Außenkabinen ist mit Schreibtisch, Schrank sowie Dusche/WC ausgestattet. Die Dreibettkabinen haben zwei untere Betten und ein Sofabett. Die Doppelkabinen, Suiten und Ecksuiten verfügen alle über zwei untere Betten. Insgesamt kann das Schiff 100 Passagiere aufnehmen. Die 60-köpfige Besatzung spricht Englisch und teilweise Deutsch, bezahlt wird an Bord mit US-Dollar.

National Geographic Endeavour

Die National Geographic Endeavour ist ein komfortables und bestens ausgestattetes Expeditionsschiff der höchsten Eisklasse. Es wurde 1966 im deutschen Marburg ursprünglich als Schleppnetzfischer gebaut und im Jahre 1984 noch einmal von Grund auf für seine touristische Nutzung in den polaren Gebieten saniert. Die auf sechs Decks verteilten 60 Außenkabinen an Bord verfügen alle über ein Fenster bzw. Bullauge sowie Dusche und WC und können bis zu 96 Gäste beherbergen, die von einer 64 Mann starken Crew betreut werden. Die Länge des Schiffes wird mit 112 Metern angegeben, die Breite mit 12 Metern. Die allgemeine Sprache an Bord ist Englisch, und bezahlen sollte man mit amerikanischen Dollars. Die Atmosphäre auf der Endeavour ist bewusst leger und entspannt. Sollten Sie den Wunsch haben, den Kapitän und seine Mannschaft auf der Brücke besuchen zu wollen, können Sie dies nach Absprache machen. Die Ausstattung des Expeditionsschiffes ist luxuriös: Ein gutes Restaurant, das internationale Speisen serviert, eine gut sortierte Bibliothek mit Büchern über die Arktis, eine Lounge mit Filmleinwand sowie ein Sonnendeck warten darauf, von Ihnen in Anspruch genommen zu werden. Fachkundige Lektoren führen Sie kompetent in alles Wissenswerte der Arktisregion ein und dies sogar zweimal täglich! Ergänzt wird dieses Angebot durch einen kleinen Swimmingpool, ein Fitnesscenter und einen Spabereich mit Massage- und Saunamöglichkeiten.

Akademik Ioffe

Das russische Expeditionsschiff Akademik Ioffe wurde 1989 in Skandinavien ursprünglich für die russische Akademie der Wissenschaften gebaut. Zunächst diente die eisverstärkte AK Ioffe als Forschungsschiff für Hydroakkustik. Daher fährt das Schiff im Vergleich zu anderen Arktisexpeditionsschiffen extrem ruhig und leise. Die Eisklasse der Akademik Ioffe wird mit LL1 angegeben. Das Schiff kann somit eine Eisdicke von bis zu zwei Metern durchbrechen. Das unter russischer Flagge verkehrende Expeditionsschiff bringt es auf eine Länge von 117 Metern und eine Breite von 18,5. Auf offener See beträgt die Reisegeschwindigkeit 14,5 Knoten. Die 59 komfortablen Kabinen verteilen sich auf insgesamt vier Decks und bieten Platz für bis zu 110 Passagiere, um die sich eine Mannschaft von 53 erfahrenen russischen Seeleuten kümmert. Alle Kabinen sind Außenkabinen mit Fenster, nicht alle verfügen jedoch über eine eigene Dusche und WC. Sollten Sie auf darauf besonderen Wert legen, sollten Sie dies bei der Buchung Ihrer Reise berücksichtigen, um keine unangenehmen Überraschungen zu erleben. An Bord wird hauptsächlich Englisch gesprochen, bezahlen kann man bequem mit Euro. Für die Ruhestunden an Bord gibt es ein angenehm gestaltetes Restaurant mit Vortragsraum, eine Bar/Lounge, die von spätnachmittags bis abends eine große Auswahl an Weinen und Spirituosen bietet, sowie eine gut sortierte Bibliothek mit polarbezogenen Büchern. Eine Sauna, ein kleiner Pool und ein Fitnesscenter runden das Angebot ab und sorgen für ausreichend Komfort an Bord. Die Innenausstattung des Schiffes ist modern gestaltet.

Akademik Shokalskiy

Die unter russischer Flagge fahrende Akademik Shokalskiy wurde 1983 in Finnland als Polarforschungsschiff gebaut und erst vor einigen Jahren sehr aufwendig von Grund auf überholt. Das Expeditionsschiff ist mit einer Länge von 65,9 Metern und einer Breite von 12,8 Metern klein und wendig. Dies ermöglicht es der AK Shokalskiy, auch in polaren Gegenden zu fahren, zu denen größere Schiffe keinen Zugang finden können. Ein eisverstärkter Rumpf und die angegebene Eisklasse 1A unterstreichen diesen Anspruch der Akademik Shokalskiy. Bei einem geringen Tiefgang von 4,5 Metern erreicht die Shokalskiy auf offener See eine Reisegeschwindigkeit von 10 Knoten. Das Schiff verfügt über 26 sehr komfortable Außenkabinen mit Fenstern, die jedoch nur teilweise mit eigenem Bad und WC ausgestattet sind. Beachten Sie dies gegebenenfalls bei einer Reise mit dem Schiff. Insgesamt finden bis zu 48 Gäste Unterkunft, die von einer erfahrenen

Die Akademik Ioffe

russischen und westeuropäischen, 30 Mann starken Besatzung betreut werden. Die Atmosphäre an Bord ist entspannt und informell, bei der überschaubaren Anzahl an Passagieren dürfte es nicht weiter schwer fallen, ins Gespräch zu kommen. An zusätzlichem Komfort bietet das Schiff Gesellschaftsräume wie eine gemütliche Lounge und eine gut ausgestattete Bar, eine kleine Bücherei mit Büchern zur Arktis, eine Sauna und zwei Speisesäle, in denen europäische Küchenchefs exzellente internationale Gerichte zubereiten. Bezahlt wird an Bord mit US-Dollar. Fachkundige Lektoren sorgen während der gesamten Fahrt dafür, dass Sie über alles Wissenswertes Ihrer Reise kompetent informiert werden. Von dem großen offenen Deck und der Brücke, auf der man fast immer willkommen ist, hat man zudem eine großartige Aussicht auf die polare Schönheit der Arktis.

Prof. Molchanov und Prof. Multanovskiy

Die baugleichen Schiffe Prof. Molchanov und Prof. Multanovskiy wurden 1983 in Finnland gebaut und sollten für die Sowjetunion für Forschungszwecke im Bereich der Ozeanologie und der Polarforschung eingesetzt werden. Sie sind die beiden Schwesterschiffe der Akademik Shokalskiy. Daher sind die Daten der drei Schiffe weitgehend identisch. Im Jahr 1990 wurden die Molchanov und die Multanovskiy aufwendig umgebaut und für den Passagierbetrieb in der polaren Arktis als Expeditionsschiff eingerichtet. Die Schiffe sind mit einer Länge von 71,6 Metern und einer Breite von 12,8 Metern äußert wendig und mit der angegebenen Eisklasse 1A prädestiniert für Fahrten im Nordpolarmeer. Die Reisegeschwindigkeit beträgt auf offener See maximal 12,5 Knoten, der Tiefgang 4,5 Meter. Insgesamt 29 gemütliche Außenkabinen mit Fenstern können bis zu maximal 50 Passagiere beherbergen, denen 20 erfahre russische Seeleute

Die Akademik Sergey Vavilov

als Besatzung zur Seite stehen. Nicht alle dieser Kabinen verfügen über ein eigenes Bad und WC. Sollten Sie Ihr Bad nicht mit anderen Gästen teilen wollen, empfiehlt es sich, dies bei der Buchung zu berücksichtigen. Wie auch auf der Shokalskiy wird an Bord auf eine legere und familiäre Atmosphäre Wert gelegt. An Bord wird Deutsch und Englisch (und natürlich Russisch) gesprochen, und Sie können problemlos mit Euro bezahlen. Deutschsprachige Lektoren werden Sie an ihrem Wissen über die Arktis teilhaben lassen und Ihnen bei allen wichtigen Fragen zur Verfügung stehen. Für Ihr Wohlbefinden gibt an Bord beider Schiffe ein Restaurant, in dem europäische Köche abwechslungsreiche Menüs zubereiten, eine Lounge mit einer guten Weinauswahl, eine Bar mit Fernsehen und Videoabspielgerät, eine kleine, aber gut sortierte Bibliothek mit Büchern über die Polarregion und eine Sauna. Der russische Kapitän freut sich zudem immer über einen Besuch auf seiner Brücke.

Akademik Sergey Vavilov

Das unter russischer Flagge fahrende Expeditionsschiff Akademik Sergey Vavilov ging 1989 in Finnland vom Stapel. Das ursprünglich für die sowjetische Marine als Forschungsschiff konzipierte Schwesterschiff der Akademik Ioffe wurde 2003 noch einmal komplett grundüberholt und ist seither vor allem im nördlichen Polarmeer als Touristenschiff unterwegs. Als eines der ehemaligen Schmuckstücke der russischen Marine zeichnet sich die Sergey Vavilov durch sehr gute Stabilität und eine vergleichsweise ruhige Fahrweise aus. Mit 14,5 Knoten Reisegeschwindigkeit auf offener See ist das Schiff damit sehr gut für Expeditionsfahrten in den Gewässern des Nordpolarmeeres geeignet. Es ist ein modernes und für die arktische Fahrten eisverstärktes Schiff mit der angegebenen Eisklasse A2. Die Länge beträgt 117 Meter, bei einer Breite von 18,3 Metern und einem Tiefgang von 6,1 Metern. Mit insgesamt auf vier Decks verteilten 55 komfortablen und angenehm eingerichteten Außenkabinen bietet die Sergey Vavilov Platz für bis zu 110 Passagiere. Auch hier haben nicht alle Kabinen eigene Duschen und WC, sondern müssen mit einer Nachbarkabine geteilt werden. Neben Russisch ist die gängige Sprache an Bord Englisch. Sollten Sie einer der beiden Sprachen mächtig sein, lohnt es sich, beim Kapitän und seiner 53 Mann starken Crew auf der Brücke vorbeizuschauen. Die erfahrenen Seeleute sind immer für ein Gespräch zu haben. Bezahlen kann man bequem mit Euro. Das Schiff verfügt über ein gutes Restaurant auf dem Hauptdeck, eine gut ausgestattete Bar und eine Lounge sowie eine mit polarspezifischen Büchern bestückte Bibliothek, eine Sauna und ein Schwimmbad. An Bord herrscht eine legere Atmosphäre ohne Kleidervorschriften, bequeme und praktische Kleidung ist der Reise angemessen.

Aleksey Maryshev und Grigoriy Mikheev

Die beiden baugleichen russischen Schwesterschiffe wurden 1990 in Finnland als Forschungsschiffe der Russischen Akademie der Wissenschaften gebaut. Die modernen und komfortablen Expeditionsschiffe sind mit der höchsten Eisklasse ideal für ihre Fahrten im Nordpolarmeer ausgestattet. Bei einer Länge von 66 Metern und einer Breite von 12,8 Metern kommen die Schiffe auf eine Reisegeschwindigkeit von 12,5 Knoten auf offener See. Die 23 Außenkabinen bieten insgesamt 46 Passagieren Unterkunftsmöglichkeiten. Jede Kabine hat eine Nasszelle mit Dusche, Toilette und Waschbecken. Bezahlen sollte man auf den beiden Expeditionsschiffen jeweils mit US-Dollar. An Bord gibt es jeweils ein Restaurant mit guter internationaler Küche, einen Aufenthaltsraum mit Bar, in der eine gute Auswahl von Weinen zur Verfügung steht, sowie eine Sauna und einen Swimmingpool. An Bord gibt es zudem eine kleine Bibliothek mit einer Auswahl von Büchern über die Polarregionen, Nachschlagewerken und auch Unterhaltungsliteratur sowie mit Spielen und Spielkarten. Auf der Brücke sind Sie jederzeit willkommen und können sich auf Englisch mit den Kapitänen unterhalten. Eine ausgiebige Serie von Vorträgen mit Dias, Filmen oder Power-point-Präsentationen durch das Expeditionsteam behandelt im Vortragsraum alle Aspekte der Reise und der Umgebung. Gemäß der Expeditions-Atmosphäre gibt es auf den Schiffen keinen ›dress code‹. Komfortable, legere Kleidung und gutes Schuhwerk ist für alle Aktivitäten angesagt. Von den großen offenen Decks und der Brücke aus gibt es überall ausgezeichnete Beobachtungsmöglichkeiten.

Die Aleksey Maryshev (hinten)

Mit dem Schiff in die Arktis

Southern Star

Eines der kleinsten Expeditionsschiffe, das Reisen im Nordpolar unternimmt, ist das in der Vereinigten Staaten vom Stapel gelassene Segelschiff Southern Star. Gerade einmal sieben Kabinen beherbergen bis zu zehn Passagiere an Bord. Das 23,7 Meter lange und 5,6 Meter breite Schiff verfügt insgesamt nur über zwei Duschen, die sich die Gäste teilen müssen. Bei einer solchen Größe kommt selbstverständlicherweise eine sehr familiäre und freundliche Atmosphäre an Bord des Seglers auf. Fast mag man meinen, man sei auf einem Yachtausflug. Den Gästen steht ein kleiner, aber gemütlicher Salon zur Verfügung, in dem auch die Speisen an Bord eingenommen werden. Dank eines Satellitentelefons hat man die Möglichkeit, digitale Post regelmäßig zu bearbeiten. Bei einer Reise auf der Southern Star sollte man berücksichtigen, dass das Schiff über keinen eigenen Arzt an Bord verfügt. Sie sollten daher auf jeden Fall eine gute gesundheitliche Verfassung haben. Trotz der geringen Anzahl an Passagieren muss man keineswegs auf spannende Vorträge über die Arktis verzichten. Ebenso wie auf anderen Booten wird Ihnen auch hier ein geschulter Lektor alles Wissenswerte berichten.

MS Andrea

Die MS Andrea wurde bereits im Jahre 1960 in Trondheim gebaut, jedoch in den darauffolgenden Jahren immer renoviert und modernisiert, so das letzte Mal 2003. Ihr ursprüngliches Einsatzgebiet war die norwegische Atlantikküste. Für dieses Fahrtgebiet hatten beim Bau vor allem hohe Stabilität und extreme Seetüchtigkeit höchste Priorität. Bei dieser letzten Renovierung wurde das 87,4 Meter lange und 12,8 Meter breite Expeditionsschiff vor allem außen komplett überarbeitet. Zudem wurden die freien Decks offener angelegt und ein zusätzliches Observationsdeck aufgesetzt, von dem aus Sie die Natur wunderbar beobachten können. Das Schiff bringt es bei einem Tiefgang von 4,6 Metern auf eine Spitzengeschwindigkeit von maximal 18 Knoten. Besonders angenehm fällt bei der MS Andrea ins Auge, oder besser nicht ins Auge, dass sich die aufwendige moderne Bordtechnik, wie Navigationscomputer und Radargeräte, dezent im Hintergrund halten und sich das Schiff seinen alten Charme erhalten konnte. Eine wahre Pracht ist das Innere des Schiffes. Hier wurden alle Räume aufwendig erneuert und dabei jedoch die kleinen Details, die das Schiff liebenswert machen, beibehalten. Skandinavische, französische und italienische Stilelemente sind prägend für den Einrichtungsstil der Räume und der Kabinen. Insgesamt kann das Schiff bis zu 105 Passagiere fassen, die von über 50 Besatzungsmitgliedern verwöhnt werden. Die Atmosphäre an Bord ist als familiär zu beschreiben, und man bekommt nicht selten den Eindruck, eher auf einer privaten Yacht als auf einem Expeditionsschiff zu sein. Zum gemeinsamen Beisammensein bietet die MS Andrea insgesamt drei Restaurants und zwei Bars. Darüber hinaus stehen Gesellschaftsräume und eine Krankenstation für die Gäste bereit. An Bord des Schiffes wird in der Regel Englisch gesprochen, und auch die gängige Währung ist der Dollar. Kreditkarten aller Art werden jedoch auch gerne entgegengenommen.

Plancius

Die M/V Plancius wurde 1976 als ozeanographisches Forschungsschiff der holländischen Königlichen Marine unter dem Namen Hr. Ms. Tydeman in Dienst gestellt. Im Dezember 2006 wurde es von der holländischen Rederei Oceanwide Expeditions gekauft. 2009 wurde die M/V Plancius durch eine holländische Werft nach den neusten Sicherheitsvorschriften in ein modernes Polarexpeditionsschiff umgebaut. Seit Januar 2010 verkehrt es im Nordpolarmeer und den polaren Gewässern der Antarktis. Die M/V Plancius bietet Platz für 110 Passagiere. Auf dem 89 Meter langen und 14,5 Meter breiten Schiff kann kein Luxus erwartet werden. Das Erleben der Natur, die Beobachtung von Flora und Fauna stehen im Vordergrund. Die Plancius hat die Eisklasse A3 und erreicht eine eher gemütliche Geschwindigkeit von 10 bis 12 Knoten. Auf dem Schiff befinden sich ein Restaurant/Vortragsraum und eine Panoramalounge mit Bar auf Deck 5. An Bord befindet sich ein Arzt. Die Kleidung an Bord ist sportlich-leger. Man kann auch jüngere Gäste auf dem Schiff antreffen. Alle 54 Kabinen sind mit D/WC ausgerüstet. Alle Zwei-Bett Kabinen sind mit Doppelbetten oder zwei Einzelbetten ausgerüstet. In den Vier-Bettkabinen befinden sich Kajütenbetten. Mit der 30-köpfigen Besatzung kann man sich auf Deutsch und Englisch verständigen, bezahlt werden kann in Euro. Die M/V Plancius ist mit einem dieselelektrischen Antriebssystem bestückt, das die Geräusche und die Vibrationen der Maschinen beträchtlich reduziert.

Benannt wurde das Schiff nach dem holländischen Astronomen, Kartographen, Geologen und Pfarrer Petrus Plancius (1552–1622). Petrus Plancius glaubte an die Existenz eines nördlichen Durchgangs nach Asien, und seine Theorie ermutigte mehrere Entdecker, danach zu suchen. Ende des 16. Jahrhunderts fuhr eine holländische Expedition, unter dem Befehl des holländischen Seefahrers und Entdeckers Willem Barents, auf der Suche nach einer Nordostpassage los, bei der dann Spitzbergen entdeckt wurde. Die Expedition endete allerdings schon in Novaja Zemlja, wo Willem Barents nach einer Überwinterung am 20. Juni 1597 an Erschöpfung starb.

Marco Polo

Die Marco Polo gehört zur Flotte der Transocean Reederei und wurde bereits im Jahre 1966 in Deutschland vom Stapel gelassen. Das Schiff wurde jedoch mehrmals renoviert sowie modernisiert und kann heute fast als so etwas wie ein moderner Klassiker gesehen werden. Das Expeditionsschiff ist mit einer Länge von 176,3 Metern und einer Breite von 23,63 Metern eines der größeren Schiffe, die in der Arktis verkehren. Es bietet in seinen 423 Kabinen, die sich auf acht Decks verteilen, insgesamt Platz für 826 Passagiere. Hinzu kommen noch über 350 Crewmitglieder. Der Tiefgang des Schiffes misst dabei stolze 8,2 Meter, die Eisklasse ist E1. Die Marco Polo ist mit ihrem edlen dunkelblauen Rumpf, ihrer klassischen Form und ihren traditionellen Holzdecks ein Paradebeispiel für das goldene Zeitalter der Ozeanliner. Bereits beim Betreten des Schiffes fallen die edlen Hölzer auf, und das Schiff versprüht einen einzigartigen Charme. Trotz seiner Größe und den vielen Gästen an Bord ist eine Reise mit der Marco Polo alles andere als anonym. Die Besatzungsmitglieder, die in der Regel Englisch sprechen, pflegen einen ungemein aufmerksamen und freundlichen Service. Zudem bietet das Schiff eine ganze Reihe von Annehmlichkeiten. Neben zwei sehr stilvoll eingerichteten Restaurants gibt es insgesamt fünf Bars und Lounges. Darüber hinaus verfügt das Schiff über ein Fitnesscenter sowie eine Boutique. Neben dem großzügig angelegten Außendeck des Schiffes bietet auch die Besatzung selber mit ihrem Angebot aus Musik, Tanz und Theater immer wieder reichlich Gelegenheit zur Unterhaltung. Angenehm für Reisende aus der EU ist auch, dass auf dem Schiff mit Euro bezahlt werden kann. Neben Kreditkarten werden auch EC-Karten als Zahlungsmittel akzeptiert.

50 Years of Victory

Der Atomeisbrecher ›50 Years of Victory‹ ist sicher eine Ausnahmeerscheinung unter den Expeditionskreuzschiffen. Das Schiff gehört dem russischen Staatsunternehmen ›Atomflot‹. Die Bauzeit des Schiffes betrug beinahe 20 Jahre, als es 2007 im russischen Sankt Petersburg vom Stapel gelassen wurde. Durch seine Neuwertigkeit erfüllt die 50 Years of Victory natürlich auch alle der internationalen Standards und ist eines der modernsten Schiffe in der Arktis. Vor allem in die Technik für Sicherheit und Navigation wurde viel Geld investiert. Der Bug wurde dabei so gebaut, dass es dem Schiff möglich ist, Eisschichten mit einer Dicke von bis zu drei Metern zu durchbrechen. Damit verfügt es

Der Atomeisbrecher 50 Years of Victory

Größere Expeditionsschiffe haben Helikopter an Bord

über die höchste russische Eisklasse LL1. Auch die Ausmaße des Schiffes sind einzigartig. Mit einer Länge von 159,6 Metern und einer Breite von 30 Metern besitzt es einen Tiefgang von 11 Metern. Auf seinen Fahrten zum geografischen Nordpol stehen dem Expeditionsschiff zwei Atomreaktoren zur Verfügung, die gewaltige 75000 PS und eine maximale Geschwindigkeit von 21,4 Knoten zustande bringen. Für die Passagiere, die von einer international erfahrenen Mannschaft von 138 Personen betreut werden, stehen insgesamt 64 Außenkabinen zur Verfügung, die Platz für maximal 128 Personen bieten. Die Sprache an Bord ist Englisch und die Währung der US-Dollar. Alle Kabinen verfügen über einen guten Standard, ohne dabei übermäßig luxuriös zu sein. Sehr angenehm ist auch, dass in dem bordeigenen Restaurant alle Passagiere gleichzeitig essen können und es keine festgelegte Platzwahl gibt. Abends hat man entweder die Möglichkeit, sich an der Bar mit Mitreisenden über die Erlebnisse des Tages zu unterhalten oder aber sich in die Bibliothek zurückzuziehen, um sich lesend auf den nächsten Tag vorzubereiten. In einem extra gelegenen Salon werden die Vorträge gehalten. Aber auch an luxuriöser Entspannung hat die 50 Years of Victory etwas zu bieten. Im Inneren des Schiffes befindet sich ein Schwimmbad mit angewärmtem Meereswasser sowie eine Sauna. Für die Ausflüge in die Weite der Arktis verfügt das Expeditionsschiff auch über einen Helikopter, in dem 30 Personen Platz finden.

Jamal

Der Atomeisbrecher Jamal ist die ältere Schwester der 50 Years of Victory und ging ebenfalls in Sankt Petersburg, jedoch bereits 1992, vom Stapel. Eigentlich sollte das Schiff die Wege im Nordpolarmeer für sowjetische Versorgungsschiffe freihalten. Aufgrund der politischen Veränderungen in den Jahren 1990/91 wurde es nach seiner Fertigstellung jedoch als Expeditionsschiff eingesetzt. Wie schon sein Schwesterschiff verfügt auch die Jamal über beeindruckende Ausmaße. Mit einer Länge von 150 Metern und einer Breite von 30 Metern besitzt der

Eisbrecher einen Tiefgang von 10 Metern. Die beiden von zwei Atomreaktoren angetriebenen Schiffsschrauben bringen es bei 75000 PS auf eine Geschwindigkeit von bis zu 22 Knoten. Über eine Gefährdung der Gesundheit aufgrund der Atomreaktoren muss man sich keine Sorgen machen. 86 Sensoren, die über das ganze Schiff verteilt sind, überwachen ständig die Radioaktivität an Bord. Um die leistungsstarken Reaktoren dauerhaft zu kühlen, benötigt die Jamal wie auch die 50 Years of Victory übrigens zwingend kaltes Meereswasser. Ein Einsatz der Schiffe in der Antarktis ist damit zwangsläufig ausgeschlossen, müssten die Atomeisbrecher doch auf ihrem Weg dorthin auf jeden Fall durch tropische Gewässer fahren. Auf der Jamal finden insgesamt 100 Passagiere in gemütlich eingerichteten Kabinen Platz. Die Zahl der Mannschaft beläuft sich auf bis zu 150 Personen. Das Schiff verfügt zudem über einen bordeigenen Helikopter, der Sie auf spannende Flüge über die Weiten der arktischen Landschaften mitnimmt.

Clipper Adventurer

Das Expeditionsschiff Clipper Adventurer ging bereits 1975 vom Stapel, wurde in den folgenden Jahren jedoch immer wieder überholt und modernisiert. Das Schiff ist 100 Meter lang,16,2 Meter bereit und bringt es auf eine gemütliche Reisegeschwindigkeit von bis zu 12 Knoten. Die Eisklasse des Schiffes beträgt 1A. Für die Reisenden stehen 58 Außenkabinen und 3 Suiten bereit, die sich auf vier Passagierdecks verteilen. Alle sind zweckmäßig eingerichtet und verfügen über untenstehende Betten, eine individuell regulierbare Klimaanlage sowie Dusche und WC. Die 122 Passagiere werden auf ihrer Reise durch die Arktis von bis zu 72 Crewmitgliedern gewissenhaft betreut. Die allgemeine Bordsprache ist Englisch, in der Regel ist jedoch auch ein deutschsprachiges Mitglied im Expeditionsteam des Schiffes vertreten. Bezahlt werden kann mit US-Dollar, und auch die gängigen Kreditkarten werden akzeptiert. Das Schiff bietet seinen Gästen eine sehr gut ausgestattete Bibliothek, einen bordeigenen Shop und einen Fitnessraum. In einem zusätzlichen Vortragsraum kann man den Erläuterungen über die Arktis folgen. Für das leibliche Wohl sorgen ein Restaurant sowie eine Lounge und zwei Bars.

Alexander von Humboldt

Das Expeditionsschiff Alexander von Humboldt wurde 1990 im spanischen Valencia als MS Crown Monarch erbaut und fuhr zu Beginn seiner Laufbahn zunächst vor allem in amerikanischen und asiatischen Gewässern. Später ging das Schiff dann in den Besitz der deutschen Reederei Phoenix über, wurde 2008 grundrenoviert und verkehrt seitdem vor allem in der Arktis. Das Schiff hat eine Länge von 150 Metern und eine Breite von 21 Metern. Es ist mit allen Annehmlichkeiten und einem hohen Komfort ausgestattet. Neben einem Joggingpfad

Der Eisbrecher Jamal am Nordpol

Mit dem Schiff in die Arktis

und einem Fitnessraum werden auch Massagen und Saunagänge angeboten. Zur Unterhaltung stehen Casino, Disko, Kino und ein Theater zur Verfügung. Die insgesamt 470 Passagiere verteilen sich auf 254 sehr gut ausgestattete Kabinen und werden von 240 Crewmitgliedern aufmerksam betreut. Die gesamte Atmosphäre an Bord ist familiär. So stehen auf großflächigen Sonnendecks ausreichend Liegestühle zur Verfügung, im geschützten Außenpoolbereich am Lido-Café laden Gartenmöbel und schattenspendende Sonnenschirme zum Verweilen ein. Auch der gastronomische Teil der Alexander von Humboldt überzeugt durchweg. Es stehen Salons, Bars und Restaurants bereit, die allesamt geschmackvoll und elegant eingerichtet sind. Auch eine Bibliothek befindet sich an Bord. Auf dem Schiff wird in der Regel Deutsch gesprochen und es kann in Euro bezahlt werden. Mit seinem hervorragenden Preis-Leistungsverhältnis und seiner familiär-geschmackvollen Ausstattung ist die Alexander von Humboldt sicher vor allem auch für deutsche Reisende eine der schönsten Möglichkeiten, in der Arktis zu reisen.

Die Postschiffe der Hurtigruten

Der Unterschied zwischen den beschriebenen Expeditionsschiffen und den Schiffen der Hurtigruten besteht vor allem darin, dass letztere ausschließlich im Linien- und Frachtverkehr an der norwegischen Küste eingesetzt werden. Während die Expeditionsschiffe also ausgewählte touristische Routen fahren, sind die Hurtigrutenschiffe, die ursprünglich vor allem Postschiffe waren, ein reguläres Transportmittel in Norwegen.

Auch wenn die Hurtigruten in erster Linie Linienverkehrsschiffe sind, hat man dennoch die Möglichkeit, sich in eine Kabine einzumieten und die gesamte Strecke, die Bergen mit Kirkenes verbindet, mitzufahren und an einer Vielzahl von organisierten Landgängen teilzunehmen, die Ihnen die Einzigartigkeit Norwegens näher bringen werden. Zudem machen die Schiffe auch einige Schlenker und kleinere Umwege in landschaftlich schöne Gegenden, die vor allem den Touristen zugute kommen sollen.

Die MS Nordkapp

Im Unterschied zu den Expeditionskreuzfahrten legen die Schiffe jedoch täglich nach einem festen Fahrplan an den jeweiligen Stationen ab. Trotz dieses eher genormten Charakters der Hurtigruten lohnt es sich auch hier, die einzelnen Schiffe genauer zu kennen, unterscheiden sie sich nicht nur in ihrem Alter und in ihrer Ausstattung, sondern auch preislich voneinander. Auch hier müssen Sie sich zudem entscheiden, ob Sie eine Innen- oder Außenkabine bevorzugen, wie wichtig Ihnen der Komfort ist und ob Sie modernere oder eher klassische Schiffe mögen.

Insgesamt sind bei den Hurtigruten, die jeden Tag in Bergen ablegen und für ihre Strecke nach Kirkenes und zurück genau zwölf Tage brauchen, zwölf unterschiedliche Schiffe im Einsatz. Innerhalb dieser Schiffe gibt es drei verschiedene Kategorien: Die traditionelle Generation, die mittlere Generation sowie die neue Generation. Je nachdem, welche Art von Schiffen Sie bevorzugen, ist die Auswahl der Kategorie entscheidend. Daher finden Sie im Folgenden eine kurze Beschreibung aller drei Kategorien und der dazugehörigen Schiffe.

Die traditionelle Generation

Dies sind Schiffe, die aus der heutigen Sichtweise sicher ein wenig veraltet und nicht mehr ganz zeitgemäß wirken mögen. Dennoch bieten auch sie selbstverständlich alle Sicherheitsstandards, die für eine Reise auf dem Meer von Nöten sind. Zudem sind diese Schiffe bei vielen Reisenden beliebt, weil sie wie kaum andere Schiffe in Europa noch ein nostalgisches Gefühl der Schifffahrt mit viel Schick verkörpern. Wer sich für diese Generation entscheidet, dem muss klar sein, dass er hier auf übermäßigen Komfort verzichtet. Die Kabinen sind beispielsweise in Bezug auf die Geräuschdämmung, aber auch auf die Innenausstattung sicherlich nicht vergleichbar mit Schiffen der neueren Generationen. Zudem verfügen die Schiffe dieser Generation über keine Autostellplätze. Dafür findet man hier jedoch ein Reisegefühl, das den modernen und luxuriösen Schiffen ein wenig abhanden gekommen ist. Auch die Anzahl der Betten und damit die der Mitreisenden ist geringer, was die Reise insgesamt familiärer werden lässt. Auch die Anzahl der Decks ist geringer.

Die MS Richard With

Mit dem Schiff in die Arktis

Aus dieser Generation werden heute noch zwei Schiffe eingesetzt, von denen die MS Lofoten sogar unter Denkmalschutz steht:

▸ MS Nordstjernen: Baujahr 1956, Bauort Hamburg (Deutschland), 400 Passagiere, 149 Betten, BRZ: 2191, Länge: 80,7 Meter, Breite: 12,6 Meter, Geschwindigkeit: 15 Knoten, Decks: 5.

▸ MS Lofoten: Baujahr 1964, Bauort Oslo (Norwegen), 400 Passagiere, 155 Betten, BRZ: 2621, Länge: 87,4 Meter, Breite: 13,2 Meter, Geschwindigkeit: 15 Knoten, Decks: 5.

Die mittlere Generation

Von der sogenannten mittleren Generation, die in den 1980er entstanden ist, fährt heute nur noch die MS Vesterålen im Linienverkehr der Hurtigruten. Alle anderen Schiffe dieser Generation, wie beispielsweise die MS Narvik, wurden in den letzten Jahren verkauft. Ein Schicksal, das wohl auch der MS Vesterålen bald bevorstehen wird. Ursprünglich hatten alle drei Schiffe dieser mittleren Generation auf dem Heck Stellplätze für Container. Die Hoffnung der Hurtigruten-Reedereien, durch den genormten Frachtverkehr Mehreinnahmen zu erzielen, erfüllte sich jedoch aufgrund der mangelnden Nachfrage nicht. Daher wurden die Schiffe umgebaut und an Stelle der Frachtplätze entstanden Ende der 1980er neue Kabinenaufbauten, was die Anzahl der möglichen Passagiere an Bord ansteigen ließ. Auch der Komfort wurde durch den Umbau, bei dem auch ein Panoramasalon in der Mitte des Schiffes aufgesetzt wurde, um ein vielfaches verbessert. Der große Erfolg dieser Umstrukturierung führte in den folgenden Jahren auch dazu, dass die Hurtigruten sich mit ihren Schiffen immer mehr an die Kreuzfahrtschiffe annäherten. Hier besteht auch der große Unterschied dieser Schiffe zur ersten Generation. Es wird deutlich mehr auf Komfort geachtet, ohne jedoch an den Luxus der Schiffe der neuen Generation heranzukommen. Eine zusätzliche Neuerung ist, dass es auf diesen Schiffen möglich ist, sein Auto mit an Bord zu nehmen.

▸ MS Vesterålen: Baujahr 1983, Bauort Harstad (Norwegen), 510 Passagiere, 306 Betten, 35 Autostellplätze, BRZ: 6261, Länge: 108 Meter, Breite: 16,5 Meter, Geschwindigkeit: 15 Knoten, Decks: 7.

Die neue Generation

Die Schiffe der neuen Generation, zu der alle Schiffe seit Beginn der 1990er Jahre zählen, stellen heute die überwiegende Mehrheit bei den Hurtigruten. Nur drei der Schiffe gehören nicht dazu. Bei der Entwicklung der neuen Generation wurden vor allem die Erfahrungen aus der mittleren Generation umgesetzt. Vorbild waren dabei aber auch die kleineren Kreuzfahrtschiffe, weshalb man vor allem auf eine hochwertige Ausstattung und Komfort setzte. Auf diesen Schiffen findet man auch zum ersten Mal Suiten, die sich preislich von den normalen Kabinen deutlich unterscheiden. Auch Swimmingpool und Wellnessbreiche sind Annehmlichkeiten, die auf den Schiffen der Vorgängergenerationen fehlen. Was dadurch

Die MS Trollfjord

jedoch etwas verloren geht, ist sicherlich der Charme der alten Seefahrtschiffe. Obwohl alle Schiffe dieser neuen Generation dem gleichen Grundkonzept folgen, variieren sie doch erheblich in Größe, Design und Ausstattung, so dass es sich auf jeden Fall lohnt, sich die Schiffe unter der Seite der Hurtigruten (www. hurtigruten.de/norwegen/Postschiffe) noch einmal genau anzusehen. Auch die Preise können von Schiff zu Schiff unterschiedlich sein.

▶ MS Midnatsol: Baujahr 2003, Bauort Trondheim (Norwegen), 1000 Passagiere, 644 Betten, 45 Autostellplätze, BRZ: 16140, Länge: 135,75 Meter, Breite: 21,5 Meter, Geschwindigkeit: 15 Knoten, Decks: 9.

▶ MS Trollfjord: Baujahr 2002, Bauort Trondheim (Norwegen), 822 Passagiere, 646 Betten, 45 Autostellplätze, BRZ: 16140, Länge: 135,75 Meter, Breite: 21,5 Meter, Geschwindigkeit: 15 Knoten, Decks: 9.

▶ MS Nordnorge: Baujahr 1997, Bauort Ulsteinvik (Norwegen), 691 Passagiere, 457 Betten, 45 Autostellplätze, BRZ: 11386, Länge: 123,3 Meter, Breite: 19,5 Meter, Geschwindigkeit: 15 Knoten, Decks: 7.

▶ MS Polarlys: Baujahr 1996, Bauort Ulsteinvik (Norwegen), 737 Passagiere, 479 Betten, 35 Autostellplätze, BRZ: 11341, Länge: 123 Meter, Breite: 19,5 Meter, Geschwindigkeit: 15 Knoten, Decks: 7

▶ MS Nordkapp: Baujahr 1996, Bauort: Ulsteinvik (Norwegen), 691 Passagiere, 481 Betten, 45 Autostellplätze, BRZ: 11386, Länge: 123,3 Meter, Breite: 19,5 Meter, Geschwindigkeit: 15 Knoten, Decks: 7.

▶ MS Nordlys: Baujahr 1994, Bauort: Stralsund (Deutschland), 691 Passagiere, 475 Betten, 45 Autostellplätze, BRZ: 11204, Länge: 121,8 Meter, Breite: 19,2 Meter, Geschwindigkeit: 15 Knoten, Decks: 7.

▶ MS Richard With: Baujahr 1993, Bauort Stralsund (Deutschland), 691 Passagiere, 466 Betten, 45 Autostellplätze, BRZ: 11205, Länge: 121,8 Meter, Breite: 19,2 Meter, Geschwindigkeit: 15 Knoten, Decks: 7.

▶ MS Kong Harald: Baujahr 1993, Bauort Stralsund (Deutschland), 691 Passagiere, 483 Betten, 45 Autostellplätze, BRZ: 11204, Länge: 121,8 Meter, Breite: 19,2 Meter, Geschwindigkeit: 15 Knoten, Decks: 7.

Reiseveranstalter

Neben der Wahl der Schiffe ist es natürlich auch wichtig, zu wissen, welche Reiseveranstalter Expeditionsschiffsreisen in das Nordpolarmeer anbieten und welche Schiffe für welche Reederei fahren. Es gilt auch darauf zu achten, dass einige Anbieter ihre Reisen vor allem auf einen Teil der Arktis, beispielsweise Spitzbergen, konzentrieren, während andere Touren weite Wege zurücklegen. Es ist daher auch ohne weiteres möglich, eine Expeditionsreise in Grönland beginnen zu lassen, um dann über die kanadische Arktis und die Nordwestpassage bis nach Alaska zu gelangen. Einige Reiseanbieter wie Quark-Expeditions bieten sogar 66-tägige Rundreisen durch die gesamte Arktis an!

Zudem sollten Sie auch immer darauf achten, wo der Abfahrtshafen der Schiffe liegt. Während viele Schiffe in arktischen Gegenden ablegen, gibt es Reiseanbieter, die ihre Schiffe bereits in Deutschland starten lassen. Dies spart natürlich die hohen Flugkosten. Es gilt daher, sich vor der Reise genau klar zu werden, wie lange man unterwegs sein will und für welche Regionen man sich besonders interessiert.

Im Folgenden finden Sie eine vollständige Liste mit Reiseanbietern, die in der Vereinigung der arktischen Expeditionskreuzfahrten-Veranstalter (AECO) vertreten sind, sowie die Schiffe, die von der jeweiligen Reederei betrieben werden und deren Internetseite, auf denen Sie alle weiteren wichtigen Informationen finden können:

Aurora Expeditions (Australien)
Schiff: Polar Pioneer
www.auroraexpeditions.com.au
Tel. +61/2/92 52-10 33

Reiseziele: Spitzbergen-Grönland-Is-land; Spitzbergen-Umrundung; Island-Grönland; Russische Arktis (Nordostpassage)

GAP Adventures (Kanada)
Schiff: Expedition
www.gapadventures.com
Tel. 01805/70 90 30 00
Reiseziele: Spitzbergen-Umrundung; Norwegische Fjorde; Spitzbergen-Grönland-Island

Hapag Lloyd Kreuzfahrten (Deutschland)
Schiffe: Hanseatic, Bremen
www.hl-cruises.com
Tel. +49/40/30 01 45 80
Reiseziele: Grönland-Kanadische Arkis-Grönland; Grönland-Kanadische Arktis-Grönland-Island; Hamburg-Norwegen-Spitzbergen-Norwegen

Hurtigruten (Norwegen)
diverse Schiffe
www.hurtigruten.com
Tel. +49/40/37 69 32 82
Reiseziele: Norwegische Küste

Lindblad Expeditions (USA)
Schiff: National Geographic Explorer
www.expeditions.com
Reiseziele: Norwegen-Spitzbergen

Oceanwide Expeditions (Niederlande)
Schiffe: Prof. Molchanov, Prof. Multanovskiy, Noorderlicht, Antarctic Dream
www.oceanwide-expeditions.com
Tel. +31/118/41 04 10
Reiseziele: Spitzbergen-Umrundung; Grönland; Spitzbergen-Grönland-Island; Schottland-Spitzbergen; Island-Grönland-Island

Origo Expeditions (Schweden)
Schiff: Stockholm
www.origoexpedition.se
Tel. +46/31/44 11 43
Reiseziele: Spitzbergen-Umrundung

Quark Expeditions (USA)
Schiffe: Kapitan Khlebnikov, Akademik
Shokalskiy, Akademik Sergey Vavilov,
Akademik Ioffe, Clipper Adventurer
www.quarkexpeditions.com
Tel. +1/802/735 15 36
Reiseziele: Große Arktis Rundfahrt
(66 Tage); Russland-Alaska-Kanadische
Arktis-Grönland; Grönland; Kanadische
Arktis-Grönland-Kanadische Arktis;
Russland-Spitzbergen-Grönland; Island-
Grönland-Kanadische Arktis;
Spitzbergen(-Umrundung); Russland-
Nordpol; Russland; Island-Grönland-
Spitzbergen; Kanadische Arktis

Polar Quest Expeditions (Schweden)
Schiffe: Origo, Stockholm, Quest
www.polar-quest.com
Tel +46/31/33 31 73
Reiseziele: Spitzbergen(-Umrundung);
Große Arktis Rundfahrt (66 Tage); Russ-
land-Nordpol; Spitzbergen-Grönland-Is-
land; Russland; Alaska-Russland-Alaska

Polar Star Expeditions (Kanada)
Schiff: Polar Star
www.polarstarexpeditions.com
Tel. +1/902/423 73 89
Reiseziele: Spitzbergen-Grönland-
Island; Island-Grönland-Island: Island-
Grönland-Kanadische Arktis-Neufund-
land; Spitzbergen-Umrundung;
Schottland-Norwegen

Spitsbergen Travel (Norwegen)
Schiffe: Expedition, Polar Star, Fram
www.spitsbergentravel.no
Tel. +47/79 02 61 00
Reiseziele: Spitzbergen

Silversea Cruises (Monaco)
Schiff: Prince Albert II
www.silversea.com
Tel. +377/97 70 24 24
Reiseziele: Alaska; Spitzbergen-Nor-
wegen; Norwegen-Spitzbergen-Island:
Island-Grönland-Kanadische Artis

Phoenix Reisen GmbH (Deutschland)
Schiff: Alexander von Humboldt
www.phoenixreisen.com
Tel. +49/228/926 00
Reiseziele: Bremerhaven-Norwegen-Russ-
land-Bremerhaven

Kurs aufs Eismeer

Die historische Postschiffstrecke zwischen der alten Hansestadt Bergen und Kirkenes, einem nahe der russischen Grenze gelegenen Ort, gilt aufgrund der atemberaubenden norwegischen Küstenlandschaft als eine der schönsten Schiffsreisen der Welt.

Norwegische Küste – Hurtigruten

Mit dem Postschiff über den Polarkreis

Die Schifffahrt hat in Norwegen eine tief verankerte Tradition. Für den fast fünf Millionen Einwohner zählenden skandinavischen Staat ist das Schiff bis heute ein häufig genutztes Transportmittel geblieben. Als es im 19. Jahrhundert noch kaum befestigte Straßen oder nutzbare Eisenbahnstrecken gab, waren die Fahrten entlang der Küste die gängige Art, Passagiere und Frachtgüter zu transportieren. Die wichtigste Route war und ist bis heute die Hurtigrute. Bereits seit 1893 verkehren hier Küstendampfer und verbinden den Süden des Landes mit seinem Norden. Obwohl es heute in Norwegen selbstverständlich auch ein gut ausgebautes Straßen- und Zugsystem gibt, werden die Hurtigruten auch von Einheimischen noch gerne genutzt. Die Schiffe sind bekannt für ihre Pünktlichkeit und ihre erfahrenen Kapitäne. Es ist demnach auch kein Wunder, dass immer mehr Touristen diese Art des Reisens für sich entdeckt haben und die Strecke ab Bergen nutzen. Die Hauptattraktion ist zweifelsohne die wunderschöne Landschaft, an der die Schiffe langsam vorbeigleiten und dem Reisenden ermöglichen, die tosenden Wasserfälle und atemberaubenden schönen Fjorde in ihrer ganzen Einzigartigkeit zu bewundern.

Reisemöglichkeiten mit den Hurtigruten

Zwischen Bergen und Kirkenes laufen die Schiffe der Hurtigruten 34 unterschiedliche Häfen an, die Reise bis Kirkenes dauert sieben Tage. Will man auch wieder zurück nach Bergen, dauert die gesamte Reise zwölf Tage und man legt dabei über 2500 Seemeilen zurück. Die meisten Häfen, die auf der Hinfahrt am Tag angesteuert werden, werden auf dem Weg zurück nachts angelaufen und umgekehrt, so dass man nichts verpasst, wenn man die vollständige Hin- und Rückreise absolviert. In Häfen, in denen die Schiffe etwas länger vor Anker liegen, hat man auch die Möglichkeit, die entsprechenden Städte sowie das Landesinnere auf eigene Faust zu erkunden. Oftmals werden jedoch auch direkt am Hafen geführte Touren angeboten, die auf die Abfahrtszeiten der Schiffe abgestimmt sind. Zudem bieten die Hurtigruten auch selbst eine ganze Reihe von organisierten Landgängen an, die Sie an Bord der Schiffe buchen können. Sie sollten dabei jedoch beachten, dass diese Landausflüge mit zusätzlichen Kosten verbunden sind. Die Preise liegen dabei zwischen 40 und 250 Euro.

Obwohl ein Teil der Hurtigruten geografisch gesehen nicht zur Region der Arktis zählt, stellen wir Ihnen hier alle Städte und Ortschaften südlich und nördlich des Polarkreises, in denen die Schiffe anlegen, vor. Manche der Haltestellen bestehen aus winzig kleinen Ortschaften, manche aus kulturellen und wirt-

An Deck eines Hurtigrutenschiffes

Karte vordere Umschlagklappe ▲

schaftlichen Zentren des Landes. Für Abwechslung ist daher auf jeden Fall gesorgt! In einigen Häfen machen die Schiffe nur 30 Minuten fest, in anderen bleiben sie einige Stunden. Sie haben jedoch immer die Gelegenheit, in einem Ort, der Sie besonders interessiert, länger zu bleiben und erst mit dem nächsten Schiff Ihre Reise.

Zusätzlich zum Abfahrtsplan der Hurtigrutenschiffe werden die jeweiligen nord- und südgehenden Anlegezeiten bei jedem beschriebenen Ort noch einmal extra aufgeführt. Alle wichtigen Informationen rund um die Hurtigruten, wie Angebote, Reiserouten und Landausflüge findet man auch im Internet auf der Seite www.hurtigruten.de. Zudem haben zahlreiche Reiseveranstalter verschiedene Reisekombinationen auf den Hurtigruten im Programm.

Hurtigruten individuell

Reisende, die Norwegen gerne auf eigene Faust erkunden wollen, haben mit den Hurtigruten die vielleicht schönste und beste Möglichkeit, das Land von allen Seiten kennenzulernen. Die spektakulären Küstenabschnitte lassen sich vom Schiff aus bequem betrachten, der Geirangerfjord und der Trollfjord sind sicherlich nur vom Schiff aus in ihrer Einzigartigkeit zu bewundern. Übrigens ist die Zahl der Deckplätze bei der Fahrt in den Geirangerfjord von Ålesund aus begrenzt. So heißt es auch hier sich rechtzeitig um ein Ticket bemühen.

Immerhin sind etwa 15 Prozent der Reisenden auf den Schiffen der Hurtigrutenflotte Individualtouristen. Interessant ist, dass sich individuelle Reisen leicht organisieren lassen, vorausgesetzt, man weiß genau, was man will und hat die Reiseroute festgelegt. Reisebüros oder Hurtigruten Hamburg buchen praktisch alles, was gebraucht wird: Kabine sowie Stellplatz für den eigenen PKW (nicht länger als 6 Meter und nicht höher als 2,20 bis 2,30 Meter, keine Anhänger), Hotels, Mietwagen (ca. 70 Euro pro Tag, VW Golf), Bahnfahrscheine. Nur ist zu beachten: In der Hochsaison von Anfang Juni bis Mitte August ist das Kontingent für Individualreisende begrenzt. Wer nach März bucht, hat erfahrungsgemäß so gut wie keine Chance, eine Reise auf eigene Faust mit den Hurtigruten zu realisieren. Außerhalb der Hauptreisezeit ist die Situation entspannter.

Leider kann eine solche Reise nicht im Internet gebucht werden. Deutschsprechende Kunden rufen am besten in Hamburg bei Hurtigruten (040/37 69 33 55) an, oder schicken eine E-Mail (verkauf. hr@hurtigruten.com) mit dem Buchungswunsch. Dann beginnt eine mühsame Prozedur. Zunächst ist eine Reiseanmeldung auszufüllen. Diese kann gescannt und per E-Mail zurückgeschickt oder per Fax gesendet werden, mit Unterschrift natürlich. Das deutsche Reiserecht erfordert dies nach Auskunft von Hurtigruten. Wer schon in Norwegen unterwegs ist, kann sein Glück auch spontan versuchen und spätestens zwei bis drei Stunden, bevor das Schiff abfährt, eine Passage am Anleger buchen.

Noch ein Tipp: Wer mit dem eigenen Wagen in Kirkenes angekommen ist und mit dem Postschiff zurückfährt, kann den Wagen kostenlos bis Bergen mitnehmen. Dieses Angebot gilt nur ab Kirkenes. Die MS Lofoten und die MS Nordstjernen nehmen keine Autos mit.

Mahlzeiten sind im Reisepreis im Gegensatz zu den Gruppenreisen nicht im Preis enthalten. Und billig sind diese auch nicht. Wer individuell reist, zahlt insgesamt etwas mehr, als wenn eine Rundreise gebucht wird.

Fahrplan der Hurtigrutenschiffe

Die Schiffe fahren im Prinzip täglich nach dem selben Fahrplan – Jahr für Jahr. Trotzdem sind die Angaben ohne Gewähr. Man sollte die genauen Liegezeiten unbedingt auch auf dem jeweiligen Schiff nochmals erfragen. In den Orten, zu denen nur die Abfahrtszeiten angegeben sind, halten die Schiffe ca. 30 Minuten.

Nordgehende Schiffe

Tag	Ort	Ankunft	Abfahrt	Abfahrt
			15.4.–14.9.	**15.9.–14.4.**
1. Tag	Bergen		20.00	22.30
2. Tag	Florø		02.15	04.45
	Måløy		04.30	07.30
	Torvik		07.30	10.45
	Ålesund	08.45	09.30	(an 12.00)
	Geiranger		13.30	–
	Ålesund		18.45	ab 15.00
	Molde		22.00	18.30
3. Tag	Kristiansund		01.45	23.00
	Trondheim	08.15	12.00	an 06.00/ab 12.00
	Rørvik		21.15	
4. Tag	Brønnøysund		01.00	
	Sandnessjøen		04.15	
	Nesna		05.30	
	Ørnes		09.30	
	Bodø	12.30	15.00	
	Stamsund		19.30	
	Svolvær	21.00	22.00	
5. Tag	Stokmarknes		01.00	
	Sortland		03.00	
	Risøyhamn		04.30	
	Harstad	06.45	08.00	
	Finnsnes		11.45	
	Tromsø	14.30	18.30	
	Skjervøy		22.45	
6. Tag	Øksfjord		02.15	
	Hammerfest	05.15	06.45	
	Havøysund		09.45	
	Honningsvåg	11.45	15.15	
	Kjøllefjord		17.45	
	Mehamn		20.00	
	Berlevåg		22.45	

7. Tag	Båtsfjord		01.00	
	Vardø		04.00	
	Vadsø		08.00	
	Kirkenes	09.45	12.45	

Südgehende Schiffe

Tag	Ort	Ankunft	Abfahrt ganzjährig
7. Tag	Kirkenes	09.45	12.45
	Vardø	16.00	17.00
	Båtsfjord		20.30
	Berlevåg		22.30
8. Tag	Mehamn		01.15
	Kjøllefjord		03.30
	Honningsvåg		06.15
	Havøysund		08.30
	Hammerfest	11.15	12.45
	Øksfjord		15.45
	Skjervøy		19.45
	Tromsø	23.45	
9. Tag	Tromsø		01.30
	Finnsnes		04.45
	Harstad		08.30
	Risøyhamn		11.00
	Sortland		13.00
	Stokmarknes	14.15	15.15
	Svolvær	18.30	20.00
	Stamsund		22.00
10. Tag	Bodø	02.00	04.00
	Ørnes		07.15
	Nesna		11.15
	Sandnessjøen		13.30
	Brønnøysund		17.00
	Rørvik		21.30
11.Tag	Trondheim	06.30	10.00
	Kristiansund		17.00
	Molde		21.30
	Ålesund	24.00	
12. Tag	Ålesund		00.45
	Torvik		02.15
	Måløy		05.45
	Florø		08.15
	Bergen	14.30	

Anlegestellen der Hurtigruten

Im Folgenden finden Sie eine Beschreibung aller Anlegestellen der Hurtigruten auf ihrem Weg von Bergen nach Kirkenes wie sie von Süden nach Norden an der Küste liegen. Dabei werden sowohl die einzelnen Orte und Städte nebst ihren Sehenswürdigkeiten vorgestellt als auch Tipps für Ausflüge in die nähere Umgebung gegeben, falls man einen längeren Aufenthalt an einem der Anlegeorte einplant.

Bergen

Die Schiffe der Hurtigruten verlassen jahrein, jahraus jeden Abend pünktlich um 22.30 Uhr den Hafen von Bergen, um sich auf ihre siebentägige Reise nach Kirkenes zu machen (in den Sommermonaten um 20 Uhr). Doch Bergen hat viel mehr zu bieten als nur den Ausgangshafen. Der ursprüngliche Name der an der Nordküste Norwegens gelegenen Stadt war Bjørgvin, was soviel wie ›Wiese zwischen den Bergen‹ bedeutet. Der Name lässt sich gut mit der Lage der Stadt erklären: Bergen liegt an der inneren Bucht des Byfjordes und wird umgeben von sieben Fjellhöhen.

■ Geschichte

Die heimliche Hauptstadt Norwegens, als welche Bergen von vielen Norwegern gesehen wird, hat eine lange Geschichte. Die Stadt wurde bereits im Jahre 1070 gegründet und war für einen langen Zeitraum die bedeutendste und größte des Landes. Ende des 12. Jahrhunderts musste Bergen seine Vormachtstellung jedoch an Oslo abgeben. Im Jahre 1360 öffnete in Bergen ein Hansekontor (Tyske Bryggen), das für die weitere Entwicklung der Stadt von großer Bedeutung war.

Obwohl Bergen daher in vielen Reiseführern als Hansestadt angeführt wird, ist diese Bezeichnung nicht ganz zutreffend. Bergen war keine klassische Hansestadt wie Lübeck oder Visby. Vielmehr gab es in der Stadt ein deutsches Kontor der Hanse, das eine Art Stadt in der Stadt bildete. Nur in diesem Kontor wurde nach Hanserecht verfahren. In der übrigen Stadt galt nach wie vor das norwegische Recht. Bergen war damit keine gleichberechtigte Mitgliedstadt der Hanse. Das Hanseviertel Bryggen mit seinen schönen Gebäuden ist heute eine der Hauptattraktionen der Stadt und wurde von der UNESCO zum Weltkulturerbe erklärt. Das Hanseviertel war auch dafür verantwortlich, dass Bergen bis zum Ende des 19. Jahrhundert der wichtigste Hafen und die größte Stadt Norwegens blieb.

Heute leben in Bergen etwa 250 000 Einwohner. Eine Reihe von Großbränden, so beispielsweise 1916 und 1955, haben einen Großteil der schönen Gebäude des Viertels, aber auch andere Teile Bergens leider teilweise zerstört. Nur wenige Häuser in Bryggen haben den letzten großen Brand unbeschadet überstanden.

Von vielen Norwegern wird Bergen wegen seiner außergewöhnlichen Lage, seiner angenehmen Atmosphäre und seinen schönen Gebäuden heute dennoch als die schönste Stadt des Landes bezeichnet. Der Hafen am atmosphärischen Torget (dem zentralen Marktplatz) und die Altstadtgässchen machen Bergen in der Tat zu einem ganz besonderen Ausflugsziel. Zudem hat die Stadt auch kulturell einiges zu bieten. In keiner anderen Stadt Norwegens pulsiert das künstlerische Leben so wie hier. Es ist

Karte S. 130

Das Hanseviertel Bryggen vom Wasser aus gesehen

deshalb kaum verwunderlich, dass Bergen 2000 zur ›Europäischen Kulturhauptstadt‹ gewählt wurde. Die Stadt beherbergt viele Festivals und ein lokales Symphonieorchester. Auch der bedeutendste norwegische Komponist – Edvard Grieg – war hier zu Hause.

Bergen wird auch als ›Hauptstadt des Regens‹ bezeichnet. Insgesamt 2250 mm Niederschlag werden hier im Jahresdurchschnitt gemessen – soviel wie in keiner anderen europäischen Stadt.

Die norwegische Erdölförderung beeinflusst die wirtschaftliche Ausrichtung Bergens neben dem Tourismussektor am meisten. Aufgrund der günstigen Lage der Stadt auf der Höhe der norwegischen Erdölfelder befinden sich mehrere Versorgungseinrichtungen im Stadtbereich. Daneben spielt natürlich auch wie seit Jahrhunderten der Hafen eine wichtige Rolle in der Wirtschaft Bergens. Hinzu kommen die damit verbundene Werft- und Fischindustrie. Andere Wirtschaftszweige sind Maschinenbau, Stahlerzeugung, Textil- und elektrotechnische Industrie.

■ **Sehenswürdigkeiten**

Um Bergen zu erkunden, startet man seinen Rundgang am besten auf dem **Aussichtsberg Fløyen**, der sich im Nordosten des Stadtzentrums befindet. Eine Kabelbahn bringt einen sicher und komfortabel auf die in 320 Metern Höhe gelegene Plattform. Die Talstation befindet sich etwa 150 Meter vom zentralen Marktplatz Torget entfernt. Im Zeitraum von 10 bis 20.30 Uhr verkehrt die Bahn im 15-Minuten-Takt, ansonsten halbstündlich. Bei großem Besucherandrang fährt die Bahn auch häufiger (Hin- und Rückfahrt: 70 Kronen). Von oben hat man einen wunderschönen Ausblick auf die sich von den Hängen zum Hafen ziehende Stadt. Zudem hat man hier die Gelegenheit, sich in einem Restaurant zu stärken oder auf einem der vielen hier beginnenden Wanderwege das Landesinnere genauer zu erkunden.

Die Stadt selbst kann man bequem zu Fuß entdecken. Als Ausgangspunkt empfiehlt sich der **Torget**, der zentrale Platz am Hafen. Mit seinem farbenprächtigen Gewimmel von Booten und seinen alten

Bergen, Zentrum

0   150   300 m

Gebäuden gibt die Lebensader der Stadt ein stimmungsvolles Bild ab. Hier findet man eine große Anzahl an Restaurants und Cafés. Auch der bekannte Fischmarkt, der allerdings viel von seinem einstigen Glanz eingebüßt hat, befindet sich hier. Heute werden dort neben Fisch auch allerlei andere Waren verkauft. Sie sollten aufpassen, bei den saftigen Preisen nicht über den Tisch gezogen zu werden!

Direkt am Torget liegt auch das **Hanseatische Museum**, das ohne Zweifel einen Besuch wert ist. Es ist in einem typischen alten Holzgebäude untergebracht und vermittelt dem Besucher das kaufmännische Leben vergangener Jahrhunderte (Eintritt im Sommer 50 NOK, im Winter 30 NOK).

Vom Museum aus sind es nur wenige Meter bis zur bedeutendsten und interessantesten Attraktion Bergens: dem **alten Hanseviertel Bryggen**, das mit seinen rund 60 erhaltenen Gebäuden aus dem Jahr 1702 auf der Weltkulturerbeliste der UNESCO steht. Die vielen verschlungenen Gässchen zwischen den Häusern vermitteln einen authentischen Eindruck davon, wie Bergen im Mittelalter ausgesehen haben mag. Interessant ist zudem, dass fast alle Häuser in Bryggen noch

genutzt werden. Einige bieten die Gelegenheit, sich bei einem köstlichen Essen zu stärken und ein wenig auszuruhen. Sehr zu empfehlen ist beispielsweise das Restaurant ›Bryggen Tracteursted‹. Wer mehr über das alte Viertel wissen möchte, dem sei geraten, sich das **Bryggen-Museum** anzusehen. Es bietet einen interessanten Einblick in die Architekturgeschichte des Viertels (Mo–Fr 10–15 Uhr, Sa 12–15 Uhr, So 12–16 Uhr).

Auch die direkt neben dem Museum gelegene **Marienkirche** ist einen Besuch wert. Die im 12. Jahrhundert errichtete Kirche gilt heute als das älteste Gebäude der Stadt und ist die besterhaltene der drei mittelalterlichen Kirchen. Interessanterweise wurden die Gottesdienste in der Kirche bis ins 19. Jahrhundert hinein in deutscher Sprache abgehalten, was mit der Verbindung des deutschen Kontors zu Lübeck zusammenhing. Wenn Sie von der Kirche aus wieder an den Hafen zurückkehren und in Richtung des an der Spitze der Bucht gelegenen Parks laufen, stoßen Sie auf zwei weitere interessante Sehenswürdigkeiten, den im 16. Jahrhundert im Renaissancestil errichtete Turm Rosenkrantztårnet und die aus dem 13. Jahrhundert stammende Håkonshalle.

Norwegische Küste – Hurtigruten

Blick über den Vågen

Der Skoltegrunnskai, im Vordergrund die Håkonshalle

Die **Håkonshalle** ist nach dem König Håkon Håkonsson benannt, der das Gebäude zwischen 1247 und 1261 errichtete. Es wird heute für festliche Anlässe, wie Empfänge der Stadtverwaltung, verwendet. Der daneben gelegene **Rosenkrantzårnet** sieht heute noch genauso aus wie im 16. Jahrhundert. Der älteste Teil des Turms reicht zurück bis ins Jahr 1270. Im 16. Jahrhundert wurde der Turm dann von dem Gouverneur Erik Rosenkrantz umgebaut und nach ihm benannt (Herbst bis Frühling 12–15 Uhr, Sommer 10–16 Uhr).

Eine weitere interessante Sehenswürdigkeit findet man, wenn man ganz an die Spitze des langgestreckten Hafens weiterläuft. Dort liegt mit der **Festung Bergenhaus** eine der ältesten und besterhaltenen Festungen Norwegens. Die Lage entspricht dem Standort der ersten Bebauungen Bergens im 10. Jahrhundert. Von hier aus hat man auch einen schönen Blick über die an den Hügeln emporsteigende Stadt. Die Festung war einst der Sitz der norwegischen Könige. Die Gebäude, die heute zu sehen sind,

stammen aus dem 13. Jahrhundert, die Anfänge der Festung lassen sich jedoch bis ins 11. Jahrhundert zurückverfolgen. Um die Festung herum ist ein sehenswerter Park angelegt, der sowohl bei Einheimischen als auch bei Touristen beliebt ist. Hier kann man sich ein wenig ausruhen, einen vom Fischmarkt mitgebrachten Snack verzehren und den Blick auf die Bucht genießen.

Sollten Sie nach diesem historischen Stadtrundgang Lust auf Kunst bekommen haben, empfiehlt es sich, eines der vielen **Kunstmuseen** zu besuchen, die sich entlang des **Stadtsees Lille Lungegardsvånn** angesiedelt haben. Der See befindet sich vom zentralen Torget aus etwa 300 Meter in südlicher Richtung. Sehr zu empfehlen ist die **Bergen Bildergalleri**, die über 6000 Gemälde und Skulpturen vom Mittelalter bis in die Gegenwart beherbergt, sowie die **Rasmus-Meyers-Sammlung**, in der vor allem norwegische Kunst (unter anderem von Edvard Munch) vom 18. Jahrhundert bis zum Beginn des Ersten Weltkriegs zu sehen ist. Eine Perle für Kunstliebhaber ist ohne Zweifel auch die **Stenersen Samling**, die Werke von so namenhaften Künstlern wie Joan Miró, Pablo Picasso und Paul Klee vorzuweisen hat.

ℹ Bergen

Turistinformasjonen, Tel. +47/(0)5/ 55 52 00-0, Fax -1, Vgsallmenningen 1, Bergen, www.visitbergen.com.

Lage: 60°22'48" N, 5°20'24" E.

Abfahrt: Tag 1, 20.00 Uhr (15.4.–14.9.), 22.30 Uhr (15.9.–14.4.). **Ankunft**: Tag 12, 14.30 Uhr (ganzjährig).

Geschichte der Hurtigruten

Die enorme Wichtigkeit der Hurtigruten lässt sich am besten nachvollziehen, wenn man einen Blick auf die geografische Lage Norwegens wirft. Das Land im Norden Europas erstreckt sich von Süden nach Norden über eine Distanz von 2700 Kilometern. Im Vergleich dazu erscheint die Distanz vom südlichsten bis zum nördlichsten Punkt Deutschlands mit 886 Kilometern als Katzensprung. Vor der Erfindung des Flugzeuges und dem Ausbau des Eisenbahnnetzes waren viele Regionen im Norden Norwegens über viele Wintermonate praktisch nicht zu erreichen. Als Konsequenz war der ohnehin bereits begünstigte Süden dem weitaus weniger besiedelten Norden weitaus überlegen. Um dieses Nord-Süd-Gefälle auszugleichen, suchte die norwegische Regierung bereits seit dem 17. Jahrhundert nach Möglichkeiten, den Norden besser an den Rest des Landes anzuschließen. Fischer erhielten damals den Auftrag, zweimal jährlich die Post aus den entlegenen Gebieten per Schiff in den Süden zu bringen. Ab Mitte des 19. Jahrhunderts übernahmen dann Dampfschiffe den Postdienst. Der aus Tromsø stammende Kaufmann Richard With erkannte gegen Ende des 19. Jahrhunderts die wirtschaftlichen Möglichkeiten, die in einer regelmäßigen Verbindung von Süden nach Norden lagen und gründete mit seiner privaten Reederei, der Vesterålens Dampskipsselskap (VDS), die Hurtigruten. Die erste Strecke wurde 1893 zwischen Trondheim und Hammerfest in Betrieb genommen. Nur ein Jahr später schlossen sich bereits zwei andere Reederein den Hurtigruten an. 1898 wurde die Route in Richtung Süden bis nach Bergen verlängert, 1911 legte ein Staatsvertrag das nördliche Ziel der Schiffsstrecke in Kirkenes fest. Die Bedeutung der nun regelmäßigen Verbindungen war gewaltig. Die Hurtigruten prägten und einten das Land wie kein anderes Transportmittel. Vor allem für die Küstenbewohner Nordnorwegens brachten die Schiffe einen deutlichen Zuwachs an Lebensqualität und wirtschaftlichen Chancen mit sich.

Auch die norwegische Regierung wusste um die wirtschaftliche und bevölkerungsstrukturelle Bedeutung der Strecke und subventionierte die Strecke mit Staatsgeldern bis ins Jahr 2001. Da heute Flugzeuge einen wichtigen Teil der Süd-Nord-Verbindung übernehmen, wird inzwischen nur noch der Winterverkehr der Hurtigruten subventioniert, da zu dieser Zeit aufgrund der eisigen Bedingungen im Norden des Landes die Flugzeuge nicht immer starten oder landen können. In den Sommermonaten müssen sich die Reedereien jedoch selber tragen. Angesichts der immer größeren Beliebtheit der Strecke bei Touristen ist dies jedoch möglich.

Heute nutzen etwa 550 000 Passagiere jährlich die Schiffe der Hurtigruten. Als Zugeständnis an die Besucher aus aller Welt fahren die Schiffe auch Häfen an, die vor allem vom touristischen und weniger vom infrastrukturellen Standpunkt aus betrachtet von Interesse sind. Auch wenn die Strecke aufgrund ihrer wunderschönen Natureinblicke heute auch touristisch genutzt wird, ist sie jedoch für die Norweger nach wie vor ein Transportmittel wie jedes andere geblieben. Die ›schwimmenden Omnibusse‹ werden wie bei uns der Regionalverkehr dazu genutzt, von einem Hafen zum anderen zu pendeln, Freunde zu besuchen oder Waren zu verschicken. Auch dies macht – neben der atemberaubenden Natur – den Reiz dieser historisch bedeutenden Schiffsroute aus.

Florø

Das 10 000-Einwohner-Städtchen Florø ist der erste Stopp der Hurtigruten nach dem Ablegen der Schiffe in Bergen. Trotz oder gerade wegen der relativen Verschlafenheit des Ortes besitzt Florø zweifelsohne einen gewissen Charme. Ein Landgang ist hier jedoch nicht vorgesehen, was natürlich nicht bedeutet, dass Sie nicht dennoch aussteigen können, um ein später abfahrendes Schiff zu nutzen. Die inmitten eines ausgedehnten Schärenarchipels gelegene Stadt wurde 1860 gegründet und wurde nach der Farm Florø benannt, auf deren ehemaligen Gelände sie liegt. Florø lebte damals vor allem vom sogenannten ›Silber der Meere‹, dem Hering, den die Stadt auch heute noch stolz in ihrem offiziellen Wappen trägt. Der Haupterwerb der Einwohner ist noch immer der Fischfang; in den letzten Jahrzehnten kam jedoch auch die Förderung von natürlichen Ressourcen wie Erdgas und Erdöl hinzu. Westlich von Florø erstreckt sich ein großes Feld, das für die Förderung von Erdöl genutzt wird. Außerdem besitzt der Ort eine große Werft, die den Einwohnern viele Arbeitsplätze sichert.

In der kleinen Hafenstadt ist der Besitz eines guten Bootes noch immer wichtiger als das Auto. Bei den hunderten von Schären und kleinen Inseln vermag das auch kaum zu verwundern. Touristisch hat die Stadt ihren Besuchern jedoch nur wenig zu bieten.

Die wichtigste Sehenswürdigkeit von Florø ist das Museum **Sogn og Fjordane Kystmuseet**. Das 1980 gegründete Küstenmuseum besteht aus drei unterschiedlichen Gebäuden, die über Fußwege miteinander verbunden sind. Zudem gibt es eine Freilichtabteilung mit einer kleinen Bauernhofsiedlung, einer Ortschaft und einem Fischerdorf. Die

Küstenlandschaft unterwegs

Ausstellungen zeigen lokale Bootstypen, Fischerei und Frachtfahrt. Zudem informiert das Museum über die lokale Fauna und besitzt eine der größten Öl-Ausstellungen Norwegens (22.6.–16.8. Mo–Fr 11–18 Uhr, Sa–So 12–16 Uhr, im restlichen Jahr Mo–Fr 10– 15 Uhr, Son 12–15 Uhr. Eintritt Erwachsene 40 NOK, Studenten 30 NOK, Schulkinder gratis). Lohnenswert ist auch der Besuch eines **Leuchtturms**. Die geführten Bootstouren zu den Leuchttürmen können über die Touristeninformation gebucht werden.

 Florø

Turistkontor, Strandgata 30, N-6900 Florø, Tel. +47/(0)57 74 30 00, www.fjordkysten.no (dt.).

Lage: 61°35'51" N, 5°2'31" E.

Liegezeit: nordgehend Tag 2, ca. 01.45–02.15 Uhr (15.4.–14.9.), sonst 04.15–04.45 Uhr; südgehend Tag 12, ca. 07.45–08.15 Uhr.

Karte vordere Umschlagklappe

Måløy

Måløy ist die nächste Station auf dem Weg in Richtung Norden. Es handelt sich dabei um ein charmant verschlafenes und buntes Küstenstädtchen. Die Schiffe der Hurtigruten legen hier zwar kurz an, ein Landgang ist aber nicht vorgesehen. Zudem halten die Schiffe dort mitten in der Nacht bzw. frühmorgens und kommen dann vor allem ihrer ursprünglichen Aufgabe, dem Einsammeln und Abladen von Post und Waren, nach.

Bevor Sie den Hafen der gleichnamigen Halbinsel anlaufen und der 6000-Einwohner-Ort vor Ihnen auftaucht, passieren Sie jedoch zunächst den engen Sund Skatestraumen, der eine starke Strömung hat. Schon von weitem ist dann die 1224 Meter lange **Måløybrücke** zu sehen, die über den Ulvesund führt. Kommt der Wind aus einer bestimmten Richtung, stimmt die Brücke ein ›hohes C‹ an.

Måløy wurde ursprünglich als ein Handelszentrum auf der kleinen Insel Måløya errichtet. Als der Handel immer besser in Schwung kam, wurde die Stadt auf die größere Insel Vågsøy verlegt, behielt aber den Namen ihres ursprünglichen Standortes. Während des Zweiten Weltkriegs war die Gegend von deutschen Truppen besetzt, und es wurden Abwehranlagen an der Küste errichtet. Heute ist Måløy einer der wichtigsten Fischereihäfen der Region.

Touristisch hat Måløy eher weniger zu bieten, daher ist es auch nicht weiter schlimm, dass die Schiffe der Hurtigruten hier in der Nacht vor Anker gehen. Wer aber an einer ruhigen und entspannten Atmosphäre Gefallen findet und die wunderschöne Landschaft genießen will, wird sich hier wohlfühlen. Nördlich von Måløy liegt das Westkap, der westlichste Punkt Norwegens. Sehenswert in der Stadt selber ist das am Hafen gelegene **Fischereimuseum**. Zudem befindet sich an einem Strand etwa zehn Kilometer nördlich der Stadt der **Kannestein**, ein markanter erodierter Felsen, der ein beliebtes Fotomotiv ist.

 Måløy

Die **Touristinfo** ist nur im Sommer geöffnet, www.maloyguide.no. Außerhalb der Saison gibt das **Bennet Reisebyrå** Auskunft, Tel. +47(0)57-85 39 50.

Lage: 61°55'34" N, 5°8'40" E.

Liegezeit: nordgehend Tag 2, ca. 04.00–04.30 Uhr (15.4.–14.9.), sonst ca. 07.00–07.30 Uhr; südgehend Tag 12, ca. 05.00–5.45 Uhr.

Torvik

In Torvik sieht der Plan der Hurtigruten keinen Landgang vor. Der abgelegene 8000-Einwohner-Ort ist daher – wie die bis an den Kai heranreichenden Kuhweiden eindrücklich belegen – auch nicht wirklich auf große Besucherströme eingestellt. Den Haupterwerb der Einwohner bildet neben der Fischerei und Landwirtschaft die Arbeit in der umliegenden Werftindustrie. Wegen der zwar geschützten, aber dennoch schwierigen Anlegesituation am Hurtigrutenkai in Torvik wird diskutiert, ob dieser nicht wenige Kilometer nach Mjølstadneset, ins Industriegebiet der Gemeinde Herøy, vorverlegt werden soll.

Torvik ist eine kleine sogenannte Streusiedlung und liegt auf der Insel Leinøya. Theoretisch hat man von hier aus auch den kürzesten Weg zur Vogelinsel Runde, Norwegens südlichsten Vogelfelsen, auf dem im Sommer mehrere hunderttausend Seevögel zu besichtigen sind. Wegen der relativ schlechten Infrastruktur vor Ort ist es jedoch empfehlenswert, einen Schiffsausflug von Ålesund aus zu machen, dem nächsten Stopp.

 Torvik

Lage: 62°20'9" N, 5°43'14" E.

Liegezeit: nordgehend Tag 2, ca. 07.00–07.30 Uhr (15.4.–14.9.), sonst ca. 10.15–10.45 Uhr; südgehend Tag 12, ca. 01.45–02.15 Uhr.

Ålesund

Die 40 000 Einwohner zählende Stadt Ålesund liegt etwa 240 Kilometer nördlich von Bergen und ist der nächste Hafen auf dem Weg nach Norden.
Ålesund ist vor allem auch bekannt als das Tor in den weltbekannten Geirangerfjord, einen der schönsten Fjorde Norwegens. Von Ålesund aus fahren die Hurtigruten in den Sommermonaten in den Geirangerfjord und kehren dann wieder in den Hafen der Stadt zurück, wer diese, allerdings unbedingt lohnenswerte, Tour nicht mitmachen möchte, hat den ganzen Tag in der Stadt zur Verfügung. Ålesund erstreckt sich über die drei Inseln Nøvøy, Apsøy und Heissa, die sich alle in den Atlantischen Ozean hineinstrecken und über drei Brücken miteinander verbunden sind.

■ Geschichte der Stadt

Die erste urkundliche Erwähnung der Stadt lässt sich im 15. Jahrhundert nachweisen. Die Stadt war als Niederlassung von Kaufleuten aus Bergen gegründet worden, um eine Anlaufstelle auf Ihrem Weg nach Norden zu haben. Nachdem Ålesund 1848 das Stadtrecht verliehen

worden war, wuchs die Stadt in den folgenden Jahrzehnten schnell an und wurde zu einem der größten und wichtigsten Fischereihäfen Norwegens. Einem der größten Unglücke der Stadt verdankt Ålesund ironischerweise seine heutige architektonische Besonderheit und auch seinen Spitznamen ›Stadt des Jugendstils‹. Ein Großbrand zu Beginn des 20. Jahrhunderts zerstörte beinahe die komplette Innenstadt, über 10 000 Menschen wurden obdachlos. In den folgenden Jahren wurde die Innenstadt jedoch – unter anderem auch mit großzügiger finanzieller Hilfe des deutschen Kaisers Wilhelm II. – im wunderschönen Jugendstil, welcher der Architekturstil der damaligen Zeit war, wieder komplett neu aufgebaut. Auch wenn das Bild der alten Fassaden durch die später gebauten modernen Glasfronten heute leicht getrübt wird, ist Ålesund daher ein wunderschönes städtebauliches Denkmal. Bis zum heutigen Tage trägt eine Straße in Ålesund übrigens aus Dankbarkeit für die Hilfe aus Deutschland den Namen des Kaisers, und im Stadtpark befindet sich ein Gedenkstein zu seinen Ehren. Ålesund zählt wirt-

Auf der Brücke eines Hurtigrutenschiffs

◄ Karte S. 138

Das pittoreske Stadtbild von Ålesund

schaftlich zu den wichtigsten Fischereihäfen der norwegischen Westküste.
Davon zeugt auch das Stadtwappen,
das ein unter vollen Segeln stehendes
Fischerboot zeigt.

■ Sehenswürdigkeiten

Außerhalb der Sommersaison halten die
Schiffe der Hurtigruten für drei Stunden
in Ålesund. Wie für Bergen gilt auch
hier: Ein Blick von oben ist der beste
Weg, die Stadt zu entdecken. In Ålesund
steigt man dafür am besten auf den
Stadtberg Aksla. Der Berg befindet sich
östlich des Stadtzentrums. Nachdem Sie
die 418 Stufen und 189 Höhenmeter
hinter sich gebracht haben, eröffnet sich
ein wunderschöner Ausblick über die
Stadt und das Meer mit seinen Inseln.
Zum Verschnaufen bietet das auf dem
Berg gelegene Restaurant ›Fjellstua‹ eine
gute Gelegenheit.
Die beste Gelegenheit, die schönen
Jugendstillhäuser der Stadt zu sehen,

bietet die **Kongens gate**, eine gepflegte
Einkaufspassage, in der Sie auf einer
Länge von 300 Metern eine Vielzahl der
schmucken Häuser mit ihren typischen
Erkern und Stuckfassaden finden werden. Ganz am Ende der Straße liegt das
Ålesund-Museum. Die Ausstellungen
des Museums informieren über Themen
wie Jugendstilarchitektur, Handwerk,
Fischfang und Seefahrt. Sehenswert ist
auch der komplett eingerichtete alte
Kaufmannsladen, der einen Eindruck
vom früheren Leben in der Stadt vermittelt.
Für einen weiteren Spaziergang durch
die Stadt sollte man wieder an den
Hafen zurückkehren und über die Brücke zum **Apotekertorget** gehen. Hier
kann man die vielen alten Fischkutter
und ein Denkmal einer Fischerfrau, die
selbstverständlich mit Blick auf die Boote steht, bestaunen. Wenn man der
Apotekergata folgt, kommt man an vielen netten kleinen Läden mit Fischerei-

Ålesund

bedarf vorbei. Östlich der Apotekergata befindet sich zudem ein Viertel, in dem einige schöne aus Holz gebaute Häuser den Brand zu Beginn des 20. Jahrhunderts überstanden haben und in dem auch die Ålesund-Kirche beheimatet ist. Sollten Sie noch genügend Zeit haben, lohnt es sich, einen Abstecher in das vier Kilometer vom Zentrum entfernte **Sunnmøre-Museum** zu machen. Hierfür nutzen Sie am besten ein Taxi. Das Sunnmøre-Museum ist ein volkskundliches Freilichtmuseum, das in einem weitläufigen Park angelegt ist. Es wurde bereits 1931 gegründet und besteht aus einer Sammlung von 50 Wohn- und Wirtschaftsgebäuden, Almhütten, Scheunen, Bootshäusern und Fischerkaten aus dem Mittelalter bis zum frühen 20. Jahrhundert. Zudem kann man dort auch eine Bootssammlung mit typischen Booten aus der Region und eine archäologische Ausstellung besuchen.

Sollten Sie einen etwas längeren Aufenthalt in Ålesund planen, lohnt es sich, die südöstlich der Stadt gelegene **Vogelinsel Runde** zu besuchen. Eine Fähre bringt Sie auf die 24 Kilometer von Ålesund entfernte Insel. Es werden zudem auch organisierte Tagesausflüge angeboten. Die Insel steht komplett unter Naturschutz. In den steilen Felsen der Insel brüten jedes Jahr etwa 170 000 Vogelpaare und bieten einen atemberaubenden Anblick. Man kann hier unter anderem Möwen, Papageientaucher, Krähenscharben und Alke beobachten. Forscher haben Anfang der 1990er Jahre 221 Vogelarten auf Runde nachgewiesen. Damit leben hier nahezu alle Vogelarten, die in Europa beheimatet sind. Auf der Insel hat man die Möglichkeit, an geführten Wanderungen teilzunehmen, um diese einzigartige Vogelvielfalt zu entdecken.

Schiff an der Anlegestelle

Norwegische Küste – Hurtigruten

 Ålesund

Touristeninformation Ålesund & Sunnmøre, Skateflukaia, Tel. +47/ (0)701 57 60-0, Fax -1, www.visit alesund.com.

Lage: 62°28'0" N, 6°10'0" E.

Liegezeit: nordgehend Tag 2, ca. 08.45–18.45 Uhr (15.4.–14.9., Möglichkeit zur Fahrt in den Geirangerfjord), sonst 12.00–15.00 Uhr; südgehend Tag 11/12, ca. 24.00–00.45 Uhr.

Der Geirangerfjord

Der Geirangerfjord ist zweifelsohne der bekannteste Fjord in ganz Norwegen und einer der touristischen Höhepunkte des Königreiches. Schon seit über einem Jahrhundert wird er von unzähligen, auch berühmten Besuchern besichtigt. So machte beispielsweise der deutsche Kaiser Wilhelm II. des öfteren hier Station, um die traumhafte Idylle genießen zu können. Auch die Hurtigruten-Betreiber wissen um die Anziehungskraft des Fjordes und machen daher im Sommer einen kleinen Umweg. Man kann jedoch auch von Ålesund längere Touren in den Geirangerfjord zu buchen.

Der Geirangerfjord liegt 200 Kilometer nördlich von Bergen und ist eine 15 Kilometer lange Verlängerung des Sunnylvsfjords. Der Name des Fjords kommt von dem kleinen Dorf Geiranger, das sich ganz am Ende des Fjords am Wiesenufer vor mächtig in den Himmel aufsteigenden Bergen befindet. Seit 2005 steht der Fjord als Wunder der Natur auch auf der Liste des UNESCO-Weltkulturerbes.

Fährt man mit dem Schiff oder der Fähre in den Fjord hinein, versteht man rasch, warum er als einer der schönsten Fjorde der Welt gilt: An beiden Seiten des Fjordes stechen bis zu 1000 Meter hohe Berge aus dem türkisgrünen Wasser in den Himmel, auf deren Gipfeln eine weiße Schneekappe zu erkennen ist. Von vielen der Berge stürzen Wasserfälle tosend herab, und eine fruchtbare und grüne Landschaft umgibt den Fjord märchenhaft schön.

Die Wasserfälle ›Die sieben Schwestern‹ sind, neben dem auf der gegenüberliegenden Seite des Fjordes herabstürzenden Wasserfall ›Freier‹, eine der Naturattraktionen bei einer Fahrt durch den Geirangerfjord. Diese Berühmtheit ist wohl auch auf die mit den Namen verbundene Sage zurückzuführen. In der Erzählung wollte der Freier eine von

Der Geirangerfjord

Am Ende des Geirangerfjords

sieben schönen Schwestern heiraten. Keine von ihnen ließ sich jedoch für eine Heirat gewinnen, und aus lauter Frust ob dieses Misserfolges wurde der Freier zum Trunkenbold. Dies lässt sich nun am Wasserfall erkennen, der die Form einer Flasche hat. Doch auch abseits dieser Geschichten sind die Wasserfälle beeindruckend. Von bis zu 300 Metern Höhe stürzt das Wasser tosend in den Fjord. Da sich die Wasserfälle jedoch vor allem aus Schmelzwasser speisen, kann es sein, dass Sie bei einer Sommertour in den Fjord eher auf vier als auf sieben Schwestern treffen werden.

Am Rande des Fjords werden Ihnen bei Ihrer Fahrt auch die vielen verlassenen Farmen auf beiden Seiten auffallen. Viele der Farmen befinden sich in schwindelerregender Höhe auf den steil aufragenden Bergen und konnten früher nur über Leitern erreicht werden. Einst waren die Ufer aufgrund ihres fruchtbaren Bodens besiedelt. Die Landwirtschaft gilt durch das milde Klima mit im Sommer fast 24 Stunden Sonneneinstrahlung als sehr ergiebig. Sogar südländische Früchte wie Aprikosen können geerntet werden. Heute ist jedoch einzig das Dorf Geiranger am Ende des Fjords übrig geblieben. Eine gemeinnützige Organisation kümmert sich jedoch seit einigen Jahren darum, die vielen verlassenen Farmen wieder herzurichten und für Besucher zugänglich zu machen. Bereits heute können einige dieser restaurierten Farmen mit dem Boot oder von Geiranger aus besichtigt werden. Falls Sie sich länger in der Gegend aufhalten wollen, besteht auch die Möglichkeit, im Geirangerfjord zu bleiben und hier zu übernachten. Das Dorf Geiranger bietet vier Hotels – für höchste Ansprüche bis zum etwas einfacheren. Es gibt auch preisgünstigere Übernachtungsmöglichkeiten in schön gelegenen Hütten oder auf einem der vielen Campingplätze (www.visitalesund-geiranger.com).

Molde

Das am Moldefjord gelegene Molde bezeichnet sich selbst als ›Stadt der Rosen‹, da hier weit nördlich der eigentlichen Wachstumsgrenze – beeinflusst vom Golfstrom – üppige Rosensträucher wachsen. Ebenso wachsen hier noch Kastanien, Ahorn, Linden, Eichen und Eschen und machen Molde damit zu einer vegetationsreichen Gegend. Der Hintergrund für diese ungewöhnliche Vegetation ist ein Ausläufer des Golfstromes im Zusammenwirken mit der geschützten Lage am Fjord. Daneben ist die etwa 25 000 Einwohner zählende Stadt vor allem für das im Sommer stattfindende internationale Festival ›Molde Jazz‹ bekannt, zu dem tausende Fans in die Stadt pilgern, um Stars und Nachwuchskünstler der Szene zu erleben. Seit dem Beginn des Festivals 1961 kamen so bekannte Jazzgrößen wie Miles Davis oder Dizzy Gillespie nach Molde. Zweifelsohne hat Molde seinen Ruf als Touristenattraktion auch seinem außergewöhnlich schönen Panorama zu verdanken. Die bunten idyllischen Fischerhäuschen stehen anmutig an der Küste. Hinter der Stadt erheben sich die mächtigen Romsdalsalpen. Molde selbst liegt zu Füßen des 400 Meter hohen Vardens. Auffallen wird Ihnen bei der Einfahrt in den Hafen auch der markante Glasbau des ›Rica Seilet Hotels‹, dessen Architektur an die Gestalt eines Segelschiffs angelehnt ist.

■ **Geschichte der Stadt**

Die heutige Stadt Molde wurde Ende des 15. Jahrhunderts gegründet und verdankt ihren Namen dem norwegischen Wort für ›Mutterboden‹ – Mold. Funde in der Nähe der Stadt legen die Vermutung nahe, dass die Gegend bereits viel früher besiedelt war. Der erfolgreiche Handel mit Holz und Heringen ließen die Stadt in der Frühen Neuzeit rasch anwachsen, und im Jahre 1742 erhielt Molde die Stadtrechte. Während des 18. und 19. Jahrhunderts entwickelte sich die Stadt mehr und mehr zu einer Hochburg der norwegischen Textilindustrie. Auch der Tourismus wurde zu einem wichtigen Wirtschaftszweig, und bekannte Persönlichkeiten wie der deutsche Kaiser Wilhelm II. oder Mitglieder des walisischen Königshauses verbrachten hier in den luxuriösen Hotels ihre Sommer.

Auch viele norwegische Kulturschaffende wussten die Schönheit der Stadt zu schätzen. Drei der vier berühmten norwegischen Schriftsteller lebten oder verbrachten einen Teil ihres Lebens in Molde: Bjørnstjerne Bjørnson lebte hier während seiner Kindheit, Henrik Ibsen besuchte die Stadt regelmäßig, um Urlaub zu machen, und auch seine Theaterstücke sind von seinem Leben in der Stadt inspiriert worden. Ein Grund, warum es viele berühmte Persönlichkeiten nach Molde zog, ist ein Wetterphänomen, das dafür sorgt, dass auch im Winter Temperaturen von über 15 Grad keine Seltenheit sind. Die Ursache für die außergewöhnlich milden Temperaturen ist ein aus dem Süden kommender Föhnwind sowie der warme Golfstrom. Während des Zweiten Weltkriegs wurde Molde durch deutsche Luftangriffe im April und Mai 1940 zu fast 70 Prozent zerstört, so dass die heutige Bausubstanz vor allem aus der Zeit nach 1945 stammt. Nach dem Ende des Kriegs wurde Molde wieder aufgebaut und entwickelte sich zu einer modernen Stadt. Die Hauptwirtschaftszweige der Stadt sind heute die traditionelle Industrien und hier insbesondere die Produktion von Möbeln und Leuchten (Glamox). Dane-

Karte S. 143 ▲

ben ist Molde auch eine Studentenstadt. Die Universität ist eine der führenden Institutionen Norwegens für Informationstechnologie.

■ **Sehenswürdigkeiten**

Wenn Sie alle Sehenswürdigkeiten, die Molde zu bieten hat, besichtigen wollen, wird der von den Schiffen der Hurtigruten eingeplante Landgang von knapp einer halben Stunde nicht ausreichen und Sie müssten einen längeren Aufenthalt einplanen.

Am besten starten Sie Ihre Stadterkundung mit einem Panoramablick vom hauseigenen **Berg Varden**. Ein Taxi bringt Sie vom Hafen aus in etwa zehn Minuten auf die Spitze des Berges, wo Sie auch ein Restaurant finden. Alternativ kann man den Berg selbstverständlich auch zu Fuß erklimmen. Dafür sollte man ungefähr eine Stunde einplanen. Von hier oben hat man nicht nur einen wunderschönen Blick auf Molde, son-

dern auch auf die hoch in den Himmel aufragenden Romsdalsalpen, ein beliebtes Wandergebiet mit Gipfeln bis zu 1800 Metern Höhe.

In der Stadt selber lohnt es sich, zunächst die sogenannte **Königsbirke** anzusehen. Der Baum ist sowohl norwegisches Nationalsymbol als auch Erinnerungszeichen an die deutsche Okkupation im Zweiten Weltkrieg. Håkon VII., der zu jener Zeit norwegischer König war, wurde hier fotografiert, als er am letzten Aprilwochenende 1940 Schutz vor der deutschen Bombardierung von Molde suchte. Die Fotografie wurde auf der ganzen Welt bekannt. Ein Gedicht des Schriftstellers Nordahl Grieg (Kongen) verstärkte die Symbolkraft noch zusätzlich. In den 1980er Jahren wurde der Baum von Unbekannten zerstört, jedoch wieder neu eingepflanzt. Rund um die Birke entstand seit 1997 der sogenannte **Friedenshain**. Er symbolisiert den fortwährenden Kampf für

Norwegische Küste – Hurtigruten

Molde, Zentrum

0   250   500 m

Getrocknete Dorschköpfe

Freiheit, Frieden und Menschenrechte. Die Bäume auf dem Hain wurden von Präsidenten, Nobelpreisgewinnern, Schriftstellern und anderen bekannten Persönlichkeiten des öffentlichen Lebens gepflanzt. Die Königsbirke befindet sich ganz im Nordwesten der Stadt. Am besten ist sie mit dem Taxi zu erreichen.

Ebenfalls etwas außerhalb des Zentrums befindet sich das **Romsdalsmuseum**. Es vermittelt mit seinen über 50 im Original erhaltenen Gebäuden dem Besucher einen guten Eindruck davon, wie Molde vor der Zerstörung durch die Deutschen ausgesehen hat. Das Museum ist eines der größten und ältesten Volksmuseen in Norwegen und wurde bereits 1912 gegründet. Als Höhepunkt des Museums ist eine malerische Altstadtzeile von Molde dargestellt. Im Sommer lädt der Ort zudem dazu ein, Folklore-Darbietungen zu bewundern, und während des alljährlich stattfindenden Jazz-Festivals können hier kostenlos Konzerte besucht werden. Wenn Sie sich für das Leben aus früheren Zeiten in der Hafenstadt interessieren, sollten Sie sich auch das **Hjertøya Fiskerimuseum** nicht entgehen lassen. Es ist vom Kai aus am einfachsten mit Taxibooten zu erreichen, die von dort stündlich ablegen. Die Fahrt zu dem auf

einer der Stadt vorgelagerten Insel befindenden Museum sollte nicht mehr als zehn Minuten dauern. Das Museum zeigt die lokale Küstenkultur, das Arbeitsleben und die Lebensbedingungen der Stadt um das Jahr 1850. Darüber hinaus bietet es eine Sammlung von alten Schiffen und Booten, eine Reihe von sehenswerten Fischerhäusern sowie eine originale Tranbrennerei und ein Schulhaus zur Besichtigung.

In der Stadt selber gibt es nur wenige Sehenswürdigkeiten. Es lohnt aber dennoch, einen kleinen Spaziergang durch die Stadt zu machen. Am besten geht man vom Kai aus kommend geradeaus in die Einkaufsstraße, von wo aus nach rechts der Weg ins Zentrum führt. An den schön angelegten und gepflegten Straßen kann man erkennen, dass Molde eine sehr wohlhabende Gemeinde ist. Am **Rathausmarkt** stoßen Sie auf die von einem Springbrunnen umgebene Bronzeskulptur ›Rosepiken‹. Das dargestellte Mädchen ist jung und schön und trägt einen großen Rosenstrauß im Arm, was auf das Image von Molde als ›Stadt der Rosen‹ anspielt. Ebenfalls nett anzusehen ist eine Skulptur am Marktplatz. Dort steht die bronzene Skulptur ›Jazzgutten‹, die einen jungen Saxophonisten zeigt.

ℹ Molde

Touristinformation, Torget 4, Tel. +477(0)71 20 10-00, Fax -01, www.visitmolde.com.

◎

Lage: 62°44'0" N, 7°11'0" E.

⬒

Liegezeit: nordgehend Tag 2, ca. 21.30–22.00 Uhr (15.4.–14.9.), sonst ca. 18.00–18.30 Uhr; südgehend Tag 12, ca. 07.45–08.15 Uhr.

Karte S. 143 ▲

Viele Orte Norwegens sind durch Brücken verbunden

Norwegische Küste – Hurtigruten

Kristiansund

Die kleine und beschauliche Hafenstadt Kristiansund ist der nächste Anlaufpunkt der Schiffe auf dem Weg nach Norden. Die Stadt erstreckt sich über die drei Inseln Kirklandet, Innlandet und Nordlandet, die über Brücken miteinander verbunden sind. Der von den Inseln eng umschlungene Naturhafen des 17 000 Einwohner zählenden Städtchens gilt in ganz Norwegen als einer sichersten, denn durch seine einmalige Lage schützt er Kristiansund vor den Unwettern des Europäischen Nordmeeres.

Bei Ausgrabungen in der Gegend der heutigen Stadt wurden Überreste von Siedlungen gefunden, die darauf hindeuten, dass die Gegend bereits vor über 10 000 Jahren von Menschen besiedelt war. Die eigentliche Gründung Kristiansunds erfolgte jedoch erst 1772. War am Anfang vor allem der Handel mit Holz der größte Wirtschaftszweig der Stadt, wurde im Laufe der Zeit die Fischerei zum Haupterwerb der Einwohner. Bis zum Ausbruch des Ersten Weltkriegs erlebte Kristiansund eine regelrechte Wirtschaftsblüte. Der hier produzierte Klippfisch wurde ins ganze südliche Europa exportiert, und die Zahl der Einwohner nahm kontinuierlich zu. Im April 1940 wurde die Stadt durch deutsche Fliegerangriffe im Rahmen des ›Unternehmens Weserübung‹ nahezu vollständig zerstört. Der Wiederaufbau erfolgte teilweise durch originalgetreue Rekonstruktion, so dass die Stadt heute eine sehr spezielle und interessante Architektur vorzuweisen hat. Heute lebt die Stadt vor allem vom Schiffsbau und von der Offshore-Technik. Seit 1992 ist Kristiansund über einen 5,2 Kilometer langen Tunnel und zwei Brücken mit dem norwegischen Festland verbunden.

Sehenswürdigkeiten

Kristiansund ist aufgrund seiner Lage aufs engste mit dem Meer verbunden. Dies wird nirgendwo deutlicher als am **Hafen** der Stadt. Hier eröffnet sich dem Besucher ein fröhlicher und lebhafter Anblick. Neben dutzenden Sundbooten, Frachtern und Kuttern sehen Sie hier auch die alten Speicherhäuser und die Werften der Stadt.

Das **Opernhaus** ist eines der wenigen Gebäude, das die Bombenangriffe des Zweiten Weltkriegs unbeschadet überlebt haben. Es wurde 1914 im Jugendstil fertiggestellt und kann sicherlich als eines der schönsten Opernhäuser in Norwegen gelten.

Sehenswert ist auch die **Altstadt** Kristiansunds, die sich auf der Insel Innlandet befindet. Dort hat man die Möglichkeit, einen Spaziergang zu machen und die einmalige und sehr interessante norwegische Küstenarchitektur zu bewundern. Zudem hat Kristiansund mit dem **Nordmøre Museum** eine weitere Hauptattraktion, die einen Besuch wert ist. Zum Museum gehört unter anderen das **Norsk Klippfiskmuseum** in der Milnbrygga. Die Ausstellung zeigt die Geschichte der Trockenfischproduktion, der die Stadt ihren Aufstieg in der Frühen Neuzeit zu verdanken hatte. Das Hauptgebäude des Nordmøre Museum beherbergt eine Ausstellung, das den traditionellen Handwerksberufen, aber auch der Stadt- und Inselgeschichte gewidmet ist.

Sollten Sie noch etwas Zeit haben, empfiehlt es sich, die **Mellemwerft** zu besichtigen. Dabei handelt es sich um eine original ausgestattete Werft aus der Zeit der Windjammer. Die Werft ist noch heute in Betrieb, und dort werden vor allem historische Segelschiffe liebevoll restauriert.

Sollten Sie etwas mehr Zeit in Kristiansund verbringen, so können Sie noch eine 14 Kilometer nordwestlich der Stadt gelegene **Inselgruppe** besuchen. Nur eine der aus 80 Inseln, Grip, ist bewohnt. Auf Grip steht eine kleine, aber dennoch sehenswerte Kirche, in der sich aufgrund der romantischen Umgebung viele Einwohner von Kristiansund trauen lassen. Die Insel erreichen Sie mit Booten, die vom Sundboot-Anleger im Zentrum starten.

 Kristiansund

Touristeninfomationszentrum, Destinasjon Kristiansund og Nordmøre AS, Kongens plass 1, 6501 Kristiansund, Tel. +47/(0)7158545-4, Fax -5, www.visitkristiansund.com.

Lage: 63°6'51" N, 7°45'32" E.

Liegezeit: nordgehend Tag 3, ca. 01.15–01.45 Uhr (15.4.–14.9.), sonst ca. 22.30–23.00 Uhr; südgehend Tag 11, ca. 16.30–17 Uhr.

Trondheim

Trondheim ist nach Oslo und Bergen mit etwa 170 000 Einwohnern die drittgrößte Stadt Norwegens und der nächste Stopp in Richtung Kirkenes. Die Stadt liegt an der Mündung des Flusses Nidelv im Trondheimfjord, ungefähr 70 Kilometer vom offenen Meer entfernt. Der Name der Stadt lautete daher ursprünglich auch ›Nidaros‹, was im Deutschen soviel bedeutet wie ›an der Mündung des Nidelv gelegen‹. Erst im Spätmittelalter verbreitete sich der dänische Name Trondhjem. Als sich Norwegen zu Beginn des 20. Jahrhunderts immer mehr von Dänemark abgrenzen wollte, be-

Speicherhäuser in Trondheim

Karte S. 148

stimmte das norwegische Parlament, dass die Stadt ab 1930 wieder Nidaros heißen sollte. Die Einwohner der Stadt protestierten allerdings so lange gegen die Umbenennung, dass als Kompromiss die Bezeichnung Trondheim eingeführt wurde. Die Altstadt von Trondheim liegt auf einer Halbinsel, die interessanterweise bis auf eine schmale Landverbindung im Westen auf allen Seiten vom Fluss oder dem Fjord begrenzt wird.

■ Geschichte

Die Stadt kann auf eine lange Geschichte zurückblicken. Im Jahre 1997 feierte sie stolz ihr 1000-jähriges Jubiläum. Gegründet wurde die Stadt im Jahre 997 vom Wikingerkönig Olav I. Tryggvason. Anschließend war die Stadt Sitz des Königs und somit für kurze Zeit auch die Hauptstadt Norwegens. Im frühen Mittelalter war Trondheim dann auch die reichste, größte und bedeutendste Stadt des Landes. Zudem war es das unangefochtene religiöse Zentrum des nördlichen Europas und die Krönungsresidenz der norwegischen Könige. Zahlreiche Bauten zeugen heute noch von der einstigen Bedeutung der Stadt während des Mittelalters. Bis heute sehen viele Einwohner Trondheims ihre Stadt deshalb als die eigentliche politische und religiöse Hauptstadt Norwegens an.

Durch eine Reihe von Stadtbränden, die Pest und eine Union mit Dänemark geriet die Stadt in den darauffolgenden Jahrhunderten in eine Randlage und drohte, in der Bedeutungslosigkeit zu versinken. Erst der beginnende lukrative Holzhandel und die Industrialisierung verhalfen Trondheim ab dem 18. Jahrhundert wieder zu Ansehen, so dass im 19. Jahrhundert mehr Menschen in Trondheim als in Oslo lebten. Während des Zweiten Weltkriegs war Trondheim von April 1940 bis zum Ende im Mai 1945 von deutschen Truppen besetzt.

Heute ist Trondheim eines der Zentren der norwegischen Bildung und Forschung. Die Technisch-Naturwissenschaftliche Universität Norwegens ist in Trondheim ansässig und ist mit ihren über 20 000 Studenten dafür verantwortlich, dass sich in der Stadt eine lebhafte Kneipen- und Restaurantszene entwickelt hat. Insgesamt gibt es in Trondheim über 30 000 Studenten, die ein Fünftel der Einwohner ausmachen und der Stadt ein angenehm junges Flair verleihen.

■ Sehenswürdigkeiten

Vom Schiff kommend, sollten Sie zunächst durch das **Hafengebiet** gehen, bevor sie über die Havnegata in die Innenstadt gelangen und von hier aus Ihre Erkundungstour starten können.

Auf der Havnegata, die am Fluss entlangläuft, läuft man auch an dem auf der linken Straßenseite gelegenen **Sjofartsmuseum** vorbei. Das Museum beherbergt eine Sammlung von Schiffsmodellen sowie ein umfangreiches Archiv über Segelschiffe und ihre Kapitäne. Auf der rechten Seite der Straße liegt zudem die **Olavshalle**, in der sich ein großes Einkaufszentrum befindet.

Wenn Sie der Straße und damit auch dem Fluss weiter in Richtung Süden folgen, stoßen Sie auf die **Brücke Bakke Bru**, von der aus Sie einen schönen Blick auf die alten Speicherhäuser der Stadt haben. Es lohnt sich, die Brücke zu überqueren und auf der anderen Seite der Nidelva die Nedre Bakklandet hinunterzulaufen. Wenn Sie nun auf die andere Seite des Flusses blicken, haben sie einen atemberaubenden Blick auf die auf Pfählen im Wasser stehenden **Speicher der Bryggene** und damit eines der schönsten Fotomotive in Trondheim! Sie befinden sich jetzt bereits im **Møllenberg-Viertel**. Das Viertel ist bekannt für seine alten und teilweise schiefen Häuser, seine vielen kleinen **Läden** und **Eckkneipen** und seine bis obenhin vollgestopften Antiquitätenläden. Wenn Sie genug Zeit haben, nutzen Sie die Gelegenheit, durch die Straßen zu schlendern und in die Schaufenster zu blicken. Ebenfalls im Viertel befindet sich die **Festung Kristiansten**. Eine steile Straße

führt zu der 72 Meter hoch aufragenden und 300 Jahre alten Anlage. Die zwischen 1675 und 1684 sternförmig angelegte Festung schützte Trondheim bis zu Beginn des 19. Jahrhunderts vor Angriffen. Heute wird sie nur noch zu Erholungszwecken genutzt und bietet einen wunderschönen Ausblick über die Stadt. Sollten Sie den etwas beschwerlichen Abstieg hinter sich gebracht haben, lohnt es sich, die hölzerne **Brücke Gamle Bybrua** zu überqueren, um auf die

Trondheim, Zentrum

0   150   300 m

andere Seite des Flusses zu gelangen. Die Brücke wurde 1861 im neugotischen Stil errichtet und diente früher als einziger Zugang zur Stadt.

Von der Brücke aus ist bereits der **Nidarosdom** deutlich zu sehen. Er ist mit fast 400 000 Besuchern jährlich der absolute Höhepunkt Trondheims und das bedeutendste architektonische Denkmal der Gotik in Norwegen. Der Dom ist der ganze Stolz der Stadt und die größte Kirche im nördlichen Europa überhaupt. Der Dom wird von einem Park und einem Friedhof eingerahmt. Die Kirche entstand um das Jahr 1300. Die Legende besagt, dass der Hohe Altar des Doms sich genau über dem Grab des Königs und Heiligen Olav Haraldsson, der im 10. Jahrhundert König von Norwegen war, befindet. Im Dom wurden insgesamt sieben Könige gekrönt und zehn weitere begraben. Noch heute werden hier die Reichsinsignien wie das Reichsschwert aufbewahrt. Durch mehrere Brände während des Mittelalters und der Frühen Neuzeit war der Nidarosdom zu Beginn des letzten Jahrhunderts in einem desolaten Zustand. Umfangreiche Restaurationsmaßnahmen haben jedoch dafür gesorgt, dass die Kirche seit 2001 wieder in ihrem vollen Glanz erstrahlt. Da jedoch keine originalen Baupläne aufzufinden waren, beruhte ein Teil der Aufbauarbeiten auf Spekulationen. Bereits das massive **Hauptportal** der Kirche ist mit seinen Skulpturen sehenswert. Innerhalb des Doms haben Sie die Möglichkeit, den **Kirchturm** über 172 Stufen zu besteigen, um von dort einen wunderschönen Blick über die Stadt zu genießen. Nicht verpassen sollte man die von dem berühmten deutschen Orgelmacher Joachim Wagner 1741 fertiggestellte **Orgel** im Innenbereich des Gotteshauses. Die

Glasmalereien stellen die Geschichte des norwegischen Nationalheiligen Olav Haraldsson dar.

Gleich neben dem Nidarosdom kann man das **Erzbischöfliche Palais** besichtigen. Der im gotischen Stil errichtete Komplex stammt in seinem älteren Teil bereits aus dem 11. Jahrhundert und ist damit der älteste aus Stein errichtete Profanbau Norwegens. Heute beherbergen die Gebäude **zwei Museen**. Zum einen eine Dokumentation des norwegischen Widerstands gegen die deutschen Besatzer während des Zweiten Weltkriegs, zum anderen eine Waffen- und Fahnenausstellung. Direkt neben dem Palais befindet sich auch die **Kunstgalerie**, die vor allem norwegische Bildkunst aus dem 19. und 20. Jahrhundert zeigt. Vom Dom aus kann man noch einen kurzen Abstecher in Richtung Norden entlang der mit schönen Geschäften und sehenswerten Holzhäusern flankierten

Der Nidarosdom in Trondheim

Norwegische Küste – Hurtigruten

Munkegata machen. Auf der rechten Seite werden Sie bereits nach kurzer Zeit auf das **Kunstindustriemuseum** treffen, das eine recht ansehnliche Sammlung an Kunsthandwerk zeigt. Neben Glas, Keramik und Silber zeigt die Ausstellung auch Teppiche, Textilien und Möbel.

Die Munkegata führt direkt zum **Torget**, zum zentralen Platz in Trondheim, der den Mittelpunkt der Altstadt markiert. Die Granitsäule auf der Mitte des Platzes zeigt den Grüner Trondheims, Olav Tryggvason.

Sollten Sie noch Energie haben, können Sie die Munkegata noch ein Stückchen weiter nach Norden laufen und sich mit dem **Stiftsgården** eines der größten Holzbauwerke Nordeuropas ansehen. Das Gebäude ist komplett im Rokokostil errichtet und dient unter anderem der norwegischen Königsfamilie bei Besuchen in Trondheim als Residenz.

ℹ Trondheim

Touristeninformation, am Marktplatz im Zentrum, Tel. +47/(0)73 80-76-60, Fax -70, www.visit-trondheim.com.

⊘

Lage: 63°26′24″ N, 10°24′0″ E.

▣

Liegezeit: nordgehend Tag 3, 08.15–12.00 Uhr (15.4.–14.9.), sonst 06.00–12.00 Uhr; südgehend Tag 11, 6.30–10.00 Uhr.

Rørvik

Die Schiffe der Hurtigruten gehen am Hafen des kleinen Küstenstadt Rørvik gegen Abend vor Anker. Schon die Fahrt mit dem Schiff nach Rørvik ist landschaftlich beeindruckend. Die Vikna Kommune, deren Hauptort Rørvik ist,

umfasst einzigartige Schärengärten mit insgesamt 6000 kleineren und größeren Inseln. Ein Höhepunkt der Fahrt ist sicherlich das ›Tor zum Nordland‹, wie der stark frequentierte Naerosund auch genannt wird. In der Regel sollten Sie bei Ihrer Einfahrt in den Hafen auch das zur gleichen Zeit entgegenkommende Schiff der Hurtigruten bewundern können. Rørvik ist der Ort, an dem sich allabendlich die nord- und südgehenden Schiffe treffen.

Die Stadt selber besitzt gerade einmal 2600 Einwohner und besteht aus einem kleinen Hafen, eine paar Häusern, einer Tankstelle und einer Kirche. Dennoch macht die Lage von Rørvik mit den vielen kleinen vorgelagerten Inseln die Ortschaft zu etwas Besonderem. An jedem Donnerstag im Juli findet in der Stadt ein buntes und fröhliches Volksfest statt – zu Ehren der Hurtigruten!

Die Gegend um Rørvik wurde bereits früh besiedelt, wie zahlreiche ausgegrabene Grabhügel belegen. Traditionell lebten die Einwohner der Stadt vom Ackerbau und vom Fischfang, woran sich teilweise auch bis heute nichts geändert hat. Daneben arbeiten auch viele Einwohner für einen norwegischen Telekommunikationskonzern, der sich in der Stadt angesiedelt hat. In den letzten Jahrzehnten zogen immer mehr Menschen aus anderen Gegenden des Vikna-Archipels, auf dessen östlicher Seite Rørvik liegt, zu. Im Oktober 1962 sank in den Gewässern vor Rørvik das Hurtigrutenschiff ›Sanct Svithun‹ aufgrund eines Navigationsfehlers. An die bei dem Unglück umgekommenen 41 Menschen erinnert heute ein Denkmal in der Stadt. Seit 1981 ist der Archipel auch mit dem Auto zu erreichen. Eine 700 Meter lange und 41 Meter hohe sehenswerte Hängebrücke führt auf das Festland.

 Karte vordere Umschlagklappe

Touristisch hat Rørvik nur wenig zu bieten. Es lohnt sich dennoch, einen Spaziergang durch den Ort zu machen und dabei die durch die Küste geprägte Atmosphäre zu genießen. Vorbei an den vielen erhaltenen **Holzhäusern** aus dem 19. Jahrhundert können Sie beispielsweise auf den gut erkennbaren **Kirchenhügel** gehen, von dem aus Sie einen schönen Blick auf die Stadt und die umgebende Insellandschaft haben. Direkt unterhalb der Kirche befindet sich auch die alte **Handelsstation Berggarden**, in der heute ein original eingerichteter Krämerladen zu besichtigen ist.

Sollte Ihr Schiff etwas länger vor Anker liegen, empfiehlt es sich noch, das **Norveg-Zentrum für Küstenkultur** zu besuchen (Strandgata 7, das Museum ist während der Liegezeit der Hurtigrutenschiffe ganzjährig geöffnet). Das ehemalige Küstenmuseum ist heute ein nationales Zentrum für Küstenkultur. Die Ausstellung des Museums bietet dem Besucher eine umfangreiche und spannende seehistorische Sammlung. Ebenfalls vom Norveg-Zentrum werden organisierte Touren zum malerischen **Fischerdorf Sør-Gjæslingan** angeboten (www.mumidt.no).

Auf dem Weg zum Polarkreis

 Rørvik
Lage: 64°51'41" N, 11°14'20" E.

Liegezeit: nordgehend Tag 3, ca. 20.30–21.15 Uhr; südgehend Tag 10, ca. 20.30–21.30 Uhr.

Brønnøysund

Für die meisten norwegischen Autofahrer weckt die etwa 5000 Einwohner zählende Küstenstadt Brønnøysund eine ausgesprochene negative Assoziation. Dies liegt daran, dass Brønnøysund für Norwegen das ist, was für Deutschland Flensburg darstellt. Im Zuge der Dezentralisierungspolitik der norwegischen Regierung wurde hier das nationale Fahrzeugregister hinverlegt. Alle Verkehrssünder sind hier also mit ihren Punkten ausgelistet. Geografisch befindet sich Brønnøysund genau in der Mitte Norwegens. Historisch gesehen ist die Stadt jedoch noch nicht einmal 100 Jahre alt. Erst im Jahre 1923 trennte sich die Ortschaft von der in der Nähe gelegenen Stadt Brønnøy ab und wurde eigenständig. Heute ist die Stadt vor allem ein regionales Fischerei- und Dienstleistungszentrum. In den letzten Jahren hat sich Brønnøysund aber zunehmend wirtschaftlich entwickelt, und der Flughafen der Stadt bietet Direktflüge in die norwegische Hauptstadt Oslo an. Auch die Hurtigrutenschiffe, die am Kai für etwa eine Stunde festmachen, sind für Brønnøysund zu einem wichtigen wirtschaftlichen Faktor geworden. Ansonsten hat die Stadt den Besuchern nur wenig zu bieten. Von hier aus lässt sich jedoch sowohl das wunderschöne Vega-Archipel als auch der 260 Meter hohe Torghatten besuchen.

Für den einstündigen Aufenthalt bietet sich ein kleiner Spaziergang zu einem

Norwegische Küste – Hurtigruten

etwas überhalb des Ortes gelegenen Aussichtspunkt an. Vom Kai aus ist der kurze Fußweg dorthin gut ausgeschildert. Von oben kann man sich einen Überblick über die Stadt, aber auch über die nähere Umgebung verschaffen. Ansonsten kann man auch vom Kai aus kommend nach rechts schlendern und gelangt nach wenigen Gehminuten zu der kleinen, aber ansehnlichen **Kirche** von Brønnøysund. Parallel zum Kai verläuft auch die kleine **Einkaufsstraße** des Ortes, auf der Sie zur Anlegestelle der Schiffe zurückgelangen können.

Ungefähr fünf Kilometer außerhalb des Ortes liegt die **Skarsåsen-Festung**, die während des Zweiten Weltkriegs als Küstenverteidigung von der deutschen Armee gebaut worden war. Heute gibt die Festung einen Einblick in die Geschichte der Region während des Krieges.

■ Vega-Archipel

Sollten Sie einen längeren Aufenthalt in Brønnøysund einplanen, sei Ihnen unter allen Umständen ans Herz gelegt, den wunderschönen Vega-Archipel zu besichtigen. Von Brønnøysund aus fahren regelmäßig Fähren dorthin. Der Archipel befindet sich ganz in der Nähe des Polarkreises. Er umfasst etwa 6000 kleinere und größere Inseln, Holmen und Schären. Seit 2004 steht der Vega-Archipel auf der Liste des UNESCO-Weltkulturerbes. Vor allem das harmonische Zusammenspiel zwischen Menschen, Tieren und Natur stellte einen wichtigen Aspekt für die UNESCO bei der Verleihung des Welterbestatus dar.

Forscher gehen anhand von Siedlungsfunden davon aus, dass die ältesten Siedlungen des Archipels über 10 000 Jahre alt sind und bis in die Steinzeit zu datieren sind. Damit handelt es sich um die ältesten bis dato gefundenen Siedlungen im nördlichen Norwegen. Dem interessierten Besucher bietet das Vega-Archipel mit seiner landschaftlichen und zoologischen Vielfalt eine unvergessliche Zeit.

 Brønnøysund

Das **Touristeninformationszentrum** befindet sich in unmittelbarer Nähe zum Kai der Hurtigrutenschiffe.

Lage: 65°28'0" N, 12°13'0" E.

Liegezeit: nordgehend Tag 4, ca. 00.30–01.00 Uhr; südgehend Tag 10, ca. 16.15–17 Uhr.

Sandnessjøen

Die kleine, ungefähr 5500 Einwohner zählende Ortschaft Sandnessjøen befindet sich noch rund 50 Kilometer südlich des Polarkreises und ist einer der wichtigsten Verkehrknotenpunkte der gesamten Region. Mehr als deutlich wird diese Bedeutung, wenn man die beeindruckende Brücke betrachtet, die Sandnessjøen mit dem Festland verbindet. Die **Helgelandsbrücke** wurde 1991 fertiggestellt und ist mit einer Länge von 1073 Metern und einer Höhe von bis zu 54 Metern ein wahres Meisterwerk der Baukunst. Die Stadt selber hat den Reisenden der Hurtigrutenschiffe, die hier etwa eine Stunde vor Anker gehen, eher wenig zu bieten. Dennoch bietet sich es sich natürlich an, die vorhandene Zeit zu nutzen und einen kleinen Spaziergang durch das beschauliche Örtchen zu machen.

Vom Kai führt eine Querstraße in das Zentrum von Sandnessjøen, wo Sie unter anderem auf eine große Statue stoßen werden. Die zeigt den norwegischen

Einfahrt in den Hafen von Sandnessjøen

Lyriker und Psalmdichter **Petter Dass** (1646–1707). Der Sohn eines schottischen Einwanderers war einer der bedeutendsten Lyriker Norwegens im 17. Jahrhundert. Dass schrieb vor allem – im Stile Martin Luthers – Kirchenlieder, die für ihn auch Mittel zum Zweck seiner Seelsorge waren. Zudem verfasste er Lieder über seine norwegische Heimat. Seine Dichtung ›Nordlands Trompet‹ handelt beispielsweise vom harten Leben der norwegischen Bauern und Fischer. Rund um die Statue laden zahlreiche, unter hohen Bäumen stehende Bänke zum gemütlichen Verweilen ein. Von der Statue aus folgen Sie dann am besten der parallel zum Kai verlaufenden Einkaufsstraße, in der auch die Touristeninformation ansässig ist. Am Ende der Einkaufsmeile werden Sie wieder zur Anlegestelle Ihres Schiffs gelangen.

Sollten Sie einen längeren Aufenthalt in der Gegend vorhaben, lohnt es sich von Sandnessjøen aus Ausflüge in die nähere Umgebung zu machen. Vor allem ein Besuch der **Sieben Schwestern** ist ein wirkliches Erlebnis. Hinter dem Namen verbirgt sich eine Gebirgsformation aus insgesamt sieben Bergen, die zwischen 910 und 1072 Meter hoch in den Himmel ragen. Um die Entstehung der Gebirge rankt sich eine in Norwegen bekannte Sage (→ S. 154). Die Gipfel der Sieben Schwestern lassen sich auch ohne gebirgstaugliche Ausrüstung problemlos bezwingen, und die Wege dorthin sind gut markiert. Von oben hat man einen wirklich traumhaften Ausblick auf die wunderschöne Gegend. Auch organisierte Wettrennen finden auf den Gipfeln statt.

Eine weitere historische Sehenswürdigkeit in der Nähe von Sandnessjøen befindet sich auf der **Insel Tjøtta**. Dort liegen auf einem großen Kriegsfriedhof beinahe 8000 sowjetische Soldaten aus dem Zweiten Weltkrieg begraben. Die meisten Gräber sind namenlos. Direkt daneben liegt der sogenannte internationale Friedhof. Hier wurden 2500 Tote bestattet, die während des Krieges auf dem deutschen Truppentransporter ›Riegel‹ waren und nach einem alliierten Bombenangriff, bei dem das Schiff sank, ums Leben kamen. Die Versenkung des Schiffes, auf dem neben deutschen Bewachern auch sowjetische, norwegische und deutsche Gefangene waren, zählt bis heute zu einer der größten Schiffskatastrophen der Neuzeit.

 Sandnessjøen

Das **Touristeninformationszentrum** befindet sich am Hafen in der Nähe der Docks, Tel. +47/(0)75 04 45 00.

Lage: 66°1'0" N, 12°37'0" E.

Liegezeit: nordgehend Tag 4, ca. 03.45–04.15 Uhr; südgehend Tag 10, ca. 12.30–13.30 Uhr.

Norwegische Küste – Hurtigruten

Der Torghatten-Berg

Ganz in der Nähe von Brønnøysund liegt der Torghatten-Berg, der in ganz Norwegen wegen seiner geologischen Form bekannt ist. Berühmt ist der Berg vor allem wegen einer großen Aushöhlung in der Mitte, die durch Auswaschung entstanden ist. Zahlreiche Mythen und Sagen ranken sich um dieses beeindruckende hutförmige Naturerlebnis (die norwegische Endung ›hatten‹ bedeutet auf deutsch Hut). Vor allem eine Sage wird bis heute den zahlreichen Besuchern des Berges berichtet: Es wird erzählt, dass in der Gegend um Svolvær ein Mann namens Hestmannen gelebt haben soll. Er war der ungehorsame Sohn des Königs Vågekallen. Ebenfalls in der Gegend, auf der anderen Seite des Fjordes, lebte ein weiterer mächtiger König, der den Namen Sulitjelmakongen trug und sieben Töchter hatte. Diese schickte er zu der ehrbaren Jungfrau Lekamøya. Eines Abends beobachtete Hestmannen die schöne Jungfrau beim abendlichen Bad und begehrte sie vom ersten Augenblick an. Mit seinem Pferd preschte er auf Lekamøya zu, die Angst bekam und zusammen mit den sieben Töchtern des Königs flüchtete. Während die Jungfrau keine Anstalten machte, Hestmannen zu ehelichen, zeigten die sieben Schwestern im Folgenden jedoch Interesse an dem Jüngling, der sie jedoch keines Blickes würdigte. Als Lekamøya auf der wilden Flucht immer mehr Vorsprung gewann, nahm Hestmannen seinen Bogen und schoss einen Pfeil auf sie. Dabei wurde er vom König der Sømnaberge beobachtet. Um die Jungfrau zu retten, warf dieser seinen mächtigen Hut in die Flugbahn des Pfeils. Der Hut blieb durchschossen liegen. Über die wilde Jagd vergaßen alle die aufgehende Sonne und versteinerten, wo sie waren: der Hut als Torghatten, die sieben Schwestern als Felsen bei Sandnessjøen und Lekamøya auf der Insel Leka, wo sie Schutz gesucht hatte.

Neben dieser durchaus unterhaltsamen Legende gibt es natürlich auch eine geologische Erklärung für den Ursprung des seltsam anmutenden Berges. Durch die letzte Eiszeit wurde die norwegische Landmasse tief in den Erdmantel gedrückt und zwar so tief, dass sich das heute auf einer Höhe von 112 Meter gelegene Loch auf Meeresniveau befand. Die andauernde Meeresbrandung höhlte daraufhin den Stein im Lauf der Jahrhunderte aus. So oder so ist der Torghatten jedoch einen Ausflug wert. In etwa einer halben Stunde kann man zum Loch hinaufsteigen, das etwa 35 Meter hoch und 15 bis 20 Meter breit ist und eine Tiefe von 169 Metern hat.

Die Sieben Schwestern verhüllen sich in Wolken

Nesna

Nesna ist eine kleine, mit ihren bunten Häusern sehr schön anzusehende Ortschaft, in der man vor allem eins finden kann: Erholung. Nesna zählt insgesamt gerade einmal 1800 Einwohner und erstreckt sich in schöner Lage auf einer ins Meer ragenden Landspitze zwischen dem Sjonafjord und dem Ranafjord. Die Geschichte von Nesna begann 1838. Der Name der Siedlung stammt von der in der Region gelegenen Farm, auf deren Boden Nesna später errichtet wurde. Erst als die Hurtigrutenschiffe am Hafen des Ortes festmachten, entwickelte sich Nesna wirtschaftlich schneller. Sehenswürdigkeiten hat Nesna nur wenig zu bieten. Für Besucher, die Ruhe und Erholung suchen, ist es jedoch der ideale Platz, um abseits der üblichen Touristenpfade länger zu verweilen.

In Nesna

Von Nesna aus bietet es sich an, die vielen kleinen der Stadt vorgelagerten Inseln – beispielsweise Lovund oder Træna – zu besuchen. Dabei handelt es sich jedoch um keine touristisch erschlossenen Inseln, die man nebenbei einfach besuchen kann. Die Fähigkeit, mit anzupacken und eine gewisse Norwegenerfahrung sind die Voraussetzung, um die Inseln zu besuchen.

Da Nesna sich nur wenige Kilometer vom Polarkreis entfernt befindet, lohnt es sich, von der Ortschaft aus in das Polarsirkelsenteret, das **Polarkreiszentrum**, zu fahren. Hier befindet man sich etwa 680 Meter über dem Meer an der Grenze zum Saltfjellet-Svartisen-Nationalpark. Das Saltfjell zeichnet sich durch eine artenreiche Pflanzen- und Tierwelt und zahlreiche Angelseen aus. Das Zentrum befindet sich auf der Europastraße E6 genau dort, wo der geografische Polarzirkel liegt. Das Zentrum, das 1910 eröffnet wurde, ist mit seinen rund

200 000 jährlichen Besuchern ein absoluter Touristenmagnet. Insgesamt hat das Polarkreiszentrum eine Fläche von rund 1300 Quadratkilometern. Verschiedene Ausstellungen informieren den Besucher über die Kultur, die Geschichte und die Wirtschaft Nordnorwegens (www.polarsirkelsenteret.no). Ab diesem Punkt ist nun auch für den Rest der Reise im Sommer die Mitternachtssonne zu sehen, sofern das Wetter es zulässt.

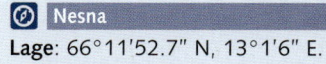

Nesna

Lage: 66°11'52.7" N, 13°1'6" E.

Liegezeit: nordgehend Tag 4, ca. 05.00–05.30 Uhr; südgehend Tag 10, ca. 10.45–11.15 Uhr.

Ørnes

Wenn die Schiffe der Hurtigruten von Süden kommen, ist Ørnes der erste Hafen auf der langen Strecke, der nördlich des Polarkreises gelegen ist. Und auch wir haben auf unserer großen Fahrt durch die Arktis nun endlich die Grenze zur eigentlichen Zielregion überfahren. Der kleine, gerade einmal 1600 Einwohner zählende Fischerort ist zum ersten Mal im Jahre 1794 in den Dokumenten erwähnt. Seine Geschichte dürfte aber, wie Funde in der Gegend belegen, um einige Jahrhunderte älter sein. Die neuzeitlichen Ursprünge des Ortes gehen auf einen Handelsplatz zurück, woraus sich im Laufe der Zeit dann Ørnes entwickelte. Kommt man mit dem Schiff – an friedlich daliegenden Sandstränden vorbei – nach Ørnes, bietet die Ortschaft am Ufer einer Meeresbucht und zu Füßen des auffälligen Berges ›Spilderhesten‹ einen durchaus malerischen Anblick. Der Ort selber hat mit seinen vor sich hin dümpelnden Fischerkuttern und seinen wenigen Bootshäusern dem Besucher jedoch nicht sonderlich viel zu bieten. Daher machen die Schiffe der Hurtigruten hier auch nur einen kurzen Zwischenstopp von 30 Minuten, um Waren und Post abzuladen und neue aufzunehmen. Einziger Höhepunkt der Gegend ist der mächtige **Svartisen-Gletscher**, den man jedoch besser mit der Fähre von Bodø aus erreicht.

Bars gibt es auf jedem Schiff

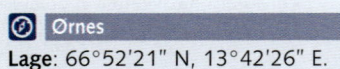 Ørnes		
Lage: 66°52'21" N, 13°42'26" E.		

Liegezeit: nordgehend Tag 4, ca. 9.00–09.30 Uhr; südgehend Tag 10, ca. 06.45–07.15 Uhr.

Bodø

Im Vergleich zu den anderen Hafenstädten, welche die Schiffe der Hurtigruten anlaufen, wirkt Bodø trotz seiner Größe etwas blass. Die etwa 45 000 Einwohner zählende Stadt ist die Hauptstadt der Provinz Nordland und war während des Kalten Krieges der Sitz des militärischen Oberkommandos für Nordnorwegen. Auch heute kann man, mit dem Schiff ankommend, noch die vielen Bunker und getarnten Hangars sehen, die einen Eindruck davon geben, welche strategische Bedeutung Bodø während des Ost-West-Konfliktes hatte. Die Verteidigungsanlagen sind bis heute noch so präsent, dass es unter anderem untersagt ist, auf dem Flughafen von Bodø zu fotografieren oder zu filmen. Selbst auf das offene Tragen von Kameras sollte man verzichten.

Heute ist die Stadt vor allem vom Militär, von der Fachhochschule mit 4000 Studenten und der fischverarbeitenden Industrie geprägt. Darüber hinaus versteht sich die Stadt vor allem als modernes Verwaltungszentrum. Dies bringt für den Besucher auch einige Annehmlichkeiten mit sich: Bodø verfügt über sehr gute Hotels und Restaurants sowie über einen modernen Flughafen, von dem aus eine Direktverbindung nach Oslo besteht. Auch die Tatsache, dass in Bodø die Nordlandbahn, eine Eisenbahnstrecke, die bis nach Trondheim führt, endet und für viele Reisende hier der Beginn der Erkundung der Lofoten beginnt, helfen der Stadt wirtschaftlich gesehen sehr.

Karte S. 158

■ Geschichte der Stadt

Bodø wurde erst zu Beginn des 19. Jahrhunderts, genauer gesagt 1816, gegründet. Die Stadt wurde nach der Bodøgard-Farm benannt, auf deren Boden sie gebaut wurde. Der langsame Aufstieg begann in der Mitte des 19. Jahrhunderts, als größere Heringsschwärme in der Region ansässig waren und gejagt werden konnten. Einen großen Anteil am Wachstum der Stadt hatte jedoch vor allem der Personen- und Güterverkehr der Hurtigruten.

Die verheerenden Ereignisse während des Zweiten Weltkriegs tragen eine erhebliche Mitschuld daran, dass bis heute nur wenige der schönen alten Gebäude in der Stadt erhalten geblieben sind. Im Jahre 1940 wurde Bodø von der deutschen Luftwaffe zu einem Großteil zerstört. Über die Hälfte aller Häuser fielen dem Bombardement zum Opfer, und so ist es nicht verwunderlich, dass die Stadt heute eher aus schmucklosen Stein- und Betonhäusern besteht. Aufgrund des enormen Wohnraummangels wurde 1941 damit begonnen, mit Hilfe der schwedischen Regierung über 100 eng aneinandergereihte Gebäude zu errichten, um zusätzlichen Wohnraum zu schaffen. Dieses kompakte Gebiet im Zentrum Bodøs wird heute immer noch als Svenskebyen, als schwedische Stadt, bezeichnet. Nach dem Ende des Krieges wurde Bodø bis 1959 zu seinem heutigen Erscheinungsbild aufgebaut. Während des Kalten Krieges war die Stadt auch Sitz des NATO-Hauptquartiers der alliierten Streitkräfte Nordnorwegen.

Wie in allen Städten, die nördlich des Polarkreises gelegen sind, gibt es in Bodø sowohl die ewige Nacht wie auch den ewigen Tag. Die Polarnacht dauert hier vom 15. bis zum 29. Dezember, die Mitternachtssonne ist sichtbar vom 31. Mai bis zum 12. Juli. Bekannt ist die Stadt auch für ihren riesigen Bestand an Seeadlern. In der Regel stellt es kein

Norwegische Küste – Hurtigruten

An der Hafenpromenade von Bodø

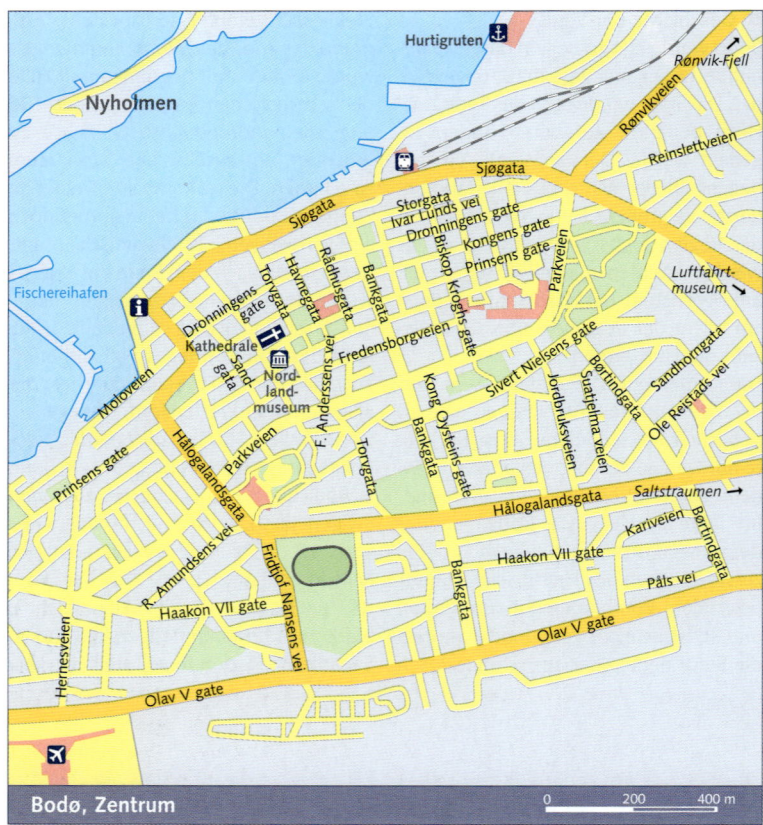

Bodø, Zentrum

0   200   400 m

Problem dar, die Greifvögel über der Stadt zu beobachten. Auch das ein oder andere imposante Foto sollte Ihnen hier gelingen.

■ Sehenswürdigkeiten

Auch wenn Bodø sicherlich kein Höhepunkt unter den Hurtigrutenhäfen ist, bietet die Stadt dennoch lohnenswerte Sehenswürdigkeiten. Die Schiffe liegen hier gute 2,5 Stunden, bevor sie ihre Reise fortsetzen. Dies ist sicherlich nicht genug Zeit, die ganze Stadt zu erkunden, ermöglicht jedoch einen ersten Eindruck.

Einen Überblick über die Stadt und die nähere Umgebung kann man sich auf dem **Ronvik-Fjell** verschaffen. Der etwa 150 Meter hohe Panoramaberg befindet sich drei Kilometer außerhalb des Stadtzentrums und ist am besten mit einer kurzen Fahrt im Taxi zu erreichen. Besonders beeindruckend ist die Aussicht auf die Lofoten-Kette, die sich im Westen über den Horizont erstreckt. Zurück im Zentrum Bodøs, fällt Ihnen bestimmt zunächst ein am Kai gelegenes **Denkmal** auf. Es erinnert an eines der tragischsten Unglücke in der Geschichte der Hurtigrutenschifffahrt. Im

Oktober 1940 war das Schiff ›Prinsesse Ragnhild‹ auf eine Seemine gelaufen und explodiert. An Bord des Schiffes befanden sich 455 Menschen, von denen nur 156 gerettet werden konnten. Im Zentrum selber lohnt sich ein Besuch im **Nordlandmuseum**. Sie finden es, wenn Sie von den Anlegestellen am Ufer entlanglaufen und dann links in die Torvgata einbiegen. Unter dem Dach des Nordlandmuseum sind verschiedene Museen zusammengefasst. Hier im Zentrumshaus, das im ältesten erhaltenen Gebäude der Stadt untergebracht ist, wird über die Geschichte der Region, über die samische Kultur und über den Fischfangs berichtet. Zudem ist der Silberschatz von Bodø hier untergebracht, der noch aus der Eisenzeit stammt. Er wurde im Jahre 1919 gefunden und gilt als der größte eisenzeitliche Fund Norwegens. Etwas außerhalb des Zentrums befindet sich zudem noch ein sehenswertes **Freilichtmuseum** mit 16 Gebäuden und einer Bootssammlung als Außenstelle.

Direkt gegenüber dem Nordlandmuseum steht die **Kathedrale** von Bodø an einem zentralen Platz. Sie dient dem Bischof Nordnorwegens als Sitz und wurde in den 1950er Jahren errichtet. Der nüchterne Baustil passt sich gut der Architektur des Stadtzentrums an.

Wirklich spannend ist das **Luftfahrtmuseum** der Stadt, das Sie bei Ihrer Tour nicht auslassen sollten. Es befindet sich mit seiner riesigen Fläche von über 10 000 Quadratmetern außerhalb des Zentrums, weswegen Sie es am besten mit einem Taxi erreichen. Das staatliche Museum dokumentiert eindrucksvoll die Geschichte der zivilen und militärischen Luftfahrt Norwegens. Das Museum sollte eigentlich zunächst in Oslo gebaut werden. Doch dank der Dezen-

tralisierungspolitik der norwegischen Regierung bekam Bodø schließlich den Zuschlag. Auf dem weitläufigen Gelände haben Besucher die Möglichkeit, insgesamt über 30 verschiedene Flugzeuge zu bestaunen und sich über deren Geschichte zu informieren. Besonders interessant ist hierbei für alle Arktisreisenden die Abteilung über Seerettung und Polarflüge. Ein besonderer Spaß für Groß und Klein ist der Flug in einem Simulator.

Sollten Sie nach dieser Tour noch Lust auf etwas Entspannung haben, ist der ausgedehnte **Yacht- und Fischereihafen** der Stadt sehr zu empfehlen. In seiner unmittelbaren Umgebung findet man auch die besten Restaurants und Hotels der Stadt.

Sollten Sie etwas mehr Zeit in Bodø verbringen, lohnt sich ein Ausflug zum **Saltstraumen**. Dahinter verbirgt sich eine natürliche Gezeitenströmung, die wirklich beeindruckend ist. Das Wasser bekommt durch die 150 Meter schmale und drei Kilometer lange Meerenge eine atemberaubende Geschwindigkeit von bis zu 20 Knoten (37 Stundenkilometer). Von Bodø aus verkehren Linienbusse regelmäßig dorthin.

ℹ Bodø

Die **Touristeninformation** befindet sich direkt am Hafen am zentralen Terminal. Sjøgata 3, Tel. +47/(0)75-54 80-00, Fax -01, www.visitbodo.com.

◎
Lage: 67°17'0" N, 14°23'0" E.

Liegezeit: nordgehend Tag 4, 12.30–15.00 Uhr; südgehend Tag 10, 02.00–04.00 Uhr.

Norwegische Küste – Hurtigruten

Vesterålen und Lofoten

Die Vesterålen werden in vielen gängigen Reiseführern häufig in einem Atemzug mit den weitaus bekannteren Lofoten genannt. In der Tat führen vielen Lofotenreisen auch über die Inselgruppe der Vesterålen. Tatsächlich handelt es sich bei den beiden Inselgruppen jedoch um zwei sowohl landschaftlich wie auch wirtschaftlich klar zu unterscheidende Regionen Norwegens.

Die Lofoten

Die Lofoten beginnen ungefähr 100 Kilometer nördlich des Polarkreises und liegen zwischen dem 67. und 68. Grad nördlicher Breite. Sie bestehen aus mehreren größeren und kleineren Inseln, die alle über Brücken und Tunnel miteinander verbunden sind. Auf der Inselgruppe leben heute etwa 24 000 Menschen, der Hauptort der Insel ist die Stadt Svolvær. Die Inselgruppe ist, wie Ausgrabungen auf vielen Inseln nachgewiesen haben, seit rund 6000 Jahren von Menschen besiedelt. Vor allem während der Zeit der Wikinger bildeten sich mehrere Siedlungen, und die Lofoten wurden zu einem der

Vesterålen und Lofoten

Lofotenstrand

wichtigsten Zentren im nördlichen Norwegen mit Häuptlingshöfen. In Ortschaften wie Borg zeigen Nachbildungen dieser Siedlungen das Leben der Wikinger zu den damaligen Zeiten. Traditionell lebten die Menschen der Lofoten vor allem vom Fischfang und seit dem 14. Jahrhundert auch vom Fischhandel, der jedoch zum größten Teil von Kaufleuten aus Bergen organisiert war, zu dessen Bezirk die Lofoten steuerrechtlich lange gehörten. Seit über 1000 Jahren sind die Lofoten bereits das Zentrum für den Kabeljaufang in Norwegen. Im 19. Jahrhundert sorgten große Heringvorkommen dafür, dass sich immer mehr Fischer auf den Inseln ansiedelten. Auch die heutigen Ortschaften haben ihren Ursprung zu einem überwiegenden Teil im 19. Jahrhundert.

Landschaftlich sind die hohen Berge mit ihren in den Himmel ragenden Spitzen sowie die vielen geschützten, schmalen Buchten und einsamen Strände charakteristisch für die Lofoten. Der höchste Berg auf der Inselgruppe ist der Higravstinden mit 1161 Metern. Auf den Lofoten lässt sich auch der bekannte Moskenstraumen finden. Dabei handelt es sich um einen Gezeitenstrom zwischen den Inseln Moskenesøy und Værøy. Der Strom ist vor allem für seine starken Wasserwirbel bekannt, die in zahlreichen Legenden, Büchern, Gemälden und Filmen – oft übertrieben – dargestellt werden.

Die Gewässer rund um die Lofoten-Inseln sind voller Leben. Unter anderem tummeln sich hier Seeigel, Otter und tausende von Wasservögeln. Auch das größte Tiefwasser-Korallenriff der Welt befindet sich auf den Lofoten.

Die Vesterålen

Nördlich und östlich der Lofoten liegt eine weitere Inselgruppe, die Vesterålen. Die Inseln der Vesterålen sind durch den engen Raftsund geografisch von den Lofoten getrennt. Die Vesterålen beginnen 300 Kilometer nördlich des Polarkreises und dehnen sich über 150 Kilometer weiter in den Norden aus. Obwohl die Vesterålen so weit nördlich liegen, ist das Klima gekennzeichnet durch milde Winter und nicht zu heiße Sommer. Der Grund für dieses angenehme Klima ist der Golfstrom. Im Dezember und Anfang Januar kann man hier die Polarnacht erleben. Vom 23. Mai bis zum 23. Juli scheint hingegen rund

Herbst auf den Lofoten

um die Uhr die Mitternachtssonne. Ähnlich wie die Lofoten sind auch die Vesterålen seit rund 6000 Jahren besiedelt und verdanken ihren wirtschaftlichen Aufschwung vor allem dem Fischfang und dem Fischhandel. Seit dem Ende des 19. Jahrhunderts trugen zudem die Schiffe der Hurtigruten dazu bei, die Region besser mit dem restlichen Norwegen zu verbinden und damit auch den Tourismus in der Region zu fördern. Heute wohnen in den fünf Kommunen der Inselgruppe verteilt rund 34 000 Menschen.

Für Geologen sind die Inseln der Vesterålen eine wahre Fundgrube. So wurde in der Ortschaft Bø das älteste Gestein der Welt gefunden. Nach Ansicht der Forscher entstand es vor unvorstellbaren 2700 Millionen Jahren durch vulkanische Aktivität. In Bø steht zudem auch eine interessante Skulptur, die eine dem Meer zugewandte Person darstellt; sie ist als eine Huldigung an das Meer zu verstehen, das die Menschen der Region seit Jahrtausenden ernährt.

Landschaftlich bietet die Inselgruppe eine riesige Palette. Neben schroffen Felsenformationen (der höchste Berg Møysalen ist 1262 Meter hoch), die direkt aus dem Meer aufsteigen, finden sich einsame, malerische Strände und Seen, Moore, einsame Gebirgstäler und kleine Hochebenen. Diese breite Vielfalt findet sich auch in der Tier- und Pflanzenwelt der Vesterålen wieder. Aufgrund des speziellen Klimas kann man hier sowohl arktische Pflanzen als auch eher im Süden beheimatete Pflanzen dicht beieinander finden. In den Wäldern der Inseln stehen Birken, Fichten, Erlen und Eschen. Die Inselgruppe ist zudem bekannt für große Zahl an Vogelarten, die hier beheimatet sind. Besonders hervorzuheben sind Seeadler, Papageientaucher, Tordalken, Trottellummen, Krähenscharben, Reiher und Schwäne, um nur einige zu nennen.

Weitere Informationen über die Lofoten findet man im Internet unter der deutschsprachigen Seite www.lofoten-online.de.

Stamsund

Der nächste Hafen nach Bodø in Richtung Norden ist Stamsund. Die Schiffe der Hurtigruten halten hier nur eine halbe Stunde. Um die ganzen Möglichkeiten der Region zu nutzen, lohnt es sich, hier einen längeren Stopp einzuplanen oder an einer organisierten Tour der Hurtigruten teilzunehmen.

Vor allem seine zentrale Lage innerhalb der Inselgruppe der Lofoten macht Stamsund zu etwas ganz besonderem. Neben Svolvær ist die Ortschaft mit ihren gerade einmal 1400 Einwohnern der wichtigste Ausgangspunkt für die Erkundung der weltbekannten Inselgruppe. Stamsund selbst liegt auf der Insel Vestvågøy, scheint vor allem aus der Schiffsanlegestelle sowie einigen wenigen Häusern zu bestehen und wirkt ein wenig steril. Dies hat sicher auch mit der Geschichte der Ortschaft zu tun, denn Stamsund ist kein natürlich gewachsener Ort, sondern vielmehr das Produkt der Anstrengungen eines einzigen Mannes. Die Siedlung wurde mit ihrem zentralen Platz, den Kaianlagen und Geschäften Anfang des 20. Jahrhunderts von Julius Johanson geplant und gebaut. Selbst die Kirche der Stadt wurde von ihm gespen-

det. Indem er Fisch von den Anwohnern aufkaufte und ihnen dafür andere Artikel verkaufte, übernahm Johanson nach und nach den gesamten Handel der Stadt. Der Johanson-Clan wurde so schnell zu einem der wichtigsten Stockfischproduzenten in ganz Norwegen, und auch heute mischen die Nachfolger des Stadtgründers eifrig in den Geschäften von Stamsund mit.

■ Sehenswürdigkeiten auf den Lofoten

Die Bandbreite an Sehenswürdigkeiten, welche die Inselgruppe der Lofoten zu bieten hat, ist enorm. Sie reicht von zahlreichen sehenswerten Museen über malerische kleine Fischerdörfer und einsame Strände bis hin zu traumhaften Landschaften. Um diese Vielfalt zu erleben, gibt es zwei Möglichkeiten. Man kann die Geheimnisse der Inselgruppe selbst entdecken oder aber an einem organisierten Landgang, der von den Hurtigruten angeboten wird und der sehr zu empfehlen ist, teilnehmen. Falls Sie sich jedoch für die erste Variante entscheiden, finden Sie im Folgenden eine Orientierung über Möglichkeiten, die Inselgruppe zu erkunden.

Ganz in der Nähe von Stamsund befindet sich zunächst einmal das **Vestvågøy-Museum**. Ein Teil des Museums liegt in dem malerischen Fischerdorf Fygle, das an sich schon einen Ausflug wert ist und das sich auf dem Weg von Stamsund nach Leknes befindet. In den beiden Ausstellungen des kleinen Museums kann man sich über die Lofotenfischerei und deren ungeheure Bedeutung für die gesamte Region informieren. Leider nimmt die Bedeutung jedoch stetig ab. Waren im Jahre 1952 noch fast 22 000 Menschen in der Lofotenfischerei tätig, sind es heue gerade einmal um die 2000

Lebertranflaschen im Vestvågøy-Museum

Norwegische Küste – Hurtigruten

Im Fischereimuseum von Å

Fischer, die jedes Frühjahr auf die Lofoten kommen, um Dorsch und andere Meeresbewohner zu fangen. Die andere Abteilung des Museums befindet sich übrigens in Sennesvik und ist nur über eine kleine Nebenstraße zu erreichen. Es handelt sich hierbei um ein durchaus sehenswertes **Freilichtmuseum,** das originale Häuser aus dem späten 19. Jahrhundert zeigt. Auch eine historische Kaianlage und ein Bootshaus können hier besichtigt werden

Ein weiteres sehr interessantes Museum, das auf der Westseite der Insel Vestvågøy in der Ortschaft Borg gelegen ist, ist das **Lofoten-Wikingermuseum.** Schon zu Zeiten der Wikinger befand sich in Borg eine der wichtigen Siedlungen der Lofoten. Bei Ausgrabungen stießen die Wissenschaftler zudem auf einen eisenzeitlichen Königsitz. Aus der enormen Größe des Königshauses wurde geschlossen, dass in der Gegend einst ein bedeutender Wikingerkönig geherrscht haben muss. Der Königssitz wurde anhand der Ausgrabungsfunde detailgetreu wiederaufgebaut und kann seit 1995 als Museum besichtigt werden. Insgesamt ist das Museum als Erlebnismuseum ausgelegt

und vermittelt den Eindruck einer Reise in eine Welt, die seit rund 900 Jahren nicht mehr existiert. Zum Erlebnis gehört eine originale Wikingermahlzeit (wundern Sie sich nicht, wenn Sie während der Mahlzeit Besuch bekommen) ebenso wie eine Fahrt mit einem original nachgebauten Wikingerschiff, in dem Sie selbst an den Rudern sitzen! Das Museum in Borg befindet sich 20 Kilometer nördlich von Stamsund an der Europastraße E10. Von Stamsund aus kann man auch mit regelmäßig verkehrenden Bussen dorthin gelangen.

Ein Museum an sich ist auch der **kleine Ort Å,** dessen Namen tatsächlich nur aus einem einzigen Buchstaben besteht und im Deutschen wie ein offenes O (wie in Ofen) ausgesprochen wird. Å, was soviel wie Bach bedeutet, liegt ganz am Ende der Europastraße 10 und ist ein beliebtes Ausflugsziel für Lofotenreisende, so dass es hier vor allem im Sommer voll werden kann. Fast alle Gebäude der Stadt, die zum überwiegenden Teil aus den 19. Jahrhundert stammen, stehen heute unter Denkmalschutz. Å kann auf eine lange und bewegte Geschichte zurück blicken. Vor

Karte vordere Umschlagklappe

allem der norwegische Kaufmann Johan Ellingsen trieb im 19. Jahrhundert die Entwicklung der Stadt voran. Ihm sind auch die zahlreichen schönen Häuser zu verdanken, die heute nur noch teilweise bewohnt sind. Einige von ihnen können auch gemietet werden. In Å steht auch das **Fischereisiedlungsmuseum**, das in eben jenen alten Häusern untergebracht ist. Die Ausstellungen erzählen von der langen Tradition des Fischfangs in der Region und den dörflichen Strukturen während des 19. Jahrhunderts (www. lofoten-info.no/fiskmus.htm).

Trinkspruch im Wikingermuseum

Wenn Sie die Idylle der Lofoten erleben möchten, sei Ihnen geraten den **Nusfjord** unter keinen Umständen zu verpassen. Der kleine Fjord ist ringsherum von mächtigen Bergen umgeben und bietet so ein spektakuläres Panorama. Rund um den Fjord zieht sich ein kleines Dorf, das seit 1975 auf der Liste des UNESCO-Weltkulturerbes steht. Die vielen kleinen Fischerhäuser wurden allesamt zu Beginn des 18. Jahrhunderts errichtet und versprühen auch heute noch den Charme einer vergangenen Epoche. Einige dieser Häuser werden heute noch für die Fischerei verwendet, anderen kann man zu mieten und so einen unvergesslichen Aufenthalt in unberührter Natur erleben.

Svolvær

Mit etwas über 4000 Einwohnern ist Svolvær die größte Stadt und das wichtigste Zentrum auf der Inselgruppe der Lofoten. Sowohl von Svolvær als auch von Stamsund aus hat man die besten Möglichkeiten, dieses Wunder der Natur zu besichtigen und Sie müssen sich entscheiden, welche Stadt Sie als Ausgangspunkt für Ihre Erkundungen wählen. Die Schiffe der Hurtigruten gehen hier jeweils abends gut eine Stunde vor Anker.

Über 200 000 Touristen besuchen Svolvær jedes Jahr. Die meisten davon besuchen von hier aus die gesamte Inselgruppe der Lofoten. Aber auch die Stadt selber bietet bereits ein durchaus beeindruckendes Panorama. Svolvær wird begrenzt von 700 Meter hohen Bergen, die der Fläche der Stadt enge Grenzen setzen. So wächst die Stadt weniger in das Land hinein, sondern vielmehr auf die Schären hinaus. Imposant ist der **Hausberg Svolværgeita**, der eines der Wahrzeichen der Stadt ist. Er wurde zum ersten Mal 1910 bestiegen und ist vor allem bekannt für seine nur 1,8 Meter auseinander stehenden Felsspitzen. Dies

 Stamsund

Touristeninformationszentrum, J M Johansens vei 11, Tel. +47/(0)7605-69 96, tourist@lofoten-tourist.no, www.lofoteninfo.no.

Lage: 68°7'53" N, 13°50'51" E.

Liegezeit: nordgehend Tag 4, ca. 19.00–19.30 Uhr; südgehend Tag 9, ca. 21.30–22.00 Uhr.

Norwegische Küste – Hurtigruten

alles zusammen bietet Ihnen bereits bei der Einfahrt Ihres Schiffes in den Hafen ein lohnenswertes Fotomotiv.

Die Stadt ist verkehrstechnisch das wichtigste Zentrum in der Region. Svolvær ist nicht nur eine Anlegestelle der Hurtigruten, sondern ist mit Schnellbooten auch mit Bodø und Skutvik verbunden. Zudem verfügt die Stadt über einen kleinen Regionalflughafen, von dem Flüge nach Bodø, Leknes und Stokmarknes abgehen. Die Gegend um Svolvær ist, wie Ausgrabungen bewiesen haben, seit dem 8. Jahrhundert besiedelt. Bereits vor über 900 Jahren entstand hier eine der ersten Kirchen im nördlichen Norwegen. Während des gesamten Mittelalters war die Stadt ein wichtiges Zentrum für den Fischfang. 1918 erhielt Svolvær dann die Stadtrechte. Neben der immer wichtiger werdenden Tourismusbranche leben die Menschen in Svolvær vor allem vom Fischfang. Insbesondere der Kabeljaufang ist hierbei zu erwähnen. In der Hauptfangzeit werden jährlich über 50 000 Tonnen des Fisches gefangen.

Einfahrt nach Svolvær

dafür vom Platz, der sich direkt am Kai befindet, der Vestfjordgata. Von der Brücke, die nach Svinøya führt, bekommen Sie einen guten Überblick über die Werft- und Hafenanlagen sowie über die zahlreichen Boote, die dort liegen. Auch ein Besuch des städtischen **Rathauses** ist Rahmen eines Spaziergangs empfehlenswert und im zeitlichen Rahmen. Das sich im Eingangsbereich befindenden Gemälde zeigt die bekannte ›Schlacht im Trollfjord‹ (→ S. 167).

■ **Sehenswürdigkeiten in Svolvær und Umgebung:**

Für seine überschaubare Größe hat Svolvær seinen Besuchern, neben seiner idealen Lage als Ausgangspunkt für Reisen zu den Lofoten, durchaus einiges an Sehenswürdigkeiten zu bieten. Daher empfiehlt es sich, einen organisierten Landgang der Hurtigruten zu buchen oder aber auf eigene Faust einen etwas längeren Aufenthalt einzuplanen. Wenn Sie nur für die kurze Anlegezeit der Schiffe in der Stadt sind, ist es zu empfehlen, von der etwa zehn Gehminuten von der Anlegestelle entfernten **Bogenbrücke** den Blick auf die Stadt und den Hafen zu genießen. Folgen Sie

Sollten Sie länger in Svolvær bleiben wollen, lohnt es sich, das **Lofotenmuseum** zu besichtigen. In einer interessanten Ausstellung berichtet das Museum über die Geschichte der Inselgruppe vom Mittelalter bis in die Gegenwart. Auf dem Gelände des heutigen Museums standen vor gut 100 Jahren noch die traditionellen ›Rorbuer‹, kleine Holzhäuser direkt am Wasser, in denen zur Fangzeit angereiste Fischer übernachten konnten. Ebenfalls sehenswert ist das **Lofoten-Aquarium**. Viele der Meeresbewohner der Gegend können hier durch eine dicke Glasscheibe bestaunt werden. In einem Seebecken im Freien tummeln sich zudem Seehunde.

Karte vordere Umschlagklappe

Als letztes Museum in der Stadt sei Ihnen noch das **Lofoten-Kriegsmuseum** ans Herz gelegt. Es befindet sich in unmittelbarer Nähe der Anlegestelle der Schiffe und ist bestens ausgeschildert. Die Ausstellung vermittelt den Besuchern über Fotos und Dokumente einen Eindruck von der Geschichte der Region während des Zweiten Weltkriegs.

Auch künstlerisch hat Svolvær einiges zu bieten. Die Stadt beherbergt mehrere **Ateliers von bekannten norwegischen Künstlern.** Genannt sei hier exemplarisch das Atelier von Dagfinn Bakke, dessen Bilder unter anderem auch in einigen Hurtigrutenschiffen zu finden sind.

■ Der Trollfjord

An Touren in die nähere Umgebung sei Ihnen vor allem ein Ausflug zum Trollfjord empfohlen. Wenn Sie jedoch mit einem der Schiffe der Hurtigruten unterwegs sind, können Sie sich einen gesonderten Ausflug getrost sparen. Die Hurtigrutenschiffe biegen nämlich als besondere touristische Attraktion kurz in den Trollfjord ab. An der breitesten Stelle wenden sie dann und kehren wieder um. Der schmale Fjord, der als Nebenarm vom Raftsund abgeht, liegt ungefähr 20 Kilometer von Svolvær entfernt. Von der Stadt aus werden Bootstouren zum Fjord angeboten. Die Tour dauert etwa drei Stunden.

Bekannt geworden ist der Fjord vor allem wegen der ›Schlacht um den Trollfjord‹. 1921 beschrieb der norwegische Schriftsteller Johan Bojer in seinem Buch ›Die Lofotfischer‹ die Schlacht als den ersten großen Kampf zwischen kapitalkräftigen Unternehmern und armen Lofotfischern um die Ressourcen des Meeres. Die Geschichte hat einen historischen Hintergrund. Unternehmer versperrten im Jahre 1880 mit ihren Dampfbooten den Fjord, um den Fischern den Zugang zu verwehren und diesen selbst abzufischen. Daraufhin enterten die erbosten Fischer die Dampfboote und erkämpften sich so den Zugang zum Fjord. Doch schon die reine Schönheit der Natur alleine macht diesen Ausflug sehenswert. Der Fjord erweitert sich nach der Einfahrt auf eine Breite von bis zu 800 Metern. Links und rechts des Fjor-

Norwegische Küste – Hurtigruten

Im Hafen von Svolvær

des ragen bis zu 1084 Meter hohe Berge fast senkrecht aus dem Wasser und bieten einen traumhaften Anblick. Der Name des Fjordes leitet sich übrigens von den Trollen, den Zauberwesen der nordischen Mythologie, ab.

 Svolvær

Die **Touristeninformation** befindet sich direkt am Marktplatz, Tel. +47/ (0)76 06 98 07, www.lofoten.info.

Lage: 68°14′5″ N, 14°33′41″ E.

Liegezeit: nordgehend Tag 4, 21.00– 22.00 Uhr; südgehend Tag 9, 18.30–20.00 Uhr.

Stokmarknes

In dem rund 4000 Einwohner zählenden Ort Stokmarknes dreht sich so gut wie alles um die Hurtigruten. Kein Wunder, lebte hier doch Richard With, der ›Vater der Hurtigruten‹, der 1881 mit der Vesterålen-Dampfschifffahrtsgesellschaft den Vorgänger der Hurtigruten gründete. Im Jahre 1891 konnte er dank seiner in der Gegend der Lofoten und Vesterålen gesammelten Erfahrungen als Reeder die staatliche Ausschreibung für eine Postschiffslinie zwischen Trondheim und Vadsø gewinnen: Die Hurtigruten waren geboren! Es ist daher also kein Wunder, dass sich Stokmarknes als Gründungsstadt der Hurtigruten versteht und Richard With ein Denkmal gewidmet wurde, das sich direkt an den Anlegestellen der Postschiffe befindet. Leider ist die Anlegezeit mit einer halben Stunde (südgehend tagsüber) zu kurz, um es im Rahmen einer durchgehenden Postschiffreise zu besuchen

Das moderne Hurtigrutenmuseum in Stokmarknes

Die Geschichte der Ortschaft begann indes etwas vor der Zeit der berühmten Postschiffe. Seit 1776 war das auf der Insel Hadseløya gelegene Stokmarknes Handelsort. Im 19. und frühen 20. Jahrhundert war die Ortschaft ein bedeutendes Zentrum in der gesamten Region. Die Stadt war bekannt für ihren üppigen Markt und ihre noch üppigeren Feste, die während der Sommermonate hier veranstaltet wurden und sich großer Beliebtheit erfreuten. Auch heute ist der Ort noch ein wichtiges Zentrum in der Region. Dies liegt vor allem daran, dass sich hier ein Krankenhaus befindet, das einen großen Teil der gesamten Vesterålen versorgt. Zudem verfügt die Ortschaft auch über einen lokalen Flughafen mit Verbindungen nach Bodø.

Was die Sehenswürdigkeiten in Stokmarknes anbelangt, steht der Ort vollständig im Zeichen der Hurtigruten. Das **Hurtigrutenmuseum** befindet sich direkt am Kai und ist bereits von weitem, wenn Sie mit dem Schiff in den Hafen einfahren, gut zu sehen. Das Museum wurde 1993 anlässlich des 100-jährigen Jubiläums des Linienverkehrs eröffnet.

▲ Karte vordere Umschlagklappe

Untergebracht ist es in einem ehemaligen Verwaltungsgebäude der Vesterålen-Dampfschifffahrtsgesellschaft sowie in dem ehemaligen Hurtigruten-Schiff MS Finnmarken, das nach seiner Ausmusterung im Jahre 1993 auf dem Museumsgelände aufgedockt wurde und dort besichtigt werden kann. 1999 wurde das Museum noch einmal erweitert und verfügt nun auch über einen modernen Neubau. In den Ausstellungen des Museums kann man sich anhand von alten Modellen, Gemälden und Fotografien ausführlich über die Geschichte der Hurtigruten informieren. In einer komplett eingerichteten Kabine kann man die Atmosphäre auf den alten Postschiffen hautnah erleben. Für Reisende mit den Hurtigruten ist der Besuch des Museums übrigens gratis (Öffnungszeiten: 1.1.–14.5. 14–16 Uhr; 15.5.–14.6. 12–16 Uhr; 15.6.–14.8. 10–18 Uhr; 15.8–14.9. 12–16 Uhr; 15.9.–31.12. 14–16 Uhr, Eintritt 80 NOK, www.hurtigrutemuseet.no).

Stokmarknes
Lage: 68°33'56" N, 14°54'47" E.

Liegezeit: nordgehend Tag 5, ca. 00.30–01.00 Uhr; südgehend Tag 9, ca. 14.45–15.15 Uhr.

Sortland

Als nächstes erreichen wir den Hafen von Sortland und befinden uns nun in den Vesterålen. Die 4000 Einwohner zählende Ortschaft liegt auf der Insel Langøya und ist eines der wichtigsten Verwaltungs-, Verkehrs- und Dienstleistungszentren auf der Inselgruppe, die sich geografisch an die Lofoten anschließen. Sortland trägt in vielen Touristenbroschüren den Beinamen ›die blaue

Stadt‹. Der Grund hierfür liegt in der Farbe der Häuser der Ortschaft, die zu einem überwiegenden Teil blau angestrichen sind und eine sehr nette Atmosphäre schaffen. Diese blauen Häuser sind Teil eines 1999 initiierten Projektes, das sich zum Ziel gesetzt hat, die Stadt zu etwas Besonderem zu machen. Die Farbe blau steht dabei für Bewegung und den ›Wechsel der Formen in Raum und Zeit‹.

Neben den blauen Gebäuden ist die **Sortlandbrücke**, welche die beiden Inseln Langøya und Hinnøya verbindet, eines der Wahrzeichen der Stadt. Über die 961 Meter lange und 30 Meter hohe Brücke kann man seit ihrem Bau im Jahre 1985 von Sortland aus das Festland auch ohne die Nutzung von Fähren erreichen.

Wie viele andere Ortschaften der Region lässt sich auch der Stadtname Sortlands auf eine Farm zurückführen, auf deren Gelände die Siedlung einst entstand. Die eigentliche Geburtsstunde der Ortschaft war jedoch erst im Jahr 1841, als sich Sortland von der Nachbargemeinde Hadsel löste und selbständig wurde. Die Einwohner der Ortschaft leben heute vor allem vom Fischfang und von der weiterverarbeitenden Fischindustrie. Zudem sind in den letzten Jahren vermehrt Arbeitsplätze im Bereich des Tourismus entstanden, da Sortland einer der Ausgangspunkte für Reisen in die Vesterålen ist. Auch die Küstenwache hat in Sortland ihr Hauptquartier aufgeschlagen. Von hier aus kontrolliert sie die norwegischen Küstengewässer und koordiniert Rettungseinsätze auf hoher See.

Die Schiffe der Hurtigruten liegen hier etwa 45 Minuten vor Anker, die zu einem Spaziergang genutzt werden können. Dabei hat man die Möglichkeit, unter anderem eine im Jahre 1901 erbaute **Kirche** und einen **Kirchturm** aus dem 14. Jahrhundert zu besuchen.

Sollten Sie vorhaben, etwas länger in Sortland zu blieben, ist ein Besuch der alten Handelsstadt **Jennestad** empfehlenswert. Sie liegt etwa acht Kilometer außerhalb und bietet ihren Besuchern das Gefühl, die Zeit sei stehen geblieben. Sie können dort einen Kaufmannsladen mit Speichergebäuden und zahlreiche weitere Anbauten besichtigen. Leider ist die Anlage seit einiger Zeit in privatem Besitz und kann derzeit nur von außen besichtigt werden.

 Sortland

Touristeninformation, Kjøpmannsgata 2, Tel. +47/(0)76111480, www.visitvesteralen.com.

Lage: 68°41'45" N, 15°24'47" E.

Liegezeit: nordgehend Tag 5, ca. 02.30–03.00 Uhr; südgehend Tag 9, ca. 12.30–13.00 Uhr.

Risøyhamn

Weiter geht es in Richtung Norden nach Risøyhamn, das mit seinen sorgfältig gezählten 211 Einwohnern der kleinste Ort auf der Strecke der Hurtigruten ist. Die Schiffe der Hurtigruten machen hier auch nur kurz halt, bevor sie ihre Fahrt wieder aufnehmen. Man erreicht den Hafen des auf der Insel Andøya gelegenen Risøyhamn über einen künstlich vertieften Schifffahrtsweg, den sogenannte Risøyrenna. Der Weg hat eine Länge von 4,5 Kilometern und wurde Anfang des 20. Jahrhunderts in Anwesenheit der norwegischen Königs feierlich eingeweiht. Der Zubringerweg ist

auch der Grund, warum die Hurtigrutenschiffe in dem kleinen Ort überhaupt anlegen können. Der große Vorteil der neuen Rinne ist es, dass die Schiffe auf ihrem Weg Richtung Lofoten nicht mehr den südlich der Insel Hinnøya verlaufenden Tjeldsund nehmen müssen. Bis dato war die Inselgruppe der Vesterålen vom Schiffsverkehr ausgeschlossen gewesen. Risøyhamn ist seit dieser Zeit ein wichtiger Verkehrsknotenpunkt im Archipel. Vor allem die in der Nähe des Ortes gelegenen ergiebigen Fischbänke sind wirtschaftlich wichtig. Auch heute noch leben die Einwohner hier nahezu ausschließlich vom Fischfang. Der Ort selber ist auf Touristen eigentlich nicht eingestellt.

Die Insel Andøya, auf welcher der Ort liegt, bietet Besuchern jedoch ein paar interessante Sehenswürdigkeiten. An der äußersten Spitze der Insel, etwa 50 Kilometer von Risøyhamn entfernt, liegt **Andenes**. Neben seiner Außenstelle für die Erforschung von Polarlichtern und des Weltraums ist der Ort vor allem dafür bekannt, dass man hier hervorragend **Wale beobachten** kann. Die Chance, auf den im Ort angebotenen

Modelle alter Hurtigruten-Schiffe

Bootstouren Pottwale, Zwergwale oder Tümmler zu Gesicht zu bekommen, liegt nach Aussage der Verantwortlichen vor Ort bei über 90 Prozent. Da Andenes für diese Attraktion sehr bekannt ist, sollte man das nicht ganz kostengünstige Spektakel am besten vorher buchen (www.whalesafari.no, Tel. +47/(0)76-11 56 00). Ebenfalls in Andenes befindet sich – ganz im Zeichen der Wale stehend – ein **Polarmuseum**. Das Museum informiert seine Besucher über den Wal- und Fischfang und gibt einen guten Eindruck davon, wie zu früheren Zeiten Fischer in der eisigen Kälte des Nordmeers überwinterten (Juni–Aug. 10–18 Uhr, sonst nach Absprache).

ℹ Risøyhamn

Andøy Touristeninformation, Hamnegata 1c, Tel. +47/(0)761412-0, Fax -04, www.andoyturist.no.

⊘

Lage: 68°58′13″ N, 15°38′27″ E.

⬚

Liegezeit: nordgehend Tag 5, ca. 04.00–04.30 Uhr; südgehend Tag 9, ca. 10.30–11.00 Uhr.

Harstad

Harstad ist mit seinen 23 000 Einwohnern eine der größten Städte in Nordnorwegen und wird neben Tromsø auf dem weiteren Weg der Schiffe der Hurtigruten in Richtung Norden auch die letzte Anlegestelle in einer größeren Besiedlung sein. Ab hier wird man für lange Zeit nur noch auf kleinere Städte und Ortschaften treffen. Harstad liegt auf der Insel Hinnøya, ist aber über eine Brücke mit dem Festland verbunden. Auch zahlreiche Fähren und Schnellboote fahren nach und ab Harstad. Rund

40 Kilometer außerhalb der Stadt befindet sich ein Flughafen, der einer der wichtigsten Drehscheiben für die Inlandsflüge von Oslo nach Norden bildet. Die Stadt ist relativ jung – 2004 feierte sie ihr 100-jähriges Bestehen – und liegt ungefähr 250 Kilometer nördlich des Polarkreises. In Harstad scheint daher die Mitternachtssonne von 23. Mai bis zum 19. Juli. Die Polarnacht dauert vom 19. November bis 16. Januar. Im Jahre 1904 löste sich Harstad von der angrenzenden Gemeinde Trondenes und erlebte in den folgenden Jahren einen stetigen wirtschaftlichen Aufschwung, der sich vor allem auf die Fischverarbeitung und den Schiffsbau stützte. Erst in den vergangenen Jahrzehnten kam mit der zunehmenden Erdöl- und Erdgasförderung vor der Küste der Stadt ein weiteres wirtschaftliches Standbein hinzu, das immer mehr an Bedeutung gewinnt. Geht es nach den Vorstellungen der norwegischen Energiekonzerne, von denen sich im Laufe der Jahre viele in Harstad niedergelassen haben, wird die Stadt in den kommenden Jahren zum wichtigsten Zentrum der Erdöl- und Erdgasförderung aufsteigen.

Die nordgehenden Schiffe der Hurtigruten bleiben in der Stadt etwas über eine Stunde vor Anker liegen. Man kann diese Zeit dazu nutzen, einen kleinen Spaziergang durch die Stadt zu machen und einen Blick auf das bunte Treiben am Hafen mit seinen vielen Fischkuttern und Öltankern zu werfen. Auch die moderne 1958 errichtete **Kirche** von Harstad ist aufgrund ihrer außergewöhnlichen Architektur und ihrer schönen Glasmalereien einen Besuch wert. Jedoch lohnt es sich auch, einen längeren Aufenthalt hier einzuplanen, befinden sich doch in der Nähe des Stadtzentrums einige Sehenswürdigkeiten, die Sie

Es ist Mitternacht

sich nicht entgehen lassen sollten. Es gibt die Möglichkeit, an einem organisierten Landausflug der Hurtigruten teilzunehmen oder aber die Gegend auf eigene Faust zu erkunden, was auch keine größeren Probleme darstellt.

Das Interessanteste der Gegend ist **Trondenes**, die ehemalige historische Keimzelle der Stadt, die heute einen Vorort von Harstad bildet. Während der Zeit der Wikinger lag hier eines der wichtigsten Machtzentren des Reiches. Hier wurden über die wichtigsten Entscheidungen diskutiert und entschieden. Vor allem die Kirche, die **Trondenes kirke**, ist ein wahres Juwel. Das steinerne Gotteshaus wurde 1250 (andere Wissenschaftler sprechen von 1434 als Zeitpunkt ihrer Entstehung) im romanisch-gotischen Stil errichtet und nahm eine zentrale Rolle im religiösen Leben des Mittelalters ein. Sie ist heute die älteste mittelalterliche Steinkirche in ganz Norwegen und enthält eine wahrlich prächtige Ausstattung. Einer der Altare der Kirche stammt interessanterweise aus einer Lübecker Werkstatt. Als Gestalter des Altars wird häufig der spätgotische Bildhauer Bernt Notke aufgeführt. Von

großer Schönheit ist auch das alte Taufbecken des Gotteshauses.

Daneben ist auch das ›Trondenes Historiske Senter‹ sehenswert. Dahinter verbirgt sich ein 1997 eingeweihtes **Museum**, in dem die Besucher über die Geschichte von Trondenes und der Region informiert werden. Der Hauptfokus der Ausstellung richtet sich dabei auf die Zeit des Mittelalters.

 Harstad

Die **Touristeninformation** befindet sich in zentraler Lage am Busbahnhof, Rikard Kaarbøsgata 1, Tel. +47/(0)77 01 89-89, Fax -80, www.destinationharstad.no.

Lage: 68°47′38″ N, 16°32′12″ E.

Liegezeit: nordgehend Tag 5, ca. 6.45–08.00 Uhr; südgehend Tag 9, ca. 08.00–08.30 Uhr.

Finnsnes

Müsste man den 4000-Einwohner-Ort Finnsnes und seine Umgebung mit einem einzigen Wort charakterisieren, wäre dies sicher ›Dorsch‹. Der Fisch spielt eine wichtige Rolle für die Wirtschaft der gesamten Region und taucht auch in zahlreichen Ortsbezeichnungen auf. Der norwegische Name für den Fisch lautet ›Torsk‹ und so findet man in der Gegend einen Ort Torsken, einen Torskenfjord und eine Insel Torskenøya. Doch die Stadt Finnsnes lebt keineswegs nur von der Fischerei. Vielmehr ist die an einem Festland-Brückenkopf gelegene Ortschaft eines der wichtigsten Dienstleistungszentren der Region und über einen kleinen Flughafen gut mit dem restlichen Norwegen verbunden.

▲ Karte vordere Umschlagklappe

Traditionelle Fischerhütten (Rorbu) bieten komfortable Übernachtungsmöglichkeiten

Die Entwicklung des Ortes zu einem lokalen Zentrum begann erst vor 100 Jahren. Zu Beginn des 20. Jahrhunderts war Finnsnes nicht mehr als eine abgelegene Farm mitten im Nirgendwo. Auch die Schiffe der Hurtigruten, die hier eine halbe Stunde vor Anker gehen, haben zweifelsohne zu dieser positiven Entwicklung beigetragen.

Die Ortschaft bezeichnet sich selber in ihren Werbebroschüren als ›Pforte zur Perle‹. Die Perle, von der hier gesprochen wird, ist die wirklich sehenswerte **Insel Senja**. Von Finnsnes führt die 1150 Meter lange **Gisund-Brücke** auf die Insel. Die Brücke ist eine der längsten Pfeilerbrücken Europas. Zudem kann die Insel Senja auch mit der Fähre erreicht werden. Die 350 Kilometer nördlich des Polarkreises gelegene Senja-Insel ist mit einer Fläche von fast 1600 Quadratkilometern das zweitgrößte Eiland Norwegens. Die Insel wird häufig als ›Norwegen in klein‹ bezeichnet, finden sich hier doch nahezu alle Landschafts- und Naturzonen des Königreiches wieder.

Senja ist heute die Touristenattraktion der ganzen Region schlechthin und bietet den zahlreichen Besuchern eine Reihe von spektakulären Sehenswürdigkeiten. Eine davon ist mit Sicherheit der **Ånderdalen-Nationalpark**, der 1970 eröffnet und 2004 noch einmal ausgeweitet wurde. Der Park bietet die Pflanzenwelt Nordnorwegens in seinem ursprünglichen Zustand. Unter anderem lassen sich hier ausgedehnte Kiefern- und Birkenwälder sowie die alpine Pflanzenwelt bestaunen. Darüber hinaus kann man an vielen kleinen und versteckten Buchten eine Reihe von Fischersiedlungen besuchen, in denen der Eindruck entsteht, die Zeit sei stehengeblieben. Die Ortschaft **Tranøy** beherbergt beispielsweise mehrere kleine **Museen**, in dem Sie sich über die Geschichte der Region informieren können. Auch das **Kveitmuseet** in Skrolsvik sei Ihnen an Herz gelegt. In Senja befindet sich auch der größte Troll der Welt, der Troll von Senja. Als holzgeschnitzte Puppen gehören Trolle zum Kunsthandwerk und touristischen Erscheinungsbild Norwegens und sind ein beliebtes Mitbringsel. Diese Holzfiguren sind bucklig, vierschrötig und mit einer Hakennase gestaltet. Ein ideales Souvenir für zu Hause!

Norwegische Küste – Hurtigruten

Finnsnes

Touristeninformation, Storgata 17, Tel. +47/(0)7785073-0, Fax -1, www.visittroms.no.

Lage: 69°14'0" N, 17°58'0" E.

Liegezeit: nordgehend Tag 5, ca. 11.15–11.45 Uhr; südgehend Tag 9, ca. 04.15–04.45 Uhr.

Tromsø

Das Schiff nähert sich nun immer weiter der nördlichen Spitze Norwegens. Deutlich wird dies bereits beim nächsten Stopp in Tromsø. Mit etwa 67 000 Einwohnern ist Tromsø nicht nur die größte Stadt im Norden Norwegens, sondern auch die letzte wirkliche Stadt vor dem Nordpol. Es ist daher wenig verwunderlich, dass in Tromsø beinahe alles – angefangen von der Universität über die Kathedrale bis hin zur lokalen Brauerei – den Beinamen ›das Nördlichste der Welt‹ trägt. Die Stadt ist mit der flächenmäßigen Größe des Saarlands eine der weitläufigsten in Europa und erstreckt sich sowohl über das Festland wie auch über mehrere Inseln.

Tromsø liegt 344 Kilometer nördlich des Polarkreises. Vom 19. Mai bis zum 26. Juli geht hier daher die Sonne nachts nicht vollständig unter, dafür erlebt man vom 26. November bis zum 21. Januar keinen Sonnenaufgang. Tromsø ist auch einer der besten Orte, um die wunderschöne Wettererscheinung der Nordlichter zu bewundern. Benannt wurde Tromsø nach der Insel Tromsøya, das Wappen der Stadt wird durch ein Rentier bestimmt.

Neben dem Anspruch, für vieles ›das Nördlichste der Welt‹ zu sein, sieht sich

Tromsø auch als das Tor zu Arktis und zum Polarmeer. Dies trifft ohne Zweifel zu. Von hier aus starteten sowohl Fridtjof Nansen wie auch Roald Amundsen ihre berühmt gewordenen Expeditionen, und der Flughafen von Tromsø ist für die Insel Spitzbergen die wichtigste Verbindung zum europäischen Festland.

■ Geschichte der Stadt

Wie archäologische Funde bewiesen haben, war die Gegend um Tromsø bereits vor über 9000 Jahren besiedelt. Es waren die Samen, die heute als die erste indigene Kultur in der Region gelten. Noch heute leben viele Samen in der Stadt, und es gibt samische Kindergärten und samischen Sprachunterricht in den Schulen.

Zum ersten Mal fand Tromsø 1252 urkundliche Erwähnung, als in der Stadt während der Regierungszeit des Königs Håkon Håkonson die erste Kirche gebaut wurde. Sie galt damals – selbstverständlich – als die nördlichste Kirche der Welt. Während des Mittelalters blieb Tromsø ein kleines Nest mit rund 80 Einwohnern. Dennoch erhielt es 1794 das Stadtrecht zugesprochen. In der Folgezeit begann der langsame Aufstieg. 1803 wurde Tromsø Bischofssitz, 1848 wurde eine Universität gegründet und 1861 der Dom errichtet. Im Verlauf des 19. Jahrhunderts wurde Tromsø auch immer mehr zum Ausgangspunkt für polare Expeditionen und für die Jagd im Nordpolarmeer. Die Stadt wurde so mehr und mehr zu einem Warenumschlagplatz und nahm an Bedeutung zu. 1927 erhielt die Stadt mit dem Nordlichtobservatorium zudem eine auch überregional bedeutende Institution.

Während des Zweiten Weltkriegs war Tromsø für kurze Zeit die Hauptstadt

Karte S. 175

des freien Norwegens. Von hier aus flohen der König und die Regierung schließlich nach England ins Exil. In den darauffolgenden Jahren wurde der Hafen der Stadt von der deutschen Marine genutzt. Unter anderem lag hier auch das deutsche Schlachtschiff ›Tirpitz‹ vor Anker. Bei einem englischen Angriff 1944 wurde das Schiff getroffen und sank. Heute sind davon am Ufer nur noch eine Panzerplatte des Schiffes als Erinnerungstafel und ein riesiger Bombentrichter zu sehen.

Tromsø ist einer der wenigen Orte, der während des Krieges nicht zerstört wurde. Ein Großteil der schönen alten Holzhäuser fiel jedoch leider einem Großbrand Ende der 1960er Jahre zum Opfer. Dennoch besitzt Tromsø, neben Trondheim, im Zentrum die höchste Konzentration an alten Gebäuden in ganz Norwegen.

Seit 1960 ist das Zentrum Tromsøs über eine Brücke mit dem Festland verbunden. Zudem besteht seit 1994 ein Tunnel. Im Jahr 1993 beschloss das Parlament in Oslo, das norwegische Polarforschungsinstitut nach Tromsø zu verlegen. Heute ist Tromsø eine wichtige Forschungsregion. Im polaren Umweltforschungszentrum sind beispielsweise das norwegische Institut für Naturforschung, das Institut für Kulturforschung, das Institut für Luftforschung, das Amt für Kartographie und das Geologische Institut Norwegen beheimatet.

Tromsø ist auch heute noch einer der wichtigsten Ausgangspunkte für Expeditionen in die Polarregion. Dies macht die Stadt zusammen mit ihren Handels- und Dienstleistungsbetrieben sowie der Universität zum bedeutendsten Wachstumszentrum in Nord-Skandinavien.

Auch kulturell hat Tromsø einiges zu bieten. Dank der vielen Studenten aus aller Welt gibt es eine lebhafte und bunte Kneipen- und Restaurantszene. Aber auch die vielen Museen und Festivals, das Theater und die zahlreichen Konzerte machen Tromsø zum unangefochtenen kulturellen Zentrum Nordnorwegens.

Norwegische Küste – Hurtigruten

Tromsø

0   150   300 m

■ Sehenswürdigkeiten

In Tromsø liegen die Schiffe der Hurtiguten mehrere Stunden vor Anker. Läuft man von der Anlegestelle in Richtung des Zentrums, stößt man auf ein **Denkmal für Roald Amundsen**, den großen Endeckungsreisenden, der als erster Mensch den Südpol erreichte (→ S. 79). Wenn man hinter der Statue links in die Kirkegata einbiegt, erreicht man den 1861 im neugotischen Stil errichteten **Dom** der Stadt. Das aus Holz gebaute Gotteshaus gehört mit seinem für 750 Personen Platz bietenden Innenraum zu den größten seiner Art in Norwegen.

Wenn Sie hinter dem Dom rechts abbiegen, befinden Sie sich auf der **Storgata**, der größten Shopping-Meile der Stadt. Die Straße ist gesäumt von schönen, in verschiedensten bunten Farben gestrichenen alten Häusern. In der Hausnummer 4 befindet sich auch die nördlichste Brauerei der Welt, die **Brauerei Mack**, die mit Ihrer Probierhalle zu einer Verköstigung einlädt. Zudem werden geführte Rundgänge durch die Brauerei angeboten. Wenn Sie der Straße weiter folgen, kommen Sie automatisch zum **Stortorget**, dem zentralen Platz in Tromsø, der bis zum Wasser hinab reicht. Hier kann man sich ein wenig ausruhen, sich stärken und dem Treiben auf dem Platz zuschauen.

Vom Torget geht es dann weiter über die Havnegata und die Søndre Tollbugata zum **Polarmuseum**, das sich direkt am Wasser befindet und in einem 1830 errichteten Speicherhaus untergebracht ist. Die Ausstellung des Museums informiert den interessierten Besucher über die Expeditionen von Roald Amundsen und Fridtjof Nansen in die Arktis.

Amundsen startete von Tromsø aus im Juni 1928 mit dem französischen Flugzeug ›Latham‹, um den verschollenen Umberto Nobile zu finden. Er kam jedoch nie zurück. Zudem wird im Museum auch die Bedeutung der Polarregion für Tromsø dargestellt. Früher lag diese vor allem im Wal- und Robbenfang, heute sind es die polaren Forschungseinrichtungen, von denen die Stadt und die Region profitieren.

Ein absolutes Muss in Tromsø ist die Besichtigung der **Eismeer-Kathedrale**, die offiziell schlicht Tromsdalen-Kirche heißt. Die Kirche befindet sich auf dem Festland gegenüber dem eigentlichen Zentrum etwas erhöht auf dem Tromsøysund und ist daher kaum zu übersehen. Man erreicht sie über einen kurzen Fußmarsch über die Brücke Tromsøbru, die ganz in der Nähe des Polarmuseums gelegen ist. Die Eismeer-Kathedrale wurde 1965 fertiggestellt und ist mit ihrer ungewöhnlichen futuristischen Architektur zweifelsohne das meist fotografierte Gebäude der Stadt. Ihre Form erinnert ein wenig an die für die Küsten des Nordmeeres typischen Trockenfisch-Gestelle. Aber auch Polarnacht, Mitternachtssonne und Polarlichter spiegeln sich in dem außergewöhnlichen Bau symbolisch wieder. Imposant ist vor allem das an der Ostseite der Kirche angebrachte 140 Quadratmeter große Glasmosaik, das die Wiederkunft Christi darstellt.

Sollten Sie nun noch ein wenig Zeit haben, lohnt es sich mit der Seilbahn auf der Hausberg Tromsøs, den Storsteinen, zu fahren. Die Talstation der **Fjellheisen-Seilbahn** ist von der Eiskathedrale ausgeschildert. Von der 420 Meter hohen

Der neogotische Dom von Tromsø

Bergstation hat man einen wunderschönen und spektakulären Blick auf den Sund, die Schiffe und die Insel Tromsøya. Von hier aus kann man auch einige lohnende Wanderungen machen. Ein 1,5 Kilometer langer Weg führt beispielsweise auf die 230 Meter über der Bergstation gelegene Fløya-Höhe.

Wenn die Zeit es erlaubt, sollte man noch zwei etwas außerhalb des Zentrum gelegene Sehenswürdigkeiten besuchen. Das naturkundliche und kulturgeschichtliche **Tromsø-Museum** liegt etwa vier Kilometer außerhalb und ist entweder mit dem Bus (Linie 28) oder mit dem Taxi zu erreichen. Organisatorisch gehört das Museum zur Universität von Tromsø. Es zeigt Ausstellungen über Geologie, Flora, Fauna und Kirchenkunst. Besonders interessant ist jedoch die im ersten Stockwerk untergebrachte Ausstellung über die Geschichte und die Kultur der Samen in der Region. Ebenfalls lohnenswert ist ein Besuch des Aquariums und in der Freilichtabteilung (1.9.– 31.5. Mo–Fr 10–16.30 Uhr, Sa 12–15 Uhr, So 11– 16; 1.6.–31.8. tgl. 9–18 Uhr, Eintritt NOK 30).

Die zweite Sehenswürdigkeit, die sich etwas außerhalb befindet, ist das **Erlebniszentrum Polaria**. Sie finden es, wenn Sie der Verlängerung der Storgata, der Strandgata, etwa 200 Meter Richtung Süden folgen. Hier werden die Barents-Region und das nördliche Polargebiet thematisiert. Zudem wird ein Panoramafilm über Spitzbergen gezeigt, außerdem gibt es ein Aquarium und ein Seehundbassin (18.5.–31.8. 10–19 Uhr, 1.9.–17.5. 12–17 Uhr, Eintritt 100 NOK, Kinder 50 NOK, Fütterung der Seehunde: 12.30 und 15.30, www.polaria.no)

ℹ Tromsø

Das **Tromsø Turistkontor** befindet sich in der Kirkegata 2 in unmittelbarer Nähe des Denkmals für Roald Amundsen, Storgata 61, N-9001 Tromsø, Tel. +47/(0)77 61 00-00, Fax -10, www.destinasjontromso.no.

⊘

Lage: 69°39'7" N, 18°58'30" E.

⌚

Liegezeit: nordgehend Tag 5, 14.30–18.30 Uhr; südgehend Tag 8/9, 23.45–01.30 Uhr.

Skjervøy

Hinter Tromsø erreicht man den 70. Breitengrad. Etwas weiter nordöstlich liegt der 3000 Einwohner zählende Ort Skjervøy, der sich über mehrere Inseln, erstreckt, deren größte Arnøya ist. Die Mehrheit der Bevölkerung lebt jedoch auf der Insel Skjervøy, die auch der Namensgeber des Ortes ist. Der Name von Skjervøy ließe sich mit ›Insel des felsigen Bodens‹ übersetzen, was angesichts der Geologie in der Region ein durchaus passender Name ist.

Papageientaucher

Karte S. 175

Die Schiffe der Hurtigruten gehen in Skjervøy eine gute halbe Stunde vor Anker. Von der in einer geschützten Hafenbucht gelegenen Ortschaft hat man eine schöne Aussicht auf die bis zu 1200 Meter hohen Berge, die auf den gegenüberliegenden Inseln in den Himmel ragen. Auf der ebenfalls zu der Gemeinde gehörenden, aber nicht besiedelten Insel Fugløya sind im Sommer bis zu 300 000 Pärchen der lustig anzusehenden Papageientaucher zu beobachten, die hier nisten.

Skjervøy ist über einen drei Kilometer langen Tunnel und eine Brücke mit dem Festland verbunden und kann somit auch ohne Fähren erreicht werden. Von der Ortschaft aus bestehen Schiffsverbindungen nach Tromsø, Narvik und auch nach Alta.

Die Gegend im Skjervøy ist nachweislich schon seit der Steinzeit bewohnt und wird daher von vielen Norwegern ebenso wie Alta als eine der ›Wiegen der Menschheit‹ im nördlichen Europa betrachtet. In der frühen Neuzeit befand sich Skjervøy, damals als Handelsstation, in der Hand einer wohlhabenden Familie, die vor allem rege Geschäfte mit der weiter südlich gelegenen Stadt Bergen betrieb. Aus dieser Zeit stammt auch die alte und sehenswerte **Holzkirche** der Stadt. Sie wurde 1721 erbaut und zählt damit zu den ältesten aus Holz gebauten Gotteshäusern im nördlichen Norwegen.

Auch überregional bekannter wurde die Stadt im 19. Jahrhundert zum ersten Mal, als 1896 nach dreijähriger Expeditionsfahrt im Nordpolarmeer die ›Fram‹, die unter anderem von Fridjof Nansen genutzt wurde, hier an Land ging. In den 1930er Jahren wurden hier die Leichen der Polarforscher August Andrée und Knut Frænkel sowie des Fotografen

Nils Strindberg, ein Neffe des Dramatikers August Strindberg, an Land gebracht. Sie hatten im Jahr 1887 den vergeblichen Versuch unternommen, den Nordpol mit einem Gasballon zu erreichen. Nachdem sie nordöstlich von Spitzbergen mit dem Ballon landen mussten, versuchten sie, sich mit dem Packeis zurücktreiben zu lassen. Die genauen Umstände ihres Todes sind unbekannt, ihre sterblichen Überreste wurden erst 1930 auf der Weißen Insel östlich von Spitzbergen gefunden.

Heute leben die Einwohner des Ortes vor allem vom Fischfang und vom Schiffsbau. Viel zu sehen gibt es außer der bereits erwähnten Kirche nicht. Ein Großteil der Bebauung stammt aus der Zeit nach dem Ende des Zweiten Weltkriegs. Die halbe Stunde Anlegezeit wird aber ohnehin kaum zu mehr als zu einem kleinen Spaziergang durch den Ort reichen.

 Skjervøy

Die **Touristeninformation** ist nur während der Sommermonate geöffnet, Tel. +47/(0)94 83 07 32, www.skjervoy.com.

Lage: 70° 1'59" N, 20° 58'29" E.

Liegezeit: nordgehend Tag 5, ca. 22.15–22.45 Uhr; südgehend Tag 8, ca. 19.15–19.45 Uhr.

Øksfjord

Øksfjord ist mit seinen nicht einmal 500 Einwohnern eine der kleinsten Stationen der Hurtigruten, und die Schiffe machen hier daher auch gerade einmal 15 Minuten fest. Bis vor wenigen Jahren wurde statt Øksfjord auch das weitaus traditionsreichere Alta angelaufen. Sollten Sie länger in der Gegend bleiben wollen, müssten Sie aufgrund des kurzen Aufenthaltes einen Zwischenstopp einplanen.

Das vor allem vom Fischfang lebende Øksfjord erstreckt sich mit seinen einzeln stehenden Häusern entlang des schmalen Küstenufers. In der Ortschaft gibt es eine der heute sehr seltenen Fabriken, in denen Fischhaut zu Leder verarbeitet wird. Aus dem Leder werden dann in einem zweiten Schritt beispielsweise Bekleidung oder Schuhe hergestellt. Ebenfalls erwähnenswert ist der **Øksfjordtunnel**, der als längster Tunnel in Norwegen gilt und den Ort mit der Außenwelt verbindet.

Auch wenn Øksfjord bis auf sein durchaus malerisches Panorama für Touristen wenig zu bieten hat, befinden sich doch in der Nähe einige Sehenswürdigkeiten, die es sich lohnt zu besichtigen und die von Øksfjord aus sehr gut erreicht werden können.

Erwähnenswert ist vor allem der auf einer Halbinsel gegenüber der Stadt gelegene **Gletscher Øksfjordjokelen**. Die landschaftlichen Charakteristika der Arktis machen sich hier bereits deutlich bemerkbar. Der 1200 Meter hohe Gletscher ist einer der größten im nördlichen Norwegen und mit seinem majestätischen Anblick wirklich atemberaubend. Nicht wenige Hurtigrutenfahrer betrachten den Anblick des Gletschers daher als einen der Höhepunkte der gesamten Route. Der Øksfjordjokelen ist zudem einer der wenigen Gletscher in Norwegen, der direkt ins Meer kalbt. Wer näher an dieses spektakuläre Eisfeld heran möchte, hat von Øksfjord aus die Möglichkeit, dies mit einem Bootszubringer oder im Rahmen einer organisierten Tour zu machen.

■ Alta

Ebenfalls von Øksfjord aus kann man das alte Handelszentrum **Alta** besuchen. Wie bereits gesagt, wurde Alta lange Zeit auch von den Schiffen der Hurtigruten angelaufen. Aufgrund der großen Fruchtbarkeit wird die Gegend um Alta auch das ›Italien der Finnmark‹ genannt. Da das Gebiet schon seit über 15 000 Jahren bewohnt ist, wird die Gegend zudem auch die ›Wiege der Menschheit‹ genannt. Wissenschaftler haben alte **Felsritzungen** gefunden, die man auf einem fünf Kilometer langen und höchst interessanten Lehrpfad besichtigen kann. Die ältesten der Zeichnungen sind ungefähr 6500 Jahre alt, die jüngeren 2500. Die Anzahl der Ritzungen im Gebiet von Alta wird auf etwa 4000 geschätzt, die in vier verschiedenen Gebieten zu sehen sind. Um die Zeichnungen deutlicher zu machen, haben Archäologen sie mit roter Farbe nachgemalt. Die Felsritzungen wurden mit Steinen oder anderen harten Gegenständen in den grauen Sandstein geritzt und stellen Glaubensvorstellungen oder Arbeitsabläufe der Menschen der damaligen Zeit dar. Sie stehen seit 1985 auf der von der UNESCO geführten Liste des Weltkul-

Die MS Nordlys

turerbes. Der besagte Lehrpfad gehört zum **Alta-Museum**, einem archäologischen Freilichtmuseum (www.altamuseum.no). In seinen Ausstellungen widmet sich das Museum der über 9000 Jahre alten Kulturgeschichte der Finnmark. Als letzter Höhepunkt bei Alta sei noch der **Alta-Canyon** erwähnt. Mit einer Länge von 15 Kilometern und einer Tiefe von 500 Metern ist er sicherlich einer der eindrucksvollsten Canyons in Europa. Sie können den Canyon entweder zu Fuß oder aber über eine organisierte Bootstour erkunden.

Øksfjord
Lage: 70°13′59″ N, 22°21′29″ E.

Liegezeit: nordgehend Tag 6, ca. 1.45–02.15 Uhr; südgehend Tag 8, ca. 15.15–15.45 Uhr.

Hammerfest

Die ungefähr 10 000 Einwohner zählende Stadt Hammerfest behauptet von sich, im Sinne eines rechtlichen Stadtstatus die nördlichste Stadt der Welt zu sein. Seit Mitte der 1990er Jahre ist darüber jedoch ein regelrechter Streit entbrannt, da andere Städte beanspruchen, noch nördlicher als Hammerfest zu liegen. Vor allem das norwegische Honningsvåg reklamiert den Titel ebenfalls für sich. Aufgrund einer speziellen Vereinbarung darf Hammerfest dennoch den Slogan weiterhin nutzen und für Besucher der Stadt ist die Frage auch nur von untergeordneter Wichtigkeit. Die Faszination der Stadt beruht vor allem auf ihrer außergewöhnlichen Lage. Dem bereits 1000 Kilometer nördlich des Polarkreises gelegenen Hammerfest ist die Nähe zum Nordpol durchaus anzumerken. Das Klima ist subpolar, und

zwischen dem 13. Mai und dem 29. Juli geht die Sonne nicht unter, im Winter dagegen vom 22. November bis zum 21. Januar nicht auf. Aufgrund dieser schier endlosen Winternächte bekam die Stadt als eine der ersten in Europa 1891 eine elektrische Straßenbeleuchtung. Auch das Wappen der Stadt macht deutlich, in welchen Breitengraden sich Hammerfest befindet. Es zeigt einen stolz dahin schreitenden Eisbären vor rotem Hintergrund. Der Eisbär ist auch das Symbol der Stadt schlechthin und taucht im Stadtbild häufiger auf.

■ Geschichte der Stadt

Seine Stadtrechte erhielt Hammerfest 1789 durch den dänischen König Christian VII. mit dem Ziel, den Handel und die Erforschung im Norden voranzutreiben. Die Stadt ist nach einem alten Schiffsanlegeplatz benannt, worauf heute auch die Bedeutung des Namens hindeutet. Das norwegische Wort ›Hammer‹ bezieht sich auf eben jene Anlegeplätze. Bis zu Beginn des 20. Jahrhunderts war Hammerfest vor allem ein Anlaufpunkt für Wal- und Robbenfänger. Daneben lagen die Einkommensquellen der Einwohner vor allem in der Fassherstellung und im Kunsthandel.

Auch in der Geschichte der polaren Seefahrer hat Hammerfest seinen Platz. Für den berühmten Seefahrer Fridtjof Nansen und sein Schiff ›Fram‹ war die Stadt der letzte Hafen, bevor er zu seiner Expedition in das polare Meer aufbrach. Obwohl Hammerfest als eine der ältesten Städte des nördlichen Norwegens gelten darf, ist die Architektur der Stadt keineswegs alt. Der Grund hierfür liegt in den Ereignissen des Zweiten Weltkriegs, als deutsche Truppen bei ihrem Abzug Teile der alten Stadt zerstörten. Diese Politik der ›verbrannten Erde‹ kos-

tete die Stadt einen Großteil ihrer einstigen Schönheit. Heute lebt die Stadt
neben dem Tourismus und dem Fischfang auch von der Offshore-Technik. Auf
der vor Hammerfest gelegenen Insel
Melkøya wurde die größte Erdgasver-
flüssigungsanlage Europas errichtet.

■ Sehenswürdigkeiten

Einen ersten Eindruck über die Stadt
können Sie bekommen, wenn Sie auf
den 80 Meter hohen **Ausblicksberg Sa-
lem** steigen. Wenn Sie mit dem Schiff
ankommen, werden Sie den Berg bereits
geradezu deutlich ausmachen können.
Von oben hat man nicht nur einen schönen Ausblick über die Stadt, sondern

auch über die durchaus beeindruckende
Umgebung. Sie erreichen den Aussichtspunkt über den bereits 1893 angelegten
Hammerfest-Panoramaweg. Sie finden
dort auch ein schönes Restaurant und
ein Zelt, das der traditionellen Behau-
sung der Samen entspricht, die in größerer Zahl in Hammerfest leben.

Absolut sehenswert ist der **Eisbärenclub**,
ein Museum, das über die Geschichte
und die Tradition der Stadt informiert.
Das Museum liegt am Hafen ganz in der
Nähe der Anlegestelle der Hurtigrutenschiffe. Schon das Eingangsportal, das
Ishavsportalen, ist beeindruckend. Es ist
aus Holz geschnitzt, selbstverständlich
nach Norden ausgerichtet und zeigt un-

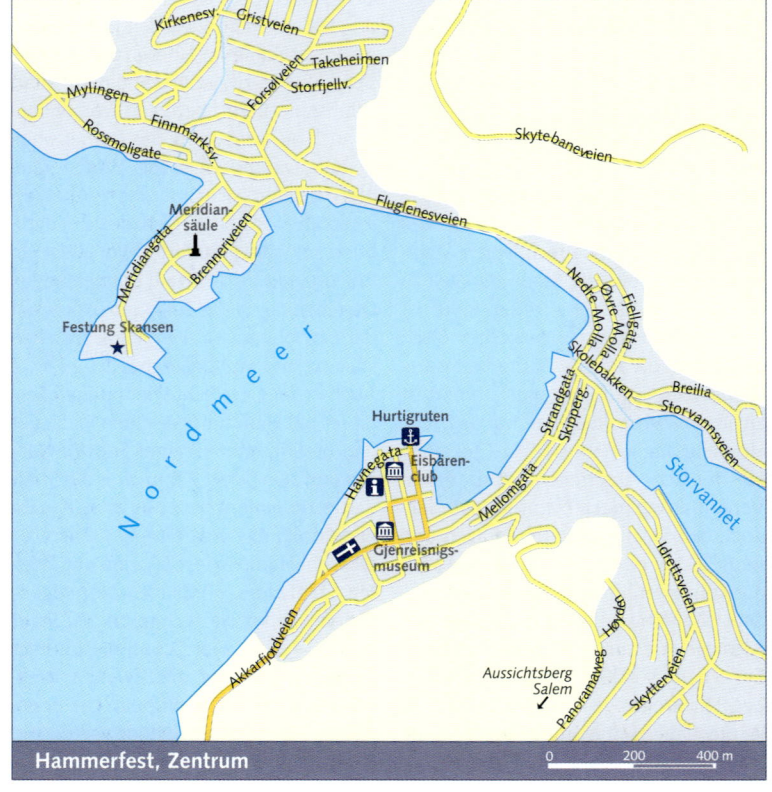

Hammerfest, Zentrum

0   200   400 m

Die moderne Hammerfest-Kirche

ter anderem mit dem Eisbären das bereits erwähnte Symbol der Stadt. Im Museum selber findet der Besucher ausgestopfte Tiere, wie Wölfe, Luchse oder – natürlich – Eisbären. Wenn Sie den Eintritt bezahlt haben, können Sie übrigens auch automatisch Mitglied der ›Ancient Society of Polar Bears‹ werden. Mit Ihrem einmaligen Mitgliedsbeitrag im Eisbären-Club finanzieren Sie die Sammlung des Museums mit. Als Lohn für Ihre Mitgliedschaft winken Ihnen ein Mitgliedsausweis, eine Urkunde und eine Eisbärennadel aus Silber, die wirklich eine schöne Erinnerung an die ›nördlichste Stadt der Welt‹ darstellen (Sommer 9–17 Uhr, Winter 9–16 Uhr, Eintritt frei, Mitgliedschaft 180 NOK, www.isbjornklubben.no).

Neben dem Eisbärenclub lohnt sich auch ein Besuch im **Gjenreisnigsmuseet**, einem Museum, das dem Wiederaufbau der Stadt nach der Zerstörung durch die deutsche Wehrmacht gewidmet ist. Die Ausstellung informiert den Besucher ausführlich über die Geschichte der Stadt im Zweiten Weltkrieg (Sommer 9–16 Uhr, Winter 11–14 Uhr, Eintritt 40 NOK, ermäßigt 30 NOK, www.kystmuseene.no).

Auch ein Besuch der 1961 fertiggestellten **Hammerfest-Kirche** lohnt sich. Von außen wirkt die Kirche recht nüchtern. Die dreieckigen Fenster mit ihren Glasmalereien auf einer Länge von acht Metern im Inneren sind jedoch durchaus sehenswert. Auch den Friedhof der Kirche, der sich direkt gegenüber befindet, sollte man sich mit seiner schönen Grabkapelle nicht entgehen lassen.

Nicht versäumen sollte man auch die **Meridian-Säule**, die sich im Stadtteil Fuglenes befindet. Dieses wunderschöne Denkmal wurde 1856 gebaut, um an das erste Projekt zur Erdvermessung zu erinnern. Die Meridian-Säule ist auf der Liste der Weltkulturerben der UNESCO. Ganz in der Nähe befindet sich auch die **Festung Skansen**, die während der napoleonischen Kriege 1810 errichtet wurde. 1989 wurde die Anlage renoviert und kann heute besucht werden.

ℹ Hammerfest

Touristeninformationszentrum, im Eisbärenclub, Pb. 504, N-9615 Hammerfest, Tel. + 47/(0)78 41 21 85, Fax 78411900, www.hammerfest-turist.no.

Lage: 70°39'48" N, 23°40'40" E.

Liegezeit: nordgehend Tag 6, 05.15–06.45 Uhr; südgehend Tag 8, 11.15–12.00 Uhr.

Havøysund

Die kleine Ortschaft Havøysund liegt auf der Insel Havøya und ist der nächste Stopp auf unserer Route. Wir befinden uns nun an der nördlichen Küste Norwegens. Da der Name der Insel sich mit ›Meeresinsel‹ übersetzen lässt, bedeutet der Name der Gemeinde demnach ›Enge bei der Meeresinsel‹.

In Havøysund leben 1200 Menschen, die sich vor allem mit dem Fischfang, der seit dem Zweiten Weltkrieg auch überregionale Bedeutung erlangt hat, und mit einem bescheidenen Tourismus ihren Erwerb sichern. Die Ortschaft wurde erstmalig gegen Ende des 17. Jahrhunderts in den Dokumenten erwähnt und hat seither auch keine größere Entwicklung erfahren. Seit 1988 ist Havøysund durch eine Brücke mit dem Festland verbunden, was aber eher der Abwanderung als der Zuwanderung in der Gegend genützt hat.

Wenn Sie mit dem Schiff auf den Hafen von Havøysund zufahren, werden Ihnen vor allem die farbig angestrichenen Häuser, die kleine, aber nette Kirche und die vielen über der Ortschaft gelegenen Windränder ins Auge fallen. Der nördlichste Windradpark der Welt mit insgesamt 15 Windrädern wird von der norwegischen Firma Norsk Hydro betrieben und ist eines der Markenzeichen des Ortes geworden. Auch wenn das verschlafen wirkende Havøysund auf den ersten Blick sicherlich so wirkt, kann man hier durchaus einige angenehme Stunden verbringen. Die Schiffe der Hurtigruten gehen jedoch nur kurz Minuten vor Anker, und so ist es notwendig eine ganze Nacht hier zu verbringen, wenn Sie sich die Gemeinde und ihre Umgebung genauer ansehen wollen.

Das örtliche Touristenbüro bietet unter anderem die Möglichkeit, einen Ausflug zum **nördlichsten Leuchtturm der Welt** zu unternehmen oder sich den in der Nähe des Ortes gelegenen **Vogelfelsen**, den Hjelmsøystauren, der als größter in Norwegen gilt, anzusehen. Bekannt ist auch das ungefähr fünf Kilometer von Havøysund entfernt gelegene Restaurant ›Arctic View‹. Von der auf einer Anhöhe gelegenen Lokalität hat man einen sagenhaften Ausblick auf die nördliche Finnmark und kann bei gutem Essen hervorragend die Mitternachtssonne (vom 14. Mai bis zum 31.Juli) bestaunen (www.arcticview.com). Im Sommer 2010 hatte das Restaurant geschlossen.

Karte vordere Umschlagklappe

▲ *Möwenfamilie*

Havøysund

Nähere Auskünfte gibt es bei der **Touristeninformation**, Tel. +47/(0)-78 42 3766www.masoy.kommune.no.

Lage: 70°59'0" N, 24°40'0" E.

Liegezeit: nordgehend Tag 6, ca. 09.15–09.45 Uhr; südgehend Tag 8, ca. 08.00–08.30 Uhr.

Honningsvåg

Wenn man mit dem Schiff in den Hafen von Honningsvåg einfährt, fallen einem als erstes die zahlreichen Kreuzfahrtschiffe und das für diese nördliche Region eher unübliche rege Treiben am Hafen auf. Dies alles hat natürlich einen guten Grund. Der 3500 Einwohner zählende Ort, der in einer Bucht auf der Insel Magerøya im Nordatlantik gelegen ist, ist der Ausgangspunkt für alle Ausflüge zum berühmten Nordkap. Die Insel ist seit dem Jahr 1999 durch den rund 6800 Meter langen Nordkaptunnel mit dem norwegischen Festland verbunden.

Bereits seit über 10 000 Jahren leben Menschen in dieser nördlichen Gegend Norwegens. Damals wie heute war das Meer ihr wirtschaftlicher und kultureller Bezugspunkt. Der südwestliche Teil der Barentssee ermöglicht bis heute eine ertragreiche Fischereiwirtschaft. Von der großen Bedeutung des Meeres zeugen auch die zahlreichen Fischverarbeitungsfabriken, Werftbetriebe und Boote, die am Hafen zu sehen sind. Neben dem Fischfang sind das nahegelegene Nordkap und der damit verbundene Tourismus die Haupteinnahmequelle der Gemeinde.

Da auch Honningsvåg während des Zweiten Weltkriegs von der deutschen Wahrmacht auf ihrem Rückzug von der Murmansk-Front völlig zerstört wurde, finden sich heute in der Ortschaft nur wenige alte Gebäude, und ein Großteil der Architektur präsentiert sich im oftmals wenig ansehnlichen Nachkriegsstil. Eine Ausnahme stellt die alte, 1884 errichtete **Kirche** der Ortschaft dar, die auch besucht werden kann.

Lange Zeit betitelte sich Honningsvåg als ›nördlichste Stadt der Welt‹, obwohl es in Alaska durchaus Städte gibt, die noch weiter im Norden liegen. Auch um die Bezeichnung ›nördlichste Stadt Europas‹ gab es in den letzten Jahren Meinungsverschiedenheiten, da die Stadt Hammerfest den Titel ebenfalls für sich beansprucht. Eigentlich sieht das norwegische Verwaltungsrecht vor, dass sich erst Orte ab einer Einwohnerzahl von 5000 Personen als Stadt bezeichnen dürfen. Obwohl Honningsvåg deutlich weniger Einwohner besitzt, bekam es 1996 das Stadtrecht zugesprochen. Aufgrund einer Vereinbarung zwischen Hammerfest und Honningsvåg darf die Stadt Hammerfest jedoch auch weiterhin mit dem Slogan werben.

Die wichtigste Sehenswürdigkeit der Gemeinde ist sicherlich das **Nordkap-Museum**. Es liegt direkt am Fiskerveien, nur wenige Gehminuten von der Anlegestelle der Hurtigrutenschiffe entfernt. Es wurde 1982 eröffnet und informiert seine Besucher über die Geschichte der Region und der lokalen Küstenkultur von der Zeit der ersten Besiedlungen bis hinein in die Gegenwart. Auch dem Walfang, der Fischerei und der Zerstörung der Stadt im Zweiten Weltkrieg sind Teile der Ausstellung gewidmet. Vor dem Museum befindet sich seit 2009 eine Statue des Schiffshundes Bamse.

Norwegische Küste – Hurtigruten

Nordlicht (Aurora borealis)

Der dargestellte Hund war während des Zweiten Weltkriegs auf einem Marineschiff tätig. Als er 1944 ums Leben kam, wurde er mit allen militärischen Ehren in Schottland begraben (Mitte August–Ende Mai Mo– Fr 12–16 Uhr, 1. Juni–15. August Mo–Sa 10–19 Uhr, So 12–19 Uhr).

Zum Nordkap

Rund 44 Kilometer sind es von Honningsvåg zum Nordkap, einem der meist besuchten Punkte Nordnorwegens. Nur wenige der zahlreichen Besucher stören sich daran, dass es sich bei dem an der Spitze der Insel Magerøya gelegenen Kap keineswegs, wie oft behauptet wird, um den nördlichsten Punkt Europas handelt. Dieser liegt vielmehr weiter östlich auf der Halbinsel Nordkinn, wohin uns die Schiffe der Hurtigruten später aber auch bringen werden. Trotz alledem ist das Nordkap eine touristische Attraktion, die von ungefähr 200 000 Touristen pro Jahr besucht wird.

Ein auf einer Höhe von rund 300 Metern gelegener Pass führt auf das Nordkap-Plateau. Auf der windigen Aussichtsplattform fallen steile Felsklippen steil zum Meer hin ab und man bekommt ein beeindruckendes Gefühl von der Weite der nördlichen Landschaften. Von hier aus blickt man direkt auf den Nordpol, der freilich noch über 2000 Kilometer weiter nördlich gelegen ist. Auch Spitzbergen liegt, wenn auch nicht zu sehen, in dieser nördlichen Blickachse. Der italienische Reisende Giuseppe Acerbi soll an dieser Stelle überwältigt ausgerufen haben: »Nun fühle ich mich nicht nur als menschliches Wesen, sondern als Schöpfer.« Angesichts der beeindruckenden Aussicht überkommt einen an diesem Punkt der Reise tatsächlich das Gefühl von der Grenzlosigkeit des Nordens. Eine absolute Faszination erleben die Besucher des Nordkaps während der Zeit der Mitternachtssonne, die hier über zweieinhalb Monate lang zu bewundern ist. In dieser Zeit wird es am

Nordkap niemals dunkel. Im Gegenteil dazu wird es während des Winters für etwa zweieinhalb Monate niemals hell. Auch das wunderschöne Phänomen der Nordlichter lässt sich hier am Nordkap übrigens sehr gut beobachten.

Auf dem Plateau befindet sich ein 1978 errichtetes **Modell der Weltkugel**, welches das Gefühl, sich an einem besonderen Ort zu befinden, auch noch einmal symbolisch schön unterstreicht. Von hier aus kann man einen Weg zum weiter östlich gelegenen Skulpturenpark einschlagen. Sieben Kinder aus verschiedenen Gegenden der Welt haben hier unter dem Titel ›Frieden auf Erden‹ sieben Reliefs zum Thema geschaffen.

Auf keinen Fall verpassen sollte man auch einen Besuch in der gigantischen 5000 Quadratmeter großen **Nordkap-Halle**. Hier finden Sie auf mehreren Etagen alles, was Sie sich vorstellen können, jedoch niemals an diesem Ort vermutet hätten: von Touristenbüros, die Ihnen Touren und Touristenführer vermitteln, über eine Poststelle, eine ökumenische Kapelle und zahlreiche Souvenirshops bis hin zu Café und Restaurant. Beeindruckend ist auch eine Multivisionsshow, in der mehrere Kameras sehenswerte Bilder von der arktischen Natur auf eine runde 225-Grad-Leinwand projizieren. So kann man auch bei Nebel oder Schnee – beides kommt hier keinesfalls selten vor – einen Eindruck davon gewinnen, wie das Nordkap bei Sonnenschein aussieht.

Fast schon obligatorisch ist auch der Besuch der über einen Tunnel zu erreichenden **Grotten-Bar**. Bei Schampus und Kaviar hat man hier die Möglichkeit, durch ein Panoramafenster in Richtung Nordpol zu blicken. Diese Tradition wird hier übrigens schon seit fast 100 Jahren zelebriert. Zum Abschied bekommt man dann auch noch ein Nordkap-Zertifikat, das eine schöne Erinnerung an diesen außergewöhnlichen Punkt unseres europäischen Kontinentes darstellt.

i Nordkap, Honningsvåg

Alle wichtigen Informationen zum Nordkap findet man im Internet unter www.nordkapp.no.

⊘

Lage: 71°10'21" N, 25°47'0" E (Nordkap); 70°59'0" N, 26°1'0" E (Honningsvåg).

⛴

Liegezeit: nordgehend Tag 6, 11.45–15.15 Uhr; südgehend Tag 8, ca. 06.00–06.15 Uhr.

Kjøllefjord

Das kleine Fischerdorf Kjøllefjord liegt mit seinen vielen bunten Holzhäusern malerisch, jedoch auch sehr verschlafen im gleichnamigen Fjord auf der Halbinsel Nordkinn, die von zahlreichen Rentieren beweidet wird. Schon seit über 9000 Jahren ist die Halbinsel bewohnt, keine der heutigen Siedlungen ist jedoch älter als 400 Jahre.

Am Nordkap

Die ungefähr 1400 Einwohner des Ortes leben wie schon seit Jahrhunderten vor allem vom Fischfang. Gerade einmal 15 bis 30 Minuten halten die Schiffe der Hurtigruten in dem kleinen Hafen des Ortes, um dann ihre Fahrt wieder aufzunehmen. Ein Landgang ist daher hier eigentlich nicht vorgesehen. Viel zu bieten hätte Kjøllefjord seinen Besuchern ohnehin nicht. Erwähnenswert ist nur die **Kirche** des Ortes. Sie war das erste Gotteshaus des Bezirks Finnmark, das 1951 nach den verheerenden Zerstörungen des Zweiten Weltkriegs wieder aufgebaut wurde. Für Angelfreunde eignet sich Gegend hervorragend zum Fischen in unberührter Natur.

Ein landschaftlicher Höhepunkt ist die bei der Ein- und Ausfahrt nach Kjøllefjord zu bewundernde **Finnkirka**. Diese wie eine Kirche geformte Felsformation gilt als eines der schönsten Kliffs der Welt. Zwar führen auch markierte Pfade von Kjøllefjord zur Finnkirka, aber in ihrer ganzen Pracht kann man sie nur vom Schiff aus beobachten. Die bizarr anmutenden Felsen dienen der samischen Kultur seit Jahrhunderten als mystischer Opferplatz. Die durch Erosion geformten Felsen rahmen den imposanten Ort würdig ein. Im Sommer finden hier auch Konzerte und Messen statt, die besucht werden können.

 Kjøllefjord
Lage: 70°56'43" N, 27°20'58" E.

Liegezeit: nordgehend Tag 6, ca. 17.15–17.45 Uhr; südgehend Tag 8, ca. 03.00–03.30 Uhr.
Unter www.hotelnordkyn.no/webcam/ kann man sich unter anderem die Anlegemanöver der Hurtigrutenschiffe live im Internet ansehen.

Mehamn

Auf der Nordkinn-Halbinsel liegt der beschauliche Ort Mehamn. Hier ist die nördlichste Anlegestelle der gesamten Strecke an den Küsten Norwegens erreicht. Am Hafen der kleinen 1000-Seelen-Fischersiedlung machen die Schiffe der Hurtigruten eine halbe Stunde fest. Der Ort lebt wie die ganze Region vor allem vom Fischfang und einem relativ bescheidenen Tourismus. Erst im August 1989 wurde die Nordkinnhalbinsel überhaupt an das norwegische Straßennetz angeschlossen. Die Versorgung der Bevölkerung erfolgt überwiegend über den zur Ortschaft gehörenden kleinen Flugplatz. Die norwegische Hauptstadt Oslo kann von hier aus mit dem Flugzeug mit ein- bis zweimaligen Umsteigen erreicht werden.

Historisch wurde der Ort vor allem durch den sogenannten ›Mehamn-Aufruhr‹ im Jahre 1903 bekannt. Die Fischer des Ortes waren in damals von einer sehr schlechten Fischsaison schwer getroffen. Die Schuld gaben die Fischer der örtlichen Walfangfabrik, die nur wenige Jahre zuvor errichtet worden war. In ihrer Wut rissen die Fischer die Fabrik nieder und zerstörten sie bis auf ihre Grundmauern. Die Situation spitzte sich so zu, dass die norwegische Regierung Soldaten einsetzen musste, um die öffentliche Ruhe wieder herzustellen. Die Fabrik wurde jedoch nie wieder aufgebaut, und so war der Kampf durchaus ein Erfolg für die Fischer von Mehamn. Viel hat der Ort dem Besucher nicht zu bieten. Lediglich die auf einer Anhöhe gelegene Kirche des Ortes sticht bei der Anfahrt in den Hafen sofort ins Auge. Was den durchaus malerischen Ort dennoch zu etwas Besonderem macht, ist seine Lage. Mehamn ist nämlich der Startpunkt für malerische Trekking- oder

Karte vordere Umschlagklappe

Snowmobiltouren zur Landzunge **Kapp Nordkyn**, dem nördlichsten Punkt des europäischen Festlandes. Der Weg zum genauen nördlichsten Punkt, Kinnarodden, ist bei schlechtem Wetter nicht ganz ohne Risiko, aber ohne Zweifel ein unvergessliches Abenteuer. Obwohl die Landschaft auf den ersten Blick karg und lebensfeindlich wirkt, ist diese nördliche Region mit 350 registrierten Pflanzenarten längst nicht so vegetationsarm, wie man glaubt.

 Mehamn

Informationen zu Touren in der Umgebung unter: www.nordicsafari.no.

Lage: 71°2'1" N, 27°50'43" E.

Liegezeit: nordgehend Tag 6, ca. 19.30–20.00 Uhr; südgehend Tag 8, ca. 00.45–01.15 Uhr.

Berlevåg

Fährt man mit den Schiffen der Hurtigruten auf das etwas über 1000 Einwohner zählende, verschlafene Örtchen Berlevåg zu, mag man kaum glauben, dass man einen der bekanntesten Orte Norwegens vor sich liegen hat. Der Grund für die ungemeine Bekanntheit des Ortes ist ein Dokumentarfilm des beliebten norwegischen Filmemachers Knut Erik Jensen aus dem Jahre 2001. Der Film, der zum ersten Mal auf dem internationalen Filmfest von Tromsø vorgestellt wurde, handelt vom Berlevåg Mannsangsforening, also vom Männerchor des Ortes. Der Film, der den Titel ›Heftig og begeistret‹ (Heftig und begeistert) trägt, machte den Chor von Berlevåg so berühmt, dass er sogar in die Vereinigten Staaten zu einem Auf-

tritt eingeladen wurde. Das älteste und beliebteste Mitglied des Chors, Einar Strand, starb 2004 im stolzen Alter von 98 Jahren.

Das Örtchen liegt am Ausgang der Eismeerstraße und verdankt seinen Namen den zahlreichen Perlenmuscheln auf der Meeresböden der Region. Wie die meisten Küstenorte lebt Berlevåg fast ausschließlich vom Fischfang. Erst seit 1975 legen hier die Schiffe der Hurtigruten an, seitdem der Hafen von großen Tetrapoden geschützt wird. Vor dieser Zeit machten die häufigen Unwetter und orkanartigen Winde das Anlegen zu einer äußerst gefährlichen Angelegenheit. Der Schutzwall hält Wellen bis zu einer Höhe von zehn Metern stand. Trotzdem kann auch heute noch bei starkem Seegang der Hafen nicht angefahren werden.

Die Schiffe der Hurtigruten halten nur kurz am Hafen, um sich dann gleich wieder auf ihren weiteren Weg zu machen.

 Berlevåg

Wer länger bleiben möchte, findet Tipps unter www.berlevag.kommune.no oder auf der Seite der örtlichen Pensionsbetreiber: www.berlevag-pensjonat.no.

Lage: 70°44'0" N, 28°59'0" E.

Liegezeit: nordgehend Tag 6, ca. 22.15–22.45 Uhr; südgehend Tag 7, ca. 22.00–22.30 Uhr.

Båtsfjord

Gut geschützt in einem Fjord an der Barentssee liegt der kleine Ort Båtsfjord, der nächste Stopp auf der Fahrt nach Kirkenes. Die ausgesprochen günstige

Autoverladung

Lage des Hafens der 2100 Einwohner zählenden Ortschaft werden Sie vor allem dann zu schätzen wissen, wenn auf der offenen See die starken Nordwinde das Meer und damit auch Ihr Schiff in Bewegung bringen.

Die älteste Besiedlung der Gegend reicht, wie Ausgrabungen gezeigt haben, bis in die Steinzeit zurück. Ursprünglich gehörte Båtsfjord zur angrenzenden Gemeinde Vardø. Erst 1868 wurde die Ortschaft von Vardø, jedoch unter Beibehaltung desselben Namens, abgetrennt. Im Jahre 1957 erhielt die Gemeinde dann ihren heutigen Namen, um möglichen Verwechslungen vorzubeugen. Im Gegensatz zu vielen anderen norwegischen Städten wurde Båtsfjord im Zweiten Weltkrieg nicht zerstört. Nach dem Rückzug der deutschen Truppen 1944 aus den anderen Stellungen diente die Ortschaft als Rückzugbasis für die gesamte Region.

Heute ist vor allem, wie in der ganzen Region Finnmark, der Fischfang der wichtigste Wirtschaftszweig. Die fischreichen Gewässer um Båtsfjord haben jedoch dafür gesorgt, dass auch der Angeltourismus in den letzten Jahren stark zugenommen hat.

Die Menschen in Båtsfjord führen ein ruhiges und weitgehend isoliertes Leben, was man der Atmosphäre der Stadt durchaus auch anmerkt; die Schiffe der Hurtigruten gehen hier auch nur eine halbe Stunde vor Anker. Obwohl die Ortschaft den Zweiten Weltkrieg weitgehend unbeschadet überstanden hat, ist nur wenig alte Bausubstanz zu finden. Erwähnenswert ist dennoch die **Kirche** der Stadt, die bei der Einfahrt in den Hafen bereits deutlich sichtbar ist. Bekannt ist das Gotteshaus wegen seiner 85 Quadratmeter Fläche umfassenden Glasmalerei, die eine der größten in Norwegen ist.

Sollten Sie planen, länger in Båtsfjord zu bleiben, lohnt es sich, das vielfältige Vogelleben in der Gegend zu erkunden. Ungefähr einen Kilometer außerhalb der Stadt liegt der **Vogelberg Skarvskiten**, wo sich zahlreiche Arten bestaunen lassen.

Der Kapitän der MS Trollfjord

Karte vordere Umschlagklappe

Die interessanteste Sehenswürdigkeit in der Gegend ist jedoch **Hamningberg**. Dieses verlassene Fischerdorf an der Küste bietet Ihnen die Möglichkeit, in wunderschöner Umgebung einige gut erhaltene Holzhäuser aus dem 19. Jahrhundert zu erleben. Während der Sommermonate ist es möglich, in der kleinen Siedlung zu übernachten und einen Eindruck einer kaum noch anzutreffenden Architektur zu bekommen (www.hamningberg.no).

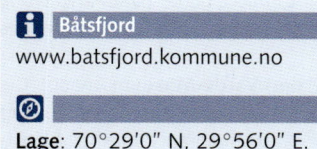

Båtsfjord

www.batsfjord.kommune.no

Lage: 70°29'0" N, 29°56'0" E.

Liegezeit: nordgehend Tag 7, ca. 00.30–01.00 Uhr; südgehend Tag 7, ca. 20.00–20.30 Uhr.

Vardø

Vardø ist die östlichste Stadt des Königreichs Norwegen und damit auch der östlichste Hafen, der von den Schiffen der Hurtigruten angelaufen wird. Vardø liegt sogar noch weiter östlich als Sankt Petersburg oder Kiew. Von hier aus ist es dann auch nur noch ein Katzensprung nach Russland. Die Stadt liegt zum größten Teil auf einer Insel in der Barentssee, nur ein Teil der Gemeinde ist auf dem Festland angesiedelt. Ein 2800 Meter langer Autotunnel verbindet seit 1982 die beiden Stadtteile miteinander. Die Stadt lebt traditionell vor allem vom Fischfang, aber auch der Tourismus gewinnt als Wirtschaftszweig immer mehr an Bedeutung.

Aufgrund der arktischen Kälte finden sich in der Region nur wenige Bäume, und die Landschaft wirkt karg und kalt. Vardø ist statistisch gesehen auch die Stadt mit den meisten Sturmtagen in ganz Norwegen. Dennoch findet man hier eine außergewöhnlich große Zahl an Pflanzen und Tieren. Insbesondere die vielen Vogelarten der Region sind ein spannendes Naturerlebnis. Die Polarnacht dauert vom 23. November bis zum 21. Januar. Die Sonne sinkt an 74 Tagen, vom 16. Mai bis zum 29. Juli, nicht unter den Horizont.

■ Geschichte der Stadt

Gegründet wurde Vardø bereits im Jahre 1306. Archäologische Funde aus der Gegend legen jedoch die Vermutung nahe, dass die ersten Besiedlungen der Region schon vor beinahe 9000 Jahren stattgefunden haben. Schon bei seiner Gründung war der Ort als Bollwerk gegen das nahe Russland geplant gewesen, das für Norwegen, wie auch für viele andere Mächte, eine zunehmende Gefahr darstellte.

Im 16. und 17. Jahrhundert war Vardø die Stadt in Norwegen, in der die meisten sogenannten Hexen verbrannt wurden. Gegen Ende des 17. Jahrhunderts war die Stadt zudem die größte Fischereisiedlung Norwegens und erlangte 1798 Stadtrechte.

In der Folgezeit profitierte Vardø von der Nähe zu Russland und betrieb einen regen Handel mit den östlichen Nachbarn. Erst der Beginn der Russischen Revolution 1917 bereitete dieser Entwicklung ein jähes Ende, und die Nähe zu Russland wirkte auf einmal bedrohlich. Im Zweiten Weltkrieg wurde Vardø komplett zerstört. Nach dem Krieg wurde die Stadt dann an gleicher Stelle wieder aufgebaut, obwohl es auch anderweitige Pläne gab, die Stadt auf dem Festland wieder aufzubauen.

Im Kalten Krieg spielte Vardø eine wichtige Rolle im Frühwarnsystem des NATO-

Norwegische Küste – Hurtigruten

Bündnisses. Auch heute beherrschen die Kuppeln der Radargeräte noch das Bild der Stadt. Seit 1998 befindet sich hier auch eine Radarstation mit dem Namen Globus II. Die offizielle Aufgabe ist die Verfolgung von Weltraummüll. Das Radar dient darüber hinaus aber auch dem Raketenabwehrsystem der USA.

Sehenswürdigkeiten

Kommt man mit dem Schiff in Vardø an, fallen vor allem die schönen, bunt bemalten Häuser am Hafen und der in den Himmel ragende Turm der örtlichen Kirche ins Auge. Am Hafen werden Sie zudem zahlreiche Fischerboote liegen sehen, die einen guten Eindruck von der Haupteinnahmequelle der Stadt geben. Die Hauptsehenswürdigkeit der Stadt und auch der ganzen Region ist die achteckige **Festung Vardøhus**. Die Festung wurde 1738 gebaut, um die dänischnorwegischen Gebietsansprüche in Lappland auch architektonisch und symbolisch zu untermauern. Die Festung sollte die Finnmark aber auch vor den Angriffen aus dem erstarkenden Russland schützen. Ausgrabungen haben gezeigt, dass bereits vor dem 18. Jahr-

hundert auf dem Gelände eine Festung stand. Die Ursprünge der Anlage gehen daher vermutlich bis ins 14. Jahrhundert zurück. Forscher haben darüber hinaus herausgefunden, dass die alte Festung auch der Schauplatz von furchtbaren Hexenverbrennungen – bzw. von Menschen, die man dafür hielt – war. Zwischen 1621 und 1692 wurden an diesem Ort mehr Menschen bei lebendigem Leibe verbrannt als irgendwo sonst in Norwegen. Auf dem Gelände der Festung informiert heute eine Ausstellung über die wechselvolle Geschichte des Ortes.

Auch das **Vardø-Museum** macht die Hexenverfolgungen zum Thema einer seiner Ausstellungen. Darüber hinaus kann man sich hier über die Geschichte des Ortes im Zweiten Weltkrieg und über die beiden Polarforscher Fridtjof Nansen und Willem Barents informieren. Das Hauptgebäude des Museums befindet sich im ›Lushaugen‹, einem aus rötlichem Sandstein erbauten Gebäude, das malerisch am nordwestlichen Stadtrand von Vardø liegt (15.6.–15.8 Mo–Fr 8–17 Uhr, Sa–So 11–17 Uhr, Eintritt 40 NOK, ermäßigt: 20 NOK).

Karte vordere Umschlagklappe

▲   *In Vardø*

Vardø

Die **Tourismusinformation** liegt am Hafen neben dem Hotel Vardø, www.varanger.com.

Lage: 70°22'0" N, 31°6'0" E.

Liegezeit: nordgehend Tag 7, ca. 03.45–04.15 Uhr; südgehend Tag 7, 16.00–17.00 Uhr.

Vadsø

Am siebten Tag der nördlich gehenden Hurtigruten erreichen die Schiffe das 6000 Einwohner zählende Vadsø am frühen Morgen. Der Name Vadsø stammt aus dem Altnordischen und bedeutet in etwa ›Insel mit trinkbarem Wasser‹. Der Name macht bereits deutlich, dass Vadsø ursprünglich auf einer vorgelagerten Insel lag, Vadsøya. Interessanterweise ist Vadsø, obwohl bei weitem nicht die größte Stadt in der Region, die Hauptstadt der norwegischen Provinz Finnmark, die den gesamten äußersten Nordosten den Königreiches umfasst.

■ Geschichte der Stadt

Auf der Insel Vadsøya haben Wissenschaftler eine der ältesten menschlichen Besiedlungen der Region entdeckt, die sich auf das 8. Jahrhundert vor Christus zurückdatieren lässt. Erst im 16. Jahrhundert wurde der Fischerort auf das eigentliche Festland verlagert. Im Laufe der Zeit entwickelte sich Vadsø zu einem wichtigen Handels- und Verwaltungszentrum der Region Finnmark und erhielt im Jahre 1833 Stadtrechte zugesprochen. Wichtige wirtschaftliche Impulse kamen vor allem durch den Handel mit dem nahegelegenen Russland.

Im Zuge des Wachstums der Stadt kam es im 19. Jahrhundert zu einer regelrechten Einwanderungswelle aus Finnland. Am Ende des 19. Jahrhunderts waren dann bereits zwei Drittel der Einwohner von Vadsø finnischsprachig. Auch heute ist dieses historische Erbe noch deutlich spürbar. Nach wie vor wird an den Schulen Finnisch unterrichtet, viele Familiennamen haben finnischen Ursprung, und die gut integrierten Nachfahren der Einwohner – Kvaener genannt – unterhalten enge Beziehungen zum Nachbarland.

Bekannt wurde Vadsø auch durch einige Nordpolexpeditionen, die hier ihren Anfang nahmen. Zu der bekanntesten zählt die Expedition des Umberto Nobile, der mit seinem Luftschiff (1926 mit der ›Norge‹ bzw. 1928 der ›Italia‹) von hier startete. Sein Verschwinden am 2. Juni 1928 löste eine intensive Suche aus, an der sich eine ganze Reihe von bekannten Polarforschern beteiligte und die Roald Amundsen das Leben kostete. Nobile selbst wurde am 12. Juli gerettet. Bis heute ist der Ankermast für das Luftschiff erhalten geblieben und steht als ein Wahrzeichen der Stadt für die Geschichte der Arktiserkundungen.

Im Bordrestaurant

Norwegische Küste – Hurtigruten

Während des Zweiten Weltkriegs wurde die Stadt von den deutschen Besatzern als Festung gegen die anrückende Rote Armee ausgebaut. Die Spuren dieser Zeit sind auch heute noch im Stadtbild sichtbar. Vadsø wurde während der Kämpfe beinahe völlig zerstört, und nur wenige alte Häuser blieben erhalten. In der heutigen Zeit lebt die Stadt vor allem vom Fischfang und vom Tourismus, der vor allem dank der Hurtigrutenschiffe Gäste nach Vadsø bringt.

■ **Sehenswürdigkeiten**

Vadsø hat sowohl kulturell wie auch landschaftlich seinen Besuchern eine Reihe an Sehenswürdigkeiten zu bieten. Viele der Küsten rund um die Stadt sind international für ihre Artenreichtum an Vögeln bekannt. Besonders lohnenswert ist ein Besuch des **Ekkerøy-Vogelfelsens**. Hier findet man auch alte Stellungen sowie einen Aussichtspunkt, von dem man bis zur russischen Grenze sehen kann. Auf dem Felsen nisten in den Sommermonaten bis zu 40 000 Dreizehenmöwen.

In der Stadt selber lohnt es sich, das **Einwanderungsdenkmal** zu besichtigen, welches das multikulturelle Erbe von Vadsø unterstreicht. Es wurde im Jahre 1977 vom Staatspräsidenten Finnlands unter Teilnahme der Könige Schwedens und Norwegens eingeweiht. Entworfen und gebaut wurde es von dem finnischen Bildhauer Eusio Säpännen.

Auch das **Vadsø-Museum** steht ganz im Zeichen des multikulturellen Geistes der Stadt und ist einen Besuch wert. In den Abteilungen findet man Ausstellungen über norwegische, finnische, russische und samische Kultur vereint, und es verschwimmen die nationalen Grenzen, die hier oben im Norden, wo die Menschen schon immer auf die Hilfe des anderen

angewiesen waren, wenig Bedeutung haben. Darüber hinaus findet man auch Ausstellungen zu der Geschichte der Stadt im Zweiten Weltkrieg und – ebenfalls sehr empfehlenswert – über die von Vadsø aus gestarteten Expeditionen. Auch das **Esbensengården**, ein norwegisches Handelshaus im Patrizierstil aus der Zeit um 1850, und der **Tuomainengården**, ein finnischer Stadthof aus dem Jahre 1840, sind Teil des Vadsø-Museums. Letzterer bietet ein interessantes Kuriosum: Eine Sauna und der Ofen der Bäckerei werden gleichzeitig beheizt, um das knappe Brennholz zu sparen! (20.6.–15.8. Mo–Fr 10–17 Uhr, Sa u. So 10–16 Uhr, Eintritt: 50 NOK, ermäßigt: 30 NOK, Kinder frei).

Wenn Sie sich noch weiter für die Geschichte der Nordpolarexpeditionen interessieren, sei Ihnen geraten, auch den **Luftschiffmast** auf der Insel Vadsøya gegenüber der Stadt zu besichtigen. Hier machten sowohl das Luftschiff ›Norge‹ als auch die ›Italia‹ fest, bevor sie zu ihren Expeditionen aufbrachen.

 Vadsø

Tourismusinformationen siehe www.varanger.com. Informationen über die Gemeinde unter www.vadso.kommune.no.

Lage: 70°4′16″ N, 29°46′8″ E.

Liegezeit: nur nordgehend Tag 7, ca. 07.30–08.00 Uhr.

Kirkenes

Kirkenes ist der letzte Stopp der nordgehenden Linie und der Wendepunkt der Hurtigruten. Das 5000 Einwohner zählende Städtchen liegt im äußersten

Unterwegs im Norden

Nordosten Norwegens. Zur russischen Grenze sind es in östlicher Richtung gerade einmal 10 Kilometer, zur finnischen Grenze 35 Kilometer nach Süden. Die Mitternachtssonne scheint vom 15. Mai bis zum 28. Juli. Vom 21. November bis zum 16. Januar legt sich dann völlige Finsternis über die Stadt. Zur Zeit der Sowjetunion lag Kirkenes wirtschaftlich und politisch am äußersten Rand Norwegens. Heute hingegen gilt das Städtchen vielen als ›Tor zum Osten‹ und ist keineswegs so verschlafen, wie man zunächst annehmen mag. Aufgrund der liberalen norwegischen Asylpolitik ist Kirkenes heute die Heimat von Menschen aus über 45 verschiedenen Länder und daher auch sehr multikulturell geprägt. Seien Sie daher nicht verwundert, wenn Sie Menschen aus Bosnien oder den Philippinen hier am äußersten Rand des europäischen Kontinents begegnen. Auch einige Samen wohnen in der Stadt und runden das bunte Völkergemisch ab.

■ Geschichte der Stadt

Das Gründungsdatum von Kirkenes liegt im frühen 19. Jahrhundert. Bis zu Beginn des 20. Jahrhundert war es jedoch ein kleines unbedeutendes Nest im Nirgendwo. Dies änderte sich rasch, als 1908 in der Nähe der Stadt ein Eisenerzvorkommen gefunden wurde und sich Kirkenes zur wichtigsten Eisenerzstadt Norwegens emporschwang. Ein regelrechter Erzrausch setzte ein, veränderte die Stadt komplett und brachte den Bewohnern Wohlstand. Zu den besten Zeiten wurden hier jährlich bis zu drei Millionen Tonnen des Rohstoffes abgebaut. Auch das Dritte Reich wusste um das Eisenerzvorkommen der Stadt und besetzte Kirkenes während des Zweiten Weltkriegs mit 30 000 Soldaten, um den für den Krieg entscheidenden Rohstoff zu sichern. Bald wurde die Stadt jedoch Ziel von sowjetischen Angriffen, die in immer kürzeren Abständen Bombenangriffe flogen, um den Rohstoffnachschub für die Wehrmacht zu unterbinden. Wurden bereits dadurch viele Gebäude zerstört, brachte die deutsche ›Politik der verbrannten Erde‹ der Stadt die endgültige Zerstörung. Am Ende des Krieges standen nur noch 20 Häuser.

Krebsreusen im Hafen von Kirkenes

Norwegische Küste – Hurtigruten

Nach dem Krieg wurde die Stadt wieder aufgebaut und erlangte einen gewissen Wohlstand. 1996 wurde der Abbau von Eisenerz eingestellt, da er zu teuer geworden war. Heute lebt die Stadt hauptsächlich von Schiffsreparaturen, Kleinindustrie und dem zunehmenden Tourismus.

Auch politisch ist Kirkenes nicht ganz so unbedeutend, wie man annehmen mag. In der Stadt ist der Sitz des Barents-Sekretariats beheimatet, das eine wichtige Rolle in der Arbeit des 1993 von Norwegen initiierten Zusammenschlusses ›Barentsregion‹ innehat (www.barentsinfo.org).

Sehenswürdigkeiten

Aufgrund der geringen Größe von Kirkenes sind die touristischen Sehenswürdigkeiten natürlich überschaubar. Vom Anlegekai der Hurtigruten führt der Weg etwa 1500 Meter über den Havne- und Haganesvei ins Stadtzentrum. Bereits unterwegs kann man an den schönen Häusern gut erkennen, dass in Kirkenes der Lebensstandard relativ hoch ist.

Kurz vor dem Erreichen des kleinen, aber schönen Stadtzentrums kommen Sie an der **Andersgrotte** vorbei, die einen Besuch wert ist. Der ehemalige unterirdische Bunker bot den Einwohnern der Stadt während des Zweiten Weltkriegs Schutz vor den Bombenangriffen der sowjetischen Armee. Über 300 solcher Angriffe erlebte die Stadt. Damit war Kirkenes neben Malta die meistbombardierte Stadt Europas. Zeitweise waren hier über 100 000 deutsche Soldaten stationiert, die versuchten, das russische Murmansk einzunehmen. Der riesige Tunnel bot Platz für über 2000 Menschen, die hier bis zu zwei Monate lebten. Heute kann man dort regelmäßig angebotene Touren durch die unterirdische Anlage machen und so auch einiges über die Geschichte der Stadt während

Kirkenes, Zentrum

Ein Bild von Kaare Espolin Johnson im Salon der Trollfjord

des Krieges erfahren. Zudem wird ein Film über Kirkenes im Krieg gezeigt.

Direkt über der Andersgrotte befindet sich das sogenannte **Russen-Monument**. Dieses Denkmal wurde als Erinnerung an die Befreiung der Stadt durch die Rote Armee 1944 errichtet.

Im kleinen Stadtzentrum findet man im Anschluss daran Gelegenheit, sich in einem der vielen Cafés und Restaurants etwas auszuruhen, um sich dann auf den Weg zum etwa einen Kilometer vom Zentrum entfernten **Grenzlandmuseum** zu machen. Es liegt am Stadtrand von Kirkenes, und man erreicht es, indem man der Kielland Torkildsens gata und dem Solheimsveien folgt. Das Museum zeigt die Geschichte von Krieg und Frieden entlang der norwegisch-russischen Grenze. Unter anderem bietet es Ausstellungen über den Zweiten Weltkrieg, den Bergbau und die Kunst des Malers und Zeichners Kaare Espolin Johnson (1907–1994). Im Museumsshop gibt es u.a. Kunstgewerbe und Andenken (Mo–Fr 10–14 Uhr, Sa, So 10–15.30 Uhr, Eintritt 50 NOK, ermäßigt 40 NOK, Kinder bis 16 haben freien Eintritt). Auf Deck 8 des Hurtigrutenschiffs MS Trollfjord gibt es übrigens einen Salon, in dem Orginalbilder von Kaare Espolin Johnson hängen, der in seinen Kunstwerken vor allem Küstenmotive und das Leben der Fischer eindrucksvoll festgehalten hat.

Direkt neben dem Grenzlandmuseum liegt das **Savio-Museum** (gleiche Öffnungszeiten), das die Arbeiten des samischen Künstlers John Savio (1902–1938) präsentiert, aber auch gegenwartsbezogene Kunst der Samen ausstellt. Das Museum ist wirklich einen Besuch wert. Wenn Sie noch genug Zeit und Kraft haben, können Sie sich noch den **Aussichtspunkt Prestefjellet** besuchen. Sie erreichen ihn mit einen kurzen Fußmarsch über die Kristen Nygaards gate und Fjellveien. Von hier oben hat man einen schönen Blick über die Stadt und den Fjord.

ℹ️ Kirkenes

Das **Touristeninformationszentrum** befindet sich in der öffentlichen Bibliothek im Stadtzentrum, Tel. +47/(0)78 97 17 77, Fax 78 99 60 87, www.kirkenesinfo.no, turistinfo@svk.no.

 Lage: 69°43'42" N, 30°2'40" E.

 Ankunft: Tag 7, 09.45 Uhr.
Abfahrt: Tag 7, 12.45 Uhr.

Dann kommt menschenleeres
Land. Einen ganzen Tag lang
Berge, Gletscher, blaue Felsen,
weißes Eis ... In der Nacht
hüllt sich das Land in Nebel ...

Morgen früh soll das Schiff an
der Packeisgrenze sein.

Christiane Ritter,
Eine Frau erlebt die Polarnacht

Spitzbergen

Das Land der Eisbären

Einige hundert Kilometer von der norwegischen Küste entfernt, liegt in Richtung Nordnordwest das nächste große Ziel – der Archipel Svalbard, bei den meisten als Spitzbergen bekannt. Svalbard, so der norwegische und häufig verwendete Name, gehört verwaltungstechnisch zu Norwegen. Die außerordentliche Schönheit und Größe dieser nördlich des Polarkreises gelegenen Inselgruppe hat ihren ganz besonderen Reiz. Die Wahrscheinlichkeit, Eisbären in freier Wildbahn zu sehen, liegt bei nahezu 100 Prozent. Dies ist auch der Hauptgrund, warum die Anzahl der Schiffsreisenden in den letzten Jahren so stark zugenommen hat.

Das gesamte Land ist trotz seiner Größe, die in etwa der von Bayern entspricht, praktisch eine unbesiedelte und weitgehend unberührte Wildnis. Zudem ist Spitzbergen eine der wenigen Inseln im arktischen Polarmeer, die dank des internationalen Flughafens in Longyearbyen auch ohne Schiff bequem zu erreichen sind.

Der norwegische Name der Inselgruppe lässt sich mit ›kalte Küste‹ übersetzen. Die Bezeichnung kommt ursprünglich aus der Sprache der Wikinger und wurde

Der Archipel Svalbard

Die namensgebenden spitzen Berge an der Westküste

von der norwegischen Regierung im Jahre 1920 eingeführt, auch um einen historischen Anspruch der Norweger auf den Inselarchipel zum Ausdruck zu bringen. Im deutschen Sprachgebrauch wird jedoch meistens die Bezeichnung Spitzbergen verwendet, obwohl sich dieser Name geografisch gesehen eigentlich nur auf die Hauptinsel des Archipels bezieht. Neben der Hauptinsel zählen zu Svalbard neben vielen sehr kleinen Inseln noch: Nordostland (Nordaustlandet), Edge-Insel (Edgeøya), Barentsinsel (Barentsøya), Kvitøya, Prins Karls Forland, Kongsøya, Bjørnøya, Svenskøya und Wilhelmøya.

Die Bezeichnung Spitzbergen geht eigentlich auf die offizielle Entdeckung durch den Holländer Willem Barents zurück. Er hat wohl angesichts der spitzen Berge, die entlang der Westküste stehen, diesen Namen für besonders passend gehalten.

Geografie

Die Inselgruppe Spitzbergen befindet sich zwischen dem 74. und 81. Grad nördlicher Breite sowie zwischen dem 10. und 35. Grad östlicher Länge. Der Archipel bildet mit dieser geografischen Lage nicht nur den nördlichsten Teil Norwegens, sondern auch den nordöstlichsten Abschluss des europäischen Nordmeeres sowie den nordwestlichsten der Barentssee. Die Inseln besitzen insgesamt eine Fläche von 61 022 Quadratkilometern, wobei die Hauptinsel Spitzbergen bereits mehr als die Hälfte davon abdeckt. Der höchste Berg des Archipels ist der Newtontoppen – ebenfalls auf der Hauptinsel gelegen – mit einer Höhe von 1713 Metern. Der Berg, der nach dem Mathematiker und Physiker Sir Isaak Newton benannt wurde, liegt jedoch fernab der Siedlungen und ist daher nur über eine der angebotenen Motorschlittenexpeditionen zu erreichen.

Auf allen Inseln des Archipels leben insgesamt nicht mehr als 2900 Einwohner in fünf kleineren Siedlungen konzentriert, die meisten von ihnen sogar nur temporär. Gerade diese Einsamkeit, die auf Spitzbergen zu finden ist, macht das Inselarchipel für viele der Besucher besonders reizvoll. Weder die unberührte Natur und Einsamkeit der Inseln noch ihre arktischen Bedingungen lassen sich auf dem europäischen Festland in dieser Art und Weise finden.

■ Hinweise für Besucher

Diese Unberührtheit ist zugleich Reiz und Herausforderung für Besucher, da die gewohnten Infrastrukturen und Annehmlichkeiten hier nicht überall zu finden sind. Leider ist es so, dass sich viele der Besucher der Inselgruppe oft unzureichend auf ihren Aufenthalt vorbereiten. Dies kann unter Umständen sehr gefährlich sein, denn ein Besuch Spitzbergens erfordert eine Reihe von speziellen Sicherheitsmaßnahmen.

Wegen der vielen Eisbären auf den Inseln ist es den Besuchern nicht erlaubt, unbewaffnet die Siedlungen zu verlassen. Es ist angeraten, sich nicht ohne die Begleitung von erfahrenen Reiseführern aufzumachen. Alle Wanderungen auf Spitzbergen haben zudem Expeditionscharakter und bedürfen einer Genehmigung.

In einigen Gegenden, wie beispielsweise rund um die Pyramiden und in Ny-Ålesund, können Touren auch ohne Genehmigung durchgeführt werden, sollten jedoch dennoch zur eigenen Sicherheit angemeldet werden. Wenn Sie mit dem Expeditionsschiff unterwegs sind, werden Sie alle diese wichtigen Informationen noch einmal in aller Ausführlichkeit von der Besatzung erläutert bekommen.

Zudem werden Landgänge immer von erfahrenen Führern unter Beachtung aller Sicherheitsregeln durchgeführt, so dass Sie sich keine Sorgen um Ihre Sicherheit machen müssen. Falls Sie sich bereits vor Beginn Ihrer Reise genauer informieren wollen, empfiehlt es sich, im Internet die Hinweise auf der Seite www.spitzbergenhandbuch.de zu studieren.

■ Klima

Das Klima auf Spitzbergen ist arktisch. Im Winter können die Durchschnittstemperaturen bei bis zu –11,5 Grad liegen. Die kurzen Sommer sind hingegen dank der Golfstromausläufer relativ mild. Im Juli und August liegen die durchschnittlichen Temperaturen bei +6 Grad. Dabei ist es jedoch auch möglich, dass die Temperaturen an manchen sonnigen Tagen im Juli oder August auf bis zu 17 Grad steigen können und damit einen Aufenthalt sehr angenehm machen.

Da Spitzbergen deutlich nördlich des Polarkreises liegt, lassen sich hier Polarnacht und Mitternachtssonne beobachten. In Longyearbyen dauert die Polarnacht beispielsweise vom 26. Oktober bis zum 16. Februar. In der Zeit vom 18. April bis zum 24. August geht hingegen die Sonne nicht mehr unter.

■ Flora und Fauna

Die klimatischen Bedingungen spiegeln sich auch in der Tier- und Pflanzenwelt Spitzbergens wieder. Die Fauna der Inseln ist geprägt durch eine Tundravegetation. Insgesamt haben Forscher auf Spitzbergen 130 verschiedene Blütenpflanzen nachweisen können. Neben Weiden und Gräsern finden sich hier auch Zwergbirken. Diese Birke ist jedoch kein Baum in unserem Verständnis, sondern kriecht ähnlich wie Weidenarten am Boden und kann noch nicht einmal

Karte S. 200

▲ *Eisbärenwarnung*

Moorsteinbrech im Sommer auf Spitzbergen

ten Werte auf der Inselgruppe und machen das Archipel zu einer kleinen Steueroase mit einer Einkommenssteuer von unter 20 Prozent. Auch zu einer Aufhebung der Umsatzsteuer kam es in Spitzbergen. Aufgrund der abgelegenen Lage sind jedoch viele Produkte deutlich teurer als auf dem norwegischen Festland. Neben diesen finanzpolitischen Bedingungen beinhaltet der Vertrag, dass alle 29 Länder, die den Vertrag mit unterzeichnet haben, das Recht haben, die Bodenschätze der Inseln auszubeuten. Jedoch hat im Laufe der Geschichte bis jetzt neben Norwegen nur Russland von diesem Recht Gebrauch gemacht. In den letzten Jahren gab es vermehrte Versuche, der lokalen Bevölkerung mehr politische Selbständigkeit zu übertragen, und im Oktober 2007 fanden zum ersten Mal Wahlen für ein lokales Parlament statt. Es muss jedoch hinzugefügt werden, dass nach Umfragen viele der Bewohner Spitzbergens einer weitergehenden Selbständigkeit eher kritisch gegenüberstehen.

Wirtschaftlich ist Spitzbergen nach wie vor durch den Bergbau geprägt, der bereits seit über 100 Jahren die Geschichte des Archipels bestimmt. In den

als Busch bezeichnet werden. Darüber hinaus finden sich auf den Inseln Moose, die an vielen Stellen sogar eine zusammenhängende Decke bilden und vor allem im Sommer einen schönen Anblick geben. Die üppigste Vegetation weisen jedoch die vielen kleineren und größeren Fjorde auf.

Die Tierwelt präsentiert sich auf Spitzbergen in ihrer ganzen arktischen Vielfalt. Eisbären, Rentiere und Polarfüchse sind beispielsweise typische Bewohner der Inseln. Darüber hinaus lassen sich unzählige Vogelarten, Robben und Wale an den Küsten beobachten.

Wirtschaft und Verwaltung

Obwohl Spitzbergen verwaltungstechnisch zu Norwegen gehört und von einem Repräsentanten der norwegischen Regierung, dem sogenannten Sysselmann, geleitet wird, nimmt die Inselgruppe administrativ eine Sonderstellung ein. Grund hierfür ist der Spitzbergenvertrag, der 1920 in Kraft trat. Der bis heute gültige Vertrag besagt unter anderem, dass Norwegen keine Einkünfte aus Spitzbergen beziehen darf. Damit bleiben alle erwirtschafte-

In der Hauptstraße von Longyearbyen

Spitzbergen

Kalbender Gletscher

letzten beiden Jahrzehnten versucht die Verwaltung in Spitzbergen jedoch immer mehr, auch auf die beiden Wirtschaftszweige Tourismus und Forschung zu setzen. Auf den Hauptinseln Spitzbergens befinden sich daher zahlreiche internationale Forschungsstationen, und in der Hauptstadt Longyearbyen kümmert sich eine kleine Universität um die Ausbildung von wissenschaftlichem Nachwuchs für die Polarforschung.

Ebenfalls auf Spitzbergen, in der Nähe von Longyearbyen, befindet sich das ›Svalbard Global Seed Vault‹. Die offizielle, jedoch sehr umständliche Übersetzung lautet ›Svalbard globaler Saatgut-Tresor auf der norwegischen Insel Spitzbergen, Teil der Svalbard-Insel-Gruppe‹. Hinter dieser Bezeichnung verbirgt sich ein Projekt des Welttreuhandfonds für Kulturpflanzenvielfalt, der sich zum Ziel gesetzt hat, so viel Saatgut wie möglich zu sammeln und somit für die Zukunft zu erhalten. Die feierliche Eröffnung der Saatgutbank, die in einem gesicherten Bunker untergebracht ist, erfolgte im Jahre 2008. Am Ende des Projektes sollen hier bis zu 4,5 Millionen Samenproben gelagert werden.

Neben Forschung und Bergbau nimmt der Tourismus eine immer wichtigere Stellung ein. Die Hauptsaison ist hierbei vor allem während der Zeit der Mitternachtssonne, also zwischen Juli und Mitte August. Die meisten Touristen kommen über organisierte Schiffsreisen auf die Inselgruppe. Die Zahl der jährlichen Touristen liegt derzeit bei etwa 30 000. Neben Expeditionsschiffen legen auch vermehrt große Kreuzfahrtschiffe in den Häfen an.

Landschaftlich besitzt Spitzbergen ausgesprochen gebirgige Teile. Diese befinden sich vor allem auf der Hauptinsel des Archipels. Die östlichen Inseln sind hingegen weitaus flacher. Neben den vielen Felsen sind vor allem das Meer und die Gletscher die prägenden Landschaftselemente Spitzbergens. Über 60 Prozent der gesamten Fläche ist dauerhaft mit Gletschern bedeckt.

Die Küsten der Inseln sind stark zerklüftet und von unzähligen Fjorden durchsetzt. Aufgrund dieser landschaftlichen Bedingungen ist die Infrastruktur der Inselgruppe wenig entwickelt. Das Hauptverkehrsmittel ist das Boot, da es außerhalb der Siedlungen kaum befestigte Wege gibt. Die Transporte zwi-

Der Saatgutspeicher bei Longyearbyen

Karte S. 200 ▲

Walrosse – heute leben sie ungestört

schen den Siedlungen erfolgen meist mit Hilfe von Motor- und Hundeschlitten, kleinen Flugzeugen oder eben Booten.

Kurze Geschichte Spitzbergens

Aufzeichnungen der Wikinger deuten darauf hin, dass Spitzbergen bereits im 12. Jahrhundert entdeckt wurde. Als sicher können die Quellen jedoch nicht angesehen werden, da es sich bei dem entdeckten ›Svalbard‹ ebenso um die Insel Jan Mayen oder einen östlichen Teil von Grönland gehandelt haben könnte. Wissenschaftler gehen jedoch heute davon aus, dass sowohl Spitzbergen als auch Grönland bereits früh wirtschaftlich mit dem Festland verbunden waren und beide Regionen für den Fischfang und die Jagd genutzt wurden. Die erste als sicher geltende Entdeckung Spitzbergens machte der Holländer Willem Barents 1596 während seines Versuches, eine nördliche Seeverbindung zu finden.

Einige Jahre später landeten die ersten Schiffe auf den Inseln, und man begann mit der Jagd auf Walrosse, die sich zu einer großen Anzahl in den Küstengewässern der Inseln befanden. Bald darauf zeigte auch eine Reihe von Mächten großes Interesse an diesem lukrativen Geschäft, und es entstand ein harter Wettkampf zwischen englischen, französischen und holländischen Unternehmern, die auf das große Geld hofften. Aufgrund des damals ungeklärten Status Spitzbergens und der damit verbundenen Rechtlosigkeit nahm der Kampf um das Geschäft mit der Walrossjagd mitunter auch bewaffnete Ausmaße an.

Eine der ersten Siedlungen, die im Rahmen des Walrossfanges entstanden, war Smeerenburg im Jahre 1619. Daneben entstanden in den darauffolgenden Jahren noch weitere Siedlungen, die entweder von Franzosen, Holländern oder Engländern betrieben wurden. Sie waren zum größten Teil nur in den Sommermonaten bewohnt, und nur einige Mutige trotzten den arktischen Wintern und überwinterten in den Camps. Die Jagd nach Walrossen hielt in großem Umfang bis zu Beginn des 19. Jahrhunderts an. Nach und nach war die Zahl der zu Tiere dann zu gering und der Aufwand damit zu groß geworden, so dass die Walfänger andere Regionen für ihr Geschäft bevorzugten. Gegen Mitte des

Spitzbergen

19. Jahrhunderts war die Walrossjagd beinahe vollständig zum Erliegen gekommen. Auch russische Jäger, die sich vor allem auf Eisbären und Polarfüchse spezialisiert hatten, verließen die Inseln. Erst gegen Ende des 19. Jahrhunderts erlangte Spitzbergen wieder eine größere Bedeutung. Grund hierfür war zum einen ein aufkommender Arktistourismus, zum anderen aber auch der Fund von Kohlevorkommen und die Nutzung der Inseln als Ausgangspunkt für arktische Expeditionen. In den Jahren bis zum Ausbruch des Ersten Weltkriegs siedelten sich so auf den Inseln eine Reihe von Minenunternehmen an, von denen einige auch eine ganzjährige Förderung der Kohle erreichen konnten.

Bereits vor dem Krieg war über den rechtlichen Status von Spitzbergen zwischen den Ländern, die dort ihre Interessen verfolgten, heftig diskutiert worden. Erst auf den Pariser Friedensverhandlungen im Jahre 1920 konnte eine Einigung erzielt werden. Der sogenannte ›Spitzbergenvertrag‹ übertrug dem norwegischen Staat die volle Souveränität über den Inselarchipel im Nordpolarmeer. Als Ausgleich dafür wurden den anderen Nationen umfangreiche Zuge-

Das Wappen von Barentsburg

ständnisse im Bereich der Jagd, der Fischerei und des Rohstoffabbaus eingeräumt. Viele Länder, unter anderem auch die neu entstandene Sowjetunion, unterhielten auf Grundlage des Vertrages Siedlungen auf Spitzbergen. Noch heute gib es daher Siedlungen, in denen russisch gesprochen wird.

Während des Zweiten Weltkriegs besetzten deutsche Truppen den Archipel und gründeten eine Wetterstation. Im Zuge der Besatzungszeit zerstörten die Deutschen auch Longyearbyen und Barentsburg beinahe vollständig. Nach dem Ende des Krieges wurden die Siedlungen wieder aufgebaut, andere neu gegründet. Nach wie vor unterhielt die Sowjetunion eine Reihe von Minen, so beispielsweise in Barentsburg, Pyramiden oder Grumat. In den Nachkriegsjahren stellten Sowjetbürger auch den größten Teil der rund 4000 Menschen zählenden Einwohnerschaft Spitzbergens. Im Laufe der Jahre wurden viele der Minen jedoch wegen Unwirtschaftlichkeit aufgegeben. Zudem sorgte eine Reihe von schweren Minenunglücken mit dutzenden von toten Bergleuten immer wieder für negative Schlagzeilen.

Karte S. 200

Der Hauptort Longyearbyen von oben

Reiseziele auf Spitzbergen

Eine der wichtigsten Einschnitte der Nachkriegszeit war sicherlich der Bau des internationalen Flughafens in Longyearbyen im Jahr 1974. Der Flughafen ermöglicht es seitdem, die Inselgruppe ganzjährig zu erreichen. Der Flug von Tromsø dauert weniger als zwei Stunden. Vor allem dem Tourismus hat diese Flugverbindung sehr genützt. Nachdem der Kohleabbau seit den 1960er Jahren immer mehr an Bedeutung verloren hat, ist der Tourismus zusammen mit den zahlreichen polaren Forschungsstationen die Haupteinnahmequelle der Bevölkerung auf Spitzbergen.

Hornsund

Wie der Name schon sagt, handelt es sich bei Hornsund (76°57′0″ N, 15°46′0″ E) eigentlich um einen Fjord, der sich an der Westseite der Südspitze der Hauptinsel Spitzbergen befindet und etwa 30 Kilometer ins Landesinnere reicht. Vom norwegischen Kirkenes kommend, ist der Hornsund aufgrund seiner südlichen Lage auch der erste Stopp auf unserer langen Arktisreise auf Spitzbergen. Der Name geht zurück auf

Im Hornsund

seinen englischen Entdecker Jonas Poole, der den Fjord im Jahre 1610 mit seinem Schiff erreichte. Als einer seiner Männer von einer Jagd ein großes Geweih eines Rentieres anschleppte, entschloss sich Poole, dem Fjord den Namen ›Horn‹ zu geben. Im 16. Jahrhundert war Hornsund in Händen unterschiedlicher Großmächte, wobei vor allem der Walfang in der Region aus wirtschaftlichen Gründen interessant war. Besonders an dem Fjord ist vor allem, dass sich hier bereits seit 1957 eine polnische Forschungsstation befindet.

Barentsburg

Barentsburg ist die zweite Station unserer Reise auf Spitzbergen. Die Stadt war historisch eine zu Beginn der 1930er Jahre gegründete russische Forschungsstation auf der Hauptinsel Spitzbergen und ist heute mit einer Einwohnerzahl von 500 Personen die zweitgrößte Ortschaft des Inselarchipels. Der Name der Siedlung lässt sich auf den holländischen Entdecker Willem Barents zurückführen, der die Inselgruppe Spitzbergen im Jahre 1596 mit seinem Schiff erreichte. Die kleine Ortschaft liegt an der Südseite des Eisfjords auf der Westseite Spitzbergens. Die Entfernung zur Hauptstadt Longyearbyen beträgt in etwa 55 Kilometer. Über die Straße ist Barentsburg allerdings nicht zu erreichen. Man kann diese Strecke entweder mit einer zwei- bis dreistündigen Schiffsreise bewältigen, oder im Sommer, wenn das Wetter es zulässt, an einer der empfehlenswerten Wanderungen teilnehmen, die von Longyearbyen aus angeboten werden. Sie dauern in der Regel drei Tage und bieten einen wunderschönen Einblick in die raue Natur Spitzbergens.

Spitzbergen

Bergbauarbeiter in Barentsburg

Im Gegensatz zur Hauptstadt Longyearbyen, in der zu einem überwiegenden Teil Norweger leben, setzt sich die Bevölkerung Barentsburgs vor allem aus Russen und Ukrainern zusammen. Die Gründe hierfür liegen in der Geschichte der Ortschaft. Ursprünglich war Barentsburg eigentlich eine holländische Minenstadt, die in den 1920er Jahren gegründet wurde. 1932 verkauften die Mineneigentümer jedoch ihre Abbaurechte an das vom sowjetrussischen Staat gelenkte Arktikugol-Unternehmen. In den folgenden Jahrzehnten wurde der Kohleabbau zum wichtigsten und einzigen Wirtschaftszweig der Siedlung. Während der Zeit des Kalten Krieges war Barentsburg auch der Ausgangspunkt für sowjetische Versuche, den Einfluss Russlands über Spitzbergen, aber auch über die polare Region im allgemeinen auszuweiten. Um dieses Ziel zu erreichen, wurde Barentsburg mit der Unterstützung Moskaus finanziell gut ausgestattet und ermög-

lichte so seinen Bewohnern, auch im hohen Norden ein einigermaßen gutes Leben zu führen. Mit dem Fall der Sowjetunion zu Beginn der 1990er Jahre fiel diese Unterstützung jedoch weitgehend weg, und Barentsburg hatte mit einem stetigen Verfall zu kämpfen.

Obwohl auch heute noch Kohle abgebaut wird, ist das Stadtbild nur noch ein Schatten vergangener Tage. Ohne die Unterstützung vom russischen Festland wäre Barentsburg wohl kaum überlebensfähig. Die derzeitige Kohleproduktion wird mit 100 000 Tonnen pro Jahr angegeben, von denen ein Großteil ins nördliche Europa exportiert wird. Im Sommer 2006 sorgte ein schwelendes Feuer in den Minen dafür, dass die Siedlung für eine Zeit evakuiert werden musste, da Experten den Ausbruch eines offenen Feuers befürchteten.

Da der Kohleabbau allgemein zunehmend unrentabel wird, versucht die Gemeinde immer mehr auf den Tourismus zu setzen, muss dabei aber mit der gut ausgebauten Infrastruktur und dem breiten Angebot des Nachbarortes Longyearbyen konkurrieren. Nach eigenen Angaben erreichen selbst in den guten Sommermonaten nur einige Dutzend Touristen pro Monat den kleinen Ort. Barentsburg hat seinen Besuchern vor allem den Charme der sowjetischen Ära zu bieten. Ein Denkmal für den ehemaligen Sowjetführer Lenin, das wohl das nördlichste **Lenindenkmal** der Welt sein dürfte, und ein auf einem Berg hinter der Siedlung angebrachter Spruch Миру Мир (Miru Mir – Weltfrieden) sind anschauliche Beispiele für die Geschichte der Ortschaft.

Zudem befinden sich in Barentsburg eine kleine **Holzkapelle** und das kleine **Pomor-Museum**, in dem ausgestopfte Tiere und Mineralien aus der Region ausgestellt sind. Der Eintritt kostet hier 35 NOK. Auch ein Hotel befindet sich in der Ortschaft.

Sollten Sie ein Souvenir aus Barentsburg mit nach Hause nehmen wollen, könnten Sie es im **Kulturzentrum Polar Star** finden. Auch hier ist das sowjetische Erbe der Stadt nur schwer zu übersehen. Im Inneren werden Leninstatuen und andere Mitbringsel zum Kauf angeboten.

 Barentsburg

Das **Barentsburg-Hotel** wurde 1988 eröffnet und ist daher relativ modern ausgestattet. Im Hotel befindet sich auch eine Bar, in der ein Großteil des sozialen Lebens der Ortschaft stattfindet, sowie ein Postamt. Die Übernachtung im Doppelzimmer kostet hier um die 550 NOK.

Lage: 78°4'0" N, 14°13'0" E.

Longyearbyen

Longyearbyen liegt mit seinen rund 2000 Einwohnern auf der Hauptinsel Spitzbergen und ist gleichzeitig die Hauptstadt der Inselgruppe. Die Stadt befindet sich im gleichnamigen Longyear-Tal an der Westküste. Der Fluss Longyearelva trennt die Siedlung in zwei Teile. Obwohl die Stadt zu einer der nördlichsten Siedlungen der Welt gehört, sind die Lebensverhältnisse alles andere als rückständig. Der internationale Flughafen der Stadt, der zugleich auch der nördlichste Flughafen der Welt mit regelmäßigem Linienverkehr ist, ermöglicht mehrere tägliche Flüge auf das norwegische Festland. Oslo ist beispielsweise in einem dreistündigen Flug zu erreichen. Ein neu verlegtes Unterwasserkabel bringt dem Ort sogar Highspeed-Intenet in die Haushalte. Die Infrastruktur Longyearbyens ist sogar weitaus moderner als in zahlreichen größeren Ortschaften auf dem norwegischen Festland.

Die Stadt verfügt über Geschäfte, Restaurants, ein Schwimmbad sowie ein Kino. Der älteste bestehende Ort auf Spitzbergen ist aufgrund dieser modernen Infrastruktur auch der Startpunkt für die meisten Touristen, die Spitzbergen mit dem Schiff oder mit dem Flugzeug besuchen. Hier finden die Gäste nicht nur ein breites Hotel- und Restaurantangebot, sondern werden auch auf die angebotenen Ausflüge und Exkursionen in das Landesinnere der Insel vorbereitet. Longyearbyen ist nach seinem Gründer John Munroe Longyear benannt, einem amerikanischen Geschäftsmann und Hauptaktionär der ›Arctic Coal Company‹. Er kam 1901 zum ersten Mal nach Spitzbergen, um seine Geschäftsinteressen an den Kohlevorkommen auf der Insel voranzubringen. Im Jahre 1906 gründete er schließlich die Siedlung Longyearbyen, und in den folgenden Jahren baute sein Unternehmen die Ortschaft immer weiter aus. Bereits im Winter 1910 verbrachten gut 80 Männer und Frauen in insgesamt zehn errichteten Häusern den arktischen Winter hier. Bereits kurz vor dem Ausbruch des Ersten Weltkriegs zeigte sich jedoch, dass der Kohleabbau in dieser arktischen Region ein Verlustgeschäft war, und im Sommer 1915 wurde der Abbau schließlich komplett eingestellt. Ein Jahr später übernahm das norwegische Kohleabbauunternehmen ›Store Norske Spitsbergen Kulkompani‹ die Minen für 3,5 Millionen Kronen. Während des Zweiten Weltkriegs wurde Longyearbyen von der Deutschen Wehrmacht größtenteils zerstört. Auch eine der

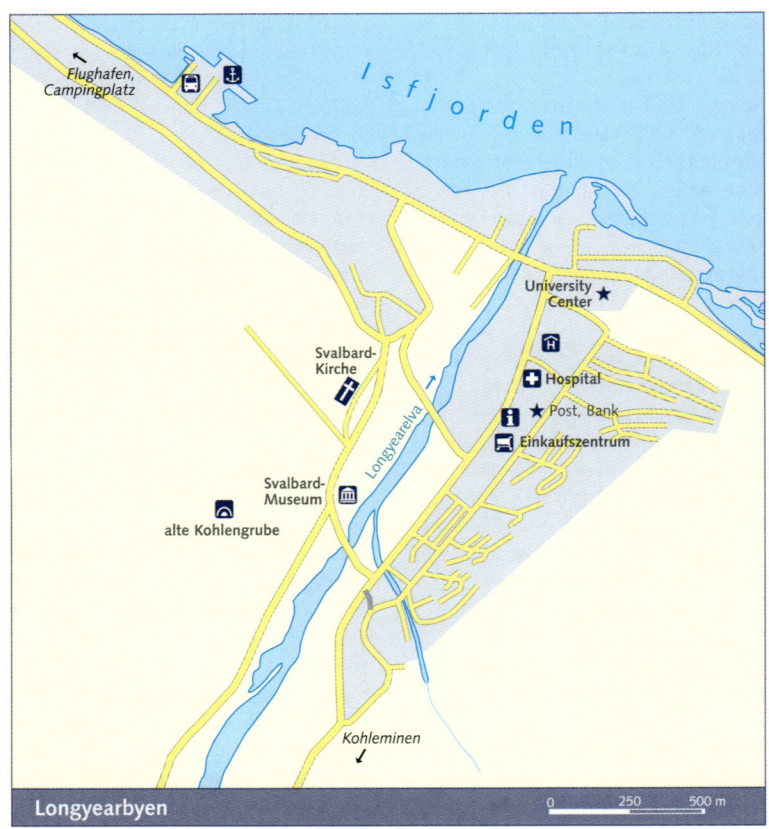

Flughafen,
Campingplatz

Isfjorden

University
Center ★

Svalbard-
Kirche

Longyearelva

✚ Hospital

ℹ ★ Post, Bank

🖥 Einkaufszentrum

Svalbard-
Museum

alte Kohlengrube

Kohleminen

Longyearbyen

0   250   500 m

beiden Minen der Stadt brannte bei dem Angriff völlig aus. Nach dem Ende des Krieges baute die Norske Spitsbergen Kulkompani die Stadt unter Aufwand großer Geldsummen wieder auf und wandte sich wieder dem Kohleabbau zu. Einer der Hauptabnehmer jener Zeit war interessanterweise Westdeutschland. Im Jahre 1963 betrug die Produktion der Minen stolze 430 000 Tonnen pro Jahr.

Auch wenn die neuen Minen nun etwas außerhalb der eigentlichen Stadt gelegen sind, prägt der Kohleabbau auch heute noch deutlich das Stadtbild. Über die Hälfte der Einwohner lebt direkt oder indirekt von dem ›schwarzen Gold‹. Auch die unter Denkmalschutz stehende **Seilbahn** zeugt von der Kohlegeschichte der Stadt. Die größtenteils halb verrotteten Holzmasten verlaufen an den Hängen rund um die Ortschaft sowie teilweise mitten hindurch. Ein weiteres Überbleibsel der Bergbautradition ist die ›Schuhpolitik‹ in Longyearbyen. Da früher die Bergleute nach ihrer Arbeit staubig und schmutzig waren, zogen sie ihre Schuhe immer vor dem Betreten der Häuser aus. Dieser Brauch hat sich bis heute in der Stadt erhalten und Sie sollten darauf achten, dass auch von den Besuchern erwartet wird, dass diese im Eingangsbereich eines Hauses ihre Schuhe ebenfalls ausziehen. Das gilt auch für Museen, Hotels und Schulhäuser!

Neben dem Bergbau ist die Polarforschung einer der Hauptwirtschaftszweige von Longyearbyen. So befindet sich in der Stadt beispielsweise das **University Center in Svalbard** (UNIS). Diese zu Beginn der 1990er Jahre gegründete Außenstelle der Universitäten von Oslo, Bergen und Tromsø kümmert sich vor allem um die Ausbildung und die Forschung in arktischen Wissenschaftsfeldern. Insgesamt studieren hier rund 350 junge Leute aus aller Welt. Die Unterrichtssprache am Zentrum ist daher Englisch. Darüber hinaus hat sich die Institution zum Ziel gesetzt, Spitzbergen als Forschungsort für arktische Studien zu unterstützen. Zusammen mit anderen Forschungseinrichtungen auf Spitzbergen bildet das UNIS daher das ›Svalbard Science Center‹, einen internationalen Forschungszusammenschluss, der auch mehrere Außenstellen auf den Inseln Spitzbergens betreibt.

Wer mehr über die Polarforschung, aber auch über die Geschichte Spitzbergens erfahren möchte, dem sei ein Besuch im **Svalbard-Museum** ans Herz gelegt. Das Museum öffnete seine Pforten bereits 1979. Bis 2005 befand es sich direkt in Longyearbyen, zog dann aber in die Räumlichkeiten des Svalbard Science Center um, das sich etwas außerhalb der Stadt befindet. Das Museum, das sich selbst als nördlichstes Arktismuseum der Welt bezeichnet, zeigt in seiner Ausstellung zum einen die Kultur und die Geschichte des Archipels, zum anderen aber die Natur der Region. Darüber hinaus informiert es über die polare Forschung. In der Hauptsaison ist das Mu-

Einfamilienhäuser in Longyearbyen, im Hintergrund sind alte Minen zu sehen

seum von 10 bis 17 Uhr geöffnet. Der normale Eintrittspreis beträgt 75 NOK (www.svalbardmuseum.no).

Longyearbyen ist auch der Ausgangspunkt für die zahlreichen **Expeditionen in die Natur** Spitzbergens. Von hier aus werden Wanderungen, Schlittenausflüge und Schiffsfahrten zu den unterschiedlichsten Zielen auf dem Archipel angeboten. Sollten Sie mit einem Expeditionsschiff unterwegs sein, so ist sicher, dass Ausflüge in die wunderschöne Landschaft Spitzbergens bereits im Programm vorgesehen sind.

ℹ Longyearbyen

Allgemeine Tourismusinformationen sowie Unterkünfte und Ausflüge vermittelt der örtliche Reiseveranstalter **Svalbard Reiseliv**, Tel. +47/79 02-55 50, www.svalbard.net.

Hafeninformationen gibt es unter www.portlongyear.no.

Der nördlichste **Campingplatz** der Welt liegt ebenfalls in Longyearbyen, www.longyearbyen-camping.com

 Lage: 78°13'0" N, 15°38'0" E.

Spitzbergen

Die Mitternachtssonne

Eines der außergewöhnlichsten und auch gewöhnungsbedürftigsten Naturphänomene der Arktis ist die Mitternachtssonne. Sie tritt in allen geografischen Regionen auf, die sich nördlich des Polarkreises (66°34' nördlicher Breite) befinden. Dazu zählen in der Arktis Gebiete in Kanada, den USA (Alaska), Dänemark (Grönland), Norwegen, Schweden, Finnland, Russland und Island. Wenn das Wetter es zulässt, ist die Sonne in diesen Regionen im Sommer für einen gewissen Zeitraum 24 Stunden pro Tag am Himmel zu sehen. Der Neigungswinkel der Erdachse zur Ebene der Umlaufbahn beträgt nämlich exakt 23,44 Grad und ist damit nicht senkrecht. Aufgrund dieser Achsenstellung gibt es – je nachdem, wo man sich befindet – unterschiedliche Tages- und Nachtlängen. Selbst innerhalb Deutschlands gibt es bereits diesbezügliche Unterschiede zwischen Norden und Süden, je weiter man sich vom Äquator entfernt, desto größer werden die Unterschiede zwischen Tag und Nacht.

Der Zeitraum, in dem die Mitternachtssonne auftritt, hängt dabei von den geografischen Koordinaten der jeweiligen Region ab. Je näher sich eine Region am Nordpol befindet, desto länger scheint auch die Mitternachtssonne (→ S. 16). Während in manchen Regionen des norwegischen Festlands das Phänomen daher nur wenige Tage zu bewundern ist, steht die Sonne am nördlichsten Punkt der Insel Spitzbergen hingegen vom 19. April bis zum 23. August permanent am Himmel.

Das Gegenstück zur Mitternachtssonne ist dann im Winter die Polarnacht. In den ohnehin schon kalten Wintermonaten steigt die Sonne dann überhaupt nicht über den Horizont, und die Städte und Siedlungen werden in völlige Dunkelheit gehüllt.

Wenn man ein ganzes Jahr am Nordpol verbringen würde, ließe sich feststellen, dass dort die Sonne nur genau einmal im Jahr aufgeht und einmal im Jahr untergeht. Während der sechs Monate der Mitternachtssonne wandert die Sonne am Pol dauerhaft über den Horizont.

Eisberg in einer Sommernacht

Nicht nur astronomisch beschäftigt die Mitternachtssonne die Menschen, sondern auch ganz praktisch. Viele finden es sehr schwierig, bei der dauernden Sonne zu schlafen. Vor allem Besucher in der Arktis, die den permanenten Tag zum ersten Mal erleben, haben sehr häufig mit Schlaflosigkeit zu kämpfen. Aber selbst Einheimischen fällt es nicht immer leicht, ihren Rhythmus beizubehalten. Die Mitternachtssonne kann zudem auch Krankheiten wie die Hypomanie hervorrufen, die durch unerklärliche Stimmungsschwankungen, gesteigerten Antrieb und eine gehobene Grundstimmung gekennzeichnet ist. Wenn diese Symptome auftreten, sollen Sie sich unter allen Umständen an einen Schiffsarzt wenden.

Pyramiden

Die Siedlung Pyramiden ist der nächste Hafen, den man auf der Reise entlang der Küsten Spitzbergens in Richtung Norden erreicht. Pyramiden ist eine seit dem Jahre 2000 aufgegebene ehemalige russische Bergbausiedlung. Sie befindet sich am Billefjord im Inneren des Eisfjords an der Westküste der Hauptinsel Spitzbergen (78°40'45" N, 16°23'43" E). Pyramiden liegt etwa 50 Kilometer südlich der Hauptstadt Longyearbyen und ist vor allem mit dem Schneemobil oder mit dem Schiff zu erreichen. Seinen etwas außergewöhnlichen Namen verdankt der Ort übrigens einem gleichnamigen Berg, an dessen Fuß sie liegt und der in seiner geometrischen Form erstaunliche Ähnlichkeiten mit einer Pyramide aufweist.

Die Chancen, ihn hier zu sehen, sind groß

Ursprünglich wurde der Ort von einem schwedischen Unternehmen im Jahre 1910 als Bergbausiedlung gegründet. Schon kurz nach dem Beginn des Kohleabbaus stellten sich jedoch wirtschaftliche Schwierigkeiten ein, und die Minen wurden bereits 1927 an das sowjetrussische Unternehmen Arktikugol weiterverkauft. Da Pyramiden den Zweiten Weltkrieg ohne Zerstörungen überstand, wurde es nach 1945 zur wichtigsten russischen Ansiedlung auf Spitzbergen. Im Laufe der Zeit wurden neue Häuser errichtet und ein zentraler Platz angelegt. Zu seinen besten Zeiten war Pyramiden mit einer Einwohnerzahl von 1000 Personen die bevölkerungsstärkste Ortschaft auf ganz Spitzbergen mit einer sehr gut ausgebauten Infrastruktur. Doch ebenso wie in vielen anderen Siedlungen auf dem Inselarchipel war der Abbau der Kohle auf lange Zeit nicht wirtschaftlich genug. Vor allem mit dem Ende der Sowjetunion begann der stetige Verfall Pyramidens, und im Jahre 1998 be-

schloss der russische Konzern Arktikugol, den Abbau völlig einzustellen. Während einer Zeitspanne von nur zwei Jahren verließen alle russischen und ukrainischen Bewohner die Ortschaft.

Obwohl es in den letzten Jahren vor dem Ende des Abbaus Überlegungen gab, die Ortschaft in eine Ökosiedlung für Touristen umzuwandeln, wurde Pyramiden ab dem Jahre 2000 zu einer verlassenen Geisterstadt. Doch genau dies macht heute auch den Reiz aus. Da viele der Häuser in großer Eile verlassen wurden, kann man als Besucher die Ortschaft genau so vorfinden, wie sie damals aufgegeben wurde. Obwohl sich der Besucher frei in der Geistersiedlung bewegen kann, ist es dennoch verboten, die Häuser ohne offizielle Genehmigung zu betreten.

In den letzten Jahren hat sich Pyramiden zu einem Anziehungspunkt für Touristen entwickelt. Aus der Hauptstadt Longyearbyen werden geführte Schneemobil-Touren nach Pyramiden angeboten, in deren Verlauf auch die Geschichte der Stadt erklärt wird. In den letzten Jahren gab es zudem wieder zunehmende Ver-

Spitzbergen

suche von russischer Seite, Pyramiden für touristische Zwecke zu nutzen. Momentan leben wieder einige russische Experten in der Siedlung, deren Aufgabe es ist, die Infrastruktur wieder soweit herzustellen, dass Touristen auch übernachten können.

Ny-Ålesund

Die kleine Siedlung Ny-Ålesund, in der im Winter gerade einmal 30 und im Sommer um die 120 Menschen leben, schmückt sich damit, die nördlichste permanent bewohnte Siedlung der Welt zu sein. Auf der Reise rund um Spitzbergen ist dies die letzte wirklich bewohnte Siedlung, bevor man die weitgehend unbewohnte Ostseite der Inselgruppe erreicht. Ny-Ålesund ist nur noch exakt 1231 Kilometer vom geografischen Nordpol entfernt. Fast alles in der Siedlung trägt als Beinamen daher die Bezeichnung ›das nördlichste der Welt‹. So befindet sich hier beispielsweise das nördlichste Postamt der Welt oder das nördlichste Hotel der Welt.

Die kleine Siedlung an der Westküste der Hauptinsel Spitzbergen ist wie viele andere Siedlungen auf dem Archipel für Touristen mit dem Boot, dem Helikopter oder dem Schneemobil zu erreichen. Zudem gibt es in Ny-Ålesund jedoch auch einen kleinen Flughafen, der in unregelmäßigen Abständen, meist zwei- bis dreimal pro Woche, von Longyearbyen aus angeflogen wird. Die Flüge stellen jedoch keine Linienflüge dar und sind nur über das Unternehmen ›Kings Bay‹ zu buchen. Sollte man diese Option wählen, ist es auf jeden Fall ratsam, die Plätze bereits lange im voraus zu reservieren (www.kingsbay.no).

Wie bei fast allen Siedlungen auf Spitzbergen geht auch die Gründung von Ny-Ålesund auf den Wunsch zurück, die hier vorhandene Kohle gewinnbringend abzubauen. Als nördlichste Dauersiedlung der Welt wurde Ny-Ålesund 1916 als Kohlebergwerk von der ›Kings Bay Kull Company‹ gegründet. Aus Gründen der zunehmenden Unwirtschaftlichkeit des Standorts und aufgrund von zahlrei-

Ny-Ålesund

Das nördlichste Postamt der Welt

chen Explosionsunglücken in den Minen mit Dutzenden Toten wurde der Kohleabbau jedoch bereits 1963 wieder endgültig eingestellt. Ein kleines **Bergbau-Museum** in der Ortschaft erzählt heute von den Ursprüngen. Es widmet sich in seiner Ausstellung der Minenarbeit und dem täglichen Leben im hohen Norden in der Zeit zwischen 1917 und 1963.

Die große Bekanntheit verdankt Ny-Ålesund daher auch nicht dem Kohleabbau, sondern den vielen bekannten Polarforschern, welche die Ortschaft als Ausgangspunkt für ihre Expeditionen gewählt haben. Vor allem die Polar- und Flugpioniere der 1920er Jahre sind in diesem Zusammenhang von besonderer Bedeutung, allen voran Roald Amundsen und Lincoln Ellsworth, die 1925 mit zwei Flugbooten von Ny-Ålesund aus versuchten, den Nordpol zu erreichen. Nur ein Jahr später starteten von hier aus auch Amundsen und der Italiener Umberto Nobile mit ihrem Luftschiff ›Norge‹ und überflogen den Nordpol. Noch heute steht der **Ankermast** des Luftschiffs in der Nähe der Siedlung. Die beiden waren damit die ersten Menschen in der Geschichte, die den Nord-

pol zweifelsfrei erreicht hatten. Ny-Ålesund war darüber hinaus auch der Ausgangspunkt für den tragisch endenden Polarflug von Nobile im Jahre 1928, bei dem der Entdecker mit seinem Luftschiff ›Italia‹ abstürzte und verschollen war. Bei der Suche nach ihm kam Roald Amundsen ums Leben. Auf den bedeutenden Platz des Ortes in der Geschichte der Nordpolarexpeditionen weisen heute eine Vielzahl von Denkmälern und Büsten im Stadtbild hin.

Der wichtigste Wirtschaftszweig der heutigen Siedlung ist die Polarforschung. Schon kurz nach der Schließung der Bergwerke in den 1960er Jahren suchte die norwegische Regierung nach Möglichkeiten, die Siedlung vor dem endgültigen Verfall zu retten. Bereits 1964, und damit nur ein Jahr nach der Einstellung des Kohleabbaus, wurde das erste Forschungszentrum von der europäischen Weltraumorganisation gegründet. Nur wenige Jahre später folgte das Norwegische Polarinstitut, das über die Jahre immer weiter wuchs und dafür sorgte, dass Ny-Ålesund zu einem der wichtigsten Zentren der Polarforschung wurde. Heute ist die Ortschaft als Ganzes die weltweit nördlichste zivile Forschungsstation, die auf Dauer eingerichtet wurde. In den letzten Jahren wurden mehr und mehr Anstrengungen unter-

Spitzbergen

Deutsche Forschungsstation auf Spitzbergen

nommen, den Ort zu einer modernen Arktisforschungsstation zu entwickeln. Viele Polarinstitute betreiben heute daher Stationen in oder in der Nähe von Ny-Ålesund. Auch Deutschland betreibt hier beispielsweise seit 1993 die **Koldewey-Station** des Alfred-Wegener-Instituts für Polar- und Meeresforschung. Die Station in Ny-Ålesund soll in den Bereichen Biologie, Chemie, Geophysik sowie Atmosphärenphysik wichtige Erkenntnisse liefern und wurde nach dem deutschen Polarforscher Carl Koldewey, dem Leiter der ersten deutschen Nordpolarexpedition im Jahre 1868, benannt. Neben Deutschland haben auch Forschungsinstitute aus Norwegen, Frankreich und China hier dauerhafte Stationen eingerichtet. Das Unternehmen Kings Bay betreibt zudem eine eigene Infrastruktur, zu der ein Meeresforschungslabor, Hafenanlagen und Werkstätten zählen. Eine weitere wichtige Forschungseinrichtung befindet sich unweit der Ortschaft auf dem Zeppelin-Berg. Die Zeppelin-Station ist von entscheidender Bedeutung bei der Überwachung der Erdatmosphäre und damit auch für die Beobachtung des allgemeinen Klimawandels.

In den letzten Jahren wurde Ny-Ålesund zu einem beliebten Ziel von Kreuzfahrtschiffen. Angesichts der malerischen Lage der Siedlung und ihrer nördlichen Position ist diese Entwicklung auch kaum verwunderlich. Die Bewohner und Forscher von Ny-Ålesund sehen diese Entwicklung durchaus mit einer gewissen Skepsis, befürchten sie doch nicht ganz zu Unrecht, dass größere Touristenströme eine Behinderung für die Forschung in der Region darstellen könnten. Es ist daher unter allen Umständen zu beachten, die ausgeschriebenen Wege nicht zu verlassen und sich an die Regeln

zu halten. Zudem ist anzumerken, dass die wenigen Hütten in Ny-Ålesund in der Regel Forschern vorbehalten sind. Lediglich der Zeltplatz außerhalb des Ortes hat stets freie Plätze und kann über Kings Bay angemietet werden. Insgesamt sollte man bei einem Besuch in Ny-Ålesund immer im Hinterkopf behalten, dass der Ort primär der Polarforschung dient und wichtige Erkenntnisse für den Klimawandel liefert.

ℹ Ny-Ålesund

Nähere **Informationen zur Forschungsstation** und zum Ort gibt es unter www.kingsbay.no.

◎

Lage: 78°55'18" N, 11°56'31" E.

Spitzbergen-Umrundung

Eine der wohl schönsten Arten, Spitzbergen mit dem Schiff kennenzulernen, ist eine vollständige Umrundung der Insel. Mehrere Expeditionsreisenanbieter haben diese Tour mit im Programm. Dabei ist zu beachten, dass unterschiedliche Anbieter natürlich auch verschiedene Touren anbieten. Insgesamt dauert so eine Reise in der Regel um die zehn Tage. Die Tour beginnt normalerweise in **Longyearbyen** (→ S. 209). In der Hauptstadt Spitzbergens hat man nach der Ankunft mit dem Flugzeug etwas Zeit, sich den Ort anzusehen.

Mit dem Expeditionsschiff geht es dann Richtung Norden, vorbei an malerischen Landschaften und schneebedeckten Bergen zur Westküste der Insel. An einem der vielen Fjorde mit ihren reichhaltigen Vogelpopulationen werden öfters die Zodiacs ins Wasser gelassen, und man hat bei einer Wanderung die Chance, die einzigartige Tier- und Pflanzenwelt hautnah zu erleben.

▲ Karte S. 214

Neben arktischen Vögeln und Füchsen, kann man hier auch Robben zu Gesicht bekommen. Nächster Stopp auf der Umrundungstour dürfte dann wohl die Forschungssiedlung **Ny-Ålesund** (→ S. 214) sein, bevor es dann weiter Richtung Norden entlang der Westküste geht.

Ein weiterer beliebter Stopp für viele Expeditionsschiffe ist dann die **Insel Andøya**, die trotz der extremen Klimabedingungen eine erstaunlich vielfältige Pflanzenwelt zu bieten hat. Insgesamt haben Wissenschaftler 165 Pflanzenarten auf der Insel nachgewiesen.

Auf dem weiteren Weg kommt man im Liefdefjord am gewaltigen **Monacogletscher** vorbei, an dem auch tausende Dreizehenmöwen zu beobachten sind.

Nach ungefähr drei Tagen erreicht man mit **Sjuøyane**, was ›Sieben Inseln‹ bedeutet, dann den nördlichsten Punkt Spitzbergens und damit gleichzeitig auch den nördlichsten Europas. Die Hauptinsel der Inselgruppe ist **Phippsøya**, das nach dem Seefahrer Constantine John Phipps benannt wurde, der im Jahre 1773 Spitzbergen auf seiner – letzten Endes erfolglosen – Expedition zum Nordpol passierte. Der erste Europäer, der über die Inselgruppe berichtete, war der Holländer Hendrick Doncker im Jahre 1663. Sehr interessant sind auf Phippsøya auch die beiden Gletscher, welche die Insel fast vollständig bedecken. Hier im äußersten Norden fühlen sich die Eisbären weitgehend ungestört, und es sollte kein Problem darstellen, die Herrscher der Arktis in Ruhe zu beobachten und zu bewundern.

Von den Sieben Inseln geht die Tour in der Regel wieder ein Stückchen zurück Richtung Westen, um dann nach Süden durch die Meerenge, die **Hinlopenstraße**, die Westspitzbergen von Nordaustlandet (Nordostland) trennt, zu fahren. Zuvor steht jedoch oft noch ein Besuch der **Insel Lågøya** auf dem Programm. Die flache Insel liegt nordöstlich von Nordaustlandet und ist vor allem für eine wunderschöne Lagune berühmt, in der sich eine große Population von Walrossen tummelt. Auch die Tundralandschaft der Insel übt eine ganz eigene Faszination aus.

Bei der Durchquerung der Hinlopenstraße machen die meisten Schiffe auch einen kleinen Abstecher auf **Nordaustlandet**. Sie ist die zweitgrößte Insel Spitzbergens, die zum einen durch eine extrem karge Tundralandschaft und zum anderen durch die 80 Prozent der Fläche beherrschende Eisdecke gekennzeichnet ist.

Bei der Weiterfahrt an der Ostseite Spitzbergens ist vor allem der von in den Himmel ragenden Bergen umgebene **Lomfjord** beeindruckend. Vor der Ostküste liegt auch der **Vogelfelsen Alkef-**

Gewaltige Gletscher bestimmen das Landschaftsbild

Spitzbergen

jellet, an dem tausende Trottellummen an den steilen Felshängen nisten. Von hier aus geht die Fahrt dann weiter Richtung Südwesten durch die sogenannte Olgastraße. Hier hat man mit etwas Glück die Gelegenheit, die mächtigen und seltenen Grönlandwale zu Gesicht zu bekommen. Insgesamt gibt es in der arktischen Region nach Schätzungen von Wissenschaftlern noch 7000 dieser bis zu 18 Meter großen Säugetiere. Als nächstes Ziel der Umrundung sollte ein Besuch der **Barentsinsel** auf dem Reiseprogramm stehen. Die Insel, die nach Willem Barents, dem offiziellen Entdecker Spitzbergens, benannt wurde, ist genau 50 mal 50 Kilometer lang und vollkommen unbewohnt. Die Landschaft der Insel ist gekennzeichnet durch weitläufige Bergplateaus und weiche Hänge. Das Innere der Insel liegt unter einer dicken Eisschicht. Auf der Insel können eine alte Trapperhütte besichtigt sowie eine ausgedehnte Wanderung durch die karge Schönheit der Tundra unternommen werden. Im Anschluss lohnt sich eine Fahrt mit den Zodiacs zur **Diskobucht**. Diese ist

Diese Bartrobbe lässt sich von den Touristen nicht stören

jedoch auch immer stark abhängig von den Eisbedingungen vor Ort. Sollten Sie an Land gehen können, erwartet Sie eine wunderschöne Wanderung zu zahlreichen Vogelkolonien. An den Nistplätzen warten bereits Polarfüchse und Eisbären auf leichte Beute für sich und ihren Nachwuchs.

Von hier aus geht es mit dem Schiff dann weiter nach Südspitzbergen. Hier befindet sich der **Hornsund**, der vor allem durch seine zahlreichen Fjorde mit Gletschern, die sich die Hügel hinab Richtung Meer schieben, begeistert. Zusammen mit den über 1400 Meter hohen Bergen und den geologischen Formationen in dieser fantastischen Landschaft bilden sie eine arktische Traumkulisse. Ganz in der Nähe einer polnischen Forschungsstation tummeln sich riesige Populationen von Seevögeln, die beobachtet werden können.

Von hier aus nimmt das Expeditionsschiff dann wieder Kurs auf Longyearbyen. Ein letzter Landgang wird jedoch oft noch an der Mündung des **Van-Keulenfjords** gemacht. Dort zeugen zahlreiche Skelette von Weißwalen von der düsteren Zeit des Walfangs im 20. Jahrhundert.

Karte S. 200

Zum Schutz gegen Eisbären tragen die Expeditionsbegleiter auf Spitzbergen Waffen

Christiane Ritter

Die österreichische Malerin und Autorin Christiane Ritter wurde am 13. Juli 1897 in Karlsbad geboren und starb am 29. Dezember 2000 in Wien. Im Jahr 1934/35 verbrachte sie einen ganzen Winter in einer einsamen Hütte auf Spitzbergen. Per Schiff landete Ritter im Sommer 1934 in Longyearben. Mit Ihrem Mann Hermann Ritter brach sie nach Gråhuk an der Spitze des Andrée-Landes im Norden Spitzbergens zwischen Woosfjord und Wijdefjord auf. Oft auf sich alleine gestellt, hat sie die lange Polarnacht erlebt. Nur wenige Frauen sind ihrem Beispiel gefolgt.

In ihrem Buch beschreibt sie ihre Eindrücke. Beim Lesen und dem Blick auf die Landschaften Spitzbergens fühlt man sich dieser Frau und der Umgebung ganz nahe. Dieses Buch ist ein absolutes Muss für all diejenigen, die sich auf die Atmosphäre der Insel einlassen wollen!

»In seiner ganzen Weite liegt das vereiste Polarmeer vor uns, nur im äußersten Westen und Norden sind einige kleine Strecken offenes Wasser sichtbar. Schwarzblau erscheint es in all der Weiße. Sein bewegtes Flimmern fasziniert unser Auge, und man hört, wenn auch nur ganz leise, doch ganz deutlich das Meer rauschen. Lange stehen wir wortlos, hören auf den lange entbehrten Klang und sehen gebannt auf das kleine Stück atmende, bewegte Natur. Und drüben in Westspitzbergen, über den weißen spitzen Bergen, brauen Wolken, richtige dunkle Sturmwolken. Wie lange haben wir keine Wolken gesehen! Ein seliges Heimatgefühl überkommt uns. Bewegte Natur, wenn auch nur aus weiter Ferne, zu sehen und zu hören, bedeutet für uns ein Erlebnis, das nur der zu ermessen vermag, der gleich uns durch Monate in einer zu Tode erstarrten Welt gelebt hat. Es ist, als quelle mit einem Male alles Lebendige aus unserer Seele nach einem langen, lähmenden Schlaf.«

Aus: Christiane Ritter, Eine Frau erlebt die Polarnacht, Berlin 1938, Ullstein, S. 136

In dieser Hütte an der Gråhuk-Bucht verbrachte Christiane Ritter ein ganzes Jahr

Draußen auf dem Packeis stand ein Kreis von Männern, die ich kannte. Sie warteten an einem Loch im Eis auf das Auftauchen eines Seehundes, der Luft schnappen wollte. Geduld ist hier kein Wort, es ist eine Lebensform. Ich vermute, daß es das einzige ist, was diese Menschen mir nicht beibringen können, Geduld.

Julie Harris,
Der lange Winter am Ende
der Welt

Grönland

Das grüne Land

Gegenüber der Westküste Spitzbergens liegt Grönland, die größte Insel unseres Planeten, deren permanente Eisfläche größer als Großbritannien ist.

Was für die gesamte arktische Region gilt, trifft in besonderem Maße auch auf Grönland zu. Die Insel ist ein faszinierender Mythos, ein geheimnisvoller Ort der Sehnsüchte und war über Jahrhunderte hinweg das Ziel zahlreicher wissenschaftlicher Expeditionen und Entdeckungsreisen.

Die Insel im eisigen Polarmeer trägt nicht umsonst den Namen Grönland, Grünland, der ihr durch den Wikinger Erik den Roten verliehen wurde. In den kurzen, aber milden Sommern zwischen Juni und August erwachen die Küstenregionen, wo sich auch die meisten der bewohnten Siedlungen befinden, zu einem erstaunlichen Leben. Im Süden der Insel wird dann auf satten, grünen Wiesen Vieh geweidet, Blumenteppiche und Wollgraswiesen überziehen die Landschaften, und sogar Bäume, die sich zaghaft gen Himmel erstrecken, lassen sich dann sehen. In den zahlreichen Fjorden der Insel bricht zudem im Sommer die Zeit der Wale und Robben an, die sich zu hunderten im Wasser tummeln. Doch nicht nur die faszinierende arktische Natur lockt jedes Jahr mehr Besucher auf die Insel, sondern auch die einmalige Kultur der Bewohner. Seit Jahrtausenden leben auf Grönland die Inuit, die sich hier in engem Zusammenleben mit der Natur in der so menschenfeindlichen Region der Erde niedergelassen haben. Ihre speziellen Jagdtechniken, Kleidungen und Bauweisen zeugen von der Vielfalt und der Anpassungsfähigkeit der Inuit-Kultur. Vor diesem Hintergrund ist es beinahe logisch, dass der grönländische Name der Insel, ›Kalaallit Nunaat‹, übersetzt ›Land der Menschen‹ bedeutet.

Karte S. 224

Die Fram vor dem Ewigkeitsgletscher in Grönland

Geografie

Grönland ist mit seinen 2 175 600 Quadratkilometern mit Abstand die größte Insel der Welt. Seit den 1950er Jahren gibt es jedoch immer wieder Wissenschaftler, die behaupten, Grönland bestünde eigentlich aus drei unterschiedlichen Inseln, die aufgrund der dicken Eisfläche jedoch nicht sichtbar seien. Beweise für diese These konnten bisher noch nicht erbracht werden.

Grönland wird von drei großen Meeren umgeben: dem Atlantischen Ozean, der Grönlandsee und dem Arktischen Ozean. Die nächstgelegenen Nachbarn sind Island im Osten und Kanada im Westen. Das Landschaftsbild Grönlands wurde vor allem durch die eiszeitlichen Gletscher geformt. Bis heute liegt das Landesinnere unter einer bis zu drei Kilometer dicken Eisschicht verborgen und rund 85 Prozent der gesamten Fläche der Insel sind dauerhaft vereist, diese Eismassen machen etwa zehn Prozent des gesamten Süßwasservorrats der Erde aus. Diese Masse aus Eis bewirkt, dass sich das Innere der Insel mehr als 300 Meter unter dem Meeresspiegel befindet.

Die Nord-Süd-Ausdehnung der Insel beläuft sich auf 2570 Kilometer. Der nördlichste Punkt, Kap Morris Jesup, liegt daher auch nur noch 740 Kilometer vom geografischen Nordpol entfernt.

Grönland weist insgesamt eine sehr gebirgige Landschaft auf. Die höchsten Berge lassen sich dabei an der Ostküste finden. Auch der höchste Berg der Insel, der Gunnbjorns Fjeld, liegt an der Ostküste, ragt hier mit seinen 3693 Metern in den polaren Himmel und bietet einen einzigartigen Anblick. Neben den vielen Gebirgen sind vor allem die zahlreichen Schären, Fjorde und kleinen Inseln typisch für die Landschaftsformation Grönlands.

Klima

Das Klima auf Grönland entspricht ganz seiner geografischen Lage im kalten Eispolarmeer. Selbst an den wärmsten Tagen im Sommer klettert das Thermometer nicht über zehn Grad. Es gibt jedoch aufgrund der Größe der Insel durchaus regionale Unterschiede, die mit unterschiedlichen klimatischen Zonen einhergehen. Es gibt Gebiete an der Küste, vor allem an der Westküste, wo selbst in den eiskalten Wintern das Meer eisfrei bleibt. Im Landesinneren hingegen herrscht der permanente Winter. So werden in den Inlandsregionen in den Wintermonaten Temperaturen bis −30 Grad gemessen, während das Thermometer an den Küsten selten unter −10 Grad sinkt.

Dieses Gefälle zwischen den einzelnen Regionen der Insel spiegelt sich auch in den Niederschlägen wieder. Im Süden liegt die durchschnittliche Jahresmenge an Niederschlägen bei bis zu 1400 Millimeter (dies entspricht 1400 Liter pro Quadratmeter), im Norden hingegen bei nur etwa 200 Millimeter. Nicht selten gehen die Niederschläge auch mit Stürmen einher, die über das Land fegen und regelmäßig große Schäden in den Siedlungen mit sich bringen.

Zu den das Klima bestimmenden Faktoren zählen neben der Frage, ob die sich die Region nördlich oder südlich des Polarkreises befindet, vor allem die Meeresströmungen. Einige von ihnen, wie der Ostgrönlandstrom, bringen meterdickes Packeis mit sich und sorgen vor allem in den Wintermonaten dafür, dass die Schifffahrt zum Erliegen kommt.

Flora

In Gegenden mit einem vergleichsweise milderen Klima ist Grönlands Pflanzenwelt erstaunlich bunt. Insgesamt wach-

KANADA

Ellesmere Island

Siorapaluk
Qaanaaq
★ Thule Airbase

Nordost-

Grönland-

Nationalpark

Baffin-Bucht

Arktischer Ozean

Upernavik

Uumannaq

Diskoinsel
Qeqertarsuaq
Ilulissat
Aasiaat
Qasigiannguit
Kangaatsiaq
Kangerlussuaq ✈
Sisimiut

Ittoqqortoormiit

Polarkreis 66°34'

ISLAND

Maniitsog

Tasiilaq

Nuuk ✈

Reykjavik

Paamiut ★ Arsuk-Fjord
Ivittuut   Narsarsuaq
Narsaq
Qaqortoq
Nanortalik

Davis Strade

Danmark Strade

Grönland

0   200   400 km

sen auf der Insel über 500 Arten höherer Pflanzen. Hinzu kommen dann noch über 3000 Arten von kleineren Pflanzen, wie beispielsweise Moose, Flechten oder Pilze.

Grönland erstreckt sich über unterschiedliche Vegetationszonen. Vor allem die subarktische Region des Südens, in der sich sogar größere Bäume finden lassen, ist artenreich und bietet zudem einigermaßen günstige Möglichkeiten für Kulturpflanzen wie Kartoffeln oder Kohl. Vor allem in den kurzen Sommermonaten explodiert die Natur in dieser Region nahezu. Darüber liegt die niederarktische Vegetationszone, in der dank regelmäßiger Niederschläge verschiedene Weidenröschen und Wollgräser sowie flach wachsende Birken und Weiden anzutreffen sind. Je weiter man sich dem Norden der Insel nährt, um so versteppter und vegetationsärmer wird die Landschaft. Ganz im Norden, über dem 70. Grad nördlicher Breite, erstreckt sich die hocharktische Vegetationszone. Hier lassen sich nur noch einige wenige Samenpflanzen, vor allem in den Küstenstreifen, finden. Im Inland herrscht die arktische Wüste.

Zwergbirkenteppich bei Kangerlussuaq

■ Fauna

Auch die Tierwelt ist artenreicher, als man vielleicht vermutet. Jedoch kommen nur sehr wenige Säugetiere auf der Insel vor, viele von ihnen wurden zudem importiert, wie Schafe oder Schlittenhunde. Zu den großen, ursprünglichen Säugetieren gehören Polarwölfe, Polarfüchse, Schneehasen, Rentiere, Moschusochsen und natürlich die Eisbären (→ S. 40), die vor allem im Norden Grönlands sowie im Nordost-Grönland-Nationalpark leben.

Die Zahl der Meeressäuger ist hingegen um einiges höher im Vergleich zu ihren Verwandten an Land. Nicht weniger als 17 verschiedene Walarten lassen sich in den Gewässern rund um Grönland ausmachen, unter anderem Weißwale, Tümmler und Grönlandwale. Auch die Robben verfügen über beeindruckende Populationen und kommen in vielen Arten vor. Einer der wichtigsten Meeresbewohner ist neben dem Kabeljau die Grönlandkrabbe, die in großer Stückzahl exportiert wird.

Auch die Vogelwelt Grönlands kann sich durchaus sehen lassen. Rund 200 ver-

Zu Moschusochsen sollte man respektvoll Abstand halten

Grönland

schiedene Arten können auf der Insel beobachtet werden. Am häufigsten kommen Kolkraben, Dreizehenmöwen, Schneeammern, Eistaucher und Alpenschneehühner vor. Biologen gehen zudem davon aus, dass es rund 700 Insektenarten auf der Insel gibt, vor allem Stech- und Kriebelmücken kommen vor, aber auch Hummeln und Schmetterlinge sowie verschiedene Spinnenarten.

Bevölkerung und Wirtschaft

Gerade einmal rund 57 000 Menschen leben auf einer Fläche, die sechsmal so groß ist wie Deutschland. Die Grönländer sind jedoch keineswegs eine homogene Bevölkerung. Vor allem in den größeren Siedlungen lebt eine europäische, vor allem norwegische und dänische Minderheit, die insgesamt zwölf Prozent aller Einwohner der Insel ausmacht. Der restliche Bevölkerungsanteil, also 88 Prozent, sind Inuit-Grönländer. Die Inuit Grönlands haben sich über die Generationen hinweg eine einzigartige Kultur- und Traditionswelt geschaffen, auf die sich vor allem junge Inuit in den letzten Jahren wieder beziehen und die Menschen auf der ganzen Welt fasziniert. Die Inuit Grönlands lassen sich in drei zu unterscheidende Gruppen einteilen. Die größte Gruppe stellen die Westgrönländer dar, die an der Westküste zwischen Upernavik und Nanortalik leben. In den Kommunen Tasiilaq und Ittoqqortoormiit leben hingegen die Ostgrönländer. Die Nachfahren der letzten Immigrationswelle aus Kanada bilden schließlich die Gruppe der Polarinuit, die hauptsächlich in Avanersuaq leben. Bei Ihrem Besuch auf Grönland wird Ihnen vielleicht die Häufigkeit deutscher

Nachnamen merkwürdig erscheinen. Diese basieren auf protestantischen Missionaren, die Inuitfrauen heirateten und deren Namen sich bis heute gehalten haben. Insgesamt ist die Bevölkerung Grönlands sehr stabil und hat sich seit den 1980er Jahren nicht groß verändert. Im Vergleich zu vielen anderen nordischen Gesellschaften sind die Bewohner Grönlands stark religiös und gehören zum überwiegenden Teil der lutheranischen Kirche an. Landessprachen sind sowohl Dänisch als auch Grönländisch, ein Großteil der Bevölkerung kann sich ohne Probleme in beiden Sprachen verständigen.

Etwa die Hälfte der grönländischen Bevölkerung lebt in den drei großen Städten Nuuk, Sisimiut und Ilulissat. Der am dichtesten bevölkerte Teil ist aufgrund der klimatischen Bedingungen Westgrönland, da hier Schifffahrt und Fischerei ganzjährig möglich sind.

Die Menschen auf der Insel leben vor allem vom Tourismus, der in den letzten Jahren systematisch ausgebaut wurde. Dennoch beträgt die Arbeitslosenquote rund neun Prozent (Stand 2009). Neben dem Tourismus bilden vor allem die klassischen Wirtschaftszweige wie Fischerei, Robben- und Walrossfang das Rückgrat der Wirtschaft. Allein die Fischerei macht 85 Prozent des Warenexportes aus.

Verkehrstechnisch ist Grönland eine wirkliche Besonderheit. Es gibt weder Zugverkehr noch ein ausgebautes Straßennetz auf der Insel. Gerade einmal zwei Städte, Ivittuut und Kangilinnguit, sind über eine befahrbare Straße miteinander verbunden. Aus diesem Grund kommt dem Schiffsverkehr an den Küs-

Grönländische Kinder

Grönland

Verkauf von Walfleisch in Sisimiut

ten eine besondere Bedeutung zu, und jede Siedlung verfügt über einen eigenen Hafen. Die Häfen werden von den beiden Reedereien Royal Arctic Line and Arctic Umiaq Line angelaufen. Im Winter kommt als Transportmittel zudem noch der Hundeschlitten hinzu. Neben dem Schiff ist der Flugverkehr wichtig. Der größte Flughafen liegt bei Kangerlussuaq, von wo internationale Flüge hauptsächlich nach Kopenhagen angeboten werden. Weitere Flughäfen befinden sich in Narsarsuaq, Kulusuk, Nuuk, Upernavik, Ilulissat, bei Ittoqqortoormiit und in etlichen anderen Dörfern.

Kurze Geschichte Grönlands

Der Beginn der Besiedlung Grönlands ist in etwa um das Jahr 2500 vor Christus anzusetzen. Wissenschaftler gehen davon aus, dass in dieser Zeit mit den Paläo-Eskimos die ersten Menschen von Kanada aus in den nördlichsten Teil des Landes kamen. In der frühgeschichtlichen Wissenschaft wird diese erste Besiedlung Grönlands heute ›Independence-I-Kultur‹ genannt. Prägend für diese erste grönländische Kultur waren die Moschusochsen-Jäger im nördlichs-

ten Landesteil. Als zweite Kultur wird die Saqqaq-Kultur der Robben- und Rentierjäger in der südlichen Region der Insel beschrieben. Rund 1000 vor Christus setzte dann die zweite größere Phase der Einwanderung ein, die wiederum vom Gebiet des heutigen Kanada ausging und ›Independence-II-Kultur‹ genannt wird. Im Laufe der darauffolgenden Jahrhunderte passten sich die indigenen Bevölkerungsgruppen immer besser an das Leben in der Kälte an. Die Robben- und Rentierjagd wurde zur Haupteinkommens- und Überlebensquelle der Menschen. Durch Erik den Roten, einen aus Island verbannten Wikinger, wurde Grönland im 1. Jahrtausend nach Christus erstmals auch von einem Europäer bereist und an seiner Südwestküste besiedelt. Erik nannte das neue Siedlungsgebiet ›Grünes Land‹, um Siedler aus Island anzulocken, woraus auch der heutige Name der Insel hervorging. Mit Erik setzte zudem auch die Christianisierung der Bevölkerung vermehrt ein. Zahlreiche Kirchen wurden errichtet, und die 15 Siedlungen erhielten 1126 erstmals einen eigenen Bischof.

Schlittenhunde trotzen dem arktischen Klima

Das Dorf Rodebay an der Westküste, nördlich von Ilulissat

1261 verlor Grönland seine bis dahin bestehende Unabhängigkeit und geriet unter norwegische Herrschaft. In den folgenden Jahrhunderten geriet die unwegsame Insel in Vergessenheit, und die Wikingersiedlungen verfielen. Erst im 17. und 18. Jahrhundert gründeten dänische, norwegische und deutsche Walfänger wieder kleine Siedlungen und Stützpunkte. 1814 fiel Grönland an Dänemark. Von da an sollte die Geschichte der Insel eng mit dem Schicksal des dänischen Festlandes verbunden sein.

Während des Zweiten Weltkriegs wurde Grönland von den amerikanischen Truppen als Luftstützpunkt und als Ort für Wetterstationen auf Grundlage einer Vereinbarung zwischen dem von deutschen Truppen besetzten Dänemark und den USA genutzt. Auch nach dem Ende des Krieges und mit dem Beginn des Ost-West-Konfliktes wurde die Insel weiterhin von amerikanischen Truppen als strategische Basis genutzt. 1968 stand die Insel kurze Zeit im Mittelpunkt des Weltinteresses, als ein amerikanischer Langstreckenbomber mit vier Nuklearsprengköpfen auf der Insel abstürzte.

Im Jahre 1953 wurde Grönland ein weitgehend autonomer und gleichberechtigter Bestandteil des Königreichs Dänemark und entsandte auch Abgeordnete ins dänische Parlament. Die Stimmen der Nationalbewegung nach mehr Unabhängigkeit verstummten jedoch auch in den folgenden Jahren nicht. 1979 stimmte daher eine Mehrheit der Grönländer für ein neues Selbstverwaltungsstatut und im Jahre 1982 gegen das Verbleiben in der Europäischen Gemeinschaft. Heute ist die Insel innenpolitisch unabhängig, wird jedoch in der Außenpolitik nach wie vor von Dänemark vertreten. Am 25. November 2008 wurde eine allgemeine Volksabstimmung auf der Insel abgehalten, mit der die Ersetzung des seit 1979 geltenden Autonomiestatuts durch eine Selbstverwaltungsordnung beschlossen wurde.

Reiseziele auf Grönland

Die Kultur der Menschen sowie die einzigartige Natur der Insel lassen sich auf die unterschiedlichsten Weisen erkunden: mit dem Boot entlang der Küsten, mit dem Hundeschlitten über die eisbedeckten Ebenen, mit dem Helikopter, aber auch einfach zu Fuß über die Berge, immer mit einem Blick auf die pittoresken Fjorde und Eisberge.

Am einfachsten lässt sich die Insel sicherlich im Rahmen einer geplanten Expeditionskreuzfahrt erkunden, da es zwischen den einzelnen Orten keine Straßen gibt und man vom Schiff aus zudem eine beeindruckende Vorstellung von der Größe sowie der landschaftlichen Vielfalt dieser sagenumwobenen Insel bekommt. Im Folgenden werden die Siedlungen und Sehenswürdigkeiten, an der Ostküste beginnend, im Uhrzeigersinn beschrieben.

Ittoqqortoormiit

Die 550 Einwohner zählende Stadt Ittoqqortoormiit liegt isoliert an der östlichen Küste Grönlands. Der Name der Siedlung bedeutet ›Wohnplatz mit den großen Häusern‹, von denen, zumindest wenn man mit dem Schiff kommt, zunächst nur wenig zu sehen ist.

Ittoqqortoormiit liegt am Scoresbysund, dem längsten Fjord der Erde, der sich über eine gigantische Fläche von 38 000 Quadratkilometern ausbreitet. Die atemberaubende Landschaft rund um den Fjord ist geprägt von Bergen, die teilweise steil in den Himmel aufragen und Höhen von mehr als 2000 Metern erreichen. Ein Vorteil für die Menschen der Gegend ist die Tatsache, dass die Mündung des Fjordsystems ganzjährig eisfrei bleibt. Während des Winters tummeln sich hier Ringelrobben und Walrosse, im Frühjahr kommen die Eisbären und im Sommer die Narwale.

Die nächste Siedlung im Süden liegt 800, die nächste im Westen sogar 1200 Kilometer entfernt. Rein geografisch betrachtet, ist damit eigentlich Island der nächste Nachbar der kleinen Siedlung. Touristisch ist die Gemeinde bis heute nur wenig erschlossen. Abgesehen von den Angeboten der Expeditionsanbieter, können Besucher den Ort nur zweimal wöchentlich mit dem Flugzeug von Nuuk aus erreichen und dies auch nur in den Sommermonaten. Dies ist schade, da Ittoqqortoormiit seinen Besuchern einige Sehenswürdigkeiten, vor allem landschaftlicher Art, zu bieten

▲ *Walfang ist immer noch ein wichtiger Erwerbszweig auf Grönland*

Karte S. 224

Die Siedlung Ittoqqortoormiit

hat. Die langen Abschnitte mit kontinuierlichem Sonnenschein haben dieser abgelegenen Gegend sogar den Beinamen ›arktische Riviera‹ eingebracht.

Die Landschaft rund um Ittoqqortoormiit ist wie an der gesamten Ostküste Grönlands aufgrund des hocharktischen Klimas sehr vegetationsarm. Selbst in den kurzen Sommermonaten liegen die Durchschnittstemperaturen unter +5 Grad. Dennoch lassen sich auch in diesem etwas abgelegenen Teil Grönlands viele typisch arktische Tierarten finden. Neben Polarwölfen, Lemmingen, Hermelinen und Eisbären gibt es auch Moschusochsen und Schneehasen.

Die Ostküste Grönlands war wegen dieser klimatischen Bedingungen bis zum Beginn des 20. Jahrhunderts praktisch unbewohnt. Bei Ausgrabungen in den 1980er Jahren fanden Wissenschaftler jedoch Gegenstände, die belegen, dass die Gegend vor rund 4500 Jahren schon einmal bewohnt gewesen sein muss.

Die moderne Geschichte von Ittoqqortoormiit beginnt jedoch erst im Jahre 1925, als die Siedlung durch den Polarforscher Ejnar Mikkelsen gegründet wurde. Ein Großteil der anfänglich 84 Siedler stammte aus der weiter im Süden an der Ostküste gelegenen Siedlung Tasiilaq. Rasch erkannten die neuen Bewohner, dass die Jagdbedingungen hier im östlichen Grönland viel besser waren als angenommen und für gute wirtschaftliche Grundlagen sorgen konnten. Bis heute leben die Einwohner von Ittoqqortoormiit hauptsächlich von der Jagd auf Robben, Eisbären und Walrosse. Dennoch zählt die Gemeinde zu einer der ärmeren Gegenden Grönlands. Vor allem die Kampagnen von Tierrechtsorganisationen gegen das Töten von Robben haben dem Markt für diese Produkte und damit auch den Bewohnern schwer geschadet.

Für seine Besucher hat Ittoqqortoormiit vor allem eine faszinierende Landschaft zu bieten. In der Siedlung werden organisierte, expeditionsähnliche Touren mit Kajaks und Hundeschlitten sowie Bootsfahrten und Wanderungen angeboten. Auf diesen Touren lässt sich die hocharktische Tier- und Pflanzenwelt hervorragend beobachten. Tausende von Seevögeln und Robben bieten dabei ein ideales Fotomotiv.

Außergewöhnlich sind auch die **heißen Quellen**, die sich in unmittelbarer Nachbarschaft des Ortes befinden. Die Quellen erreichen eine Temperatur von bis zu 62 Grad. Touren können bei der Firma Nonni Travel Greenland gebucht werden, die ihren Sitz im Kirchengebäude der Stadt hat (www.nonnitravel.is). Bei Expeditionskreuzfahrten sind diese Touren oft bereits im Programm vorgesehen. Ittoqqortoormiit selber hat, auch aufgrund seiner Größe, eher weniger zu bieten. Sehenswert ist jedoch das **Museum**, das 1997 eröffnet wurde und in einem der ältesten Gebäude des Ortes untergebracht ist. Die Ausstellung vermittelt das alltägliche Leben der Jäger in

Grönland

der Region und erzählt durch viele Fotos und Gegenstände über die Zeit der Ortsgründung. Weitere Informationen über Öffnungszeiten und Eintrittspreise kann man über die E-Mail-Adresse info@ittkom.gl erfragen.

 Ittoqqortoormiit

Alle weiteren wichtigen Informationen über die Stadt und gleichzeitig über Tasiilaq (Ammassalik) findet man unter www.eastgreenland.com.

Lage: 70°29'6" N, 21°58'10" W.

Tasiilaq

Tasiilaq wird häufig auch als Ammassalik (die ostgrönländische Schreibweise für den Ortsnamen) bezeichnet und ist der nächste Stopp in südwestlicher Richtung auf unserer Grönlandtour. Tasiilaq ist mit einer Bevölkerungszahl von knapp unter 2000 Menschen die mit Abstand größte Stadt der grönländischen Ostküste. Der Name der Siedlung, die sich etwa 100 Kilometer südlich des Polarkreises befindet, bedeutet ›Wie ein ruhiger See‹ und bezieht sich auf die Lage der Siedlung an einem besonders stillen Fjord.

Wer die als ›Perle Ostgrönlands‹ gepriesene Stadt zum ersten Mal mit dem Schiff erreicht, wird feststellen, wie passend der Name ist. Tasiilaq liegt malerisch umgeben von Bergen und wird durch einen Fluss zweigeteilt. Seine über die Hügel verstreuten Häuser vermitteln in der Tat das Gefühl von Ruhe.

■ Geschichte

Zum ersten Mal war die Gegend um Tasiilaq um 2500 vor Christus von den Inuit der Saqqaq-Kultur bevölkert, die sich jedoch aufgrund der schwierigen klimatischen Bedingungen nicht dauer-

haft halten konnten. Weitere Einwanderungswellen von Inuit-Kulturen gab es im 6. Jahrhundert vor Christus sowie im 14. und 15. Jahrhundert nach Christus. Die ersten Europäer, die diesen abgelegenen Teil Grönlands zu Gesicht bekamen, waren die Mitglieder eines Expeditionsteams um den dänisch-norwegischen Seefahrer Peder Olsen, die Mitte des 18. Jahrhunderts hierher kamen.

Obwohl auch spätere Expeditionen die Region erreichten, war Gustav Holm mit seiner sogenannten ›Frauenbootexpedition‹ der erste, der 1884 in die Inuit-Siedlungen in der Gegend des heutigen Tasiilaq kam. Bei seinen Erkundungen waren ihm die Robbenfell-Kajaks der Inuit, die als ›Umiaks‹ oder ›Frauenboote‹ bezeichnet wurden, hilfreich. Von diesen Booten bekam die Expedition ihren seltsamen Namen. Holm zählte bei seiner Mission die Menschen und gab später an, dass knapp über 400 Inuit in der Gegend lebten. Als sich rund zehn Jahre später eine weitere dänische Expedition auf den Weg machte, waren es jedoch nur noch um die 300 Personen, und die Dänen beschlossen, um das Überleben der Bevölkerung zu sichern, eine Handelsstation zu gründen, die den Namen Ammassalik trug.

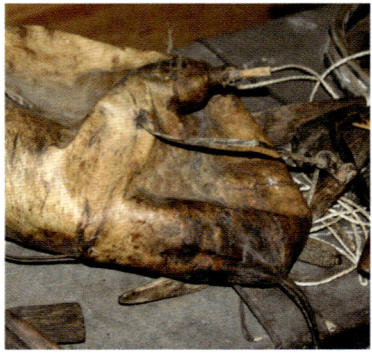

Wasserbehälter aus Robbenhaut

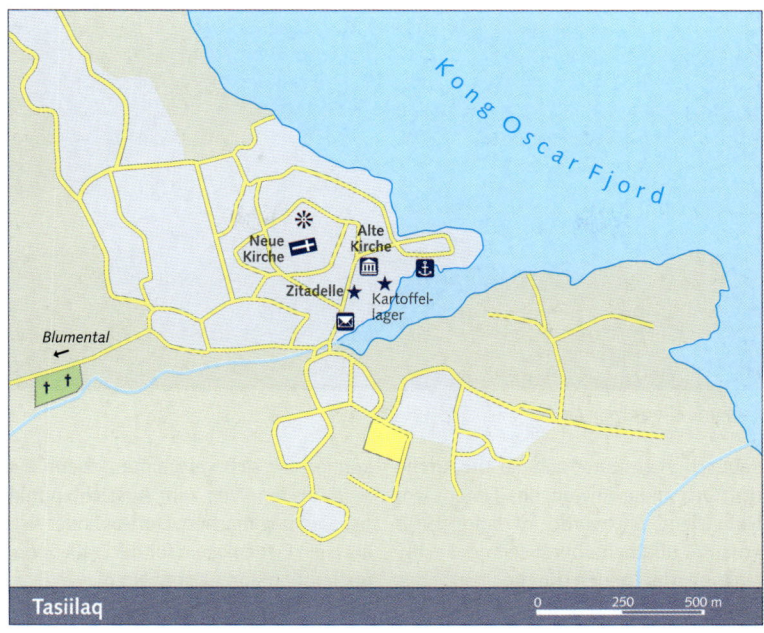

Tasiilaq

Kong Oscar Fjord

Neue Kirche

Alte Kirche

Zitadelle

Kartoffel-lager

Blumental

0   250   500 m

Grönland

Nachdem die allgemeine Gesundheitsversorgung und die Versorgungslage mit Lebensmitteln verbessert worden waren, stieg die Zahl der Einwohner in den folgenden Jahren kontinuierlich an. Die Siedlung war sogar so erfolgreich, dass bald nicht mehr genügend Jagdgründe für alle vorhanden waren. Ein Teil der Bevölkerung zog daher weiter in den Norden und gründete 1925 die heutige Siedlung Ittoqqortoormiit.

Da die Menschen in Tasiilaq traditionell vor allem von der Robbenjagd lebten, war der zunehmende Boykott der Felle ab der Mitte der 1980er Jahre, der die Preise auf ein Minimum drückte, für die Gemeinde eine Katastrophe. Die Folgen waren zunehmende soziale Verelendung und steigender Alkoholismus. Auch wenn sich die Situation seitdem verbessert hat, ist die wirtschaftliche Situation der Region nach wie vor schwierig.

Noch immer ist neben dem Fischfang die Robbenjagd der Haupterwerb der Menschen. In den letzten Jahren wurden diese klassischen Wirtschaftszweige durch den Tourismus ergänzt, der sich auch dank der Expeditionskreuzfahrten zu einem guten Geschäft für die kleine Stadt entwickelt.

■ Sehenswürdigkeiten
Schon vom Schiff aus ist der Anblick der Stadt mit ihren bunten Häusern sehr malerisch. Neben den Holzhäusern gibt es jedoch auch einige Betongebäude, in denen die Verwaltung und die Schule untergebracht sind. Die Stadt ist architektonisch dreigeteilt. Zum einen gibt es den Bereich des Hafens mit seinen Kolonialhäusern, zum anderen südöstlich davon die kleinen Häuser der Jäger und drittens das Neubaugebiet im Norden.

Eisberge haben viele Farben ...

Sehr schön gestaltet sich die **alte Kirche** des Ortes, die unweit des Hafens am Hang liegt. Sie wurde im Jahre 1908 errichtet und beherbergt seit der Fertigstellung der neuen Kirche 1985 das **Heimatmuseum**. Früher war auch die Schule des Ortes hier untergebracht. Im Museum findet sich eine Vielzahl alter Kulturschätze aus dem ganzen Bezirk. Besonders schön sind die hölzernen Masken aus Ostgrönland. Auch die vielen Gemälde und ein altes Kajak lohnen lohnen eine Besichtigung. Eine besondere Sehenswürdigkeit ist der älteste bekannte Tupilak aus dem Jahre 1893. Tupilaks wurden ursprünglich aus verschiedenen organischen Materialien zusammengesetzt und sollten mit ihrer Zauberkraft die Feinde des Erschaffers töten. Alle wichtigen Informationen über das Museum wie Eintrittspreise und Öffnungszeiten kann man unter www.ammassalik.gl erfahren.

Direkt neben der Kirche befindet sich in einem **Sonderhaus** das Kartoffellager. Diese Häuser dienten früher während der harten Wintermonate auch als Winterquartier für 15 bis 25 Menschen. Einen schönen Überblick über die Stadt können Sie sich verschaffen, wenn Sie sich auf den Weg zum **Aussichtspunkt** der Siedlung machen. Dort befindet sich auch ein Gedenkstein für die Frauenbootexpedition von Gustav Holm.

Direkt unterhalb befindet sich die 1985 eröffnete **neue Kirche** der Siedlung. Vor allem das Taufbecken im Inneren des Gebäudes ist außergewöhnlich. Es wurde aus Pinienholz angefertigt, das an der Südküste Grönlands gefunden wurde. Auch die Deckenmalerei und die aufwendigen Fellarbeiten sind sehenswert.

Weitere Gebäude der Stadt, die einen Besuch lohnen, sind die **Zitadelle**, das älteste Haus der Stadt, sowie das 1895 fertiggestellte **Pfarrhaus**, das heute als Verwaltungsgebäude dient.

Für Liebhaber von Briefmarken sei auch ein Besuch in der **Filatelia**, der grönländischen Briefmarkenstelle, empfohlen. Es befindet sich in einem modernen Gebäude im Zentrum von Tasiilaq. Hier werden vier Mal jährlich neue Briefmarken hergestellt, die für viele Touristen ein willkommenes Souvenir für die Heimat darstellen. Zudem findet man hier zahlreiche Bücher über Briefmarken und Sammlungen. Weitere Informationen

 Karte S. 233

... und Formen

über Tasiilaq gibt es auch im Internet auf der gemeinsamen Internetseite der Siedlung mit Ittoqqortoormiit: www.eastgreenland.com.

■ **Ausflüge in die Umgebung**
Tasiilaq verfügt in seiner näheren Umgebung über eine Vielzahl von sehenswerten Zielen, die Sie entweder selbst oder aber im Rahmen eines organisierten Ausfluges besichtigen können.
Ein wunderschöner Ausflug ist die kurze Wanderung ins sogenannte **Blumental**. Der Weg dorthin beginnt unweit des Hafens und führt am Friedhof der Siedlung vorbei. Von dort aus folgen Sie einfach dem Fluss. Bald gelangen Sie in ein grünes, im Sommer farbenfroh blühendes Tal mit einer erstaunlichen Vielfalt an Vegetation. Zudem befindet sich hier auch ein kleiner See, in den zwei Wasserfälle stürzen. Entlang mehrerer Seen kann man die Wanderung von hier aus fast beliebig lange fortsetzen.
Eindeutig anstrengender ist die Wanderung auf den **Hausberg Qaqqartivaka-jik**, der 680 Meter hoch ist. Aufgrund des schwierigen Geländes mit steilen Abschnitten sollte man diese Wanderung zudem nur bei gutem Wetter beginnen. Vom Gipfel des Berges bietet sich nach der Mühe jedoch als Belohnung eine fantastische Aussicht auf das offene Meer und die in der Ferne treibenden Eisberge des Ostgrönlandstroms.
Etwas längere **Ausflüge mit Booten** in die nähere Umgebung von Tasiilaq werden von örtlichen Anbietern offeriert. Voraussetzung ist jedoch, dass die Eisbedingungen eine derartige Tour zulassen. Eine der Ausflüge führt zur **Siedlung Kuummiit**. Die Fahrt mit dem Boot in die 390 Einwohner zählende Siedlung führt vorbei an malerischen Inseln und ist bereits für sich genommen ein schönes Erlebnis. Der Ort selber vermittelt einen Eindruck von dem Leben der Menschen zwischen alten Gewohnheiten und modernen Lebensweisen.
Auch **Mehrtages-Wanderungen** werden von Tasiilaq aus angeboten. Circa sieben Tage braucht man von hier aus nach **Tiniteqillaaq** am Sermilik-Fjord. Der Weg dorthin verläuft immer in Küstennähe und ermöglicht so einen Blick auf die zahlreichen Eisberge und die einzigartige Bergwelt der Gegend.

Grönland

Fünf Tage ist man unterwegs, wenn man zu der alten **Auftankstation Old Ikateq** laufen möchte, in deren Nähe sich früher eine US-amerikanische Militärbasis befand. Der Weg kann jedoch wahlweise auch mit einem gecharterten Boot zurückgelegt werden. Entlang des Weges am Ikateq-Fjord befinden sich einige malerische Täler, deren Seen von steil in den Himmel ragenden Bergen umgeben sind. Leider ist in der Gegend auch zu sehen, wie wenig die Amerikaner an die Folgen ihres Handelns für die Umwelt dachten. Überall sind alte Kerosinkanister, leere Flaschen und Dosen am Straßenrand zu sehen.

Nanortalik

Wenn man mit dem Expeditionsschiff um die südliche Spitze der grönländischen Insel herumgefahren ist, erreicht man als nächstes die Siedlung Nanortalik. Sie liegt auf einer kleinen Insel in unmittelbarer Nähe zum Tasermiut-Fjord und ist die südlichste Ansiedlung Grönlands. Insgesamt hat die gesamte Gemeinde Nanortalik rund 2300 Einwohner, von denen aber nur etwa 1400 im Ort selber leben. Neben den schönen Fjorden sind auch sich steile Berge und eine grüne, abwechslungsreiche Natur zu sehen. Die hohen Berge sind auch bei Extremsportlern sehr beliebt. Viele der Bergbegeisterten gehen dabei sogar soweit, die Berge rund um Nanortalik als ›Eldorado der Bergsteiger‹ zu bezeichnen.

■ Geschichte

Die Region um Nanortalik ist schon seit einigen Jahrhunderten besiedelt und war eine der ersten Siedlungsregionen auf Grönland überhaupt. Sowohl alte Inuit-Kulturen als auch die Nordmänner ließen sich hier aufgrund der hervorragenden Jagdbedingungen nieder. Nicht umsonst bedeutet der Name der heutigen Siedlung ›Bärenfalle‹ und spielt darauf an, dass auch immer wieder Eisbären auf Eisschollen in der Gegend auftauchen.

Die moderne Siedlung wurde gleich zweimal gegründet. Das erste Mal im Jahre 1770, als Händler von nahegelegenen Siedlungen hier ein Depot eröffneten. Aufgrund der schlechten Bedingungen des Hafens wurde die Siedlung jedoch im Jahre 1830 an ihren heutigen Standort verlegt und somit noch einmal gegründet. Von der ersten Siedlung sind heute noch die Ruinen erhalten geblieben, die im Rahmen eines Ausflugs auch besichtigt werden können.

In den folgenden Jahrzehnten entwickelte sich die Stadt nur sehr langsam. Vor allem immer wiederkehrende Epidemien und der Rückgang der Beutetiere hemmten das Wachstum der Siedlung. Einen ersten Aufschwung erlebte Nanortalik dann in den 1920er Jahren, als die Gegend für den Bergbau genutzt wurde, aber erst ab den 1950er Jahren ging es dank dem erfolgreichen Fischfang stetig bergauf.

Wirtschaftlich sind heute nach wie vor der Fischfang, die Jagd und die Krabbenzucht von Bedeutung. Im Jahre 2004 öffnete zudem eine Goldmine unweit von Nanortalik, die sich als sehr ertragreich herausstellte. Die Gemeinde erhofft sich dadurch einen kompletten Strukturwandel der Wirtschaft.

■ Sehenswürdigkeiten

In Nanortalik selbst ist zunächst einmal der sehenswerte **Kolonialhafen** zu erwähnen. Hier befindet sich nämlich das größte **Freilichtmuseum** in ganz Grönland. Der gesamte Museumskomplex besteht aus neun Häusern. In den ein-

Karte S. 237

zelnen Häusern befinden sich unterschiedliche Ausstellungen, die einen umfassenden Einblick in den Alltag der Grönländer im 19. und 20. Jahrhundert bietet. Zudem werden auch archäologische Funde aus der Zeit der Wikinger präsentiert (Tel. +299/61 34 06, nanortalik.museum@greennet.gl).

Auch die **Kirche** der Siedlung ist einen kleinen Besuch wert. Sie wurde 1916 errichtet und fällt vor allem durch ihre weiße Farbe sofort ins Auge. Wenn Sie mit einem örtlichen Führer unterwegs

sein sollten, wird er Sie mit Sicherheit auf einen Stein neben der Kirche aufmerksam machen, der dem Profil von Knud Rasmussen sehr ähnlich sein soll. Und tatsächlich – wenn man den Stein vom richtigen Winkel her betrachtet, meint man wirklich, das Konterfei des berühmten Seefahrers erkennen zu können.

Auch in der unmittelbaren Umgebung gibt es einiges Interessantes zu erleben. Zunächst einmal ist es auch für eher mäßige Bergsteiger möglich und wegen

Nanortalik

0   150   300 m

Grönland

der traumhaften Aussicht auch empfehlenswert, den 559 Meter hohen **Berg Storfjeld** zu besteigen. Alternativ können Sie auch den Weg auf den etwas kleineren, 308 Meter hohen **Berg Ravnefjel** einschlagen. Von beiden hat man eine atemberaubende Sicht auf die gesamte Insel.

Von Nanortalik aus kann man auch eine Bootstour zur Eiskappe des **Tasermiut-Fjords** machen, die wirklich empfehlenswert ist. Zudem kann man von hier aus mit dem Boot zu den warmen Quellen auf der Insel Unnartoq fahren.

ℹ️ Nanortalik

Touristeninformation, Tel. +299/ 61 36 33, nanortalik@greennet.gl, www.nanortaliktourism.com.

⊘
Lage: 60°8'30" N, 45°14'35" W.

Qaqortoq

Unweit von Nanortalik liegt die größte Stadt Südgrönlands, Qaqortoq, die vielen Besuchern auch als die schönste gilt. Wenn man mit dem Schiff in der Bucht ankommt und die vielen kleinen bunten Häuser sieht, die den Hügel hinaufzuklettern scheinen, wird man dieser Einschätzung möglicherweise sofort zustimmen. Es ist angesichts dieser Idylle auch nicht verwunderlich, dass Qaqortoq heute zu einem sehr beliebten Reiseziel für Grönlandbesucher geworden ist und in den Sommermonaten von zahlreichen Schiffen angelaufen wird. Der Name der Siedlung, die rund 3200 Einwohner zählt, bedeutet ›Das Weiße‹ und spielt auf die vielen Eisberge an, die in der Bucht vor der Stadt treiben und selbst in den milderen Sommermonaten das Anlegen der Expeditionsschiffe oft unmöglich machen.

■ Geschichte

Die Stadt kann auf eine lange Geschichte als Handelsposten zurückblicken. Bereits im Jahre 1775 gründete der norwegische Händler Anders Olsen die Siedlung, die sich in den darauffolgenden Jahrhunderten stetig weiter entwickelte. Sie konnte vor allem vom Export von tierischen Produkten zum europäischen Festland wirtschaftlich profitieren. Historisch interessant ist jedoch auch die nur 19 Kilometer nordöstlich von Qaqortoq gelegene **Hvalsø-Ausgrabungsstätte**. Hier befinden sich einige der besterhaltenen Ruinen aus der Wikingerzeit. Die Siedlung wurde bereits im 10. Jahrhundert nach Christus von einem Onkel Erik des Roten gegründet und war über einen langen Zeitraum eines der wichtigsten Zentren der Wikinger in ganz Grönland. Wissenschaftler gehen davon aus, dass hier insgesamt 14 Häuser und eine Kirche gestanden haben müssen. Vor allem die ehemalige Kirche, die heute noch als Ruine besichtigt werden kann, war mit ihren Ausmaßen von 16 mal 8 Metern und den tonnenschweren Steinen, die zum Bau verwendet wurden, ein wirkliches Meisterstück der damaligen Baukunst. Archäologen gehen davon aus, dass der älteste Teil der Kirche sich bis ins 11. Jahrhundert zurückdatieren lässt. Die Kirche steht im Mittelpunkt der letzten schriftlichen Aufzeichnung, die es über die Wikinger auf Grönland gibt. Diese schildern eine Hochzeit, die sich im Jahre 1408 zugetragen haben soll. Danach gibt es keine Beweise mehr für eine funktionierende Gesellschaft der Wikinger in Grönland. Gut 350 Jahre später kam der norwegische Missionar Hans Egede nach Qaqortoq und fand die Ruinen der Kirche im selben Zustand vor, wie sie sich heute den Besuchern präsentiert. Daraus

Karte S. 239

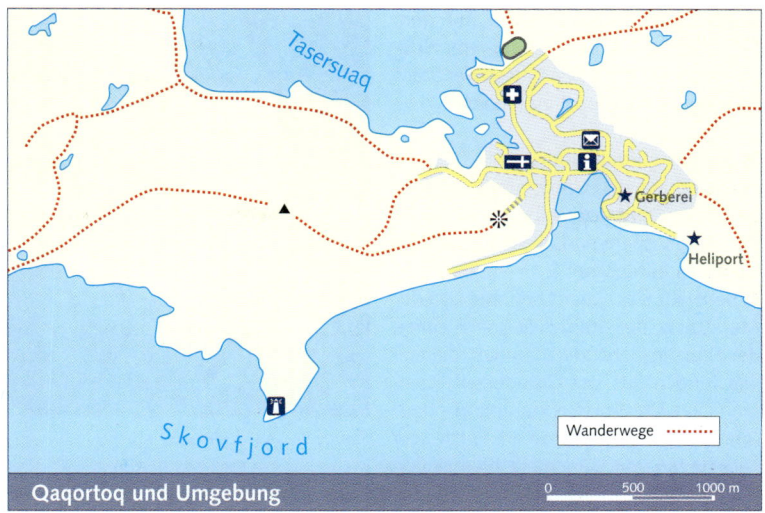

Qaqortoq und Umgebung

Wanderwege ·········

0   500   1000 m

Grönland

wurde gefolgt, dass die Kultur der Wikinger schon lange vor dem 18. Jahrhundert von Grönland verschwunden gewesen sein muss.

Wirtschaftlich gesehen lebt Qaqortoq heute neben dem Tourismus, der in den letzten Jahren kontinuierlich an Bedeutung gewonnen hat, vor allem von der Werft und der Gerberei. Die Gerberei, die ›Great Greenland Garveri‹, stellt sehr modische Pelzbekleidung her, die man vor Ort auch erwerben kann. Insgesamt ist Qaqortoq eine moderne Stadt, die über alle wichtigen infrastrukturellen Einrichtungen wie Gymnasium, Handelsschule und Ausbildungszentrum verfügt. Dies wird auch der Grund sein, warum Qaqortoq eine der wenigen Städte in Grönland ist, deren Einwohnerzahl kontinuierlich steigt. Vor allem die Zuwanderung aus anderen kleineren Gemeinden in der Gegend trägt einen wichtigen Teil zu dieser Entwicklung bei.

Die Stadt besitzt keinen Flughafen und ist auch über den Landweg nur schwer zu erreichen. Die einzige Möglichkeit,

Panorama von Qaqortoq

abgesehen von der Anreise mit dem
Schiff, ist es daher, mit einem Hubschrauber auf dem sich unweit der Stadt
befindenden Heliport zu landen.

■ **Sehenswürdigkeiten**
Nicht nur in der Umgebung, sondern
bereits in Qaqortoq selber gibt es eine
Reihe von spannenden Sehenswürdigkeiten zu entdecken.
In der Nähe des Hafens befindet sich der
Marktplatz der Stadt. Hier sind einige
der ältesten Gebäude zu finden, die teilweise noch aus der Gründerzeit stammen. Das älteste Haus stammt aus dem
Jahre 1797 und wurde in Form von
Fertigteilen aus Dänemark hierher ver-
schifft. Sehr sehenswert ist auch das
Fachwerkhaus am Marktplatz, das Sie
dank seiner gelben Farbe sofort erkennen können. Es stammt aus der Zeit des
späten 19. Jahrhunderts und wurde früher unter anderem als Werkstatt verwendet. Zudem sehen Sie hier am Marktplatz auch den einzigen Springbrunnen
in ganz Grönland. Er ist aus Sandstein
gebaut, wurde 1927 erneuert und ist
allen verdienten Grönländern gewidmet.
Auch das **Museum** der Stadt ist hier
untergebracht. Es befindet sich in einer
alten Schmiede und befasst sich in seinen Ausstellungen mit der Geschichte
der Wikinger und der örtlichen Inuit-
Kultur (Tel. +299/64 10 80, geny@
qaqortoq.gl).
Zuletzt sollte man noch einen Blick auf
die **alte Kirche** werfen. Sie stammt aus
dem Jahre 1832 und fällt vor allem
durch ihr grünes Schindeldach auf. Im
Inneren befindet sich ein Rettungsring,
welcher der einzige erhaltene Gegenstand des Schiffes ›Hans Hedtoft‹ ist,
das im Winter 1959 sank und 95 Seeleute in die Tiefe riss. Den Toten ist im
Inneren eine Gedenktafel gewidmet.

Steinrelief in Qaqortoq

Auch künstlerisch hat sich Qaqortoq
etwas einfallen lassen und das **Projekt
Stein und Mensch** der grönländischen
Künstlerin Aka Høegh umgesetzt. Insgesamt 18 Künstler aus Skandinavien
haben zusammen 30 Reliefs gestaltet,
die in Granitwände gemeißelt wurden.
Auf einem Spaziergang durch die Stadt
können die Besucher nicht nur diese
Kunstwerke bestaunen, sondern auch
gleichzeitig einen Eindruck von der Lebensweise der hiesigen Menschen gewinnen. Der Rundgang endet bei der
Gerberei Great Greenland, die Besuchern auch für einen Besuch offen steht.

■ **Ausflüge von Qaqortoq**
Neben der Stadt selber bietet auch die
Umgebung von Qaqortoq einige interessante Ausflugsziele. Der Höhepunkt
ist dabei sicher ein Besuch der **Ruinen
von Hvalsø**. Von Qaqortoq dauert die
Fahrt dorthin etwa eine Stunde mit
Schiff und führt durch einen malerischen
Fjord, der von grünen Felsenhängen eingerahmt wird und für sich genommen
schon einen Ausflug wert ist. Die gut
erhaltenen Ruinen der ehemaligen Sied-

lung und vor allem die Kirche geben einen authentischen Einblick in die frühe Geschichte des heutigen Grönlands. Ganz in der Nähe der Kirchenruinen befindet sich auch ein großes bäuerliches Anwesen mit Wohnungen, Ställen und Vorratskammern.

Neben einem Ausflug nach Igaliku oder zum Inlandeis (siehe S. xxx) kann man von Qaqortoq aus auch auf die **Insel Uunartoq** fahren, die vor allem für ihre heißen Quellen berühmt ist. Zwar gibt es einige dieser heißen Quellen in Grönland, doch nur hier haben sie die passende Temperatur zum Baden. In insgesamt drei Becken kann man ein wohltuendes Bad nehmen und dabei die vorbeiziehenden Eisberge beobachten – ein beinahe schon surrealistisches Erlebnis! Die Temperatur der Quellen beträgt dabei ideale 37 Grad. Bis heute ist der Ursprung der warmen Quellen nicht abschließend geklärt. Als sicher gilt, dass sie nicht das Ergebnis von vulkanischer Aktivität sind, sondern eher, dass sich tiefer liegende Gesteinsschichten der Erdrinde aneinander reiben. So oder so gehört ein Besuch der heißen Quellen zu einem der schönsten Erlebnisse auf Grönland.

Ruine aus der Wikingerzeit in Hvalsø

 Qaqortoq

Informationen zu Ausflügen und Touren gibt es bei der **Qaqortoq Tourism Association**, Tel. +299/ 64 24 44, qaqtourist@greennet.gl, www.qaq.gl.

Lage: 60°42′59″ N, 46°1′59″ W.

Narsarsuaq

Die kleine Siedlung Narsarsuaq wird auch als ›Tor nach Südgrönland‹ beschrieben. In vielerlei Hinsicht unterscheidet sich der südliche Teil Grönlands vom Rest der Insel. Neben der eisigen Gletscherlandschaft findet man hier auch blühende grüne Ebenen, fruchtbare Täler und faszinierende Berglandschaften – wahrlich eine Gegend der Kontraste. Alle diese Faktoren haben das gesamte Südgrönland und insbesondere auch Narsarsuaq zu einem beliebten Reiseziel für Touristen gemacht, und auch viele Kreuzfahrtschiffe haben hier einen Landgang im Programm.

In Narsarsuaq leben gerade einmal 160 Menschen und weitere 100 in der weiteren Gegend um die Siedlung herum verstreut, die als Schiffsbauer oder Fischer tätig sind. Dennoch besitzt der Ort mit seinem internationalen Flughafen eine große Bedeutung für die gesamte südgrönländische Region. Von hier werden direkte Flüge unter anderem nach Kopenhagen oder Reykjavik angeboten. Die Entscheidung, hier einen Flughafen zu errichten, hing mit der strategisch günstigen Lage der Ortschaft auf einer weiten Ebene zusammen. Auch der grönländische Name bedeutet übersetzt ›Große Ebene‹. Dieser Flughafen ist auch wirklich notwendig, denn an ein Straßennetz ist Narsarsuaq nicht angeschlossen, und so kann

Grönland

der kleine Ort nur mit dem Schiff oder eben mit dem Flugzeug erreicht werden. Es ist daher auch nicht weiter verwunderlich, dass fast alle der Einwohner der Siedlung entweder am internationalen Flughafen oder aber in der Hotelbranche beschäftigt sind.

Insgesamt gesehen ist Narsarsuaq ein kleiner, aber malerisch gelegener Ort. Die Felsen in der Ebene erheben sich bis zu 500 Meter in den Himmel, und die spektakulären Gletscher des Inlandeises befinden sich in unmittelbarer Nähe der Siedlung. Die Infrastruktur ist auf Besucher eingestellt, und neben einem Hotel und einer Jugend- bzw. Familienherberge gibt es auch einige Läden, Restaurants und Cafés.

■ Geschichte

Historisch gesehen ist Narsarsuaq samt seiner Umgebung für die Geschichte von Grönland von enormer Bedeutung, und nicht wenige der Besucher kommen heutzutage vor allem auch deswegen in die Siedlung. Narsarsuaq war die Hauptstadt Grönlands zu Zeiten Erik des Roten, und in der unmittelbaren Gegend des heutigen Ortes kann man sich auf die Spuren dieser ersten europäischen Ansiedlungen begeben.

Nachdem die Siedlung in den folgenden Jahrhunderten ein eher randständiges Dasein fristete, waren es die Vereinigten Staaten von Amerika, die im Jahre 1941 den Militärflughafen ›Bluie West One‹ ganz in der Nähe von Narsarsuaq errichteten. Tausende von Kampfflugzeugen nutzen während des Zweiten Weltkriegs den Flughafen, um, von den USA kommend, von hier aus weiter zu den Schlachtfeldern Europas zu fliegen. Über

Karte S. 224 ▲

4000 Mann waren hier dauerhaft stationiert und auch ein Militärhospital mit 250 Betten wurde auf dem Stützpunkt eröffnet. Nach dem Ende des Krieges wurde die Station von den Amerikanern zunächst noch weitergenutzt, verlor aber nach dem Bau der ›Thule Air Base‹ in Nordgrönland (→ S. 287) zunehmend an Bedeutung. Dennoch gab es in der US-amerikanischen Öffentlichkeit Stimmen, die behaupteten, in dem Militärhospital würden Schwerstverwundete aus dem Koreakrieg behandelt und so gleichzeitig vor der kritischen Öffentlichkeit versteckt. Beweise für die These wurden jedoch nicht geliefert. Nachdem die Basis 1958 völlig aufgegeben wurde, übernahmen die Dänen den Flughafen ein Jahr später und nutzten ihn für zivile Zwecke.

■ Sehenswürdigkeiten

Trotz seiner scheinbar überschaubaren Größe ist Narsarsuaq nicht zu Unrecht eines der beliebtesten Touristenziele in Südgrönland, bietet es doch in seiner unmittelbaren Umgebung eine Vielzahl an historischen Sehenswürdigkeiten und traumhaften Landschaften.

In der Siedlung selbst lohnt es sich, einen kurzen Besuch im **Narsarsuaq-Museum** einzuplanen. Es wurde im Jahre 1991 gegründet und befasst sich in seinen Ausstellungen vor allem mit der Geschichte des amerikanischen Luftstützpunktes, die anhand von Fotos und Gegenständen erzählt wird. Darüber hinaus wird jedoch auch die Wikinger-Geschichte des Ortes thematisiert. Das Museum ist von Juni bis September geöffnet (Tel. +299/23 45 68, www.narsarsuaqmuseum.gl).

Vegetation am Rande des Inlandeises

Außerhalb der Siedlung sind es vor allem zwei Aktivitäten, die man nicht verpassen sollte: zum einen einen Ausflug zum Inlandeis, zum anderen zu den historischen Stätten aus der Zeit der Wikinger.

Es gibt zwei Möglichkeiten, das **Inlandeis** mit seinen faszinierenden Gletschern zu bestaunen. Wenn Sie in guter Kondition sind, ist es durchaus möglich, eine Wanderung dorthin zu unternehmen. Es bedarf jedoch mehrerer Stunden des Wanderns und des Kletterns durch das Flower Valley zum Bergplateau, von wo aus man den **Narsarsuaq-Gletscher** überblicken kann, zu dem es danach weitergeht. Wenn Sie die Strecke hinter sich gebracht haben, werden Sie jedoch durch die spektakuläre Sicht auf das Eis und die Möglichkeit, es auch zu berühren, entschädigt. Eine angenehmere Variante ist hingegen die Fahrt mit dem Schiff. Die erfahrenen Kapitäne lenken die Schiffe sicher durch den Qooroq-Fjord und kommen so sehr nahe an den **Qooroq-Gletscher**.

Mit dem Schiff dauert es nur etwa 20 Minuten, bis man mit **Qassiarsuk** den Ort erreicht, an dem der Wikinger Erik der Rote vor über 1000 Jahren an Land ging. In den Sommermonaten kann man schnell verstehen, warum Erich die Insel ›Grünes Land‹ taufte. Die gesamte Region ist eine der fruchtbarsten Gegenden in Grönland. Nach seiner Ankunft gründete Erik hier auch seinen Hauptsitz Brattahild. Neben den Ruinen der alten Unterkünfte wurden ein Lagerhaus und die alte Kirche rekonstruiert. Das originale Gotteshaus, die **Tjodhildes Kirke**, soll auf Veranlassung von der Frau Erik des Roten vor über 1000 Jahren gebaut worden sein. Der Innenraum der Kirche, die zur letzten Jahrtausendwende wieder aufgebaut wurde, ist nur sieben Quadratmeter groß, aber angeblich bietet er Platz für 25 Personen.

Es lohnt sich, von Qassiarsuk mit dem Schiff noch weiterzufahren. Nach einer weiteren Stunde erreicht man dann die kleine Ortschaft **Igaliku**, in der sich einst der Bischofssitz und der Dom der Wikinger befanden. Wie die freigelegten Ruinen der Kirche noch heute anschaulich belegen, war das Gotteshaus mit einer Läge von 27 Metern und einer Breite von 16 Metern für die damaligen Verhältnisse im Mittelalter sehr groß angelegt.

Eriks rekonstruiertes Langhaus in Brattahild, heute Qassiarsuk

Narsarsuaq

Informationen zu den **Ausflügen** unter Tel. +299/66 54 99 (Juni–Sept.), www.blueice.gl.

Lage: 61°9'38" N, 45°25'49" W.

Narsaq

Die nächste Station der Grönlandetappe ist die ebenfalls im Süden gelegene Ortschaft Narsaq, die mit einer Einwohnerzahl von 1600 Personen zu einer der größeren Siedlungen in Südgrönland gehört. Narsaq liegt zentral an einem großen Fjordsystem am Fuße der charakteristischen Felsformation Qaqqarsuaq und wird von grünen Ebenen eingerahmt. In unmittelbarer Nähe des Ortes liegt nördlich der Eisfjord ›Sermilik‹, der durch mehrere Gletscherzungen des Inlandeises mit zahlreichen Eisbergen gefüllt wird. Der Name der Stadt bedeutet im Deutschen übersetzt daher schlicht ›Ebene‹. Dieses schöne Panorama zusammen mit den hier häufig anzutreffenden Eisbergen und den vor allem in den Sommermonaten sehr angenehmen Temperaturen sorgen dafür, dass in den letzten Jahren mehr und mehr Touristen in die Stadt kamen. Die Temperaturen liegen zwischen +22 Grad im Sommer und bis zu –17 Grad im Winter.

In dieser Gegend Südgrönlands siedelten Menschen bereits seit tausenden von Jahren, wenn auch nicht durchgängig. In der Nähe von Narsaq können noch heute die Überreste einiger alter Siedlungen besichtigt werden. Die Stadt selber wurde im Jahre 1830 gegründet, entwickelte sich jedoch über die Jahrhunderte kaum weiter. Erst als in den 1950er Jahren eine große Fischfabrik in der Ortschaft gebaut wurde, stieg auch die Einwohnerzahl von damals 600 Menschen auf die heutigen 1600. Hinzu kommen noch einige hundert Personen, die als Schafszüchter in der unmittelbaren Umgebung zu Hause sind. Die Stadt verfügt heute über alle wichtigen Einrichtungen. Es gibt einige Läden und Cafés sowie Schulen und Ausbildungszentren.

Wirtschaftlich ist vor allem die Fischerei von Bedeutung. Die Fjorde rund um Narsaq weisen große Populationen von Fischen, aber auch von Walen, Robben und Walrossen auf. Darüber hinaus bietet das fruchtbare Land gute Möglichkeiten für Landwirtschaft und Tierzucht. Zudem ist die einzige Schlachterei Grönlands, wo alle Schafe und Rentiere aus der Region weiterverarbeitet werden, einer der größeren Arbeitgeber in der Region. Auch die erste Brauerei Grönlands, das ›Grönland Brauhaus‹, wurde hier im Jahre 2006 gegründet und lädt zu Verkostungen ein. Das Wasser, mit dem hier gebraut wird, ist übrigens echtes Gletscherwasser!

Verkehrstechnisch ist Narsaq am besten mit dem Schiff zu erreichen. Zudem kann man aber auch mit einem 15-minütigen Hubschrauberflug vom nahe gelegenen Narsarsuaq in die Stadt gelangen.

In der Kirche von Narsaq

Grönland

Narsaq und Umgebung

0   600   1200 m

■ **Sehenswürdigkeiten**

Ein Besuch in Narsaq lohnt sich zum einen wegen dem nahegelegenen Inlandeis, das von hier erreicht werden kann, und wegen der interessanten archäologischen Stätten, die Auskunft über die Frühgeschichte Grönlands geben. Natürlich kommen auch Naturfreunde, Angler und Wanderer auf ihre Kosten. Narsaq selber ist vor allem durch einen Baustil geprägt, der eine Mischung aus Jägerhütten, modernen Familienhäusern und den obligatorischen Wohnblocks ist. Am Hafen sind heute immer noch einige der schönen alten Häuser aus der Kolonialzeit zu bewundern. In einem dieser Häuser ist auch das **Museum** des Ortes untergebracht, in dem die Kulturgeschichte der Region thematisiert wird. Vielleicht wundern Sie sich über Nummern, die auf den Dächern der Häuser angebracht sind. Dabei handelt es sich um alte Orientierungsmarken für amerikanische Piloten, welche die hier früher bestehende Militärbasis ansteuerten. In dem Haus mit der Nummer B61 ist die **Druckerei** einer Zeitung untergebracht, und im Dachgeschoss des Gebäudes wurde ein **Laden aus den 1940ern** nachgebaut. In unmittelbarer Nachbarschaft, im Haus B59 ist hingegen eine **Wohnung im Stile der 1950er Jahre** zu finden. Interessant ist auch ein Besuch des alten Speckhauses. Hier werden **Mineralienfunde** aus der näheren Umgebung ausgestellt. Neben der **Kirche** von Nasaq, die 1927 gebaut und 1981 erweitert wurde, ist auch ein Haus, das sich direkt neben dem Friedhof befindet, sehenswert. Hier lebte zu Beginn des 20. Jahrhunderts der grönländische Poet Henrik Lund (1875–1948), aus dessen Feder unter anderem der Text der grönländischen Nationalhymne stammt.

Auch archäologisch Interessierten bietet Narsaq eine Sehenswürdigkeit. Hier sind freigelegte **Ruinen** zu bestaunen, die aus der Zeit der Besiedlung durch die Grænlendingar (ca. 1000–1450 n. Chr.) stammen. Viele Höfe der Nordmänner sowie eine Stallung sind heute noch in ihren Überresten zu sehen.

Unter den Ausflügen in die nähere Umgebung von Narsaq ist vor allem ein Besuch der **Insel Illutalik** zu empfehlen. Wissenschaftler haben auf der Insel Hinweise darauf gefunden, dass Erik der Rote hier bei seinem ersten Besuch auf Grönland im Winter 982 nach Christus überwinterte. Eine kurze Bootsfahrt bringt Sie von Narsaq aus auf die Insel. Auch das nahe **Inlandeis** und **Eisberge** können in Narsaq im Rahmen einer Tour besichtigt werden. Im Sund, in dem die Stadt liegt, können die gigantischen Eismassen in allen Größen und Formen bestaunt werden.

Robbenfelle werden zu Kleidung verarbeitet

> ℹ️ **Narsaq**
> **Touristeninformation**, Tel. +299/53-81 43, www.nto.gl.
>
> 🕐 **Lage**: 60°54'44" N, 46°2'49" W

Der Arsuk-Fjord

Auf dem weiteren Weg im Uhrzeigersinn entlang der grönländischen Küsten gelangt man zu einer der reizvollsten Landschaften in ganz Grönland. Es handelt sich um den bekannten Arsuk-Fjord, in dem auch die Siedlungen Arsuk und Kangilinnguit liegen.

Die Gegend um den Arsuk-Fjord ist bekannt für ihren Reichtum an Mineralien und daher ein interessantes Gebiet für Geologen. Über 100 Mineralien wurden in der Region bereits entdeckt, von denen viele nur hier im Süden Grönlands vorkommen. Bei einer der angebotenen geologischen Wanderungen hat man beispielsweise gute Chancen, einen sogenannten Mondstein zu finden.

Auf einer Moschusochsensafari hat man die Möglichkeit, diesen faszinierenden Tieren extrem nahe zu kommen. Dabei sollte man den nötigen Sicherheitsabstand einhalten. Obwohl viele der Tiere an Menschen gewöhnt sind, handelt es sich bei den Moschusochsen dennoch um in der Wildnis lebende Herdentiere, bei denen immer ein gewisses Risiko besteht.

Der Arsuk-Fjord selbst bietet vor allem Angelfreunden gute Möglichkeiten. Die Meeresforelle kommt hier in großen Populationen vor. Und bei einer Schiffsfahrt durch den Fjord wird man mit großer Wahrscheinlichkeit Zwergwale und andere Meeresbewohner hautnah zu Gesicht bekommen. Zudem befinden sich hier die größten Vogelfelsen Grönlands, mit tausenden von Möwen und Trottellummen, die hier vor allem im Frühsommer anzutreffen sind. Im Fjord befindet sich ein Gletscher, und auch das Inlandeis ist von hier bereits in greifbarer Nähe.

Grönland

■ **Ivittuut**

Der ehemalige Hauptort der Region, Ivittuut, ist heute weitgehend verlassen, bietet jedoch in einigen Gästehäusern noch Überachtungsmöglichkeiten. Vielleicht ist es gerade diese verlassene Einsamkeit, die jährlich mehr Besucher in die ehemalige Siedlung lockt. Seine Blütezeit verdankte das einstmals pulsierende Ivittuut dem Mineral Kryolith, das in der Gegend zum ersten Mal im Jahre 1805 gefunden wurde. Es dauerte jedoch bis in die 1860er Jahre, bis die technischen Voraussetzungen geschaffen waren, den wertvollen Stoff, aus dem unter anderem Aluminium gewonnen werden kann, auch abzubauen. Mehrere zehntausend Tonnen wurden in den folgenden 100 Jahren abgebaut und bescherten Ivittuut ein gigantisches Wachstum. Ivittuut war der einzige Ort weltweit, wo Kryolith abgebaut werden konnte. Die Schattenseiten der Ökonomie, die nur auf Kryolith ausgerichtet war, zeigte sich ab Mitte der 1980er Jahre, als die Vorräte immer mehr zu Neige gingen. Der endgültige Stopp des Tagesbaus 1987 bedeutete auch gleichzeitig den Niedergang der Siedlung. Seit einigen Jahren versuchen die Behörden, die traumhafte Landschaft des Fjordes zu nutzen, um in Ivittuut, aber auch in den anderen bewohnten Siedlungen, einen naturorientierten Tourismus zu fördern. Nicht umsonst bedeutet der Name Ivittuut ›der grasgrüne Ort‹.

■ **Arsuk und Kangilinnguit**

Der beste Ausgangspunkt für Individualtouristen den Arsuk-Fjord zu erkunden, ist heute die Siedlung Arsuk, ›der geliebte Ort‹ (Lage: 61°10'30" N,

48°27'0"W). Hier leben rund 160 Einwohner, und die Siedlung ist bestens ausgestattet, um Gäste aufzunehmen. Zudem offeriert das örtliche Touristenbüro auch eine Vielzahl von Ausflügen – natürlich auch in die Nachbarsiedlung Ivittuut. Auch von der dritten Siedlung im Fjord, Kangilinnguit, das über eine sechs Kilometer lange Straße mit Ivittuut verbunden ist, werden Ausflüge und Touren organisiert. Neben den Individualtouristen befahren auch die Expeditionsschiffe den Fjord, in der Regel im Rahmen ihrer Grönlandtour.

Paamiut

Die 1750 Einwohner zählende Stadt Paamiut liegt unmittelbar an der Mündung des Kuannersooq-Fjords an der südwestlichen Küste Grönlands. Ihr Name bedeutet übersetzt ›Volk an der Mündung‹. Paamiut ist die südlichste Stadt Grönlands, die während des gesamten Jahres problemlos mit dem Schiff angefahren werden kann. In den 60er Jahren des vergangenen Jahrhunderts existierten weitreichende Pläne der dänischen Regierung, die Siedlung zur zweitgrößten Ortschaft Grönlands auszubauen. Bis zu 10 000 Einwohner sah der Plan vor. Dementsprechend groß wurde dann auch die Kabeljaufabrik von Paamiut geplant, welche die Lebensgrundlage der Menschen bilden sollte. Trotz schwindender Kabeljaubestände wurde die Fabrik errichtet, die weitreichenden Pläne der Regierung wurden jedoch bald darauf stillschweigend ad acta gelegt. Dennoch ist die Fabrik bis heute die wichtigste Einnahmequelle des Landes und die größte ihrer Art in Grönland.

Grönland

Haus in Savissivik: es ist immer warm und gemütlich

Gegründet wurde der Ort ursprünglich im Jahre 1742 als Handelsposten von einem norwegischen Missionar, Arnoldus von Westen Sylow, und dem Kaufmann Jacob van der Geelmuyden. Paamiut erlebte in den darauffolgenden Jahrzehnten durch den Verkauf von Fellen und Speck einen kontinuierlichen wirtschaftlichen Aufschwung und wurde zu einer modernen Siedlung.

Pammiut gehört sicherlich nicht zu den schönsten Städten, die Grönland zu bieten hat. Viele der abweisend wirkenden Wohnungsblöcke gehen dabei auf die Pläne der dänischen Regierung aus den 1960er Jahren zurück. Nach wie vor ist die Fischerei von großer Bedeutung, was sich auch dadurch bemerkbar macht, dass sich in der Siedlung eine Fischerei- und Schifffahrtsschule befinden.

Dennoch hat Paamiut einige lohnenswerte Sehenswürdigkeiten, und die Gegend ist vor allem bei Wanderern sehr beliebt. Wer jedoch Wanderungen über mehrere Tage plant, sollte über eine gute Kondition und Trekkingerfahrung verfügen, da es außerhalb Paamiuts kaum noch Höfe oder Siedlungen gibt, an denen Proviant aufgenommen werden kann. In den Gebieten rund um die Küsten vor Paamiut gibt es große Populationen an **Buckel- und Finnwalen**, die im Rahmen von Bootsausflügen beobachten werden können. Zudem findet sich hier der größte Bestand an Seeadlern in ganz Grönland. In der Stadt selber lohnt sich ein Besuch der hölzernen **Friedenskirche**. Sie wurde im Jahre 1909 anstelle der früheren aus Stein gebauten Kirche errichtet und erinnert in ihrer Form an die Stabkirchen in Norwegen. Vor allem die Farben der Kirche machen sie zu einem beliebten Fotomotiv.

Sehenswert sind auch die schönen **Kolonialbauten**. In einem von ihnen befindet sich das Touristeninformationszentrum.

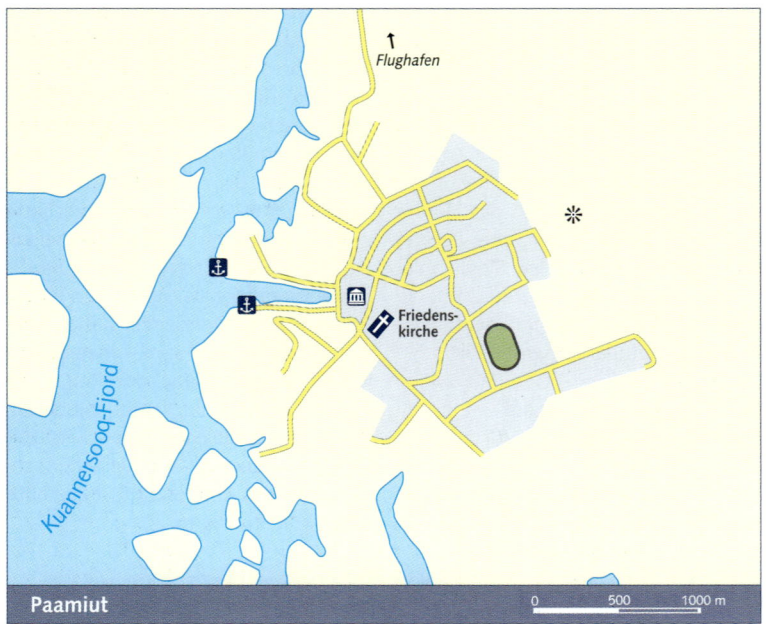

In einem weiteren Gebäude ist ein kleines **Museum** untergebracht. Es zeigt in seiner Ausstellung Exponate zu den alten Inuitkulturen und den europäischen Walfängern an der Westküste Grönlands. Alle Informationen über Eintrittspreise und Öffnungszeiten erhalten Sie beim Touristeninformationszentrum.

 Paamiut

Beim **Tourismusbüro** können Ausflüge in die Umgebung gebucht werden, Orthorsuup Aqqutaa 2, Tel. +299/68 16 73.

Lage: 61°59'44" N, 49°39'49" W.

Nuuk

Am Eingang des Nuuk-Fjordes, etwa 250 Kilometer südlich des Polarkreises, liegt Nuuk an der Südwestküste der grönländischen Insel. Die 15 000 Einwohner zählende Hauptstadt Grönlands – zu deutsch ›Landzunge‹ – ist mit ihrer geringen Einwohnerzahl eine der kleinsten Hauptstädte überhaupt. Nuuk ist das unangefochtene wirtschaftliche, kulturelle und politische Zentrum Grönlands und verfügt über alle Merkmale einer modernen europäischen Hauptstadt. Hier finden sich eine Universität mit immerhin 150 Studierenden, das größte Krankenhaus, die politische Administration Grönlands, das Kulturzentrum Katuaq und der Hauptsitz aller wichtigen Firmen. Trotz seiner Bedeutung für die Insel wirkt Nuuk auf den ersten Blick mit seinen wenig einladenden gleichförmigen Wohnblöcken ein wenig trist, die Umgebung der Stadt ist jedoch einmalig. Wer abends die Sonne hinter dem Gipfel des Ukkusissat untergehen sieht oder die im Fjord schwimmenden Eisberge betrachtet, kommt

nicht umhin, der Stadt zumindest eine spezielle Atmosphäre zuzusprechen.
Der Ort wurde für die Stadt vor allem unter klimatischen Bedingungen gewählt. In diesem Teil von Grönland streift der warme Golfstrom die Insel und ermöglicht so ein ganzjähriges Befahren des Hafens. Klimatisch liegt Nuuk in der südwestlichen subpolaren Klimazone Grönlands. Geologisch gehört dieser Teil der Insel zu einem der ältesten Gebiete der Welt. Wissenschaftler haben hier Spuren von Lebensformen entdeckt, die sich auf ein Alter von eindrucksvollen 3,8 Millionen Jahren datieren ließen.

■ Geschichte

Die menschliche Besiedlung in der Gegend um Nuuk hat eine lange und interessante Geschichte vorzuweisen. Die ersten Menschen, welche die Region von Nordamerika kommend besiedelten, waren die Paleo-Inuit, die sich etwa im Jahre 2400 bis 1000 vor Christus hier niederließen. Ihre Kultur wird in der frühzeitlichen Forschung als Saqqaq-Kultur bezeichnet. Die zweite Einwanderungswelle erfolgte durch die Dorset-Kultur, von der heute noch Spuren ihrer Siedlungen bei Qoornoq zeugen. Es wird davon ausgegangen, dass die Siedlungen etwa 800 nach Christus verlassen wurden.
Seit dem ersten Jahrtausend bis zum 14. Jahrhundert lebten sowohl Inuit als auch normannische Siedler zusammen in der Region, ohne dass jedoch ein Austausch zwischen den beiden Gruppen stattgefunden hätte. Archäologische Ausgrabungen machen deutlich, dass die europäischen Einwohner in der Gegend um Nuuk eine größere Siedlung mit mehreren Höfen und Kirchen errichteten. Aus bis heute nicht geklärten Umständen verschwanden jedoch sowohl die Siedler

Grönland

In der Hauptstraße von Nuuk

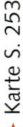

als auch die Inuit im Laufe der Zeit, so dass ein norwegischer Bischof, der 1350 in die Gegend reiste notierte: »Hier gibt es keine Christen und keine Heiden mehr, nur noch einige wilde Schafe und Kühe.« Die vierte große Einwanderungswelle brachte die Thule-Inuit hierher, wie Ausgrabungen von Winter- und Sommerwohnstätten nahe Nuuk belegen.

Die moderne Geschichte der Stadt begann jedoch erst im 18. Jahrhundert. Der dänisch-norwegische Missionar Hans Egede gründete am 29. August 1728 die Siedlung unter dem Namen ›Godthåb‹ (Gute Hoffnung), um sie zu einer Handelsstation auszubauen. Seine Mission war aber nicht von Erfolg gekrönt. Zwischen 1733 und 1734 raffte eine Epidemie einen Großteil der Bevölkerung dahin, und Egede, dessen Frau ebenfalls verstarb, kehrte enttäuscht nach Dänemark zurück.

Der Aufschwung der Stadt erfolgte dann erst nach der Gründung der Grönländischen Handelsgesellschaft 1774 und hatte seine Hochzeit in der ersten Hälfte des 19. Jahrhunderts. Zu jener Zeit entstanden viele Häuser sowie der Hafen, und die Bevölkerung nahm zu. Das Bild der heutigen Stadt wurde vor allem Mitte des 20. Jahrhunderts geprägt. Ausgelöst durch Zentralisierungspläne der dänischen Regierung wurde die Stadt um die heute das Stadtbild dominierenden Wohnblöcke erweitert. Ihren heutigen Namen erhielt die Stadt im Jahre 1979 durch einen Beschluss der grönländischen Selbstverwaltungsregierung.

Wirtschaftlich leben die Menschen der Hauptstadt vor allem vom Fischfang, insbesondere Krabben und Heilbutt werden in größeren Mengen exportiert, wie auch vom Tourismus, der in den letzten Jahren immer mehr an Bedeutung gewinnt. Die Stadt kann dabei entweder mit dem Flugzeug erreicht werden, der Flughafen liegt etwa vier Kilometer außerhalb und wird vor allem von der Fluggesellschaft Air Greenland bedient, oder aber mit dem Schiff. Vor allem für den modernen Kreuzfahrttourismus ist die Stadt zu einem beliebten Ziel geworden.

■ Sehenswürdigkeiten

Obwohl Nuuk auf den ersten Blick für seine Besucher nicht sofort einladend wirken mag, bietet die grönländische Hauptstadt einen interessanten Mix aus kulturellen Angeboten sowie historischen Sehenswürdigkeiten in der Stadt und wunderbaren Ausflügen in die einzigartig schöne Umgebung.

Am besten ist es, seinen Streifzug durch Nuuk am **Kolonialhafen** zu beginnen. Übrigens sollte es keine größeren Probleme bereiten, die ganze Stadt bequem zu Fuß zu erkunden. Ansonsten kann man natürlich auch die Busverbindungen nutzen. Der Kolonialhafen wird von den Fischern und den Bewohnern als Ankerplatz für ihre kleinen Motorboote

genutzt, zudem werden Sie hier je nach Wetterbedingungen eine ganze Reihe von Kajakerfahrern finden, welche die Bucht als Übungsplatz nutzen. Junge Grönländer interessieren sich seit einiger Zeit wieder vermehrt für die Benutzung der leichten und schnellen Boote. Am Hafen befindet sich auch eine **Zimmermannswerkstatt**, deren Gebäude ursprünglich einmal die erste Kirche der Insel aus dem Jahre 1765 beheimatete. Direkt am Hafen liegt zudem das **Grönländische Nationalmuseum** und Archiv. Das Museum wurde Mitte der 1960er Jahre als eines der ersten Museen der Insel errichtet. Die Ausstellungen zeigen eine weite Spannbreite an Gegenständen; Archäologie, Geschichte, Kunst

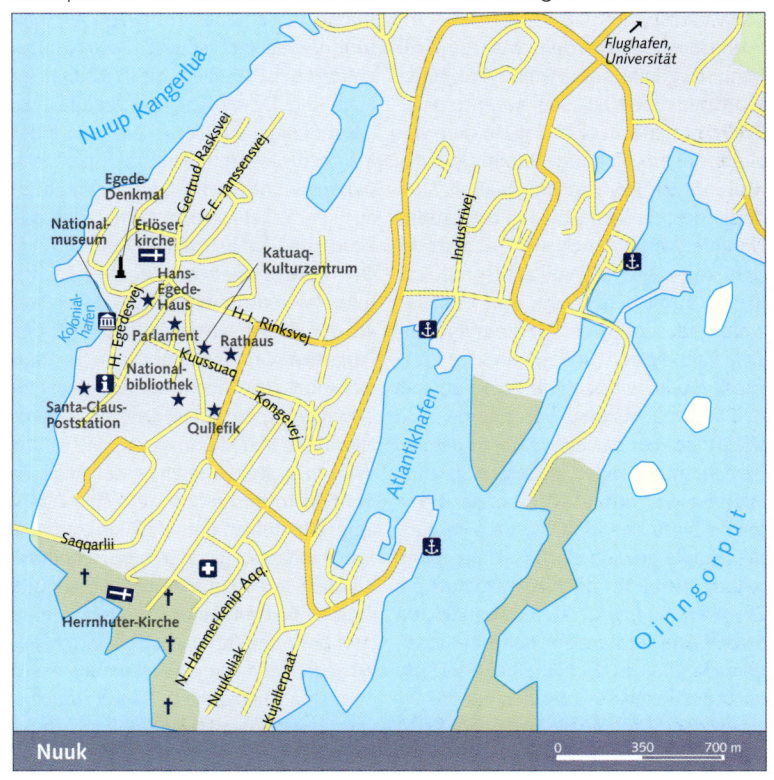

Nuuk

0   350   700 m

Grönland

und Handwerk sind die bestimmenden Themen. Das Museum, das in alten Lagerhäusern aus den 1920er Jahren untergebracht ist und durch einen Neubau ergänzt wurde, gibt so insgesamt einen perfekten ersten Einstieg in die Entwicklungsgeschichte der Insel. Die wichtigsten Exponate sind dabei zweifelsohne die Mumien aus Qilakitsoq, die 1972 in einer Grotte gefunden wurden und sich auf das 15. Jahrhundert zurückdatieren lassen. Die dank des kalten Klimas gut konservierten Kleidungsstücke und Gebrauchsgegenstände geben einen einmaligen Einblick in die Lebensweise der Menschen vor 500 Jahren (16. Juni –15. Sept. tgl. 10–16 Uhr, 16. Sept.–15. Juni Di–So 13–16 Uhr, Eintritt: 4 Euro, www.natmus.gl).

Wenn Sie sich vor dem Museum stehend nach links orientieren, wird Ihnen spätestens jetzt ein überdimensionaler Weihnachtsbaum auffallen. In dem dazugehörigen Gebäude befindet sich nicht nur die Touristeninformation, sondern auch die **Santa Claus Poststation**. Dahinter verbirgt sich ein Geschäft, in dem man allerlei Weinachtsprodukte kaufen kann. Jedes Jahr kommen hier zudem tausende von Briefen mit Wünschen an, die von Kindern aus aller Welt geschrieben wurden, die in Grönland den Weihnachtsmann vermuten.

Wenn Sie nun der Egedesvej in die andere Richtung folgen, gelangen Sie zum Hans-Egede-Haus. Es ist eines der ältesten Gebäude der Stadt und dem Begründer Nuuks gewidmet. Das Haus dient jedoch heute nur noch repräsentativen Zwecken und wird als Gästehaus für Staatsgäste und andere hohe Besucher genutzt. Ganz in der Nähe befindet sich auch der lokale Fischmarkt, wo die Fischer der Stadt ihren täglichen Fang äußerst frisch anbieten.

Folgt man der Straße weiter, kommt man zu einer Sehenswürdigkeit, die fast jeden Reiseführer oder jede Postkarte der grönländischen Hauptstadt ziert: das Denkmal von Hans Egede, das erhaben über der Stadt thront. Die Statue wurde 1921 anlässlich der 200-Jahrfeier der Ankunft Egdes auf Grönland feierlich enthüllt. Von hier genießt man auch einen schönen Überblick über die Stadt und die Umgebung.

Von hier ist es auch nur noch ein Katzensprung zur schönsten Kirche Nuuks, der **Erlöserkirche**, die Sie vom Denkmal aus sicherlich bereits anhand ihres Kirchturmes erkannt haben. Die Kirche wurde 1849 eröffnet und besaß, wie alte Bilder dokumentieren, zu Beginn noch eine Kuppel. Der heute zu sehende Kirchturm wurde erst im Jahre 1884 hinzugefügt. Seit 1994 ist die Erlöserkirche auch die Domkirche des Landes. Es lohnt sich, einen Blick in das Innere der Kirche zu werfen. Hier befindet sich neben wunderschönen Ölgemälden auch ein Relief aus dem Jahre 1894, das Hans Egede nebst seiner Frau zeigt.

Der weitere Weg des Stadtrundgangs führt ins Zentrum von Nuuk. Dort liegt an der Skibshavnsvej zum einen das **Parlament Grönlands** und zum anderen das Katuaq-Kulturzentrum. Vor dem Parlament, das man zuerst erreicht, fällt vor allem eine Skulptur ins Auge. Sie ist das Werk des grönländischen Künstlers Simon Kristoffersen und stellt eine Erzählung dar. Inhalt der Erzählung ist der Junge Kaassassuk, der eine schlimme Kindheit in einem Waisenhaus erleben musste. Erst mit Hilfe von Pissaap inua dem Geist der Kraft, schafft er es schließlich, genügend Energie aufzubringen, um an seinen Misshandlern Rache zu üben. Die Geschichte ist jedem Grönländer bekannt und wird von allen als übertra-

Das Kulturzentrum Katuaq in Nuuk

gene Geschichte des grönländischen Weges zur Unabhängigkeit verstanden. Daher ist es auch nicht verwunderlich, dass die Statue 1989 zum zehnjährigen Bestehen der Selbständigkeit Grönlands errichtet wurde.

Direkt neben dem Parlament steht das **Kulturzentrum Katuaq**, das sicher das architektonisch imposanteste Gebäude der grönländischen Hauptstadt ist. Das Zentrum wird sowohl für kulturelle Veranstaltungen wie Theater, Konzerte oder Opern genutzt als auch als Kongresszentrum. Im großen Saal des Gebäudes finden über 1000 Zuschauer Platz. Im Sommer werden in den Räumen zudem Ausstellungen von Künstlern der Insel gezeigt. Die sehr schöne Caféteria des Zentrums sorgt dafür, dass sich das Katuaq zu einem der beliebtesten Treffpunkte der Stadt entwickelt hat (www.katuaq.gl).

Wenn man vom Katuaq die Kuussuaq-Straße ein kleines Stück hinunterläuft, kommt zunächst das **Rathaus**, das auch besucht werden kann. Unter anderem kann hier ein Wandteppich mit Motiven der Stadtgeschichte bestaunt werden. Vom Katuaq der Skibshavnsvej weiter

folgend, gelangt man zur **Nationalbibliothek**, die eine umfangreiche Sammlung aller Bücher umfasst, die auf Grönländisch im In- und Ausland verfasst wurden. Leider wütete hier 1963 ein Feuer und zerstörte viele der alten Manuskripte der Sammlung. Die Bibliothek kann besucht werden und bietet einen kostenlosen Internetzugang.

Direkt gegenüber beginnt die **Einkaufsstraße Naapittarfik**, die mit ihren vielen Geschäften zum Bummeln einlädt. In der Gegend befindet sich die Hans-Egede-Kirche sowie der **Qullefik**, bei dem es sich um einen Laternenpfahl handelt, an dem der berühmte grönländische Sprachforscher Samuel Kleinschmidt, der als Begründer der grönländischen Schriftsprache gilt und der das erste grönländische Wörterbuch veröffentlichte, zu Lebzeiten immer morgens seine Laterne aufhängte, um abends in der Dunkelheit den Weg zu finden.

Fellkleidung in einem Laden in Nuuk

Grönland

■ Ausflüge in die Umgebung

Auch wenn Nuuk eine Reihe von interessanten Sehenswürdigkeiten zu bieten hat, ist es auf jeden Fall empfehlenswert, sich auch die nähere Umgebung der grönländischen Hauptstadt anzusehen, die eine einzigartige Natur und einige sehenswerte kulturelle Orte zu bieten hat. Im Rahmen einer organisierten Expeditionsreise wird sicher die eine oder andere Tour mit im Programm sein. Auch im örtlichen Touristeninformationszentrum werden eine Vielzahl solcher geführter Touren angeboten, wie beispielsweise zum **Institut für natürliche Ressourcen**, das etwas außerhalb der Stadt in Richtung Flughafen gelegen ist. Auch ein Besuch des **Sitzes der Selbstverwaltung** wird angeboten, bei dem Sie einen interessanten Einblick in die Geschichte Grönlands erwarten können. Neben Schiffsausflügen, auf denen Sie Wale sehen können (nur von Juni bis November), werden auch **Touren zu den Eisbergen des Fjords**, bei denen man wirklich imposante und einmalige Nahansichten dieser schwimmenden Giganten erhält, und Angelausflüge offeriert. Vom Hafen von Nuuk werden einige in der Nähe der Hauptstadt gelegene Siedlungen mit dem Küstenboot angefahren. Eine Bootstour führt so zur heute unbewohnten **Insel Håbets Ø**, wo sich einst der erste Wohnort des Nationalhelden Hans Egede befand. Auch eine Fahrt zur südlich von Nuuk gelegenen ehemaligen **Siedlung Kangeq** ist lohnenswert. Hier lebte und malte der berühmte Maler Aron von Kanqek (1822–1869), der vor allem durch kleinformatige Aquarelle bekannt wurde, die häufig alte Inuit-Mythen zum Thema haben. Auf dem Weg nach Kangeq bietet sich meist auch die Gelegenheit, Wale in ihrer natürlichen Umgebung zu beobachten.

Flug über das Inlandeis

Auch ein Ausflug zu der kleinen 260 Einwohner zählenden **Siedlung Qeqertarsuatsiaat**, die rund 100 Kilometer südlich von Nuuk liegt, lohnt sich. Gegründet wurde die Siedlung einst von einem dänischen Kaufmann als Handelsstation für Robbenfelle. Heute leben die Einwohner ausschließlich von der Fischerei und bieten ihren Besuchern einen interessanten Einblick in das Leben der Fischer. Für alle weiblichen Reisenden seien noch die farbenprächtigen Taschen aus Robbenleder erwähnt, die hier hergestellt werden.

Ein einmaliges, wenn auch nicht ganz günstiges Erlebnis, ist der **Flug mit einem Helikopter**. Von Nuuk aus kann man, mit Stopps in kleineren Siedlungen, zu dem rund 100 Kilometer entfernten Inlandeis fliegen. Alle Informationen zu Abflugzeiten, Angeboten und Preisen kann man auf der Internetseite der Touristeninformation von Nuuk erfahren.

Neben den organisierten Ausflügen in die Umgebung von Nuuk hat man auch die Möglichkeit, durch eine Vielzahl von **Wandermöglichkeiten** die Gegend selbst zu erkunden. Auf größere Wan-

Karte S. 253

derungen sollte man sich aber unter keinen Umständen ohne erfahrene lokale Begleiter begeben! Zwei Wanderungen in die unmittelbare Umgebung von Nuuk führen um den 443 Meter hohen **Quassussuaq-Berg** und auf den 761 Meter hohen **Ukkusussat-Berg**. Auf beiden Wanderungen werden Sie nicht nur einen traumhaften Blick auf Nuuk und die einzigartige Fjordlandschaft genießen können, sondern auch eine Vorstellung von der beinahe unendlichen Weite der grönländischen Insel erhalten. Im Winter hat man übrigens auch die Möglichkeit, die beiden Skilifte des Quassussuaq zu nutzen oder mit dem Schneemobil zu fahren. Darüber hinaus gibt es noch zahlreiche Wanderungen in der Gegend um Nuuk, so beispielsweise nach **Qooqqut** oder **Kapisillit**, die einen Eindruck des ländlichen Lebens und der wunderschönen Natur geben. Diese Wanderungen dauern jedoch einige Tage bis zu zwei Wochen und können nur in Begleitung von erfahrenen Trekkern unternommen werden. Auch wenn diese Touren körperlich einiges abverlangen, sind die Wanderungen in die schönsten Gegenden Westgrönlands doch einmalige Erfahrungen.

Nuuk

Touristeninformation, Hans Egedesvej 29, Tel. +299/32 27-00, Fax -10; www.nuuk-tourism.gl.

Lage: 64°10'48" N, 51°43'12" W.

Kangerlussuaq

Für fast alle Reisenden, die nicht mit dem Schiff nach Grönland kommen, ist das an der Westküste gelegene Kangerlussuaq in der Regel der erste grönländische Ort, den sie zu Gesicht bekommen.

Der Grund hierfür ist der internationale Flughafen, der sich unweit der Siedlung befindet und an dem ein Großteil der Touristen ankommt, um von hier aus weiter zu den anderen Küstenstädten zu fliegen. Vor allem die windgeschützte Lage und die milden Temperaturen von Kangerlussuaq sind ideal für den Flugverkehr, und so ist es nicht verwunderlich, dass hier auch die Flugesellschaft Air Greenland ihr Drehkreuz eingerichtet hat. Es bestehen tägliche direkte Verbindungen nach Kopenhagen.

■ Geschichte

Kangerlussuaq, das aufgrund seiner Lage pragmatisch ›der lange Fjord‹ bedeutet, war ursprünglich eigentlich keine Siedlung, sondern ein US-amerikanischer Militärstützpunkt, der im Oktober 1941 gegründet wurde und den Namen ›Air Base Blue‹ trug. Während des Zweiten Weltkriegs wurde der Flughafen des Stützpunktes zu einem strategisch wichtigen Punkt für alliierte Luftaktionen in Europa. Auch für das Deutschland der Nachkriegszeit erlangte der Ort große Bedeutung. Während der Berlin-Blockade 1948 und 1949 wurden über den Flughafen Transporte von Gütern, die für die Luftbrücke vorgesehen waren, abgewickelt.

Auch nach dem Ende des Zweiten Weltkriegs wurde die Basis von den Amerikanern weiterhin genutzt. Als einer der wichtigsten Stützpunkte im Kalten Krieg hatte sie eine Frühwarnfunktion, um militärische Aktivitäten der Sowjetunion zu melden. Seit Ende der 1960er Jahre setzte parallel jedoch auch die zivile Nutzung des Flughafens ein, und nach dem Ende des Kalten Krieges wurde der Stützpunkt 1992 von den Amerikanern weitgehend aufgegeben. Obwohl die amerikanische Armee auch weiterhin einen

Teil des Geländes nutzt, wird von hier aus heute beispielsweise auch die Versorgung einiger arktischer Forschungsstationen koordiniert.

Nach dem Ende des Kalten Krieges hat sich die ehemalige Militärbasis zu einer kleinen Siedlung mit etwa 500 Einwohnern entwickelt. Ein Großteil der Bevölkerung arbeitet jedoch immer noch im Flughafenbetrieb. Dennoch hat sich eine tragfähige Infrastruktur mit Kindergarten und Geschäften entwickelt. Zudem versucht die Ortschaft seit einigen Jahren, eine Vielzahl von Freizeitmöglichkeiten zur Verfügung zu stellen, um den vielen Touristen, die hier landen, einen längeren Aufenthalt in Kangerlussuaq attraktiver zu machen.

Die Küstenschifffahrt verbindet den Ort mit anderen Siedlungen an der grönländischen Küste, unter anderem auch mit der Hauptstadt Nuuk.

■ Sehenswürdigkeiten

Schon seit längeren ist Kangerlussuaq der Ausgangspunkt für wissenschaftliche Expeditionen und Standort mehrerer Forschungseinrichtungen. Besonders zu erwähnen ist das Forschungszentrum **Sondrestrom Research Facility**, das sowohl von amerikanischen als auch von dänischen Wissenschaftlern betrieben wird (http://isr.sri.com). Ziel der Forscher des Institutes ist es, Erkenntnisse über die Ionosphäre zu erlangen. Untersucht werden dabei unter anderem Phänomene wie das Nordlicht sowie die äußere Atmosphäre. Auch die allgemeine Dichte der Ozonschicht wird hier beobachtet. Darüber hinaus bietet die Forschungseinrichtung auch Unterkünfte und Basisausrüstung für internationale Wissenschaftler, die auf Grönland forschen wollen. Das Forschungszentrum kann im Rahmen einer Tour besucht werden. Es ist jedoch notwendig, einen Termin zu vereinbaren. Kontakt erhalten Sie auch über das Touristeninformationsbüro, das sich im Flughafengebäude befindet.

Die Ortschaft selber hat trotz ihrer vielen Bemühungen in den letzten Jahren, für Besucher attraktiver zu werden, nur relativ wenig zu bieten. Dennoch lohnt es sich bei einem längeren Aufenthalt, einen kleinen Spaziergang durch die Siedlung und den ehemaligen militärischen Bereich zu machen, bekommt man doch einen Eindruck davon, wie sehr der Kalte Krieg Kangerlussuaq, aber auch die gesamte grönländische Insel über Jahrzehnte hinweg geprägt hat. Sowohl im ehemaligen militärischen Teil als auch im zivilen Bereich gibt es mittlerweile Unterkünfte für Besucher wie auch Geschäfte und einige typisch ame-

Karte S. 224

▲ *Der Flughafen von Kangerlussuaq*

rikanische Freizeiteinrichtungen. Im ehemaligen Hauptquartier der Militärbasis ist heute das **Museum** des Ortes untergebracht. Die kleine Ausstellung erzählt die Geschichte Kangerlussuaqs als militärischer und ziviler Flughafen. Ein Besuch ist wirklich lohnenswert.

■ **Ausflüge in die Umgebung**
Kangerlussuaq ist der Ausgangspunkt für viele interessante Ausflüge und Wanderungen in die Region, die durch ihre abwechslungsreiche Flora und Fauna begeistert. Über 200 unterschiedliche Pflanzenarten, die vor allem im Frühjahr und Sommer eine erstaunliche Farbenvielfalt entwickeln, und eine artenreiche Tierwelt warten auf den Besucher. Neben tausenden Rentieren sind auch Moschusochsen und Polarfüchse anzutreffen. Auch die mit Abstand bekannteste Tour Grönlands, der ›Artic Circle Trail‹, nimmt hier ihren Anfang (→ S. 266).
Wer diese zehn- bis vierzehntägige Tour nicht auf sich nehmen will, dem sei ein kürzerer Ausflug zum **Russels-Gletscher** empfohlen. Der Weg dorthin beginnt am nördlichsten Golfplatz der Welt, der ungefähr zwei Kilometer außerhalb von Kangerlussuaq liegt und durch einen kurzen Fußmarsch entlang der Fahr-Piste erreicht werden kann. Hier angekommen, geht der Weg weiter über einen gut zu erkennenden Pfad auf den **Sugar Loar**, einem 353 Meter hohen Berg. Oben angekommen, hat man einen herrlichen Panoramablick über die gesamte Region. Die Radioantenne nebst Hütte stammt übrigens noch aus den Tagen der amerikanischen Militärbasis. Um zum Gletscher zu gelangen, geht man nun weiter nördlich entlang des **Sees Aajuitsuo Tasia**. Auf dem weiteren Weg kommt man am Wrack eines Flugzeugs vorbei, das im Jahre 1968 beim Lande-

Touristen beim Landausflug zum Inlandeis

anflug auf Kangerlussuaq aufgrund von schlechtem Wetter abstürzte. Die Piloten konnten sich jedoch rechtzeitig über den Schleudersitz retten. Nach einigen Minuten Fußmarsch gelangt man schließlich zur Abbruchkante des Gletschers. Über 75 Meter ragt hier die Eiswand schwindelerregend in die Höhe. Hier ist ein wenig Vorsicht geboten, da von der Eiswand immer wieder kleinere Stücke abbrechen und in die Tiefe fallen.

ℹ Kangerlussuaq

Die **Touristeninformation** befindet sich im Flughafengebäude und wird von der Firma World of Greenland betrieben. Hier können auch alle Touren sowie Unterkünfte gebucht werden, und es gibt einen Souvenirshop, in dem auch Karten und Wanderführer verkauft werden. Tel. +299/84 16-48, Fax -19, www.greenland-guide. gl, info@wogac.com. Mo–Fr 9–17 Uhr, Sa 10–13 Uhr.
Fluginformationen gibt es unter www.airgreenland.com.

Lage: 67°0'36" N, 50°42'0" W.

Grönland

Lagune bei Sisimiut

Sisimiut

Die zweitgrößte Stadt Grönlands liegt ebenso wie die Hauptstadt Nuuk an der klimatisch günstigen Westseite der Insel und ist daher auch ganzjährig eisfrei zu erreichen. Mit seinen rund 5500 Einwohnern ist Sisimiut eine der reichsten Städte Grönlands. Innerhalb des Landes ist die Stadt bekannt für ihre gute Lebensqualität und wird in den Reiseführern nicht selten als die ›Perle der Küste‹ bezeichnet. Vor allem die lukrative Krabbenfischerei, aber auch das jährlich stattfindende internationale ›Artic Circle Race‹, ein bekanntes Skilanglaufrennen, bringen Geld in die Kassen der Stadt. Geografisch befindet sich die Stadt auf halbem Wege zwischen Nuuk und Diskobucht etwa 100 Kilometer nördlich des Polarkreises. Wie die meisten anderen Siedlungen auf Grönland liegt auch Sisimiut auf einer vorgelagerten Halbinsel und wurde auf sieben Hügeln gebaut. Ihr 784 Meter hoher Hausberg Nasaasaaq (Frauenkapuze) trennt die Stadt vom Rest der Halbinsel. Der beste Weg, nach Sisimiut zu kommen, ist wie in ganz Grönland mit dem Schiff. Darüber hinaus ist es auch möglich, die Stadt mit dem Flugzeug zu erreichen. Wenn Sie Sisimiut mit dem Schiff erreichen, werden Sie vermutlich zuallererst eines der typischsten Geräusche der Stadt vernehmen: Es ist das Geheule der Schlittenhunde. Sisimiut ist die südlichste Kommune Grönlands, in der das Halten von Schlittenhunden noch genehmigt ist.

■ Geschichte

Der Ursprung der Stadt liegt in einer Siedlung, deren Beginn sich nach Meinung der Wissenschaftler auf die Zeit um 2500 vor Christus datieren lässt und wohl der durch Robben- und Rentierjäger bestimmten Saqqaq-Kultur zuzuordnen ist. Auch Menschen aus späteren Kulturen wussten die Gegend wegen ihrer idealen Bedingungen für die Jagd zu schätzen. Im 15. Jahrhundert waren es dann die reichen Bestände an Robben und Walen, die immer mehr Walfänger in die Gegend brachten, und es entwickelte sich in den folgenden Jahrzehnten ein reger Handel zwischen der Siedlung und dem europäischen Festland.

Die Gründung der modernen Stadt Sisimiut fand jedoch erst im 18. Jahrhundert statt. Im Jahre 1764 wurde eine Handelsstation, die eigentlich bereits einige Jahrzehnte zuvor gegründet worden war, in die Gegend der heutigen Stadt verlegt. In den folgenden Jahren wuchs die Handelsstation, die damals noch ›Holsteinborg‹ hieß, rasch. Ein Rückschlag in der Entwicklung der Stadt trat 1801 ein, als fast 400 Menschen durch eine Pockenepidemie dahingerafft wurden. Dank seiner reichhaltigen Ressourcen erholte sich der Ort jedoch bald wieder und erlebte vor allem in der ersten Hälfte des 20. Jahrhunderts einen deutlichen Aufschwung. Seine heu-

Karte S. 261

tige Größe erreichte Sisimiut jedoch erst in den 1960er Jahren durch die Zentralisierungspolitik Dänemarks. Wie auch in Nuuk entstanden dabei einige architektonische Sünden, wie die Plattenbauten noch heute verdeutlichen.

Die Verarbeitung von Krabben ist heute der wichtigste Wirtschaftsfaktor in Sisimiut. In der Stadt befindet sich eine der modernsten Krabbenverarbeitungsanlagen der Welt. Auch die Verarbeitung von Kabeljau spielt eine wichtige Rolle. Die einstige wirtschaftliche Grundlage der Stadt, der Walrossfang, spiegelt sich heute nur noch im Wappen wieder. Es zeigt vor blauem Hintergrund einen silbernen Walrosskopf.

■ **Sehenswürdigkeiten**

Wenn Sie mit dem Schiff in Sisimiut ankommen, gelangen Sie linker Hand zum Yachthafen und rechts über die Aqqusinersuaq-Straße in das Zentrum der Stadt. Von hier aus biegt ein Weg auf die **Teleinsel**, die frühere Zimmermannsinsel, ab. Die Insel, die strenggenommen eigentlich nur eine Halbinsel ist, beherbergt einen der ältesten Teile Sisimiuts. Hier befinden sich daher auch noch Relikte und Häuser aus der Blütezeit des Walfangs, die besichtigt werden können. Interessant sind vor allem die in gutem Zustand erhaltenen Gebäude des **Speckhauses** und der **Böttcherei**. Zudem befindet sich auf der Halbinsel

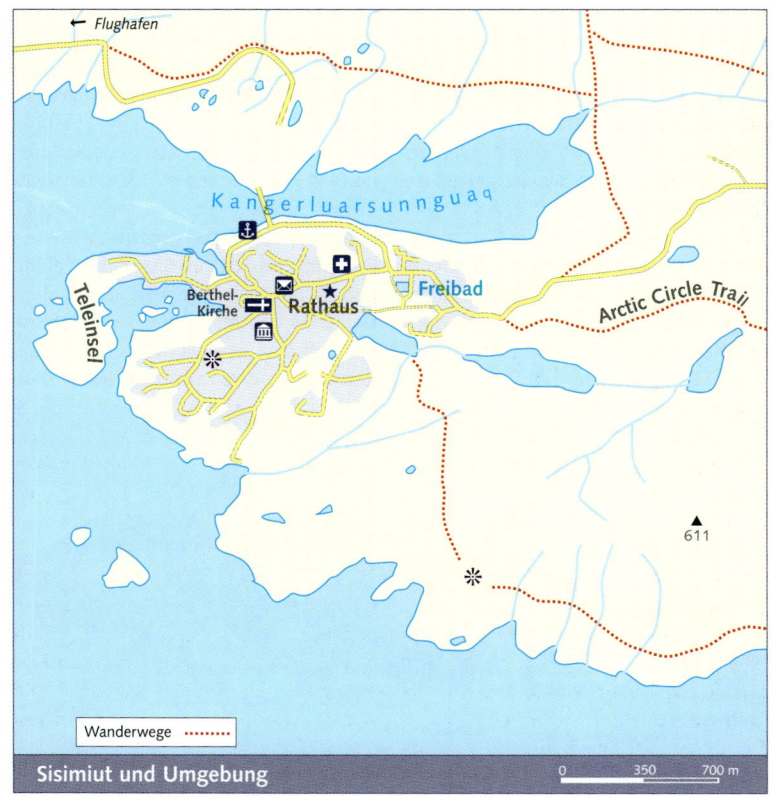

Sisimiut und Umgebung

Grönland

auch die **erste Werft Grönlands**. Wenn Sie sich die Mühe machen und auf den kleinen Hügel der Halbinsel steigen, haben Sie einen schönen Ausblick auf die Bucht und auf die Stadt.

Wenn Sie den Weg zurückgehen und der Hauptstraße weiter folgen, gelangen Sie rasch ins Stadtzentrum Sisimiuts, das gleichzeitig das alte Kolonialzentrum der Stadt und die Altstadt bildet. Hier wurde die Stadt 1764 gegründet, und hier befindet sich auch die älteste hölzerne Kirche Grönlands, die **Berthel-Kirche**. Sie wurde 1775 geweiht und von der damaligen Bevölkerung auch selbst bezahlt. Besonders auffällig an der Kirche ist der hohe Bogen vor dem Gotteshaus. Er besteht aus den Kieferknochen eines Grönlandwales, der im Jahre 1902 im Fjord gestrandet war. Bis zu Beginn des 20. Jahrhunderts war die Berthel-Kirche das wichtigste Gotteshaus in Sisimiut, wurde dann jedoch von der roten, über dem zentralen Kolonialplatz gelegenen Kirche abgelöst.

Hinter der alten Kirche befindet sich auch das sogenannte **Alte Haus**. Heute ist das Gebäude Hauptgebäude und Teil einer Museumsanlage, die zudem noch in weiteren alten Kolonialhäusern beheimatet ist. Das dem Haus beigefügte

Adjektiv ›alt‹ kommt nicht von ungefähr. Ursprünglich wurde es 1755 in der Nähe Bergens in Norwegen errichtet, dann jedoch von Auswanderern abgebaut und in Sisimiut wieder aufgebaut. An seinem jetzigen Platz steht es seit 1764 und hat in der Zeit bis heute eine unglaubliche Vielzahl von Funktionen erfüllt. Zunächst war es das Wohnhaus eines der Söhne von Hans Edege, später Polizeistation, Bäckerei und Poststation. Heute beherbergt das Haus eine Ausstellung mit archäologischen Funden aus der Saqqaq-Kultur als Teil des **Sisimiut-Museums** (Tel. +299/86 25 50, www.museum.gl/sisimiut).

Auch das neben dem Alten Haus stehende Gebäude hat eine interessante Geschichte vorzuweisen. Es wurde Mitte des 19. Jahrhunderts gebaut und versorgte die Stadt mit allen wichtigen Gütern, wie Lebensmitteln, Einrichtungsgegenständen oder Textilien. Innerhalb des heutigen Museumskonzeptes werden hier nun wechselnde Sonderausstellungen präsentiert.

Der **südliche Teil von Sisimiut** ist ebenfalls einen Abstecher wert. Mit seinen kleinen und farbenfrohen Häusern ist er ein typischer grönländischer Stadtteil, dessen Häuser an Lego-Bausteine erin-

Karte S. 261

Der historische Dorfkern von Sisimiut mit Museum und Kirchen

Schlittenhundwelpen

nern. Daher trägt der Teil der Stadt auch den Beinamen ›Legoland‹.

Wenn man sich nach einem anstrengenden Tag etwas erholen oder bummeln will, ist die **Hauptstraße Aqqusinersuaq** zu empfehlen. Hier befinden sich viele nette kleine Geschäfte, Restaurants und Imbisse. Ein weiterer Tipp zum Entspannen ist das **Freibad Sisimiuts**, das angesichts der Temperaturen natürlich beheizt ist! Es liegt ganz in der Nähe der neuen Schule und findet auch bei den Bewohnern der Stadt großen Anklang.

■ **Ausflüge in die Umgebung**

Aufgrund seiner Lage eignet sich Sisimiut hervorragend für Ausflüge in die Umgebung, bei denen man jedoch auf einen ortskundigen Führer nicht verzichten sollte. Das Touristenbüro der Stadt bietet eine Reihe von lohnenswerten Bootsfahrten an. Vor allem die Touren zu den **alten Walfängerstationen** Nipisat, Sarfannguaq und Itilliq sind sehr zu empfehlen. Mit etwas Glück steht ein Besuch in den Dörfern auch im Rahmen Ihrer Expeditionsreise auf dem Programm. In den kleinen malerischen Dörfern leben heute noch um die 100 Einwohner. Sie

ernähren sich wie ihre Vorfahren vor allem durch die Jagd und den Fischfang. Darüber hinaus können von Sisimiut eine Vielzahl von **Wanderungen** unternommen werden, die je nach Ziel mehrere Tage in Anspruch nehmen können, dafür aber auf wunderbare Art und Weise die Einsamkeit und die Weite Grönlands zu vermitteln vermögen. Für Freunde von Bergwanderungen sei auf jeden Fall die Tour auf den **Nasaasaaq-Berg** empfohlen, für die gutes Wetter und eine klare Sicht jedoch unabdingbare Voraussetzungen sind. Der Weg führt vorbei an einem malerischen See, durch eine Schlucht und auf verschiedene Plateaus. Das letzte Stück bis zum Gipfel ist sehr steil, jedoch helfen dort befestigte Seile beim Aufstieg. Oben angekommen, entschädigt ein Blick über Sisimiut, über die Fjorde auf das Meer und Richtung Hinterland für alle Strapazen. Für die gesamte Wanderung sollte man um die sechs Stunden einplanen. Beliebt sind auch Wanderungen in das **verlassene Dorf Assaqutaq**, wobei ein Stück des Weges mit dem Boot zu dem auf einer Insel gelegenen Dorfes bewerkstelligt werden muss, und um die Bucht Kangerluarsunnguaq zum **Pfarrberg**.

ℹ️ Sisimiut

Wanderkarten sowie detaillierte Auskünfte zu allen Touren bekommt man bei der **Touristeninformation**, die ebenso wie diejenige in Kangerlussuaq von World of Greenland betrieben wird, Tel. +299/86 30 00, Fax 86 46 16, www.greenland-guide. gl, info@wogac.com.

Lage: 66°56'9" N, 53°40'3" W.

Grönland

Der Arctic Circle Trail

Wenn Sie in Sisimiut Zeit haben, sollten Sie auf alle Fälle zum östlichen Ende der Stadt wandern und ein Stück auf dem Arctic Trail gehen. Für alle Wanderfreunde ist dieser insgesamt 170 Kilometer lange Wanderweg sicher einer der Höhepunkte der gesamten grönländischen Insel. Der Weg verläuft ungefähr 100 Kilometer nördlich des Polarkreises und verbindet die beiden Städte Sisimiut und Kangerlussuaq miteinander.

In der Regel starten die meisten Besucher von Kangerlussuaq aus ihren Weg, da die Stadt über einen internationalen Flughafen verfügt. Selbstverständlich kann der Wanderweg auch in entgegengesetzter Richtung zurückgelegt werden. Insgesamt dauert die gesamte Strecke zwischen zehn und vierzehn Tagen, je nach Geschwindigkeit und Wetterlage. Man sollte darauf achten, dass die Wandertour nur zwischen Juni und September schneefrei ist. Zwar kann man sich auch im Winter auf den Weg machen, die Bewerkstelligung der Strecke ist dann aber um ein vielfaches mühsamer.

Man sollte den Weg nur antreten, wenn man körperlich fit ist und sich über alle eventuellen Risiken informiert hat. Zu empfehlen ist auch, sich bei der örtlichen Polizeiwache zu melden und die ungefähre Wanderzeit angeben. Wenn man sich dann nach Ablauf einer gewissen Frist bei der Polizeiwache der Zielstadt nicht wieder gemeldet hat, wird eine Suche veranlasst. Als Grundausrüstung sind ein Kocher, ein Zelt, sehr gute Kleidung und Schuhwerk sowie ein Schlafsack, der auch unter 0 Grad warmhält, mitzubringen oder aber vor Ort auszuleihen. Denken Sie daran, dass große Teile des Weges sumpfig sein können! Machen Sie sich aber insgesamt keine zu großen Sorgen, denn der Arctic Circle Trail ist eigentlich bei der richtigen Vorbereitung und angemessener Ausrüstung keine schwierige Wanderung. Sie müssen auch keine Angst haben, den Weg nicht zu finden. Zum einen ist er durch die viele Nutzung deutlich sichtbar, zum anderen weisen auch Markierungen, kleine Steinmännchen, den Weg.

Sollten Sie Ihre Wanderung in Kangerlussuaq beginnen, folgt der Arctic Circle Trail zunächst der Straße bis zur Forschungssiedlung Kellyville, wo der eigentliche Weg beginnt. Von hier an läuft man ungefähr 50 Kilometer parallel zum Fjord und kann die wunderschöne Landschaft genießen. Am Ufer des Sees Amitsorsuaq gibt es dann auch eine Hütte, in der man übernachten kann. Insgesamt liegen sieben Hütten auf der gesamten Strecke. Die Hütten sind zwischen 12 und 22 Kilometer voneinander entfernt und stehen kostenlos zur Verfügung. Meist bieten die Hütten Schlafplätze für vier Personen.

Am See angekommen, hat man dann zwei Möglichkeiten: Entweder man überquert den See mit einem der bereitstehenden Kajaks oder nimmt alternativ die Trekkingroute, die immer am Ufer des Sees entlangführt und etwa 25 Kilometer lang ist. Von hier an beginnt die Landschaft sich zu verändern und immer hügeliger zu werden.

Der nächste Streckenabschnitt, der etwa 40 Kilometer umfasst, führt Sie an den Fluss Ittineq, über den seit 2008 eine Brücke führt, so dass die Überquerung keine Probleme darstellt. Die hügelige Landschaft weicht nun mehr und mehr einem Küstengebirge. Etwa 20 Kilometer vor Ihrem Ziel Sisimiut verläuft der Weg noch einmal entlang des wunderschönen Fjords Kangerluarsuk Tuuleq, wo sich auch die letzte Hütte der Strecke befindet. Nach zehn bis vierzehn Tagen sollten Sie dann Ihr Ziel Sisimiut erreicht haben und können sich voller Stolz auf dieses Abenteuer ein wenig erholen.

Ilulissat

Ilulissat ist zwar nur die drittgrößte Stadt Grönlands, aber sicherlich die Touristenhochburg der Insel schlechthin. Vor allem die attraktive Lage der 4500 Einwohner zählenden Stadt am Ostufer der Diskobucht und unmittelbar am beliebten Eisfjord Kangia gelegen, machen einen Besuch für Touristen aus aller Welt sehr attraktiv. Zudem profitiert die Stadt seit den 1990er Jahren vom weltweiten Kinoerfolg des Filmes ›Fräulein Smillas Gespür für Schnee‹. Daneben dürfte auch das im Sommer sehr angenehme Klima seinen Teil zum Erfolg der Stadt beigetragen haben. Während im Winter durchaus –30 Grad gemessen werden können, liegen die Temperaturen in den Sommermonaten bei 20 Grad und mehr. Dieses Klima erlaubt es auch den kälteempfindlicheren Besuchern, den eigentlich eisigen Norden kennenzulernen. Die Nähe von Ilulissat zum Eisfjord wird bereits im Namen deutlich. Die direkte Übersetzung des Namens bedeutet ›Eisberge‹. Auch im Wappen, in dem ein Eisberg in wechselnden Farben abgebildet ist, zeigt sich die enge Verbundenheit von Ilulissat mit seiner Umgebung. Seit einigen Jahren bildet Ilulissat mit einer Reihe anderer Siedlungen an der Westküste (Qaanaaq, Upernavik, Uummannaq, Qeqertarsuaq, Qasigiannguit, Aasiaat, Kangaatsiaq) die Großgemeinde Qaasuitsup, die nach eigenen Angaben die flächenmäßig größte Gemeinde der Welt ist (www.qaasuitsup.gl).

Bei der Ankunft mit dem Schiff fällt einem vor allem das Nebeneinander von Tradition und Moderne rasch ins Auge. Neben kleinen Hütten für die Jagd und den über 6000 Schlittenhunden, die mit ihrem Heulen weithin vernehmbar sind, gibt es auch moderne Fabriken, schicke Restaurants und Hotels. Auch die der dänischen Politik der 1960er Jahre geschuldeten Wohnblöcke mit ihren kleinen Balkonen fehlen hier nicht.

Lange waren die Fisch- und Krabbenverarbeitung die wichtigsten wirtschaftlichen Zweige. In den letzten Jahren wurde der Tourismus immer wichtiger und veränderte natürlich auch das Gesicht der Stadt, die mittlerweile über eine gut ausgebaute Infrastruktur für ihre Besucher verfügt. Neben einem fünf Kilometer entfernten Flughafen, der nicht nur innergrönländische Ziele, sondern auch Island anfliegt, wird auch der Hafen von Ilulissat durch den Schiffsverkehr mit den anderen westgrönländischen Städten und Europa verbunden.

Vielen deutschen Reisenden ist Ilulissat sicherlich auch ein Begriff im Zusammenhang mit dem Klimawandel. 2007 besuchte die deutsche Kanzlerin Angela Merkel zusammen mit ihrem damaligen dänischen Amtskollegen Anders Fogh Rasmussen die Stadt, um die globale Klimaerwärmung und das Abschmelzen des arktischen Eises zu thematisieren. Zudem wurde in Ilulissat 2008 die ›Arctic Ocean Conference‹ abgehalten, auf der sich Vertreter der arktischen Anrainerstaaten über die wirtschaftliche, politische und ökologische Zukunft der arktischen Region austauschten.

■ Geschichte

Die Gegend um Ilulissat war bereits in der vorchristlichen Zeit ein beliebter Siedlungsplatz für unterschiedliche Inuit-Kulturen. Wissenschaftler haben anhand von Ausgrabungen nachgewiesen, dass sich hier bis zum 18. Jahrhundert die größte Inuit-Siedlung in ganz Grönland befunden haben muss. Auch der aus Dänemark stammende Kaufmann Jacob Severin sah die Gegend als idealen Standort für eine Handelsstation an

Grönland

Im geschäftigen Hafen von Ilulissat

und gründete im Jahre 1741 nördlich des Eisfjords eine Siedlung, die er nach seinem eigenen Namen ›Jakobshavn‹ nannte, was bis heute der dänische Name für Ilulissat ist. Dank des florierenden Walfanges erlebte die Siedlung einen raschen Aufschwung und war bereits einige Jahre nach ihrer Gründung mit 600 Einwohnern die größte Stadt Grönlands. Zusätzlich zur Handelsstation kam auch eine Missionsstation hinzu.

Mit dem Rückgang des Walfanges im 19. Jahrhundert hielten Arbeitslosigkeit und soziale Probleme wie Alkoholkonsum jedoch vermehrt Einzug in die westgrönländische Siedlung. Erst als 1890 die Grönländische Handelsgesellschaft mit dem Heilbuttfang begann, ging es auch mit dem Aufschwung der Stadt weiter. In den 70er Jahren des letzten Jahrhunderts sorgte eine moderne Fischfabrik dafür, dass immer mehr Menschen aus den umliegenden Gegenden nach Ilulissat zogen. In der damaligen Zeit entstanden auch einige der architektonischen Sünden, die heute das Stadtbild mitprägen.

Der bekannteste Einwohner von Ilulissat und bis heute der Stolz der Stadt war der berühmte Polarforscher Knud Rasmussen, der von hier aus in vielen Expeditionen die unbekannten Teile der Arktis erkundete und immer aktiv für den Zusammenhalt und das Selbstbewusstsein der Inuit eintrat. Rasmussen wurde 1879 in Ilulissat als Sohn eines Pastors geboren (→ S. 74). Neben Rasmussen ist auch der Pfarrer Mathias Storch zu erwähnen, der ebenfalls aus der Stadt stammt. Er war der erste Grönländer überhaupt, der in den 50er Jahren des letzten Jahrhunderts zum Bischof ernannt wurde. Storch erlangte darüber hinaus auch Bekanntheit durch seinen unermüdlichen Einsatz für die Unabhängigkeit Grönlands. Auch der Grönlandforscher Jørgen Brønlund, ein Weggefährte von Rasmussen, hat seinen festen Platz in der Ehrenliste der Stadt.

■ Sehenswürdigkeiten

Angesichts der einmaligen Lage und der guten klimatischen Bedingungen ist es wenig verwunderlich, dass Ilulissat in den letzten Jahren seine Beliebtheit bei Besuchern aus aller Welt steigern konnte. Während der Sommermonate sind die Temperaturen angenehm warm, und

Wohnblocks in Ilulissat

Karte S. 267

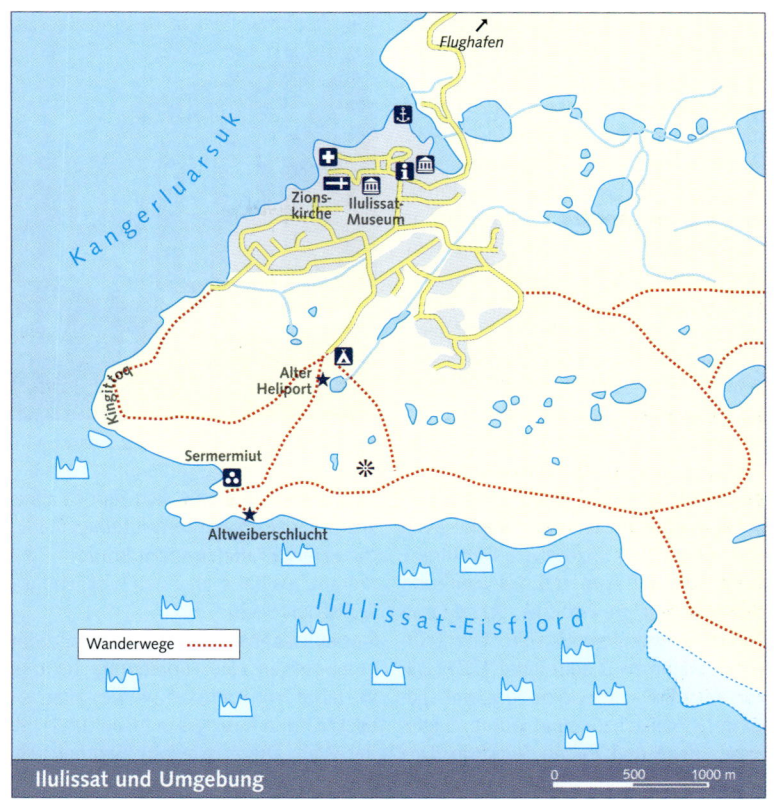

Ilulissat und Umgebung

Wanderwege ·········

0   500   1000 m

es lockt ein atemberaubender Blick über den Eisfjord. Doch auch im Winter ist die Stadt durchaus interessant. In den eiskalten Polarnächten werden beispielsweise unvergessliche Hundeschlittenfahrten angeboten.

Auch die Siedlung selber kann ihren Besuchern einiges bieten. Direkt am Hafen erinnern **drei alte Holzhäuser** an die Kolonialzeit der Stadt. Eines davon, das schwarze Lagerhaus, ist das älteste noch erhaltene Gebäude von Ilulissat aus dem Gründungsjahre 1741. Heute beherbergt das Gebäude eine Ausstellung mit alten Maschinen und Werkzeugen aus der Kolonialzeit. Im zweiten der alten Gebäude am Hafen ist ebenfalls eine Ausstellung des örtlichen Museums untergebracht. Hier kann man sich über die Geschichte des Fischfanges und der Jagd in der Region informieren. Zudem werden aktuelle wie traditionelle Werkzeuge der Inuit gezeigt. Die Kanonen neben dem Gebäude werden übrigens noch heute genutzt, um die ersten Versorgungsschiffe nach dem Winter anzukündigen. Im dritten Kolonialhaus am Hafen befindet sich schließlich das **Kunstmuseum** mit Gemälden des Künstlers Emanuel Petersen, der wunderbare Bilder der grönländischen Landschaft anfertigte.

Sehr sehenswert in der Stadt ist auch die **Zionskirche**. Sie wurde 1782 errichtet, jedoch bereits 1779 vorgefertigt und nach Grönland transportiert. Ihr ursprünglicher erster Standort lag 50 Meter weiter in Richtung des Meeres. 1929 entschied man sich jedoch, die Kirche zurückzuverlegen, da Eis und Wasser dem Gebäude immer mehr zusetzten. Ebenso wie andere Kirchen auf Grönland, so beispielsweise in Sisimiut, wurde auch die Zionskirche in Ilulissat vor allem aus Spendengeldern der Bewohner und mit der Unterstützung der Grönländischen Handelsgesellschaft errichtet. Daher wurde auch ein Teil der Kirche bis zum Beginn des 20. Jahrhunderts von der Handelsgesellschaft als Krankenhaus genutzt. Es lohnt sich, die Kirche auch von innen näher anzusehen. Der Innenraum ist in den Farben türkis, weiß und gelb gehalten, die Eisberge, Schnee und Sonne symbolisieren sollen. Die Taufschale stammt aus dem Jahre 1779. Die Porträts im Dachgewölbe, das erst später der Kirche hinzugefügt wurde, zeigen Hans Edege und Jorgen Sverdrup. Das Schiff, das Sie in der Kirche sehen, stammt interessanterweise aus Wismar. Falls Sie sich über die Mikrofone in der kleinen Kirche wundern sollten, sei noch angemerkt, dass jeden zweiten Sonntag der Gottesdienst live im Radio übertragen wird.

Auf dem Weg zwischen Hafen und Zionskirche kommen Sie an einem **Gedenkstein** vorbei, der dem bekanntesten Einwohner von Ilulissat, Knud Rasmussen, gewidmet ist. Die Inschrift lautet übersetzt: »Grönlands treuem Sohn«. Wenn Sie von hier aus der Straße parallel zum Meer folgen, kommen Sie auch unweit des Krankenhauses zum Geburtshaus von Rasmussen, in dem sich heute ein Museum befindet. Auf

Das Geburtshaus von Knud Rasmussen

der Strecke lohnt es sich jedoch eine kleine Pause im ältesten Hotel der Stadt, dem **Hvide Falk**, zu machen. Vom Restaurant aus hat man einen wirklich fantastischen Blick.

Das **Ilulissat-Museum** ist in einem zweigeschossigen Haus untergebracht, das im Jahre 1848 erbaut wurde. Hier erblickte Knud Rasmussen 1879 das Licht der Welt. Die Ausstellung widmet sich aber nicht nur dem Leben des berühmten grönländischen Polarforschers, sondern zeigt auch viele Ausstellungsgegenstände zur Geschichte der Region, wie etwa Nationaltrachten. Auch die Geschichte der Minenstadt Qullissat wird hier thematisiert. Vor dem Museum kann man noch zwei Nachbauten von Inuit-Häusern besichtigen (1. April–30. Sept. tgl. 10–17 Uhr, 1.Okt–31. März Mo–Fr 12–16 Uhr, Eintritt: DKK 35, ilumus@qaasuitsup.gl).

Durchaus interessant ist auch ein Besuch des lokalen **Marktes**, der sich in der Nähe der Touristeninformation befindet. Hier kann man allerlei exotische Köstlichkeiten wie beispielsweise Walhaut (Mattak) probieren.

Die wichtigste Sehenswürdigkeit von Ilulissat liegt jedoch außerhalb der Stadt: der **Eisfjord**, ein Weltnaturerbe der UNESCO (→ S. 270).

■ **Ausflüge in die Umgebung**

Die Gegend um Ilulissat eignet sich hervorragend für Wanderungen und organisierte Ausflüge. Eine schöne Wanderung beginnt beispielsweise am alten Heliport des Ortes und führt zunächst zu den **Ruinen der alten Siedlung Sermermiut**. Die vielen kleinen Hügel weisen auf die ehemaligen Gebäude hin. Über Jahrtausende hinweg siedelten hier unterschiedliche Inuit-Kulturen. Hier angekommen, lohnt es sich, noch weiter zu gehen und den Weg in östliche Richtung zur **Altweiberschlucht** einzuschlagen. In früheren Zeiten stürzten sich hier alte Frauen in den Abgrund, um in Phasen der Nahrungsknappheit das Überleben der Kinder und jungen Leute zu gewährleisten. Von hier aus kommt man auch auf den **Hügel Seqinniarfik**, wo sich zwei Inuit-Gräber befinden. Ein Weg Richtung Norden führt dann zurück in die Stadt und rundet so die Tour ab. Schlägt man hingegen von Sermermiut aus den westlichen Weg ein, gelangt man zur **Kapspitze Kingittoq**, von

wo sich ein traumhafter Blick auf den Fjord und auf die Stadt bietet.

Auch mehrtägige Wanderungen in der Gegend um Ilulissat sind möglich. Rund drei Tage ist man unterwegs, wenn man eine **Tour rund um die Stadt** macht, die zu schönen Seen und auf Berge führt.

Gut eine Woche dauert die **Wanderung auf die Hochebene Paakitsup Nuuna**, die man mit einem Abstecher zum Gletscher Sermeq Avannerleq verbinden kann. Zurück kann man dann auch mit dem Boot fahren.

Eine etwas kürzere Wanderung führt in rund zwei Tagen in die kleine **Siedlung Oqaatsut**, die mit ihren 40 Einwohnern vor allem vom Walfang lebt. Noch heute kann man sehen, wie an der alten Anlegestelle Wale zerlegt werden. Ein gemütliches Restaurant befindet sich ebenso hier wie die Möglichkeit zur Übernachtung in einem Gästehaus, das in einem ehemaligen Gebäude der Grönländischen Handelsgesellschaft untergebracht ist.

Für alle Wanderungen empfiehlt es sich vor dem Aufbruch, Karten und Tipps beim Touristenbüro in Ilulissat zu besorgen.

Auch zahlreiche organisierte **Boots-touren** in den Sommermonaten bezie-

Grönland

Tankanlage am Hafen und Eisberge

hungsweise Hundeschlittentouren im Winter und Frühjahr werden von Ilulissat aus organisiert. Auch hier ist das Touristenbüro die Anlaufstelle, um die Touren zu buchen. Besonders zu empfehlen ist ein Ausflug in die 60 Kilometer von Ilulissat entfernt gelegene **Siedlung Ataa**. Die Siedlung wurde 1946 eigentlich aufgegeben, erlangte in den 1990er Jahren jedoch Weltruhm. Der Grund hierfür waren die Dreharbeiten für den Film ›Fräulein Smillas Gespür für Schnee‹, die hier stattfanden. Die Häuser, die damals als Filmkulisse aufgebaut wurden, werden heute als Feriensiedlung genutzt und liegen in traumhafter Umgebung zwischen der Küste und dem großen See Tasersuaq. Die Gegend bietet eine Vielzahl von unterschiedlichen Aktivitäten: Kajakfahren, Robben- und Walbeobachtungen, Bootsausflüge oder Angeln.

ℹ Ilulissat

Es gibt mehrere Anbieter von Touren in Ilulissat, zum Beispiel **Ilulissat Tourist Nature**, Kussangajaannguaq 5, Tel. +299/94 44 20, www.ilulissattn.com;
Greenlandtours Elke Meissner, Tel. +299/94 44 11, www.www.green landtours.gl.

⊚

Lage: 69°12'59" N, 51°6'0" W.

Der Ilulissat-Eisfjord Kangia

Von Ilulissat aus führt der Weg zum Eisfjord am Helikopterflugplatz vorbei in südliche Richtung. Egal, welchen Weg man dann genau einschlägt, der weiß glänzende Fjord ist bereits von weitem gut sichtbar und daher kaum zu verfehlen. Der Fjord, der auf grönländisch Kaniga heißt, hat eine Länge von 40 Kilometern und eine Breite von 7 Kilometern. Seit dem Jahr 2004 gehört er zum UNESCO-Weltnaturerbe. Die Gletscherströme haben ihren eigentlichen Ursprung weit im ewigen Eis des Landesinneren. Im Inneren des Fjordes beträgt die Wassertiefe mehr als einen Kilometer, an der Mündung hingegen nur 200 Meter. Dieser Tiefenunterschied, die sogenannte Fjordschwelle, ist die Ursache dafür, dass hier riesige Eisberge auf Grund laufen und so ein Stau entsteht. Erst wenn der Druck der nachrückenden Eismassen zu groß wird oder die Eisberge in kleinere Teile zerbrochen sind, können sie daher ins freie Meer gelangen. Von dort treiben sie über die Diskobucht und die Baffinbucht entlang der kanadischen Küste. Die größten von ihnen schmelzen oftmals erst endgültig auf der Höhe von New York.

Wenn man den Fjord erreicht hat, sollte man erst einmal tief durchatmen. Die Luft am Eisfjord ist nämlich gesättigt mit Sauerstoff, der frei wird, wenn kleinere Teile von den größeren Eisbergen abbrechen.

An Ende des Fjordes, zur Landseite hin, liegt der aktivste Gletscher der Erde, der **Sermeq Kujalleq**, der hauptverantwortlich für die gewaltige Eisproduktion ist. Seine Geschwindigkeit beträgt unglaubliche 20 Meter pro Tag. Damit produziert er täglich etwa 20 Millionen Tonnen Eis. Die Eisteile, die hier täglich abbrechen, haben eine Dicke von bis zu einem Kilometer und wiegen dabei über eine Million Tonnen!

Es ist ein wahrlich faszinierendes Schauspiel, die durch Gezeitenströmungen verursachten Bewegungen der Eisberge im Fjord zu beobachten. Von den örtlichen Touristenbüros werden auch Bootsfahrten im Eisfjord angeboten. Die Fahrt durch die eisige Landschaft hat auch deswegen einen besonderen Reiz,

Karte S. 267 ▲

Der Eisfjord bildet eine gewaltige Kulisse im Südosten der Stadt

Vor allem die Diskobucht ist eines der Hauptreiseziele für Grönlandbesucher. Zahlreiche Kreuzfahrtschiffe haben die Bucht in den Sommermonaten zum Ziel und auch mehrere Expeditionsschiffe, wie die MS Fram, kreuzen den ganzen Sommer in diesem Gebiet. Um die Diskoinsel, die 8578 Quadratkilometer groß ist, ranken sich in Grönland viele Erzählungen und Mythen. Eine der Geschichten erzählt beispielsweise, dass die Insel einst in Südgrönland lag. Die damaligen Bewohner fühlten sich jedoch durch die Insel direkt vor ihrer Küste gestört, behinderte sie doch den freien Zugang zum Meer. Zwei alte Männer beschlossen daraufhin, so die Geschichte weiter, mit Hilfe von Zauberkräften die Insel zu verschieben. Sie nahmen ein Haar eines Kindes und befestigten dieses an der Diskoinsel einerseits und an einem Kajak anderseits. Trotz der Gegenwehr eines Gegenspielers, der an der anderen Seite einen Riemen aus Robbenleder befestigt hatte, um dagegen zu halten, schafften es die beiden alten Männer unter Verwendung von Zauberversen, die Insel an ihren heutigen Platz zu ziehen.

weil theoretisch jederzeit instabil gewordene Eisberge zerbrechen könnten. Die dadurch ausgelösten Flutwellen würden dann die Boote mit Sicherheit zum Kentern bringen. Aber die Menschen der Region kennen ›ihren‹ Eisfjord und beherrschen ihre Boote perfekt. Die Schiffstouren sind daher nicht nur ein besonderes, sondern letzten Endes auch gefahrloses Erlebnis. Nicht weniger eindrucksvoll ist auch ein Helikopterflug über dem Fjord. Von oben ist die Struktur der Eisberge hervorragend zu sehen, zudem sieht man auch die zahlreichen Robben, die sich auf den Eisschollen aufhalten.

Qeqertarsuaq und Diskoinsel

Die Diskobucht wie auch die Diskoinsel sind die nächsten Ziele an der Westküste in nördliche Richtung. Beide gehören zu den bekanntesten Attraktionen Grönlands schlechthin. Die Stadt Qeqertarsuaq liegt im südlichen Teil der Insel und ist mit ihren rund 1000 Einwohnern gleichzeitig auch deren Hauptort. Der Name der Stadt bedeutet in etwa ›Große Insel‹.

Grönland

Weltnaturerbe: der Eisfjord Ilulissat

Aus geologischer Sicht waren jedoch wohl weniger die Zaubersprüche zweier Greise als vielmehr ein unterseeischer Ausbruch eines Vulkans für die Entstehung der Diskoinsel verantwortlich. An einigen Stellen der Insel, beispielsweise an der Küste bei Kuanneq oder bei den warmen Quellen, lässt sich der vulkanische Ursprung auch heute noch gut sichtbar nachvollziehen.

■ Geschichte

Bereits vor 4000 Jahren war die Diskoinsel von Menschen besiedelt. In der Nähe des Hauptortes Qeqertarsuaq fanden Forscher Spuren einer Inuit-Kultur. Es wird jedoch heute davon ausgegangen, dass die Gegend nur für eine relativ kurze Zeit besiedelt war und wahrscheinlich den Inuit eher als Zwischenstation auf ihrem weiteren Weg in den Süden diente. Die ersten permanenten Siedler waren daher wohl die Inuit der Dorset-Kultur, die sich vor rund 2000 Jahren in der Region niederließen.

Die Kolonialgeschichte der Gegend und damit auch die moderne Geschichte von Qeqertarsuaq begann erst im Jahre 1773, als der Walfänger Svend Sandgreen die Siedlung gründete. Aufgrund der günstigen Bedingungen für einen Naturhafen nannte er die neue Siedlung ›Godhavn‹ – guter Hafen. Über Jahrhunderte hinweg wurde der Walfang daraufhin zur wichtigsten wirtschaftlichen Grundlage der Siedlung. Das heutige Wappen der Stadt mit dem Grönlandwal als zentralem Symbol zeugt heute noch von der großen Bedeutung des Walfanges.

Zu Beginn der Siedlung im 18. Jahrhundert wohnten die meisten Einwohner nur zeitweise in Qeqertarsuaq. Erst mit dem Ausbau der Siedlung verbesserten sich die Lebensbedingungen soweit, dass mehr und mehr Menschen auch dauerhaft siedelten. Vor allem Dänemark mit seinem Anspruch eines Handelsmonopols wollte mit dem Ausbau der Siedlung eine Bastion gegen die

Qeqertarsuaq und Umgebung

Grönländer beim Fischen

Walfangaktivitäten anderer Nationen setzen. Als die dänische Regierung jedoch zu Beginn des 19. Jahrhunderts, geschwächt durch die Napoleonischen Kriege, in Geldnot geriet, beschloss man, Godhavn aufzugeben. 1850 wurde auch der Walfang eingestellt. Die Stadt schaffte es jedoch, sich wieder zu entwickeln und wurde vor allem im 20. Jahrhundert mehr und mehr zu einer modernen Stadt, deren wirtschaftliche Basis die Fischerei ist.

■ **Sehenswürdigkeiten**
Qeqertarsuaq ist trotz seiner nur 1000 Einwohner flächenmäßig relativ groß. Die vielen bunten Einfamilienhäuser stehen locker verstreut und machen den Ort insgesamt sehr ansehnlich. Vor allem der Hafen mit seinen vielen alten Kolonialhäusern ist sehenswert und erinnert an die Gründerzeiten der Siedlung.
In einem der Häuser ist auch das **Museum** von Qeqertarsuaq untergebracht. Das im Jahre 1840 errichtete Gebäude war früher Sitz des Kolonialinspektors und wurde nach einer wechselvollen Nutzungsgeschichte 1992 zu einem

Heimatmuseum umgebaut. Die Ausstellung des Museums erstreckt sich über zwei Etagen und berichtet über die Geschichte der Stadt sowie über die Jagd- und Fischfangkultur der Inuit. Mit der Harpune, die vor dem Museum zu sehen ist, wurde übrigens auch der Wal getötet, dessen mächtige Kieferknochen vor dem Gebäude zu bestaunen sind. Darüber hinaus zeigt das Museum aber auch Gemälde des grönländischen Künstlers Jakob Danielsen, dessen Gemälde vor allem Szenen aus dem Walfängeralltag darstellen (Tel. +299/92 11 53, qeq. mus@greennet.gl).
Auch die **Kirche** des Ortes ist mit ihrer achteckigen Form eine Besonderheit. Das Gotteshaus, das 1914 gebaut wurde, wird aufgrund seiner außergewöhnlichen Form von den Einwohnern Qeqertarsuaqs auch das ›Tintenfass Gottes‹ genannt. Im Inneren der Kirche dominieren vor allem die typisch grönländischen Farben Rot und Blau; anstelle des sonst üblichen Segelschiffes ist hier jedoch ein sogenanntes Frauenboot (ein traditionelles Fellkajak) an der Decke angebracht.

■ **Ausflüge in die Umgebung**
Die meisten Besucher kommen wohl weniger aufgrund der Sehenswürdigkeiten der Stadt selber nach Qeqertarsuaq, sondern vielmehr, um von hier aus die Schönheit der Diskoinsel zu erleben.
Einen ersten Einblick von der Umgebung der Stadt gewinnt man, wenn man sich auf den kurzen Fußmarsch zum **südlichsten Punkt der Insel**, Qaqqaliaq, begibt, wo sich ein alter Aussichtsposten befindet. Hierzu verlässt man die Stadt in Richtung Süden. Auf dem Weg zum Aussichtsposten kommt man auch an alten Gräbern der Inuit vorbei. Schon von weitem fällt dann bald ein kleines, kuppel-

Grönland

artiges Bauwerk auf einer der Klippen auf. Über Jahrhunderte hinweg war hier der Aussichtsposten der Walfänger, und noch heute gehen Jäger in den Frühjahrsmonaten hierher, um die Wind- und Wetterbedingungen auf dem Meer zu beobachten. Der Blick auf die Hafeneinfahrt von Qeqertarsuaq sowie auf die umliegenden Basaltberge im Hinterland ist beeindruckend. Die Basaltberge entstanden vor rund 60 Millionen Jahren. Fast die gesamte Diskoinsel besteht aus Basalt. Zudem hat man auch gute Chancen, vom Aussichtspunkt aus Wale in ihrer natürlichen Umgebung zu sehen.

Ein weiterer kürzerer Ausflug in die unmittelbare Umgebung von Qeqertarsuaq führt zur **Arktisk Station**, die unweit des Heliports gelegen ist. Das bereits 1906 gegründete Forschungszentrum gehört zur naturwissenschaftlichen Fakultät der Kopenhagener Universität (www.arktiskstation.ku.dk). Waren die Forscher zu Beginn vor allem an der Artenvielfalt der Diskoinsel interessiert, forschen und lehren hier heute Wissenschaftler aus den unterschiedlichsten Disziplinen wie Zoologie, Geografie und Geologie. Zudem ermöglicht das Zentrum Forschern aus der ganzen Welt, auf die Diskoinsel zu kommen und eigene Forschungen zu betreiben. Dafür verfügt die Arktisk Station über eine Reihe von Gästezimmern sowie über eine hervorragend ausgestattete Bibliothek, die zudem die größte naturwissenschaftliche Bibliothek in ganz Grönland ist. Auch Besucher aus dem außerwissenschaftlichen Spektrum haben einmal in der Woche die Möglichkeit, die Station zu besichtigen. Informationen hierzu bekommt man bei der Touristeninformation oder direkt bei der Station. Die Arktisk Station eignet sich auch hervorragend als Ausgangspunkt für weite-

re Wanderungen in der Region. Geht man vor hier aus an der Küste entlang, erreicht man nach ungefähr zwei Kilometern den **Roten Fluss**, den Rode Elv. Der Fluss wird vor allem vom Schmelzwasser des Lyngmarksgletschers gespeist, das auch den rötlichen Sand mittransportiert, der für den Namen des Flusses verantwortlich ist. Der Wasserfall Qolortorsuaq stürzt hier über mehrere Stufen in die Tiefe und bietet einen spektakulären Anblick.

Wenn man die Brücke überquert und auf der gegenüberliegenden Seite des Flusses ungefähr drei Kilometer weiter geht, kommt man zu einem der wohl schönsten **Basaltfelder** der grönländischen Insel. Nicht nur die natürlichen Skulpturen aus Basaltsäulen sind absolut faszinierend, sondern auch die überraschend üppige Fauna der Region. Diese reiche Pflanzenwelt stand auch Pate bei der Namensgebung des Ortes: Kuannit bedeutet ›Platz der Engelswurzel‹.

Selbstverständlich bietet die Diskoinsel auch zahlreiche Möglichkeiten für **längere Wanderungen**. Als individueller Besucher müssen Sie dabei entscheiden,

Auf einem Ausflug mit dem Helikopter kommt man den Gletschern ganz nah

Karte S. 272

wieviel Zeit Sie sich dafür nehmen wollen. Zudem gilt es auch die eigene Kondition realistisch einzuschätzen. Im Rahmen einer Expeditionskreuzreise sind die Touren über die Diskoinsel ohnehin ein fester Bestandteil des Programms.

Ein weiteres beliebtes Ziel ist das **Tal des Windes**, das Blaesedalen, auch Itinneq Killeq genannt. Zudem lohnt sich sicher auch eine Tour zur zweiten Siedlung auf der Diskoinsel, **Kangerluk**, die rund 35 Kilometer nördlich von Qeqertarsuaq gelegen ist. Der Fußweg dorthin beträgt jedoch mehr als 70 Kilometer. Kangerluk lockt seine Besucher vor allem mit dem traditionellen Leben seiner Bewohner, die nach wie vor ihren Unterhalt durch die Jagd bestreiten. Dennoch gibt es auch hier alle wichtigen infrastrukturellen Einrichtungen.

ℹ️ Diskoinsel

Lyngmark Tours, Box 503, 3953 Qeqertarsuaq, Tel. +299/92 16 28, Fax 92 15 78, www.lyngmark.gl.

Lage: 69°14'45" N, 53°32'14" W.

Uummannaq

Der nächste Anlaufpunkt, die rund 2600 Einwohner zählende Siedlung Uummannaq, befindet sich bereits stolze 590 Kilometer nördlich des Polarkreises und liegt auf einer Insel im Uummannaqfjord, geografisch genau in der Mitte Grönlands, und weist die meisten Sonnenstunden der gesamten Insel auf. Der Namensgeber der Stadt, der Berg Uummannaq (der ›Robbenherzförmige‹), befindet sich direkt hinter dem Ort. Der 1175 Meter hohe Berg erinnert in seiner Form in der Tat an ein Herz. Wenn die Sonne tief über dem Horizont steht, leuchtet der Berg in den verschiedensten

Rottönen und bietet einen majestätischen Anblick. Nicht zufällig gilt die Siedlung mit ihren typischen bunten Häusern vielen Besuchern, aber auch Einheimischen, als die schönste Stadt in ganz Grönland.

Aufgrund der nördlichen Lage scheint in Uummannaq von Mai bis Ende Juli die Mitternachtssonne. In den Wintermonaten von Anfang November bis Ende Januar hüllt die Polarnacht die Stadt hingegen in vollständige Dunkelheit. Der Ort selber, aber auch die gesamte Gegend, ist reich an Sehenswürdigkeiten und daher ein beliebtes Reiseziel. Zudem ist die Landschaft mit ihren zahllosen Inseln und Schären sowie den vielen Robben und Walen in den Gewässern sehr faszinierend. Für Besucher ist Uummannaq auch deshalb sehr interessant, weil sie hier vieles in seinem ursprünglichen traditionellen Zustand erleben können, ohne jedoch auf den notwendigen Komfort verzichten zu müssen. Die Menschen leben hier teilweise noch wie seit vielen Jahrhunderten von der Jagd auf Robben und Wale und eröffnen den Besuchern so eine fremde Welt. Bereits die Fahrt mit dem Schiff an der Küste entlang zum Hafen von Uummannaq ist ein wahres Erlebnis.

■ Geschichte

Gegründet wurde Uummannaq im Jahre 1763 durch einen dänischen Kolonialverwalter. Zunächst hatte sich die neue Kolonie eigentlich auf der Nordwestseite der Halbinsel befunden, wurde dann jedoch 1763 zum heutigen Standort der Stadt verlegt. Die kleine Siedlung lebte von Beginn an hauptsächlich vom Robbenfang und ging dabei auch neue Wege. Bereits 1760 wurde hier begonnen, Robben mit Eisennetzen zu fangen. Eine Methode, die aufgrund ihrer Effizienz

Grönland

kurz darauf an der ganzen Westküste Grönlands eingesetzt wurde. Neben dem Robben- und Walfang kamen nach und nach auch andere Wirtschaftszweige hinzu. Vor allem der Kohleabbau und die Gewinnung von Marmor erwiesen sich als lukrative Einnahmequellen. Auch Zink und Blei wurden in der zweiten Hälfte des 20. Jahrhunderts in der Gegend abgebaut.

Auch wenn die Förderung der Rohstoffe ökonomisch sicherlich kurzfristig einen Gewinn für die Region darstellte, waren die ökologischen Kosten enorm. Die Verschmutzung des Fjordes schritt rasch voran und bedrohte die in der Nähe gelegenen Siedlungen. Insofern war die Entscheidung, den Abbau von Zink und Blei 1990 einzustellen, sicherlich ein Glücksfall für die Gegend. Der Tourismus, der vor allem in den letzten Jahren immer mehr an Bedeutung gewann, wäre ohne die Schließung sicherlich heute so nicht möglich. Bekannt wurde Uummannaq übrigens bereits in den 30er Jahren des 20. Jahrhunderts. Der Ort diente damals als Kulisse für den Film ›SOS Eisberg‹ des deutschen Filmpioniers Arnold Franck aus dem Jahr 1933. In einer Hauptrolle ist Leni Riefenstahl zu sehen.

Hafen und Herzberg in Uummannaq

■ Sehenswürdigkeiten

Uummannaq besteht fast vollständig aus kleinen bunten Einfamilienhäusern und ist daher sehr weitläufig. Die tristen Wohnblocks aus den 1960er Jahren sucht man hier erfreulicherweise vergebens. Wenn man sich einen Überblick über die Stadt verschaffen will, eignet sich am besten die Aussichtsplattform Nasiffik, die sich im östlichen Teil befindet.

Das alte Zentrum der Stadt mit seinen wunderschönen Kolonialhäusern liegt direkt am Hafen. Hier steht auch das **Torfhaus**, das gute Einblicke in die Lebenswelt der Inuit vermittelt. Zudem befindet sich am Hafen auch die sogenannte **Festung** mit ihrem Fahnenmast und ihren drei Kanonen, die traditionell im Frühsommer beim Eintreffen des ersten Versorgungsschiffes des Jahres abgefeuert werden. Unterhalb der Festung liegt die alte **Schmiede**, die im Jahr 1852 erbaut wurde. Zudem lassen sich hier in den verschiedenen Häusern die Post, die Bank und das Reisebüro von Uummannaq finden.

Das Wahrzeichen der Stadt ist jedoch die **Feldsteinkirche**. Das markante Gebäude wurde 1935 errichtet. Als Material wurde hierbei Granitgestein von Felswänden aus der Region verwendet. Das Innere der Kirche ist eher europäisch-nüchtern gehalten und weist nicht, wie viele andere Kirchen auf Grönland, die bunte Farbenvielfalt auf. In unmittelbarer Nähe der Kirche befinden sich auch drei traditionelle **Sonderhäuser**, die heute unter Denkmalschutz stehen. Empfehlenswert ist auch ein Besuch des örtlichen **Museums**. Es wurde 1988 eröffnet und befindet sich in Gebäuden,

Karte S. 224

die teilweise noch aus dem 19. Jahrhundert stammen. Die Ausstellungen des Museums spannen inhaltlich einen weiten Bogen. Sehr interessant sind die Ausrüstungsgegenstände und die Fotos von Alfred Wegeners Inlandeis-Expedition aus dem Jahre 1930. Im Garten stehen zudem sein alter Propellerschlitten und sein Pferdeschlitten. Darüber hinaus lassen sich in dem Museum aber auch Gegenstände aus der Region wie Kajaks und traditionelle Kleidung bestaunen.

■ **Ausflüge in die Umgebung**
Eine Sensation für die Wissenschaft war der Fund der **Mumien von Qilakitsoq** im Jahr 1972. Die beiden Brüder Hans und Jokum Grønvold stießen damals eher zufällig auf die beiden Gräber, als sie auf der Jagd nach Schneehühnern waren. Sie meldeten ihren Fund umgehend den Behörden, die sich jedoch zunächst nicht wirklich dafür interessierten. Wiederum eher zufällig gelangten dann die Fotos, welche die beiden Brüder gemacht hatten, 1977 in die Hände des Nationalmuseums in Nuuk, das die Mumien zur wissenschaftlichen Untersuchung nach Kopenhagen bringen ließ.

Kirche mit Torfhaus in Uummannaq

Erst dort wurde den Wissenschaftlern bewusst, was für einen bedeutenden Fund sie da eigentlich in den Händen hatten. Die beiden Mumien, die heute im Museum in Nuuk (→ S. 253) ausgestellt werden, stammen etwa aus dem Jahre 1475 und lassen umfangreiche Rückschlüsse auf das Leben und die Gewohnheiten der Menschen vor mehr als 500 Jahren zu. Der Fundort kann heute im Rahmen eines ganztägigen Ausflugs von Uummannaq aus besucht werden. Man kann dort noch insgesamt sieben Häuser erkennen, die Platz für vier Familien boten.

Vor allem für die jüngeren Besucher ist ein Besuch des **Sommerhauses des Weihnachtsmannes** sicherlich das Erlebnis schlechthin und daher vor allem für Familien sehr empfehlenswert. Das Haus liegt landschaftlich wunderschön inmitten von Wiesen unterhalb des Herzberges. Der Weg hierher beginnt von Uummannaq aus hinter der Baugesellschaft ›Inui‹ und dauert ungefähr eine Stunde. Im Haus selber, das gemütlich ausgestattet ist, kann auf Anfrage bei der Touristeninformation übrigens auch übernachtet werden.

Häuser in Uummannaq

Grönland

Ein weiterer schöner Ausflug bringt Sie zum **Vogelfelsen Qingartarsuaq** auf der östlichen Nachbarinsel. Hier lassen sich unzählige einheimische Vogelarten beobachten, und der Wasserfall bietet einen spektakulären Anblick.

Darüber hinaus hat man vor allem in den Sommermonaten die Möglichkeit, an verschiedenen Ausflügen wie Walbeobachtungen oder auch Haifischangeln teilzunehmen. Im Winter hingegen ist eine Fahrt mit dem Hundeschlitten zu empfehlen. Diese Touren können einige Stunden aber auch einige Tage, je nach Ziel, in Anspruch nehmen. Das Touristenbüro informiert über die unterschiedlichen Angebote.

In Upernavik

Das **Touristenbüro** befindet sich im Hotel Uummannaq, Tel. +299/95-15 18, Fax 95 12 62, www.icecap hotels.gl.

Lage: 70°40'0" N, 52°7'0" W.

Upernavik

Die ehemalige Kommune Upernavik hatte einst eine Fläche, die viermal so groß wie ganz Dänemark war, jedoch lebten hier im Nordwesten Grönlands gerade einmal um die 3000 Menschen, rund 1000 von ihnen in der Stadt selbst. Die Kommune erstreckte sich über zwei Klimazonen und beherbergte Inuit verschiedenster ethnischer Abstammungen. Seit 2009 ist Upernavik jedoch offiziell keine eigene Kommune mehr, sondern wurde in die neu geschaffene Großkommune ›Qaasuitsup Kommunia‹ (→ S. 265) eingegliedert.

In der Siedlung angekommen, befindet man sich bereits 72 Grad nördlicher Breite. Der Ort liegt malerisch auf einer der vielen kleinen Inseln nördlich des Upernavik-Fjordes, in dem auch die größten Eisberge der Nordhalbkugel kalben. Zusammen mit dem über 1000 Meter in den Himmel ragenden **Berg Sanderson Hope**, der sich im Süden des Ortes befindet, ist schon die Kulisse bei der Ankunft mit dem Schiff sagenhaft. Der Name der Stadt bedeutet ›Frühlingsstelle‹ und bezieht sich auf die sehr guten Jagdbedingungen in der Gegend. Neben Eisbären, die auf dem Treibeis in die Gegend gelangen, finden sich hier auch Narwale, Robben, Moschusochsen, Rentiere und Polarfüchse. Die Jagd auf diese Tiere war bis in die 1980er Jahre hinein die Haupteinnahmequelle der Menschen, und auch heute noch sieht man die Männer mit ihren Kajaks hinaus aufs Meer fahren. Der wichtigste Wirtschaftszweig der Stadt ist heute jedoch der Fang von Heilbutt, der auch gleich in der örtlichen Fischfabrik weiterverarbeitet wird. Die Landschaft, die Upernavik umgibt, ist teilweise hocharktisch und teilweise arktisch. Hier lassen sich daher ebenso blühende Pflanzen wie auch Landschaften, die vor allem aus

Fels bestehen, finden. Auch die größten Gletscher der nördlichen Halbkugel liegen hier in der Nähe. Aufgrund der geografischen Lage scheint während der drei Sommermonate die Mitternachtssonne, im Winter hingegen herrscht drei Monate die kalte Polarnacht.

■ Geschichte

Gegründet wurde Upernavik 1769, war jedoch wie viele andere Gegenden in Grönland auch bereits vor über 4000 Jahren von Inuit-Kulturen besiedelt. Archäologen konnten anhand von Ausgrabungen zudem nachweisen, dass hier im Nordwesten auch wichtige Handelsrouten verliefen. Nach dem Aussterben dieser sogenannten Saqqaq-Kultur um 1000 vor Christus, kamen die Inuit der Dorset-Kultur in die Gegend, da sie hier auf sehr gute Jagdbedingungen stießen. Die moderne Kolonialgeschichte begann im Jahre 1769, welches auch gleichzeitig das heutzutage gefeierte Gründungsjahr ist, beziehungsweise 1772, dem Jahr, an dem der Ort seinen jetzigen Standort bezog. In den darauffolgenden Jahren durchlebte die Siedlung

eine wechselvolle Geschichte. 1779 errichtete der isländische Missionar Olafur Gundlaugsson Dahl eine erste Mission in Upernavik, die jedoch nur zehn Jahre später bereits wieder geschlossen wurde und kurz darauf als Zweigstelle der Mission in Qeqertarsuaq wiedereröffnete. Selbständigkeit und Abhängigkeiten wechselnden sich auch in den darauffolgenden Jahren ab, bevor die Siedlung 1826 dann endgültig, auch als Kolonie, unabhängig wurde.

Upernavik ist dank seines nördlich der Stadt gelegenen Flughafens relativ gut mit dem Rest Grönlands verbunden.

■ Sehenswürdigkeiten

Für seine Größe hat Upernavik durchaus einige Sehenswürdigkeiten im Angebot. Aber schon das Panorama des Ortes selber bietet ein wunderbar typisch grönländisches Fotomotiv. Wenn Sie mit dem Schiff im Hafen ankommen, liegen die vielen bunten Häuser der Stadt einzeln verstreut auf dem Granit der kleinen Insel.

Ein Höhepunkt für alle Besucher ist sicher das **Museum** der Stadt, das in einer

Grönland

Friedhof in Upernavik

alten Kirche untergebracht ist und das erste lokale Museum in ganz Grönland war. Hier befindet sich auch das Touristenbüro. Das Gebäude wurde ursprünglich 1839 gebaut und gut 40 Jahre später um einen Kirchturm erweitert und diente, bevor es 1951 von zwei Dänen zum Museum umfunktioniert wurde, unter anderem auch 30 Jahre lang dem Gemeinderat als Sitzungssaal. Vor allem dänische Forscher bemühten sich in den 1960er Jahren, Relikte von alten Inuit-Kulturen in der Gegend um Upernavik zu sammeln. Neben der alten Kirche gehören auch noch Häuser aus der Kolonialzeit, eine Schule aus dem Jahre 1911 und ein Sonderhaus zum Museum. Es ist damit das nördlichste Freilichtmuseum weltweit. Die Ausstellungen des Museums spannen thematisch einen weiten Bogen. In der Kirche wird beispielsweise noch die originale Ausstattung der Ratsversammlungen gezeigt, und in einem ehemaligen Ladengebäude sind Kajaks und Frauenboote zu besichtigen. Zudem werden in anderen Gebäuden wechselnde Ausstellungen zu unterschiedlichen Themen angeboten. Sehr schön ist auch, dass in einem der Gebäude eine Künstlerwohnung eingerichtet wurde, in der Künstler aus aller Welt die Möglichkeit haben, sich in Ruhe mit der wunderschönen Natur auseinanderzusetzen und sich für Werke inspirieren zu lassen (Di –Fr, So 14 – 17 Uhr, Tel. +299/96 10 85, www.upernivik.gl).

Sehenswert ist auch die **neue Kirche** des Ortes, die 1926 von dem Architekten Helge Bojsen-Moller errichtet wurde. 1990 wurde das Gotteshaus dann noch einmal erweitert und restauriert. Viele der Gegenstände im Inneren stammen aus der alten Kirche und wurden in die neue Kirche integriert, als diese zum Sitzungssaal umfunktioniert wurde, so beispielsweise das Kreuz und das Gemälde ›Maria mit dem Christuskind‹. Der Friedhof am Stadtrand stellt ebenfalls eine Sehenswürdigkeit dar. Die Lage ist einmalig, ebenso die liebevoll mit bunten Plastikblumen dekorierten Gräber. Hier ruht auch Navarana, die Frau des bekannten dänischen Journalisten und Arktisforschers Peter Freuchen (1886–1957).

Frauenbootmodell im Museum von Upernavik

Kindermumie aus Qilakitsoq bei
Uummannaq im Museum in Nuuk

■ Ausflüge und Wanderungen in die Umgebung

Obwohl sich der Tourismus in Upernavik noch im Aufbau befindet, bietet das Touristenbüro bereits eine Vielzahl von interessanten Ausflügen und Touren an. Neben Hundeschlittenfahrten und Jagdausflügen werden auch interessante Bootstouren organisiert. Auch für die Expeditionsschiffe stellt die Gegend um Upernavik ein beliebtes Ziel dar.

Ein besonderes Erlebnis ist ein Ausflug nach **Tussaaq**. In der Siedlung lebt heute nur noch eine einzige Person. Als der letzte örtliche Laden Anfang der 1990er Jahre geschlossen wurde und von administrativer Seite über die Stilllegung des Ortes nachgedacht wurde, blieb der Mann, der hier geboren wurde und auch hier sterben will. Ihm alleine ist es überhaupt zu verdanken, dass der Ort offiziell noch existiert. Auf dem Weg nach Tussaaq kommt man an der Insel **Kingittorsuaq** vorbei, wo der berühmte Norsemen-Stein 1824 gefunden wurde. Dabei handelt es sich um einen Runenstein aus der Zeit der Wikinger, der an verstorbene Personen erinnert. Er ist heute im Dänischen Nationalmuseum in Kopenhagen ausgestellt. Die Siedlung Tussaaq strahlt mit ihren verlassenen Häusern einen besonderen Charme aus. Die gesamte Tour nimmt von Upernavik ungefähr vier Stunden in Anspruch. Wenn Sie Glück haben, macht ihr Expeditionsschiff in Tussaaq halt.

Darüber hinaus sind auch die Touren zum **Upernavik-Eisfjord** und zu den **archäologischen Ausgrabungsstätten** in der Nähe sehr zu empfehlen.

Neben den organisierten Touren besteht auch die Möglichkeit, die Insel, auf der Upernavik liegt, durch Wanderungen zu erkunden. Die gesamte Insel kann in ungefähr sechs Stunden umwandert werden. Vor allem der Weg in den äußersten Norden ist wegen der interessanten Gesteine, die hier liegen, lohnenswert. Was man unter keinen Umständen verpassen sollte, ist ein Besuch der **Vogelfelsen**. Die größten Vogelfelsen liegen an den Hängen des Sandersons Hope, am Kap Sheckleton (auf der Insel Apparsuit) und auf Horse Head. Dort brüten tausende von Lummen, Eistauchern, Kormoranen sowie Papageientauchern.

Um sich einen Überblick über die Gegend zu verschaffen, sei auch die Besteigung des **Berges Qaarsorsuaq** (1042 Meter) im Süden der Insel angeraten. Von hier oben hat man einen fantastischen Blick über die Fjord- und Insellandschaft mit ihren unzähligen Eisbergen.

Grönland

ℹ Upernavik

Das **Upernavik Tourist Office** befindet sich im Museumsgebäude, Tel. +299/96 17 00, turist@greennet.gl, www.upernavik.org.

Lage: 72°47 2" N, 56°9'2" W.

Der Nordost-Grönland-Nationalpark

Dieser Nationalpark ist mit einer schier unfassbaren Fläche von 972 000 Quadratkilometern der mit Abstand größte Nationalpark der Welt. Er umfasst die gesamte nordöstliche Küste der grönländischen Insel – rund ein Drittel ganz Grönlands – und ist zugleich der nördlichste Nationalpark überhaupt. Seine Nord-Süd-Ausdehnung beträgt etwa 1400 Kilometer und seine Ost-West-Ausdehnung bis zu 700 Kilometer. Schon diese Zahlen belegen eindrucksvoll, welchen besonderen Schatz sich Grönland hier geschaffen hat.

Gegründet wurde der Park im Jahre 1974, seit 1977 untersteht er dem UNESCO-Programm ›Mensch und Biosphäre‹. Gegen Ende der 1980er Jahre wurde das Gebiet des Parks auf seine heutige Größe erweitert. Die Gründung des Nationalparks hatte vor allem zwei Ziele. Zum einen wollte man die einzigartige Flora und Fauna der Region vor schädlichen Eingriffen durch Menschen schützen – in der Region leben bis zu 15 000 Moschusochsen, etwa 40 Prozent des weltweiten Bestandes, zahlreiche Eisbären, Walrosse, Polarfüchse und Polarhasen. Zudem nisten tausende von Vögeln in den Felsen der Küstenregionen. Zum anderen wollte man die Gegend aber auch unter Schutz stellen, um so über die kulturellen und geologischen Ursprünge der Region forschen zu können. Innerhalb des Parks fanden Wissenschaftler die ältesten Spuren menschlicher Besiedlung in Grönland überhaupt. Fossilien, die in der Region gefunden wurden, legen zudem nahe, dass die gesamte Region vor rund zwei Millionen Jahren eine überaus waldreiche Landschaft gewesen sein muss.

Trotz der gigantischen Fläche ist der Park so gut wie nicht besiedelt. Insgesamt leben etwa 30 Personen und rund 100 Hunde dauerhaft innerhalb des Nationalparks. Sie arbeiten in unterschiedlichen Forschungs-, Wetter- und Militärstationen. Während der Sommermonate erhöht sich die Zahl der Bewohner um Forscher, die aus der ganzen Welt in die Gegend kommen, um Studien zu unterschiedlichen Themen zu betreiben. Ein Großteil der Forschungsstationen ermöglicht dabei Gastwissenschaftlern Aufenthalte in ihren Instituten.

Als einfacher Tourist auf Grönland ist es hingegen nur sehr schwer möglich, den Nationalpark zu besuchen. Da hier vor allem der Schutz der Flora und Fauna im Vordergrund steht, sind Genehmigungen für einen Besuch stark reglementiert. Um eine solche Erlaubnis zu erhalten, müssten Sie sich bei Interesse an das Grönländische Polarzentrum in Nuuk wenden. Die Chancen, erfolgreich zu sein, sind jedoch eher gering. Es sei denn, Sie können glaubhaft machen, Sie seien ein Jäger aus Qaanaaq oder Ittoqqortoormiit. Diese haben nämlich durch gesonderte Vereinbarungen uneingeschränkten Zutritt zum Park. Im Rahmen Ihrer Expeditionsfahrt könnten Sie aber auch das Glück haben, dass ein Besuch des Parks auf dem Programm der Rundreise steht. Die Verantwortlichen des Nationalparks wissen um das verantwortungsvolle Verhalten der Expeditionsleiter, und die Chancen, den Park zu betreten, sind daher durchaus vorhanden.

Auch wenn es insgesamt für die vielen naturinteressierten Besucher sicher etwas schade ist, dass der Park nicht öffentlich zugänglich ist, ist es jedoch für den Erhalt der Flora und Fauna beinahe unumgänglich. Und so wird der Nationalpark auch in Zukunft eine Fundgrube für jeden Forscher sein und für viele Touristen eine unerreichbare Gegend der Sehnsucht.

Qaanaaq

Auf unserer imaginären Reise entlang der Westküste haben wir uns immer weiter in Richtung Norden bewegt und sind nun in Qaanaaq angekommen. Von hier ist es nur noch ein Katzensprung hinüber in die kanadische Arktis. Obwohl in der gesamten Kommune Qaanaaq nur 900 Menschen leben, davon 650 in dem Ort selbst, ist sie flächenmäßig die größte in ganz Grönland. Mit einer Größe von 245 000 Quadratkilometern ist sie beinahe so groß wie die gesamte ehemalige westliche Bundesrepublik Deutschland. Der dänische Name des Ortes, der seit einigen Jahren ebenfalls zur Großkommune Qaasuitsup gehört, ist Thule. Die Siedlung befindet sich an der Baffin Bay an einem Fjord, rund 200 Kilometer südwestlich des geomagnetischen Nordpols.

Die Gegend um Qaanaaq wurde zum ersten Mal etwa im Jahre 2000 vor Christus von Paleo-Inuit aus dem heutigen Kanada besiedelt. Ein Großteil der heutigen Bevölkerung wurde 1953 aus Dundas nach Qaanaaq umgesiedelt, als die USA die Thule Air Base errichteten (→ S. 285).

Für die wenigen Besucher der Siedlung ist vor allem die völlige Abgeschiedenheit und Andersartigkeit der Menschen in Qaanaaq faszinierend. Seit rund 140 Jahren fand in der Region keine Zuwanderung mehr statt, und auch die Sprache der hier lebenden Inughuit ähnelt weitaus mehr den kanadischen Inuit-Sprachen als den westgrönländischen. Es ist daher nicht verwunderlich, dass die Menschen der Gegend vermehrt in den Fokus von Wissenschaftlern gerückt sind, die sich für den noch sehr ursprünglich lebenden Volksstamm interessieren. In der Tat erscheint Qaanaaq, als sei die Zeit hier angehalten worden. Nach wie vor leben die Menschen fast ausschließlich von der Jagd auf Robben und Wale. Die Männer des Ortes tragen Jacken aus Robbenfellen und Hosen aus Eisbärenfell, um sich gegen die eisige Kälte zu schützen. Auch das offizielle Wappen der Stadt macht diesen engen Bezug zu den Meeresbewohnern deutlich. Es zeigt einen Narwal unter einem polaren Stern. Das Leben hier oben im Norden ist selbst für grönländische Verhältnisse äußerst hart, Abwanderung und exzessiver Alkoholkonsum dementsprechend

Grönland

In Siorapaluk

häufig. Touristen werden daher auch gebeten, auf das Mitbringen von Alkohol in die Siedlung zu verzichten. Eindeutigen Fortschritt brachte die Eröffnung des Flughafens unweit der Stadt, der Qaanaaq besser mit dem Rest des Landes verbindet.

Qaanaaq bietet seinen Besuchern ein eher überschaubares Angebot an Sehenswürdigkeiten. Die Umgebung der Siedlung bietet jedoch im Sommer schöne Wandermöglichkeiten zum Inlandeis. Außerdem werden von den Bewohnern Bootsfahrten und Hundeschlittenfahrten zu anderen Orten der Gegend angeboten. Sehenswert ist im Ort selber die **Kirche**, die 1954 gebaut wurde. Im Inneren hängt ein Altarbild aus dem alten Thule, das von dem dänischen Maler Ernst Hansen 1930 angefertigt wurde. Auch ein sehr sehenswertes kleines **Museum** besitzt die Siedlung. Es ist im Knud-Rasmussen-Haus untergebracht. Die Ausstellungen zeigen die Geschichte der Inuit-Kulturen der Region, aber auch der alten Handelsstation Thule. Lohnenswert ist darüber hinaus auch das **Kunsthandwerkszentrum**. Dort kann man lokalen Künstlern bei ihrer Arbeit über die Schultern schauen und die wunderschönen Kunstwerke aus Walrosszähnen natürlich auch erwerben.

Rasmussen-Gedenkstein in Thule, im Hintergrund der Dundas-Berg

– die nördlichste Siedlung der Welt! Aufgrund der Tatsache, dass man hier den Ursprüngen der Robbenfänger und der Fischerkultur noch sehr nahe kommen kann, ist die Siedlung ein beliebtes Reiseziel auf Expeditionskreuzfahrten. Gerade einmal 80 Menschen leben hier oben im grönländischen Norden.

Der Name Siorapaluk bedeutet ›kleiner Strand‹; in der Siedlung befindet sich ein Sandstrand. In den Gewässern tummeln sich neben vielen Narwalen auch große Robbenpopulationen. In den wenigen Restaurants werden die Tiere übrigens auch als Delikatessen zubereitet und serviert. Trotz der geringen Größe der Ortschaft findet man hier einen kleinen Laden und sogar ein Postamt, von wo aus man Postkarten mit freundlichen Grüßen von der nördlichsten Siedlung der Welt nach Hause schicken kann. Der Ort ist auch wegen seiner Geschichte von Interesse. Von hier aus startete der Polarforscher Knud Rasmussen nicht weniger als sieben seiner Expeditionen. Und auch der amerikanische Seefahrer Robert Peary stach hier in See, um den geografischen Nordpol zu erreichen.

Qaanaaq

Qaanaaq Tourist Office Thule, P.O. Box 75, Tel. +299/971473, qtt@greennet.gl, www.turistqaanaaq.gl.

Lage: 77°29'0" N, 69°20'0" W.

Siorapaluk

Unsere nächste und auch letzte Station auf unserer langen Reise an den Küsten Grönlands ist die Siedlung Siorapaluk

Karte S. 224

Das grönländische Thule

Seit der griechische Seefahrer Pytheas im Jahre 330 vor Christus über eine angeblich geheimnisvolle Insel im hohen Norden berichtete, existiert der Mythos Thule in den Köpfen vieler Menschen. Nach den Berichten Pytheas liegt Thule im äußersten Norden der Welt, sechs Tage von Britannien entfernt. Viele Menschen verbinden den Ort automatisch mit Grönland, und in der Tat gab und gibt es auf der Insel Orte, die diesen Namen tragen.

Der berühmte grönländisch-dänische Polarforscher Knud Rasmussen gründete am Nordufer der North Star Bay am Fuße des Berges Dundas 1909 eine Missionsstation für die grönländischen Inuit. Ein Jahr später errichtete er direkt daneben eine Handelsstation, der er den Namen Thule gab. Später wurde die ganze Region nach der Station benannt. Mitte der 1930er Jahre kaufte eine dänische Handelsgesellschaft die Station von der Witwe Rasmussens, und Thule wurde zu einer dänischen Kolonie. Aufgrund eines Übereinkommens zwischen der dänischen und der amerikanischen Regierung im Jahre wurde 1943 hier eine meteorologische Station der USA eingerichtet und einige Jahre später um eine Landebahn erweitert. Durch ein weiteres Abkommen mit Dänemark sicherten sich die USA 1951 das Recht die Station zu einer großen Militärbasis auszubauen, die vor allem für den immer verbissener geführten Kalten Krieg strategische Bedeutung haben sollte. Die ›Thule Air Base‹ wurde zur größten Militärstation außerhalb der USA.

Verlierer waren die lokalen Inuit. 1953 wurden die Menschen im Zuge der geplanten Eröffnung der Basis ›umgesiedelt‹, wie es im damaligen Sprachgebrauch hieß. In der Realität kam die Aktion jedoch mehr einer Vertreibung und einer ersatzlosen Enteignung gleich. Gerade einmal vier Tage wurde den Bewohnern gegeben, um ihre Häuser zu verlassen. Die Inuit wurden nach Qaanaaq gebracht, wo jedoch die meisten Gebäude für die neuen Bewohner noch nicht fertig waren und die Menschen bei eisigen Temperaturen in Zelten nächtigen mussten. Im englischen und auch deutschen Sprachgebrauch wurde der Ortsname Thule auf die neue Siedlung übertragen, was bis heute oft zu Verwirrungen führt. Nach einem langjährigen Rechtsstreit erreichten die Opfer der Umsiedlung, dass ihnen 1999 endlich eine bescheidene Entschädigung ausbezahlt wurde. 1986 wurde die alte Handelsstation in ihre Einzelteile zerlegt und in Qaanaaq neu aufgebaut. Seitdem dient das Gebäude als Heimatmuseum.

International bekannt wurde die Thule Air Base im Jahre 1968. Ungefähr elf Kilometer von der Basis entfernt stürzte ein Kampfflugzeug der amerikanischen Armee ab, das mit vier Wasserstoffbomben bestückt war. Nur drei der vier Bomben konnten aus dem Eismeer geborgen werden. Die intensive Suche nach der vierten, höchstgefährlichen Bombe war offiziell 1979 erfolgreich. Mehrere US-amerikanische Journalisten bezweifeln jedoch bis heute, dass die Bombe wirklich gefunden wurde.

Reisende haben die Möglichkeit, die Basis, die heute ›Peterson Air Force Base‹ heißt, mit einer Sondergenehmigung des dänischen Außenministeriums zu besuchen. Sehr interessant für die Besucher ist historisch gesehen vor allem der Dundas-Berg. Von hier aus startete nicht nur der grönländische Held Knud Rasmussen seine legendären Arktisexpeditionen, sondern auch Robert Peary brach hier zu seiner umstrittenen Nordpolarentdeckung ins ewige Eis auf.

Hinter der ›Terror‹ schlich das riesige Ei der Sonne am Horizont entlang nach Osten. Tausende von Schollen ragten wie eine rotgläserne Stadt, aber eine bewegliche, die sich zusammen mit den Schiffen nach Süden voranfraß und nie damit aufhörte.

Sten Nadolny,
Die Entdeckung der Langsamkeit

Die kanadische Arktis und Alaska

Die kanadische Arktis

Direkt gegenüber der grönländischen Westküste befindet sich die kanadische Arktis, die sich über eine riesige Fläche erstreckt. Das Gebiet besteht aus der Festlandsprovinz Nunavut (›Unser Land‹), die am 1. April 1999 von den Northwest Territories losgelöst wurde, den Yukon Territories, den Northwest Territories sowie einer unübersehbaren Anzahl von kleineren und größeren Inseln. In dem Gebiet, das von seiner flächenmäßigen Ausdehnung ungefähr genauso groß ist wie Westeuropa, leben gerade einmal um die 100 000 Menschen. Der überwiegende Teil der Fläche besteht zwar aus permanenter Eisschicht oder Tundra, darüber hinaus lassen sich hier jedoch auch Gegenden finden, die sich durch eine abwechslungsreiche und vegetationsreiche Landschaft auszeichnen. Zu nennen sind hier beispielsweise das Innuitian-Gebirge in Nunavut und den Northwest Territories oder die Hudson Bay, ein über 1,23 Millionen Quadrakilometer großes Binnenmeer.

Geografie Nunavuts

Das Territorium von Nunavut besitzt eine Größe von rund zwei Millionen Quadratkilometern und stellt damit ein Fünftel von ganz Kanada. Es besteht zum einen aus Teilen des kanadischen Festlandes, umfasst zum anderen aber auch die meisten der arktischen Inseln Kanadas sowie die Inseln der Hudson Bay, der James Bay und der Ungava Bay. Im Osten grenzt Nunavut, nur durch schmale Wasserstraßen getrennt, an Grönland. Der kanadische Norden ist klimatisch vor allem durch seine geringen Niederschlagsmengen und durch die eisigen Temperaturen gekennzeichnet. In der sogenannten ›Hohen Arktis‹, also nördlich des Polarkreises, liegt die durchschnittliche jährliche Niederschlagsmenge bei gerade einmal 200 Millimeter, in der übrigen Region ungefähr doppelt zu hoch. Die Durchschnittstemperatur im Januar liegt in Nunavut, aber auch in den Northwest Territories bei kalten –20 Grad. In klaren Polarnächten kann das Thermometer jedoch auch problemlos auf –50 Grad fallen. In den kurzen Sommermonaten steigen die Temperaturen dann auf durchschnittliche +10 Grad. Ein weiteres Merkmal für das Klima ist der extrem kalte Wind, der dafür sorgen kann, dass Temperaturen, die bei –10 Grad liegen, wie –30 Grad wirken können.

Natürlich wirkt sich dieses arktische Klima auch auf die Tier- und Pflanzenwelt aus, die dennoch überraschend reichhaltig ist. Die Dichte der Vegetation nimmt jedoch spürbar von Süden nach Norden hin ab. Lassen sich auf dem südlichen Festland noch blühende Pflanzenlandschaften beobachten, finden sich im Norden nur wenige höhere Pflanzen, und es überwiegen Flechte und Moose. Die Region westlich der Hudson Bay wird daher von ihren Einwohnern auch als ›Barrenlands‹, als ›unfruchtbares Land‹ bezeichnet.

Die Tierwelt Nunavuts ist ebenfalls typisch arktisch. Neben dem König der Arktis, dem Polarbären, können die Besucher hier auch eine ganze Reihe von verschiedenen Walarten, Robben oder Vögeln antreffen.

Bevölkerung und Wirtschaft

Eine Folge des kalten Klimas ist die extrem geringe Bevölkerungsdichte Nunavuts, so dass hier die Chance, einem Walross zu begegnen, ungleich höher ist

Die kanadische Provinz Nunavut

Die kanadische Arktis und Alaska

als die auf eine Begegnung mit einem Menschen. Gerade einmal 31 000 Personen leben in dem zwei Millionen Quadratmeter großen Territorium. Statistisch gesehen beträgt die Bevölkerungsdichte damit nur 0,01 Menschen pro Quadratkilometer. In Deutschland sind es zum Vergleich 297 Menschen pro Quadratkilometer. Nunavut stellt damit nur ein Prozent der kanadischen Gesamtbevölkerung und ist die am geringsten bevölkerte Gegend der Welt.

Der größte Ort und gleichzeitig die Hauptstadt des Territoriums ist Iqaluit mit insgesamt 6000 Einwohnern. Die kleinste eingetragene Siedlung Nunavuts zählt 28 Einwohner. Rund 25 000 der insgesamt 31 000 Einwohner bezeichnen sich selber als Inuit und damit als Teil der indigenen Bevölkerung. Der allgemeine Lebensstandard der Menschen ist im gesamtkanadischen Vergleich eher schlecht und geht einher mit einer deutlich niedrigeren Lebenserwartung und vermehrt auftretenden Krankheiten. Vor allem der exzessive Alkohol- und Drogenkonsum macht den kanadischen Behörden Sorgen. Daher ist es den Besuchern untersagt, ohne vorherige Genehmigung alkoholische Getränke in die Siedlungen Nunavuts zu bringen. Ebenfalls auffällig ist extrem hohe Selbstmordrate in der kanadischen Arktis.

Die wirtschaftliche Situation gestaltet sich schwierig, und der private Sektor ist bis heute nur sehr gering ausgeprägt. Vor allem die weltweite Ächtung und die Importverbote von Meeressäugerprodukten haben der Wirtschaft schwer geschadet, war doch bis 1970 die Robbenjagd noch der wichtigste Wirtschaftsfaktor in Nunavut. In den letzten Jahren nehmen vor allem der Abbau von Rohstoffen wie Blei, Zink und Gold

sowie die Umsätze der Tourismusbranche immer mehr zu. Der Tourismussektor macht heute bereits an die sieben Prozent des gesamten Bruttoinlandsproduktes des Territoriums aus. Auch die Bedeutung des Handwerks und der Kunst der Inuit werden wirtschaftlich immer bedeutender. Trotz dieser positiven Tendenzen ist Nunavut immer noch zu einem hohen Maße von der kanadischen Zentralregierung abhängig. Über 90 Prozent der staatlichen Ausgaben Nunavuts müssen trotz der politischen Selbständigkeit des Territoriums von ihr finanziert werden.

Kurze Geschichte Nunavuts

Seit über 4000 Jahren, so nehmen Wissenschaftler heute an, leben in dem Gebiet Nunavuts bereits indigene Menschen, die Vorfahren der heutigen Inuit. Anhand von niedergeschriebenen Sagen gehen die Historiker jedoch davon aus, dass auch die Normannen relativ früh in der Region waren und Kontakt zu den Inuit hatten. Auch europäische Kaufleute könnten nach Erkenntnissen der Archäologen bereits vor über 1000 Jahren in die Gegend gekommen sein.

Die moderne Geschichte Nunavuts, zu der auch schriftliche Quellen vorliegen, beginnt jedoch erst im Jahre 1576 mit dem Bericht des englischen Seefahrers Martin Frobisher. Der Entdecker war damals auf der Suche nach der legendären Nordwestpassage in den kanadischen Norden gekommen und war, eher zufällig, auf Gold gestoßen. Das Gold stellte sich zwar sehr bald als minderwertig heraus, dennoch verdanken wir Frobisher den ersten schriftlich nachweisbaren Kontakt eines Europäers mit den einheimischen Inuit. Ihm sollten in den folgenden Jahrhunderten weitere bekannte Entdecker folgen, die ebenfalls auf der Suche nach einem Seeweg nach Asien waren, so unter anderen Henry Hudson, William Baffin, John Ross oder John Franklin. Auch die ersten Siedlungen, vor allem in den westlichen Gebieten des Territoriums, entstanden im Zusammenhang mit den Entdeckungsreisen. Zudem lassen sich viele der englischen Namen der Siedlungen, Buchten oder Inseln in Nunavut auf diese Entdecker zurückführen.

Im 19. und frühen 20. Jahrhundert kamen vermehrt weiße Walfänger auf der Suche nach dem schnellen Geld in den kanadischen Norden und veränderten die traditionelle Lebensweise der Inuit nachhaltig. Eine Reihe von Unternehmen, das bekannteste dürfte wohl die bis heute bestehende Hudson's Bay Company sein, errichteten zudem Handelsstationen an strategisch wichtigen Orten, die teilweise noch bis heute Bestand haben. Zusammen mit den Walfängern kamen auch immer mehr europäische Wissenschaftler, die sich für die Region und ihre Menschen interessierten und Forschungsstationen gründeten. Einer der bekanntesten Arktisforscher war der legendäre Knud Rasmussen, der in den Jahren 1921 bis 1924 seine ethnografischen Studien in Nunavut durchführte (→ S. 74).

Der Zweite Weltkrieg bedeutete auch für Nunavut einen wichtigen historischen Einschnitt. Bereits während des Krieges nutzte das US-amerikanische Militär Stützpunkte, um wichtiges Nachschubmaterial von hier aus nach Europa zu transportieren. Während die Gegend jahrtausendelang abseits der Weltgeschichte gelegen hatte, rückte der Kalte Krieg den hohen Norden Kanadas in das Blickfeld der Sicherheitsstrategen. Mehrere sogenannte Raketenfrühwarnsysteme wurden an verschiedenen Orten installiert, um bei einem erwarteten Angriff der Sowjetunion rechtzeitig gewarnt zu werden.

Auch die kanadische Regierung erkannte nach und nach die strategische Bedeutung der Gegend und startete vor allem in den 1950er und 60er Jahren ein groß angelegtes Infrastrukturprogramm. In den Siedlungen wurden Schulen, Krankenhäuser und andere öffentliche Gebäude errichtet. Zudem wurden auch moderne Wohnhäuser gebaut. Bei allem unbezweifelten Fortschritt bedeutete dieses Programm für die Inuit jedoch auch das Ende ihres traditionellen Lebensstiles. Eine der umstrittensten Begleiterscheinungen des staatlichen Programms waren die Zwangsumsiedlungen von Inuit in jener Zeit.

In den 1970er Jahren verstärkte sich zunehmend der Wunsch der Inuit nach einer weitgehenden Eigenständigkeit innerhalb ihrer Siedlungsgebiete. Nach langjährigen Verhandlungen zwischen Vertretern der Inuit und der kanadischen Zentralregierung wurde im Jahre 1982 eine Volksbefragung in den Gebieten des Nordwest-Territoriums, zu dem das heutige Nunavut damals noch zählte, zur Frage der Unabhängigkeit durchgeführt. Nachdem eine überwältigende Mehrheit für die Eigenständigkeit votiert hatte, wurden zu Beginn der 1990er Jahre Gesetze für eine territoriale Abspaltung eines Gebietes des Nordwest-Territoriums erlassen, das den Namen Nunavut erhalten sollte. Endgültig erlangte Nunavut seinen Autonomiestatus am 1. April 1999. Seither bildet es ein eigenständiges Territorium, ist aber weiterhin Teil des kanadischen Staates. Die Ausrufung Nunavuts sollte den Inuit die Chance zu geben, das Gebiet, das bereits über Jahrtausende ihre Heimat war, selbst zu verwalten.

Die kanadische Arktis und Alaska

Reiseziele in der kanadischen Arktis

Die schönste Region der kanadischen Arktis und hauptsächliches Ziel für Arktisbesucher ist ohne Zweifel Nunavut, das sich aufgrund seiner politischen Struktur der Selbstverwaltung von den anderen Teilen der Region unterscheidet. Auch die immer größere Anzahl von Expeditionsschiffen, die sich auf den Weg in die kanadische Arktis machen, konzentriert sich besonders auf Nunavut sowie auf die Durchquerung der Nordwestpassage.

Churchill

Wir beginnen unsere Reise durch die kanadische Arktis an der Grenze zu Nunavut. Die rund 1000 Einwohner zählende Kleinstadt Churchill liegt mitten in der kanadischen Tundra an der Hudson Bay und damit nördlich der Baumgrenze. Sie gehört zur Provinz Manitoba, welche die fünftgrößte Kanadas ist. Manitoba, dessen Hauptstadt Winnipeg ist, grenzt im Westen an Saskatchewan, im Norden an Nunavut und im Osten an Ontario. Die südliche Hälfte der Provinz ist relativ flach, während der nördliche Teil von Felsen, Hügeln, Wäldern und vielen Seen geprägt ist. Die Besucher, die an diesen relativ verlasse-nen Flecken Kanadas kommen, suchen in der Regel weniger kulturelle Bildung, sondern kommen vor allem wegen der einmaligen Natur, die sich sowohl im Sommer als auch im Winter in ihrer Schönheit präsentiert. Zudem ist Churchill auch einer der wichtigsten Ausgangspunkte für Reisen mit dem Schiff in die kanadische Arktis.

Das Besondere an der Ortschaft Churchill ist sicherlich ihre einmalige Lage zwischen zwei unterschiedlichen Naturzonen. Im Süden befindet sich die boreale Nadelwaldregion und im Norden eine einzigartige Tundralandschaft. Zudem ist die Ortschaft bei vielen Touristen als ›Eisbärenhauptstadt der Welt‹ bekannt. Im Herbst wandern in der Region viele der weißen Riesen, vom Landesinneren kommend, an die Küste und zur Robbenjagd. Dieses Spektakel bietet eine einmalige Gelegenheit, die Tiere aus nächster Nähe zu beobachten und natürlich auch zu fotografieren.

Auf den ersten Blick ist Churchill sicherlich kein idealer Ort zum leben. In den Wintermonaten fallen die Temperaturen schon einmal auf bis zu −40 Grad und sorgen zusammen mit Windgeschwindigkeiten von bis zu 120 Stundenkilometern

Karte S. 294

▲ *Die Gewässer sind reich an Walen*

dafür, dass selbst hartgesottene Einwohner ihre Winter lieber außerhalb verbringen. Die Sommer sind extrem kurz und beginnen erst gegen Ende Juni, wenn das Treibeis die Küste freigibt. Hinzu kommt, dass es keine Straßenanbindung nach Churchill gibt. Der Ort kann daher am besten mit dem Schiff besucht werden, aber auch Zugverbindungen und ein lokaler Flughafen existieren. Allen, die planen, mit dem Zug anzureisen, sei aber gesagt, dass die nächste Stadt Winnipeg rund 3600 Kilometer und damit mindestens 36 Stunden Zugfahrt entfernt liegt. Schiff oder Flugzeug sind also die schnelleren Varianten.

Zeichnung des Forts in Churchill aus dem Jahre 1777

■ Geschichte

Die Region um Churchill ist schon seit Jahrtausenden von den arktischen Völkern als Siedlungs- und Jagdgebiet bevölkert. Die Thule-Kultur war hier ab 1000 vor Christus beheimatet, und das Dene-Volk kam rund 500 Jahre später. Die ersten Europäer erreichten die Region erst im Jahre 1619 im Rahmen einer dänischen Expedition, die an dem Platz, an dem Churchill heute steht, überwinterte. Nur drei der 64 Expeditionsmitglieder überlebten jedoch den harten Winter.

Nach einigen erfolglosen Versuchen baute die Hudson's Bay Company im Jahre 1717 hier die erste permanente Siedlung. Das Fort, das den Namen ›Churchill River Post‹ trug, befand sich an der Mündung des Churchill-Flusses, unweit der heutigen Stadt. Das hölzerne Fort wurde nach dem englischen Feldherren John Churchill benannt und bereits im Jahre 1741 durch das Steinfort mit dem schönen Namen ›Prince of Wales‹ ersetzt. 1782 eroberten die Franzosen das Fort und verwüsteten es vollkommen.

Es wurde einige Zeit später in unmittelbarer Nähe jedoch bereits wieder aufgebaut und entwickelte sich in den folgenden friedlichen Jahren zu einem stabilen und profitablen Handelsposten, der vor allem mit dem Verkauf von Fellen sein Geld verdiente. Ein wichtiger Schritt für die Öffnung des Ortes nach außen war die Fertigstellung der Eisenbahnlinie nach Winnipeg im Jahre 1929, die den kommerziellen Handel mit Produkten stark vereinfachte. In der Zeit nach dem Ende des Zweiten Weltkrieges wurde die Gegend um Churchill auch für Forschungsprojekte genutzt. Die ›Churchill Rocket Research Range‹ hatte sich zum Ziel gesetzt, die Erdatmosphäre zu erforschen. 1956 wurde eine erste Rakete zur Messung von verschiedenen Daten ins All geschickt. Bis zur Schließung des Projektes 1984 wurden in den folgenden Jahren regelmäßig Satelliten von hier aus ins All gebracht. Heute befindet sich auf dem Gebiet des früheren Raketentestgeländes das ›Churchill Northern Studies Centre‹, eine Einrichtung zur Arktis-Forschung.

Die kanadische Arktis und Alaska

Wirtschaftlich profitiert Churchill vor allem von seinem Seehafen, der auch der einzige Seehafen Kanadas am Arktischen Ozean ist. Aufgrund der klimatischen Bedingungen wird der Schiffsverkehr jedoch in den Winter- und Frühjahrsmonaten stark von den Eismassen beeinträchtigt. Der Hafen wird vor allem dazu genutzt, um von hier aus Güter in den weiten Norden Kanadas zu verschiffen. Auch der Versand von Getreide nach Übersee ist eine der wichtigen Einnahmequellen der Stadt – die Strecke von hier nach Europa ist um einiges kürzer als von anderen Häfen Kanadas. Viele Investoren erhoffen sich durch die allgemeine Erderwärmung eine deutliche Zunahme des Exportes von Churchill aus. Wenn das Eis ganzjährig verschwindet, würde dies dem Hafen ermöglichen Güter schneller und vor allem zuverlässiger nach Europa zu bringen. Neben dem Hafen, der in den letz-

ten Jahren deutlich an wirtschaftlicher Kraft verloren hat, setzt die Ortschaft aufgrund ihrer einmaligen Flora und Fauna immer stärker auf den sogenannten Ökotourismus, der sich als nachhaltiger Wirtschaftsfaktor zunehmend etabliert.

■ Aktivitäten

Wie bereits erwähnt, zieht Churchill seinen Reiz vor allem aus seiner Tier- und Pflanzenwelt. In den kurzen Sommermonaten verwandelt sich die Hudson Bay, an der Churchill gelegen ist, in eine blühende Tundra-Landschaft. Trotz der vielen Moskitos, auf die man sich einstellen sollte, sind Ausflüge ins Grüne ein einzigartiges Erlebnis: Schwarze, weiße und orangefarbene Flechten wachsen auf den ansonsten kahlen Felsen und mischen sich in einer wunderschönen Komposition mit gelben und pinkfarbenen Blüten. Diese bunte Pflan-

Churchill

Walrosse gibt es überall in den arktischen Gewässern

zenwelt liegt eingebettet zwischen satt-grünen Moosen und Sträuchern.

Der absolute Höhepunkt eines Besuchs in Churchill ist die Teilnahme an einer **Eisbärenbeobachtungstour**. Die beste Jahreszeit, um die Könige der Arktis zu sehen, ist Mitte Oktober bis Mitte November. Wenn das Eis im Frühsommer schmilzt, wird die Jagd nach Nahrung für die Eisbären schwieriger. Sie kommen daher an Land und ruhen sich für den nächsten Winter aus. Über den Sommer nehmen sie kaum Nahrung auf, sondern leben von Ihren Fettreserven. Anfang Oktober sind diese aufgebraucht, und es wird verstärkt nach Nahrung gesucht. Die Polarbären warten an der Küste auf das Zufrieren der Hudson Bay, die ihr natürliches Jagdrevier ist. Die Touren werden von Churchill aus angeboten und bedienen sich sogenannter Tundra Buggys, um den Besuchern einen möglichst nahen Eindruck der Eisbären zu vermitteln. Der Tundra Buggy ist ein großer Bus mit Ballonreifen. Jedes dieser Fahrzeuge hat Fenster zu beiden Seiten und ein Observationsdeck. Die Fahrzeuge sind mit Funk ausgestattet und werden von erfahrenen Guides durch die Tundra geführt. Neben diesen Tagesausflügen werden zusätzlich auch Übernachtungen in der Tundra angeboten. Dafür wurden Wagenburgen errichtet, die bis zu 38 Personen Unterkunft bieten und auch über eine Kantine und einen Aufenthaltsraum verfügen. Zwischen den einzelnen Wagen befinden sich Aussichtsplattformen, zur besseren Beobachtung der Eisbären.

Neben den Eisbären sind **Belugawale** die Stars der Region. In den Monaten Juli und August versammeln sich über 3000 von ihnen an der Mündung des Churchill Rivers, um ihre Jungen zur Welt zu bringen. Verschiedene Bootstouren bieten daher eine Beobachtung der faszinierenden Meeresbewohner an, auf denen Sie die einmalige Möglichkeit haben, die Wale aus allernächster Nähe zu beobachten und zu fotografieren. Die reichhaltige **Vogelwelt** der Region ergänzt das einzigartige Angebot an Naturschauspielen in der Region. Zwischen Mai und August lassen sich in einem Umkreis von 40 Kilometern um Churchill mehr als 270 verschiedene Vogelarten beobachten.

Um Churchill wimmelt es von Eisbären

Die kanadische Arktis und Alaska

Die Stadt selber hat Besuchern hingegen, vor allem im Vergleich zu ihrer Umgebung, nur relativ wenig zu bieten. Dennoch ist Churchill eine durchaus moderne Stadt mit allen Annehmlichkeiten wie Kinos, Restaurants oder Schwimmhallen. Sehenswert ist das **Eskimo-Museum**, das in seinen Ausstellungen historische wie moderne Skulpturen aus Stein, Knochen und Elfenbein zeigt. Darüber hinaus kann man sich hier über die archäologische Geschichte und über die Tierwelt der Region genauer informieren (Tel. +1/204/675 20 30, chhbay@mts.net). Auch ein Besuch in dem alten Prince-of-Wales-Fort von 1717, das teilweise wiederaufgebaut wurde, ist durchaus zu empfehlen. Man erreicht das Fort jedoch nur mit dem Boot (Tel. +1/204/675 88 63, mann-orth.nhs@pc.gc.ca, www.pc.gc.ca).

Churchill (Manitoba)

Touristische Informationen gibt es bei der **Stadtverwaltung**, Tel. +1/204/675 88 71, www.churchill.ca, oder bei der **Lazy Bear Lodge**, einem Hotel, das auch Touren zur Eisbären- und Walbeobachtung anbietet, Tel. +1/204/66 393 77, www.lazybearlodge.com.

Lage: 58°46'9" N, 94°9'58" W.

Cape Dorset

Von Churchill aus kommend, passiert man eine Reihe von kleineren Siedlungen, bevor man als nächstes Reiseziel in der kanadischen Arktis Cape Dorset erreicht, die Kulturhauptstadt Nunavuts. Die rund 1300 Bewohner zählende Gemeinde wird von den Inuit selbst ›Kinngait‹, ›Hoher Berg‹, genannt und liegt etwa 450 Kilometer westlich von Iqaluit

auf einer gleichnamigen kleinen Insel, die der Foxehalbinsel vorgelagert ist. Das Klima in der Gegend ist auch im Sommer kühl. Die Durchschnittstemperatur steigt auch in den wärmsten Monaten Juli und August tagsüber nicht über +7 Grad. In der Nacht ist auch im Sommer mit Temperaturen unter dem Gefrierpunkt zu rechnen. Im Winter fallen die Temperaturen dann stark ab und pendeln sich zwischen –25 und –35 Grad ein. Von Dezember bis hinein in den Juni ist das Meer rund um die Insel zugefroren. Schiffe können Cape Dorset dann nicht mehr anlaufen, und die Bewohner der Siedlung bewegen sich nur noch mit ihren Schneemobilen fort.

Cape Dorset sieht auf den ersten Blick wie eine normale Inuit-Gemeide in Nunavut aus. Die moderne Stadt besitzt die typischen kleinen Holzhäuser, Schulen, Läden, Hotels und Kirchen. Die Siedlung ist jedoch vor allem deswegen weit über die Grenzen Kanadas hinaus bekannt, weil sie das Zentrum der heutigen modernen Inuit-Kultur ist. Cape Dorset nennt sich selbst ›Inuit Art Capital‹ und wird regelmäßig von prominenten Vertretern aus Politik und Kultur besucht. Die Kulturtradition der Gemeinde hat eine lange Geschichte. Die Siedlung gab einer ganzen Kulturepoche, der Dorset-Kultur (→ S. 59), ihren Namen, als dort der Anthropologe Diamond Jenness 1925 seine Suche nach einer untergegangenen Paleo-Eskimo-Kultur mit Erfolg krönen und nachweisen konnte, dass die Region seit Jahrtausenden besiedelt ist.

Der Beginn der modernen künstlerischen Ausrichtung Cape Dorsets reicht zurück bis in die 50er Jahre des vergangenen Jahrhunderts. Zu jener Zeit, genauer gesagt im Jahre 1951, kam der Künstler James Housten zusammen mit

Karte S. 289

seiner Frau Alma nach Cape Dorset, und die beiden begannen bereits nach kurzer Zeit, die faszinierende und außergewöhnliche Kunst der Inuit zu bewundern und zu fördern. Das Künstlerehepaar blieb ein ganzes Jahrzehnt in der kleinen Inuit-Siedlung. Vor allem die von den Bewohnern gestalteten ausdrucksvollen Skulpturen stießen bei den beiden auf große Begeisterung. Als Rohstoffe für die Skulpturen dienen bis heute unter anderem Serpentin und Serpentinit sowie Dolomit-Quarz und andere Gesteinsarten wie Marmor. Die verschiedenen Gesteinssorten stammen zum großen Teil aus Steinbrüchen der Andrew Gordon Bay am nördlichen Ufer der Hudson Strait. Aber die Houstens beließen es keineswegs nur bei der Förderung der Kunst, die sie vorfanden. Sie führten unter den Inuit-Künstlern auch europäische Steindrucktechniken ein und halfen ihnen so, ihre Arbeiten noch zu verfeinern. Um eine zentrale Institution zur Förderung und Verbreitung der Inuit-Kunst zu etablieren, wurde 1959 die **West Baffin Eskimo Cooperative** gegründet. Durch den engagierten Einsatz der Houstens kam die Inuit-Kultur zu einer noch nie dagewesenen Popularität, die bis heute anhält und für die Gemeinde Cape Dorset die mit Abstand wichtigste Einnahmequelle darstellt. Sollten Sie sich für die Kunst der Inuit interessieren, lohnt es sich, bei der Kooperative vorbeizuschauen (www.dorsetfinearts.com). Die Kooperative wird auch von einer Galerie in Deutschland vertreten: www.inuitkunst.de.

Steinskulpturen bei Cape Dorset

■ **Aktivitäten**

Auch wenn die meisten Besucher verständlicherweise vor allem wegen der einzigartigen Inuit-Kunst nach Cape Dorset kommen, hat die Region rund um die Siedlung noch eine ganze Reihe von Sehenswürdigkeiten zu bieten, die Sie unter keinen Umständen außen vor lassen sollten.

Besonders lohnenswert ist ein Besuch im **Mallikjuaq-Nationalpark**, der sich zu Fuß nur rund 45 Minuten von Cape Dorset entfernt befindet. Alternativ ist er auch mit dem Boot in zehn Minuten zu erreichen. Eine Tour durch den Park sollte in der Regel nicht viel mehr als zwei Stunden in Anspruch nehmen. Der Park ist vor allem für seine archäologischen Ausgrabungsstätten bekannt, die über die Lebensweisen der früheren Inuit-Kulturen Auskunft geben und teilweise über 3000 Jahre alt sind. Von den Erhöhungen hat man zudem einen wunderbaren Ausblick über die Landschaft der Region. Auch die vielfältige Tierwelt rund um Cape Dorset lässt sich hier wiederfinden. Neben Polarbären gibt es hier auch Wale und eine vielfältige Vogelwelt zu bestaunen. Vor allem in den Sommermonaten erwacht die Natur hier zum Leben, und die stärker werdende Sonne sorgt dafür, dass die sonst eher karge Tundralandschaft mit einem bunten Pflanzenteppich überzogen ist. In Cape Dorset bieten mehrere Anbieter geführte Touren in den Mallikjuaq-Nationalpark an. Allgemeine Informationen bekommen Sie darüber hinaus per Telefon beim Mallikjuaq Park Visitor Centre (Tel. +1/867/897 89 96).

Neben einem Besuch im Nationalpark bietet Cape Dorset natürlich auch die typischen Freizeitaktivitäten Nunavuts an. So werden von lokalen Anbietern beispielsweise **Schlittenhunde-Touren** oder **Jagd- und Angelausflüge** angeboten.

Auf der Cape-Dorset-Insel kann auch hervorragend gewandert werden. Die sogenannte **Wasserfallroute** beginnt beispielsweise am südlichen Rand der Stadt und führt vorbei an einem kleinen Wasserfall bis zum Strand. Eine weitere Route, die sogenannte **Pipeline-Route**, führt zuerst zu einem großen See, der die Wasserversorgung der Stadt sichert, und dann weiter hinauf in die Hügel zu einer Aussichtsplattform, von wo man sich einen traumhaften Überblick über die Stadt und die Insel verschaffen kann.

In der unmittelbaren Umgebung der Stadt liegen auch eine ganze Reihe von archäologisch interessanten Orten, die jedoch nicht immer ganz einfach zu finden und zu erkennen sind. Es lohnt sich daher unter Umständen, die Touren mit einem lokalen Führer zu machen, der die versteckten Plätze zeigt und erklärt.

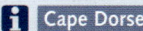 Cape Dorset

Touristische Informationen gibt es unter Tel. +1/867/897 89 43, www.capedorset.ca.

Lage: 64°13'48" N, 76°31'36" W.

Iqaluit

Seit dem 1. April 1999 und damit mit dem Beginn der Selbstständigkeit ist Iqaluit offiziell die Hauptstadt des kanadischen Territoriums Nunavut. Die Stadt befindet sich an der Südküste der Baffin-Insel am Eingang der Frobisher Bay.

Während Mitte der 1990er Jahre nur rund 4000 Menschen in Iqaluit lebten, sind es heute bereits über 7000. Alleine zwischen 2001 und 2006 stieg die Bevölkerung um beeindruckende 18,1 Prozent. Trotz dieses rasanten Anstiegs ist Iqaluit immer noch die kleinste Hauptstadt in ganz Kanada. Zudem ist es auch die einzige Hautstadt, die nicht über Straßen mit anderen Städten verbunden ist und nur mit dem Flugzeug oder aber – je nach klimatischen Bedingungen – mit dem Schiff erreicht werden kann. Iqaluit besitzt einen modernen Flughafen, auf dem im Gegensatz zu vielen anderen in Nunavut auch größere Maschinen problemlos landen können. Mehrere Fluggesellschaften bieten Flüge zu den großen kanadischen Städten wie Ottawa an. Der Hafen kann aufgrund der Eisverhältnisse nur im Sommer angelaufen werden. Vor allem kleinere und mittlere Schiffe legen dann hier an und bringen Güter in die Stadt. Größeren Frachtschiffen ist es noch nicht möglich, in Iqaluit festzumachen, der Ausbau des Hafens ist aber geplant. In der Stadt selbst können die Distanzen in der Regel problemlos zu Fuß zurückgelegt werden. Um in die Umgebung zu gelangen, werden hauptsächlich Allradfahrzeuge oder aber Schneemobile eingesetzt.

Iqaluit präsentiert sich seinen Besuchern als eine pulsierende und multikulturelle Stadt. Der Anteil der Inuit an der Gesamtbevölkerung liegt hier vergleichsweise niedrig, bei ungefähr 70 Prozent. Auch sprachlich gesehen ist Iqaluit viel-

Arktische Fischerei

Gange war, eine militärische Flugbasis errichteten. Bei der Planung und Umsetzung ihres Projektes stützen sich die Amerikaner dabei auch auf das Wissen der ansässigen Inuit. Zu Beginn wurde die militärische Siedlung noch wie die Bucht Frobisher Bay genannt.

In den darauffolgenden Jahren wuchs die Siedlung immer weiter an, da sowohl der militärische Luftwaffenstützpunkt wie auch das später hier errichtete amerikanische Frühwarnsystem gegen sowjetische Raketenangriffe reichlich Arbeitsplätze boten. Neben Spezialkräften kamen auch immer mehr Inuit aus der Region in die Stadt, um von der vergleichsweie guten Infrastruktur der Siedlung zu profitieren. Auch die kanadische Regierung widmete sich vermehrt der Siedlung, umso mehr, nachdem die Luftwaffenbasis 1963 von den Amerikanern aufgegeben worden war. Frobisher Bay entwickelte sich zum lokalen Zentrum der Verwaltung und zum infrastrukturellen Knotenpunkt der Region. Erst 1987 wurde der Name der Stadt offiziell in Iqaluit umgewandelt, ein Name, den die Inuit ohnehin schon seit der Gründung benutzt hatten und der ›Ort mit viel Fisch‹ bedeutet. In einem Referendum im Jahre 2001, das in ganz Nunavut abhalten wurde, wurde Iqaluit dann zur Hauptstadt des Territoriums bestimmt.

fältig. Neben Englisch und Französisch wird auch die Sprache der Inuit gesprochen. Iqaluit befindet sich zwar nördlich der Baumgrenze, jedoch außerhalb des Polarkreises. Dennoch ist das Klima der Stadt mit kurzen Sommern und langen Wintern arktisch. Die durchschnittlichen Temperaturen liegen acht Monate im Jahr unter dem Gefrierpunkt. Vor allem im Sommer muss wie in der gesamten Gegend mit häufigen Regenfällen gerechnet werden.

■ Geschichte

Der erste Europäer, der 1576 in die Frobisher Bay gelangte, wurde auch gleichzeitig der Namensgeber der Bucht. Allerdings glaubte Martin Frobisher damals fälschlicherweise, einen Seeweg nach China entdeckt zu haben.

Die eigentliche Geschichte des modernen Iqaluit beginnt jedoch erst vergleichsweise spät und hat ausnahmsweise nichts mit der Gründung einer Handelsstation der Hudson's Bay Company zu tun. Vielmehr waren es die US-amerikanischen Nachbarn, die hier 1942, als der Zweite Weltkrieg im vollen

■ Sehenswürdigkeiten

Die Hauptstadt von Nunavut bietet ihren Besuchern alle Annehmlichkeiten, die man sich vorstellen kann. Neben exzellenten Restaurants findet man hier auch ausgiebige Shoppingmöglichkeiten sowie kulturelle Angebote und Anbieter von Touren in die wunderschöne Landschaft. Von der reinen Architektur vermag die Stadt jedoch zunächst wenig zu überzeugen. Die meisten Gebäude sind

Die kanadische Arktis und Alaska

eher funktional und darauf ausgerichtet, den extremen klimatischen Bedingungen zu trotzen. Gebäude, die in neuerer Zeit gebaut wurden, zeigen sich dafür etwas bunter und vielfältiger.

Den besten Überblick zu Beginn der Erkundung bietet das **Unikkaarvik-Besucher-Zentrum**, das sich direkt an der Strandpromenade und damit in unmittelbarer Nähe der Anlegestellen der Expeditionsschiffe befindet. In dem Gebäude sind ebenfalls die Stadtbibliothek und einige lokale Reiseanbieter untergebracht. Hier bekommen Sie alle wichtigen Informationen über die Sehenswürdigkeiten, die Iqaluit zu bieten hat, sowie Stadtkarten und ähnliches. Darüber hinaus werden hier auch Kunstwerke lokaler Inuit-Künstler präsentiert.

Direkt neben dem Besucherzentrum ist das **Nunatta-Sunakkutaangit- Museum** angesiedelt. Es befindet sich in einem ehemaligen Gebäude der Hudson's Bay Company. Die kleine, aber interessante Ausstellung informiert die Besucher zum einen über die Geschichte der Baffin-Insel, zum anderen werden Inuit-Skulpturen, Zeichnungen und andere Kunstwerke ausgestellt (Tel. +1/867/979-55 37, museum@nunanet.com).

In der Stadt kann man an den vielen kleinen Geschäften vorbeibummeln oder aber aus dem großen Angebot an Inuit-Kunst ein Souvenir für zu Hause auszusuchen. Viele Galerien bieten die kleinen und großen Meisterwerke zum Kauf an. Es lohnt sich dabei jedoch, die Angebote zu vergleichen, da teilweise erhebliche Preisunterschiede bestehen.

Sehenswert ist auch das **Parlamentsgebäude** der Stadt, das durch seine interessante Architektur überzeugt. Das Gebäude wurde in den Jahren 1998 bis 1999 errichtet und begeistert vor allem durch seine Mischung aus Glas und Stahl. Im Inneren befindet sich der zwei-

Iqaluit

Ein freundlicher Schiffskoch

stöckige Versammlungssaal des Parlaments. Zudem sind hier auch einige wunderschöne Kunstwerke aus der Region zu bewundern.

Ebenfalls aufgrund ihrer Igluform architektonisch interessant und eine absolute Touristenattraktion war einst die St.-Jude-Kathedrale. Während eines großen Feuers, das vermutlich auf das Konto von Brandstiftern ging, wurde die weiße Kathedrale jedoch im Jahre 2005 völlig zerstört. Momentan gibt es Pläne, das Gotteshaus wieder zu errichten.

■ Aktivitäten

Auch außerhalb der Stadt gibt es eine Reihe von interessanten Orten, die es lohnt zu besuchen. Gerade einmal 30 Minuten zu Fuß ist der **Sylvia-Grinnell-Fluss** entfernt. Hier gibt es nicht nur archäologische Stätten der Thule-Kultur, sondern auch eine Vielzahl an seltenen Pflanzen, verschiedene Tierarten und über 40 verschiedene Vogelarten. Beeindruckende Wasserfälle bieten ein herrliches Panorama für ein Picknick.

Inqaluit ist auch Gastgeber für eine Reihe von Veranstaltungen und Festlichkeiten, die über das Jahr verteilt stattfinden. Im März findet beispielsweise ein **Schneemobilrennen** statt, das von der Stadt nach Kimmirut und zurück führt und jedes Jahr viele Besucher anlockt. Besonders lohnt es auch, im Juni und Juli zu kommen. Dann finden nämlich das **Nunanvut-Kunst-Festival** sowie das **Alinait-Festival,** das Theater, Kino und Konzerte anbietet, statt.

Viele der örtlichen Reiseunternehmer bieten geführte Ausflüge in den nahegelegenen **Geschichtspark Qaummaarviit** an. Es wird empfohlen, die Tour nicht auf eigene Faust zu unternehmen, sondern sich an diese Reiseanbieter zu halten, die auch Erklärungen vor Ort sowie Verpflegung anbieten. Die Touren können im Unikkaarvik-Besucher-Zentrum gebucht werden. Dort können bei Bedarf auch Karten und Parkführer erstanden werden. Von der Stadt zum Park sind es rund zwölf Kilometer, die im Winter mit dem Schneemobil oder dem Hundeschlitten, im Sommer mit dem Boot zurückgelegt werden können. Sie sollten daran denken, sich warm und bequem zu kleiden. Der Park selber ist reich an archäologischen Stätten, die zumeist noch aus der Thule-Kultur stammen. Die Orte zeigen dabei vor allem eindrucksvoll, unter welchen Umständen die damaligen Inuit das Leben unter den klimatisch harten Bedingungen zu meistern in der Lage waren.

ℹ Iqaluit

Besucherzentrum, Tel. +1/867/979-46 36, www.nunavuttourism.com, www.city.iqaluit.nu.ca.
Fluginformationen: www.aircanada.com, www.canadiannorth.ca.

Lage: 63°45'0" N, 68°33'0" W.

Die kanadische Arktis und Alaska

Pond Inlet

Schon die Kulisse rund um die 1500 Einwohner zählende Stadt Pond Inlet ist mehr als beeindruckend. Bei der Anfahrt mit dem Schiff sieht man im Hintergrund die massiven mit Eis überzogenen Gebirgsketten der Bylot-Insel aufsteigen. Pond Inlet liegt selbst an der Nordküste der Baffin-Insel am gleichnamigen Meeresarm und dürfte wohl zu einer der schönsten Siedlungen in ganz Nunavut zählen.

Die Inuit, die über 90 Prozent der gesamten Bevölkerung stellen, nennen ihren Ort ›Mittimatalik‹, was mit ›Mittimas Platz‹ übersetzt wird. Wer dieser Mittimas jedoch war oder ist, bleibt ein Geheimnis. Die Bewohner der gesamten Region um Pond Inlet werden in der Sprache der Inuit als ›Tununirmiut‹ bezeichnet, also die Menschen aus ›Tununiq‹, dem ›Land, das sich von der Sonne abwendet‹. Wenn man sich die klimatischen Bedingungen ansieht, versteht man schnell, warum dieser Name durchaus passend ist. Die durchschnittliche Jahrestemperatur liegt bei um die –15 Grad, allerdings kann es in den langen Wintern auch um einiges kälter werden. Das Thermometer zeigt dann auch schon einmal Temperaturen um die –40 Grad an.

Die beste und vor allem auch schönste Möglichkeit, die Stadt zu besuchen, ist sicherlich mit dem Schiff. Der Hafen von Pond Inlet ist in der Regel dreieinhalb Monate im Jahr eisfrei. In dieser Zeit legen nicht nur zahlreiche Transportschiffe mit Gütern am Hafen an, sondern es kommen in den letzten Jahren auch immer mehr Expeditionsschiffe in die einzigartige Landschaft der Region. In den übrigen Monaten, wenn der Hafen komplett zugefroren ist, besteht noch die Möglichkeit, die Stadt mit dem Flugzeug zu erreichen. Aufgrund der extremen Distanz von Pond Inlet zu anderen größeren Ortschaften – Montreal befindet sich über 2500 Kilometer entfernt – liegen die Preise für viele Güter in der Stadt deutlich über den sonst üblichen in Kanada.

■ Geschichte

Wie bei vielen anderen Orten im Norden Kanadas begann auch die moderne Geschichte von Pond Inlet erst im 20. Jahrhundert. Dabei darf natürlich nicht vergessen werden, dass die Region selber bereits seit mehreren tausend Jahren immer wieder von verschiedenen Inuit-Kulturen bewohnt wurde. Im Falle der Region um Pond Inlet waren dies die Dorset-Kultur und die Thule-Kultur. Der

▲ *Pond Inlet*

englische Name der Stadt geht zurück auf den Entdecker John Ross, der 1818 in die Region kam und ihr den Namen ›Pond‹, nach einem britischen Astronomen, gab.

Die erste Walstation entstand im Jahre 1903, wurde jedoch bald darauf schon wieder aufgegeben. Auch weitere Siedlungsversuche zu Beginn des 20. Jahrhunderts scheiterten an unterschiedlichen, vor allem klimatischen Ursachen. Erst, als sich auch die mächtige Hudson's Bay Company, vom angeblichen Gold der Region angelockt, der Sache annahm und 1921 die bereits existierende, aber unrentable Handelsstation übernahm, wurde aus der Sache etwas Langfristiges. Obwohl letzten Endes kein Gold in der Gegend gefunden wurde, entwickelte sich Pond Inlet zu einem Handelszentrum.

Auch erste christliche Missionen kamen in den folgenden Jahren. Zu einer Stadt im eigentlichen Sinne mit der angemessenen Infrastruktur wurde Pond Inlet jedoch erst in den 1960er Jahren. Im Rahmen einer landesweiten Häuserinitiative der kanadischen Regierung wurden auch hier befestigte Häuser errichtet und die notwendige Infrastruktur bereitgestellt.

Wirtschaftlich steht Pond Inlet vor allem wegen der in den letzten Jahren stetig ansteigenden Touristenzahlen vergleichsweise gut da. Auch wenn der Besucheranturm sich insgesamt noch in Grenzen hält, laufen doch während der eisfreien Monate mehr und mehr Schiffe den Hafen der Stadt an. Neben dem Tourismus sind die Arbeitsplätze vor allem in der staatlichen Verwaltung angesiedelt. Darüber hinaus gibt es auch einige kleinere Unternehmen, die jedoch auch auf die Besucher von außerhalb angewiesen sind.

■ **Aktivitäten**

Pond Inlet trägt wahrlich nicht umsonst den Beinamen ›Perle des Nordens‹. Eine ganze Reihe von beeindruckenden Eisbergen befindet sich ganz in der Nähe der Stadt und kann sogar per Fußmarsch oder aber im Winter mit dem Schneemobil erreicht werden. Darüber hinaus stößt man in der Nähe der Stadt auf Treibeisschollen, Gletscher, Eishöhlen und zahlreiche Meeresarme. Wem das immer noch nicht genug ist, der hat die Möglichkeit, in der Gegend Robben, Wale und Eisbären zu beobachten. Ein absolutes Highlight ist auch der **Sirmilik-Nationalpark**, zu dem von Pond Inlet organisierte Touren angeboten werden (→ S. 308).

Der beste Ausgangspunkt, sich der Stadt sowie der Umgebung anzunähern, ist das **Nattinak-Zentrum**. Im Gebäude befindet sich nicht nur die Touristeninformation von Pond Inlet, sondern auch unterschiedliche Ausstellungen über das kulturelle Erbe der Region sowie deren landschaftlichen Besonderheiten. Darüber hinaus ist hier auch die **Rebecca-Idlout-Bibliothek** untergebracht, die eine große Sammlung an historischen und landschaftlichen Büchern und Bildbänden über die Gegend umfasst. Auch Internet-Zugang wird hier für Besucher zur Verfügung gestellt. Im Touristenbüro werden die unterschiedlichsten Aktivitäten und **Ausflüge** angeboten, und man hat angesichts der großen Auswahl wirklich die Qual der Wahl. Neben geführten Touren zu archäologischen Stätten und landschaftlichen Sehenswürdigkeiten werden hier auch Schneemobil-, Schlitten- und Skitouren angeboten. Darüber hinaus eignet sich die Gegend auch hervorragend zum Kajakfahren, Fischen oder Jagen.

Die kanadische Arktis und Alaska

Auch auf eigene Faust kann man selbstverständlich Ausflüge unternehmen. Sie sollten jedoch vorher mit erfahrenen Leuten aus dem Ort über ihre Pläne sprechen und vor allem auch die klimatischen Bedingungen mit einplanen. Eine schöne Tour für erfahrene Wanderer führt entlang des **Janes Creek** und zu dem ungefähr 15 Kilometer östlich der Stadt gelegenen **Herodier-Berg**. Der Berg, der eine Höhe von 765 Metern hat, kann bei gutem Wetter bestiegen werden und ermöglicht eine traumhaft schöne Aussicht auf die einzigartige Landschaft. Hier oben kann man sogar ein Zelt aufschlagen und die Nacht verbringen. Vor allem bei jungen Menschen aus der Region ist eine Übernachtung auf dem Berg sehr beliebt. Wer gerne eine etwas kürzere Tour machen möchte, könnte beispielsweise zum alten **Thule-Dorf Qilalukkat** wandern. Auf dem Weg dorthin werden Sie auch einen sehr schönen Eindruck von der landschaftlichen Vielfalt gewinnen können. Allgemein ist aber anzuraten, alle Touren lieber in Begleitung von erfahrenen Personen aus der Gegend zu unternehmen. Pond Inlet bietet seinen Besuchern auch die Möglichkeit sich mit den traditionellen Gepflogenheiten und Kultur der Inuit vertraut zu machen. Im Nattinak-Zentrum werden daher auch Trommel- und Singkurse und sogar kleinere Sprachkurse angeboten. Mehrere Geschäfte verkaufen auch traditionelle Inuit-Kunst, die ein schönes Souvenir darstellt.

ⓘ Pond Inlet

Touristische Informationen gibt es im **Nattinak Center**, Tel. +1/867/899-82-25, Fax -4, www.pondinlet.ca.

Lage: 72°42'0" N, 77°59'0" W

Grise Fiord

Grise Fiord liegt an der südlichen Spitze der Ellesmere-Insel im Kanadisch-Arktischen Archipel (76°25'0" N, 82°54'0" W). Von hier aus ist es theoretisch nur noch ein Katzensprung zu dem östlich der Insel gelegenen Nordgrönland. Die Siedlung ist neben dem Schiff, mit dem man jedoch nur in den zwei eisfreien Monaten im Jahr den Hafen ansteuern kann, am besten mit dem Flugzeug zu erreichen. Grise Fiord besitzt einen kleinen Flughafen, der jedoch hauptsächlich von Charter-Fluggesellschaften angeflogen wird. Wegen dem oft dichten Nebel in der Gegend ist eine Landung zudem oftmals nicht möglich.

Ihren Namen verdankt die Siedlung dem norwegischen Seefahrer Otto Sverdrup, der die Gegend in den Jahren zwischen 1899 und 1903 erforschte. Sverdrup nannte die Gegend Grise Fiord, ›Schweine-Fjord‹, weil ihn die Geräusche der vielen Walrosse an Schweine erinnerten. Der gerade einmal um die 200 Einwohner, davon etwa 90 Prozent Inuit zählende Ort heißt bei den Inuit ›Aujuittuq‹ – ›Der Ort, der niemals taut‹. Im Vergleich zu seinem englischen Namen, ist dieser Name angesichts der eisigen Temperaturen, die hier herrschen, um einiges angebrachter. Der Ort ist nämlich nicht nur einer der nördlichsten Gemeinden Kanadas und Nordamerikas – Grise Fiord liegt 1160 Kilometer nördlich des Polarkreises –, sondern auch eine der kältesten bewohnten Gegenden der Welt. Die durchschnittliche Jahrestemperatur beträgt eisige –16,5 Grad! Ab dem 1. November beginnt in Grise Fiord die Polarnacht und hüllt die Siedlung bis zum 9. Februar in Dunkelheit. Vom 24. April bis zum 18. August jeden Jahres scheint dann, wie zum Ausgleich, die Mitternachtssonne.

■ **Geschichte**

Die Geschichte von Grise Fiord reicht zurück bis ins Jahr 2500 vor Christus. In jener Zeit kamen die ersten Inuit über die Beringstraße in die Gegend. Noch heute können Überreste dieser alten Siedlungen besichtigt werden. Vor etwa 1000 Jahren, als das Klima sich allgemein erwärmte, kam mit den Inuit der Thule-Kultur die zweite Siedlungswelle. Die moderne Geschichte von Grise Fiord begann jedoch vergleichsweise spät. 1922 errichtete die kanadische Polizei einen Außenposten in Craig Harbour,

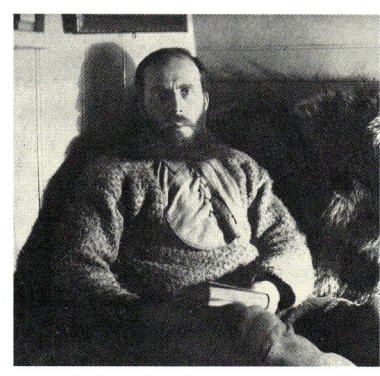

Otto Sverdrup

das sich etwa 50 Kilometer westlich des heutigen Grise Fiord befindet. Zu Beginn der 1950er Jahre siedelte die kanadische Regierung insgesamt acht Inuit-Familien in der Region an, um ihren Hoheitsanspruch im hohen Norden zu demonstrieren. Bis heute ist diese Aktion rechtlich höchst umstritten. Im Jahre 1956 verlagerte die Polizei die ursprüngliche Siedlung schließlich von Craig Harbour nach Grise Fiord. Wenig später wurden ein Schulgebäude und mehrere Wohnhäuser in der neuen Gemeinde errichtet, und immer mehr Familien aus der alten Siedlung zogen um. Heute können die Reste der ersten Siedlung in Craig Habrour im Rahmen einer Tour von Grise Fiord aus besichtigt werden.

■ **Aktivitäten**

Die Landschaft des hohen Nordens rings um Grise Fiord wird von vielen Touristen als eine der beeindruckendsten in ganz Nunavut empfunden. Die Gegend ist gekennzeichnet durch atemberaubende Berg- und Gletscherformationen sowie durch Eisberge. Ungefähr 40 Kilometer westlich der Siedlung bietet der **South Cape Fiord** ideale Bedingungen, um die gigantischen **Eisberge** zu sehen. Auch die **Tierwelt** ist hier ausgesprochen viel-

fältig. 50 Kilometer östlich von Grise Fiord, wo das Eis das offene Meer trifft, lassen sich Walrosse, Wale, Polarbären und Seelöwen beobachten. Wenn Sie eine dieser beiden Möglichkeiten wählen sollten, soweit diese nicht im Rahmen Ihrer Expeditionskreuzfahrt vorgesehen sind, sei Ihnen geraten, die Ausflüge bereits vor ihrem Eintreffen zu arrangieren (gfsao@qiniq.com). Darüber hinaus ist ab Ende Mai auch eine Vielzahl an Vogelarten zu bestaunen, die dann von Süden zu ihren Nestplätzen um Grise Fiord zurückkehren.

Neben interessanten Landschaften und einer vielfältigen Tierwelt hat man in Grise Fiord auch die Chance, **historische Orte** zu besichtigen. Verschiedene Touren mit dem Schneemobil oder dem Boot werden von lokalen Anbietern offeriert. So können beispielsweise Touren zu alten Eisbärfallen aus der Thule-Zeit oder zu den Siedlungen, die im Zuge der Umsiedlung von Inuit Familien aus dem Jahre 1953 aufgegeben werden mussten. Weitere Touren führen in die erste moderne Siedlung der Insel in Craig Harbour und zu verschiedenen Plätzen, die mit dem Erforscher der Region Otto Sverdrup zusammenhängen.

Die kanadische Arktis und Alaska

Eisberge

Das Erste, was jedem Kind über die Arktis einfallen würde, sind mit Sicherheit die dort anzutreffenden Eisberge. Das Schicksal der Titanic hat dazu beigetragen, dass diese Kolosse der polaren Meere als etwas Gefährliches und Unberechenbares angesehen werden. Etwas nüchterner betrachtet, sind Eisberge zunächst einmal Eismassen, die teilweise oberhalb, teilweise unterhalb der Meeresfläche schwimmen. Innerhalb der arktischen Gewässer stammen die meisten der Eisberge von Gletschern aus Grönland. Eisberge entstehen, wenn sich große Stücke von Gletschern lösen und so ins offene Meer gelangen. Man spricht dann davon, dass die Gletscher kalben. Eisberge können sich jedoch auch aus Packeis und Eisschollen bilden.

Die teilweise riesenhaften Ungetüme bestehen in der Regel fast ausschließlich aus Süßwasser und besitzen kleine Lufteinschlüsse. Die Eisberge werden auf internationaler Ebene von Forschern in verschiedene Größen eingeteilt. Die größten Berge besitzen dabei eine Höhe von über 75 und eine Länge von 200 Metern. Dass die Eisberge schwimmen, ist dadurch zu erklären, dass Wasser im festen Zustand leichter ist als im flüssigen. Jedoch ist die Dichte geringer als die des umgebenden Wassers. Daher sind nur etwa zehn Prozent des gesamten Eisberges zu sehen, der übrige Teil liegt als sogenannter Kiel unter der Meeresoberfläche. Der erste Wissenschaftler, der dieses Phänomen beschrieb, war bereits 1750 der russische Gelehrte und Naturwissenschaftler Michail Lomonosov, nach dem heute auch ein 1800 Kilometer langer Rücken im Arktischen Ozean benannt ist.

Dass Eisberge eine Gefahr für den Schiffsverkehr darstellen, ist spätestens seit dem katastrophalen Untergang der Titanic im Jahre 1912 bekannt. Als Reaktion auf dieses Unglück wurde nur zwei Jahre später die ›International Ice Patrol‹ ins Leben gerufen. Zu den Aufgaben der Gesellschaft, an der sich eine ganze Reihe von Staaten beteiligen, zählt die Beobachtung von Eisbergen im arktischen Nordatlantik. Neben dem Einsatz von Schiffen wird heute die Überwachung mit speziell ausgerüsteten Flugzeugen gewährleistet.

Vor allem in den letzten Jahren sind Eisberge zu einem Symbol der fortschreitenden Erderwärmung geworden. Wenn sie in großen Mengen von ihren Gletschern auf Grönland abbrechen und mit ohrenbetäubendem Lärm ins Meer fallen, wird dies oft als Indiz genommen, dass die Pole schmelzen. Dabei wird jedoch oft übersehen, dass das Kalben der Gletscher zunächst einmal ein natürlicher Vorgang ist, wie es ihn bereits seit Jahrtausenden gibt, und auch das Auftauen von bereits vorhandenen Eisbergen nur zu einer minimalen Erhöhung des Meeresspiegels führt.

Eisberge bestehen aus Süßwasser

Arctic Bay

Obwohl es der Name vermuten lässt, ist Arctic Bay keine Bucht, sondern eine kleinere Ortschaft mit rund 700 Einwohnern. Sie liegt auf der Borden-Halbinsel im Norden der Baffin-Insel unmittelbar am Admiralty Inlet (73 2′11″N, 85°9′9″ W). Die Bordon-Halbinsel ist ein landschaftlich ansprechendes hügeliges Plateau, das von zahlreichen Flusstälern durchzogen ist. Ganz im nördlichen Teil dieser Halbinsel, wo die Berge bis zu 1300 Meter in den Himmel ragen, befindet sich Arctic Bay, das eine der nördlichsten Siedlungen in ganz Kanada ist. Der Südosten der Siedlung wird dominiert durch den Hausberg King George V. mit einer Höhe von 564 Metern. Neben dem englischen Namen der Stadt existiert in der Sprache der Inuit noch die Bezeichnung Ikpiarjuk, was soviel wie ›Tasche‹ bedeutet und sich auf die hohen Berge bezieht, welche die Ortschaft wie eine Tasche umschließen. Die Temperaturen in Arctic Bay sind ganz dem Namen der Stadt entsprechend wirklich arktisch. In den kurzen Sommermonaten steigt die Temperatur maximal auf den Gefrierpunkt. In den Wintermonaten sind Temperaturen um die –35 Grad der Durchschnitt, es kann jedoch auch durchaus vorkommen, dass man hier Temperaturen von bis zu –50 Grad miterleben kann oder besser gesagt miterleben muss.

Arctic Bay ist entweder mit dem Flugzeug oder mit dem Schiff zu erreichen, nicht aber auf dem Landweg. Die einzige Straße in der Region verbindet die Stadt mit der Minenstadt Nanisivik. Arctic Bay besitzt zwar nur einen kleinen Flughafen, nutzt jedoch den etwa 19 Kilometer entfernt gelegenen Flughafen von Nanisivik mit. Der Flughafen wird nur von einer einzigen Fluglinie angeflogen.

Es ist daher bequemer und einfacher, mit dem Schiff nach Arctic Bay zu kommen. Der Hafen liegt in einer natürlichen sowie sicher und windstill gelegenen Bucht, was auch der Grund war, warum Europäer ihn einst als Handelsstation nutzten.

■ Geschichte

Die Gegend rund um Arctic Bay ist, wie Funde bewiesen haben, bereits seit über 5000 Jahren von Inuit bewohnt, die sich, ursprünglich aus dem Westen kommend, hier niederließen. Der erste Europäer, der die Region zu Gesicht bekam, war der Engländer William Adams, der im Jahre 1872 mit seinem Walfänger-Schiff ›Arctic‹ die Bucht befuhr. Ein weiteres Schiff mit dem selben Namen überwinterte in der Bucht im Winter 1911/1912. Die beiden Schiffe wurden später zwar die Namensgeber der Siedlung, deren Geschichte begann jedoch erst einige Jahre später. Die Hudson's Bay Company eröffnete hier – nachdem erste Versuche bereits gescheitert waren – 1936 eine Handelsstation. In den 1930ern gab es für kurze Zeit eine katholische Missionsstation, und 1937 entstand eine anglikanische Missionsstation, die jedoch zehn Jahre später nach dem Unfalltod des Missionars John Turner bereits wieder geschlossen wurde. Zu einer richtigen Ortschaft wurde Arctic Bay wie viele andere Siedlungen in der Region erst im Zuge der sogenannten ›Hausinitiative‹ der kanadischen Regierung in den 60er Jahren des 20. Jahrhunderts, dank derer befestigte Häuser sowie die nötige Infrastruktur errichtet werden konnten.

Wirtschaftlich geht es sowohl Arctic Bay selbst als auch der gesamten Region vergleichsweise schlecht. Vor allem seit 2002 die Mine im benachbarten Nanisivik stillgelegt wurde, gibt es nur noch wenige Arbeitsplätze, die zumeist im öffentlichen Sektor angesiedelt sind. Der private Sektor ist hingegen nur sehr unzureichend entwickelt. Wie so oft sind steigender Alkoholismus und Drogenkonsum die Folgen der schlechten wirtschaftlichen Lage.

Der Tourismus steckt trotz der wunderschönen Landschaft und der einzigartigen Natur bisher noch in den Kinderschuhen, auch wenn in den letzten Jahren einige Expeditionskreuzfahrten die Stadt mit in ihr Programm der kanadischen Arktis aufgenommen haben. Viele Menschen hoffen vor allem auf eine Initiative der kanadischen Regierung, die beschlossen hat, die alte Minenstadt Nanisivik in einen großen Seehafen für die kanadische Marine umzubauen. Die Inbetriebnahme des Stützpunktes soll im Jahre 2015 erfolgen.

■ **Aktivitäten**
Die Gewässer um Arctic Bay sind für eine große Fülle an Meeresbewohnern bekannt. Während des ganzen Jahres können hier die verschiedensten **Robbenarten** und **Walrosse** beobachtet werden. Im Frühjahr und Sommer kommen zudem noch mehrere **Walarten** vor, die sich teilweise sogar bis in die Bucht selbst hineintrauen und somit von der Stadt aus gesichtet werden können. Rund um Arcitc Bay befindet sich eine Vielzahl von wunderschön gelegenen **Seen**, in denen eine erstaunliche Artenvielfalt an Fischen zu finden ist. Sollten Sie Interesse am Jagen oder Fischen haben sollten Sie sich jedoch zunächst an die örtlichen Autoritäten wenden, um eine Genehmigung einzuholen. Von Arctic Bay aus können **Kletterwanderungen** auf den Hausberg King George V. unternommen werden, die etwa einen

Tag in Anspruch nehmen und nach dem Erreichen des Zieles einen wunderbaren Blick auf die Bucht, das Meer und ins Landesinnere ermöglichen.

■ **Der Sirmilik-Nationalpark**
Es lohnt sich, einen Ausflug in den Sirmilik-Nationalpark zu unternehmen, der als Höhepunkt der Region gilt. Von Arctic Bay, aber auch von Pond Inlet (→ S. 302) werden Touren dorthin entweder mit dem Schiff oder mit dem Schneemobil angeboten. Viele der Schiffsexpeditionen haben einen Besuch des Nationalparks ebenfalls mit im Programm.

Der Nationalpark ist mit seiner Fläche von 22 000 Quadratkilometern einer der größten Kanadas, liegt gut 600 Kilometer nördlich des Polarkreises und wurde 1999 ins Leben gerufen, um die arktische Natur vor menschlichen Einflüssen zu schützen. Der Nationalpark ist dreigeteilt und setzt sich aus der Bylot-Insel, der Bordon-Halbinsel und Pond Inlet zusammen.

Der schönste und auch bekannteste Teil des Parks ist sicherlich die **Bylot-Insel**. Der Grund dafür ist die Polynja an der Nordostflanke der Insel. Unter Polynja versteht man eine große Öffnung im arktischen Eis, die eine Fläche von mehreren tausend Quadratkilometern erreichen kann. Hier bei der Bylot-Insel treffen zwei Ozeanströmungen aufeinander und verursachen die sogenannte ›Lancaster Sound Polynja‹. Diese schafft klimatische Bedingungen, welche die Insel zu einem wahren **Vogelparadies** haben werden lassen. In den felsigen Küstenregionen leben alleine 100 000 Schneegänse, was gut ein Drittel der gesamten Population der Erde ausmacht, 320 000 Dickschnabellummen und 50 000 Dreizehenmöwen. Darüber

Walrossherde

hinaus finden sich fast alle Arten der arktischen Vogelwelt hier auf einer überschaubaren Fläche. Es wird wohl nur wenige Orte auf der Erde geben, wo so viele verschiedene Vogelarten auf einmal anzutreffen und zu beobachten sind!

Neben der artenreichen Vogelwelt der Insel ist auch das zentral gelegene **Gebirgsmassiv**, das bis zu 2100 Metern hoch ist, beeindruckend. Das Gebirge ist fast zur Hälfte mit einer Eiskappe bedeckt, von der an mehreren Stellen Gletscherzungen ins Meer kalben und einen spektakulären Anblick liefern. Die massiven Gletscher fließen teilweise jedoch auch ins Landesinnere ab und verwandeln in den wärmeren Sommermonaten die Tiefebenen der Insel zu einer abwechslungsreichen Seen- und Flusslandschaft. Die meisten Küsten der Bylot-Insel bestehen aus steil abfallenden Felsen und Kliffen, die jedoch ab und an von Richtung Meer wandernden Gletschern oder Gletscherbächen durchbrochen werden. Eine weitere Attraktion sind die sogenannten Hoodoos, **Gesteinssäulen aus Kalkstein**, in der südwestlichen Küstenregion.

Sollten Sie sich dazu entscheiden, den Nationalpark zu besuchen, ist zu raten, an einer organisierten Tour teilzunehmen. Im Park selber befinden sich keine Übernachtungs- oder Proviantaufnahmemöglichkeiten. Touren müssen also sorgfältig geplant und vorbereitet werden.

> **ℹ Sirmilik-Nationalpark**
> Informationen über Touren in den Nationalpark gibt es beim **Nattinak Center** in Pond Inlet, Tel. +1/867/ 899 82-25, Fax -4, www.pondinlet. ca, oder auf den Internetseiten der **kanadischen Nationalparkverwaltung**, www.pc.gc.ca.
>
> **⊘**
> **Lage**: 73°0'0" N, 81°0'0" W.

Resolute

Resolute ist durch seine Lage an der Südküste der Cornwallis-Insel mit Sicherheit das Einfallstor in die Hocharktis schlechthin. Die Stadt ist nach Grise Fiord die nördlichste Siedlung in ganz Kanada, jedoch dank ihres Flughafens, der sehr gut mit dem Rest des Landes verbunden ist, weitaus einfacher zu erreichen als Grise Fiord. Resolute ist der Startpunkt für die viele Touren zum geografischen wie magnetischen Nordpol und zum Ellesmere-Insel-Nationalpark, dem nördlichsten Park Kanadas. Gerade einmal 250 Menschen, von denen 99 Prozent Inuit sind, leben hier so weit oben im Norden Kanadas.

Die gesamte Gegend der Cornwallis-Insel spielte eine wichtige Rolle bei der Entdeckung der Nordwestpassage, dem legendären Weg nach Asien. Auch der Name der Stadt hängt mit der berühmten Passage zusammen. Sie ist nach einem der Schiffe benannt, das sich an der Suche nach der missglückten Franklin-

Expedition beteiligt hatte und in der Gegend des heutigen Resolute von der Besatzung aufgegeben wurde. Qausuittuq, ›Ort der Dämmerung‹ lautet hingegen der Name, den die Inuit der Siedlung gegeben haben. Neben dem Flughafen, der eines der wichtigsten Drehkreuze der kanadischen Hocharktis ist, wird Resolute in den kurzen eisfreien Sommermonaten auch vermehrt von Schiffen angelaufen, die ihren Gästen diese Region der kanadischen Arktis näherbringen wollen.

■ Geschichte

Bereits vor Jahrhunderten reisten und siedelten Inuit an den Küsten des heutigen Resolute, und es war, wie viele archäologische Fundstücke vermuten lassen, wohl die Thule-Kultur, sie sich hier als erste dauerhaft ansiedelte. In der so genanten Kleinen Eiszeit wurde die Cornwallis-Insel jedoch verlassen, und es dauerte bis zum Beginn des 19. Jahrhunderts, bis die ersten Europäer in die Gegend kamen. Vermutlich kam der britische Arktisforscher William Edward Perry 1819 als erster an die Küsten von Resolute. Als sicher kann jedoch gelten, dass die John-Franklin-Expedition in den Jahren 1845/46 auf der Suche nach der Nordwestpassage auf die Insel kam. Viele weitere Schiffe folgten, als die Suche nach dem vermissten Franklin begann. Wie viele andere Orte in der kanadischen Arktis erlangte auch die Gegend des heutigen Resolute nach dem Zweiten Weltkrieg strategische Bedeutung im Kampf gegen die Sowjetunion. Im Jahre 1947 wurden daher eine Wetterstation und zwei Jahre später eine militärische Landebahn angelegt. Nach und nach entwickelte sich Resolute so zu einem wichtigen Punkt der arktischen Infrastruktur. In den 1950er Jahren entstand in unmittelbarer Nähe zur Landebahn zudem eine Forschungsstation, die sich mit Fragen des Klimawandels auseinandersetzt. Auch mehrere Forschungsraketen wurden von hier aus ins All geschickt.

1953 wurden auch hier mehrere Inuit-Familien aus ihren vormaligen Ortschaften von der kanadischen Regierung ausgesiedelt und in Resolute und in Grise Fiord angesiedelt. Die Aktion hat in den folgenden Jahrzehnten immer wieder für heftige Kontroversen gesorgt. Während die kanadische Regierung behauptet, die 17 betroffenen Familien hätten aufgrund der schlechten Lebensbedingungen freiwillig ihre ursprünglichen Häuser aufgegeben und seien umgezogen, geben die betroffenen Familien selbst an, von der kanadischen Regierung zum Umzug gezwungen worden zu sein. Ziel der Regierung sei es gewesen, durch gezielte Ansiedlungspolitik ihren Herrschaftsanspruch auf die Hocharktis geltend zu machen. Da die Streitigkeiten nicht gelöst werde konnten, kam es in den 1990er Jahren zu Anhörungen in kanadischen Kommissionen, die den Vorfall klären sollten. Am Ende stand eine Kompensationsleistung von insgesamt zehn Millionen Dollar für die Familien.

Nach wie vor bleibt die kanadische Regierung jedoch bei ihrer Version der Ereignisse. Auch Resolute war in der 1960er Jahren Teil des sogenannten Häuserprogramms der Regierung, und es wurden Schulen sowie eine Reihe von weiteren infrastrukturellen Einrichtun-

Die kanadische Arktis und Alaska

Resolute Bay

gen etabliert. 1975 wurde die Gemeinde von ihrem ursprünglichen und wenig günstigen Standort verlegt und am heutigen Platz wieder aufgebaut.

■ Aktivitäten

Resolute als Siedlung selbst wäre wohl kaum einen besonderen Besuch wert. Bis auf die Besichtigung der lokalen **Polarforschungsstationen** bietet der Ort nur wenige Sehenswürdigkeiten. Interessanter ist da schon die Natur rund um Resolute. In den sehr kurzen Sommermonaten erwacht die sonst steinige und felsige Landschaft zum Leben. Dann blühen zwischen den Felsen kleine, aber bunte Blumen, und in der unmittelbaren Umgebung lassen sich tausende von Vögeln der verschiedensten Arten beobachten. Im Frühjahr und Sommer gibt es auch sehr gute Möglichkeiten, Seerob-ben, Eisbären oder auch Wale zu Gesicht zu bekommen, und auch ausgiebige Wanderungen sind eine wunderschöne Erfahrung.

Ganz in der Nähe der Stadt fließt der **Mecham-Fluss** vorbei. Er formt dabei wie auf wundersame Weise kleine Swimmingpools aus Felsen, die an wärmeren Sommertagen zum Schwimmen einladen. Eine Möglichkeit, die vor allem von den Kindern des Ortes ausgiebig genutzt wird. Im Winter offenbart sich die Gegend hingegen eher von ihrer abweisenden Seite: Schnee und Eis, soweit das Auge reicht. Einen besonderen Reiz hat diese extreme Kälte jedoch, denn in den Wintermonaten hat man die Chance, auf dem dicken Eis unmittelbar über die legendäre **Nordwestpassage** zu wandern, die direkt vor der Küste von Resolute vorbeiführt.

Ungefähr fünf Kilometer außerhalb der Siedlung befindet sich eine **archäologische Stätte der Thule-Kultur**, die einen Besuch lohnt. Der Ort zeigt, allerdings nachgebaut, die Zelte aus Steinen und Walknochen, in denen die Inuit vor rund 500 Jahren gelebt haben und vermittelt so einen Einblick in die Lebensbedingungen der damaligen Einwohner der Region.

Alle weiteren Attraktionen sind nur mit dem Flugzeug oder mit dem Schiff von Resolute aus zu erreichen. Dazu zählen unter anderem **Touren zum magnetischen Nordpol**, der 500 Kilometer von hier entfernt liegt oder auch zum **geografischen Nordpol**, der jedoch bereits 1700 Kilometer entfernt ist. Zu beiden Zielen werden jedoch von Resolute aus organisierte Touren angeboten. Auch zu vielen umliegenden Inseln und Nationalparks werden von hier aus Ausflüge organisiert.

Resolute Bay

Touristische Informationen gibt es über das örtliche Hotel, The Qausuittuq Inn, www.resolutebay.com.

Lage: 74°42'0" N, 94°50'0" W.

Gjoa Haven

Die heute rund 1000 Einwohner zählende Stadt Gjoa Haven ist vor allem wegen ihrer historischen Bedeutung einen Besuch wert. Sie war der Ausgangspunkt sowie das Zentrum der Suche nach der Nordwestpassage und ist heute der Eingang zum beliebten Nordwestpassagen-Park. Die Inuit-Bevölkerung der Stadt, die über 90 Prozent der gesamten Einwohner stellt, nennen Gjoa Haven übrigens ›Uqsuaqtuuq‹, was ›Platz mit sehr viel Fett‹ bedeutet. Mit diesem Namen

beziehen sie sich auf reichhaltige Fischvorkommen in den Gewässern rund um die Stadt. Die Stadt liegt etwa 250 Kilometer nördlich des Polarkreises an der Südostküste der King-William-Insel am Rasmussen-Becken.

Kein geringerer als der große Seefahrer Roald Amundsen, für den Gjoa Haven ›der beste kleine Hafen der Welt‹ war, kann als Namensgeber der Stadt gelten. Die Stadt ist nach seinem hölzernen Schiff Gjøa benannt, mit dem er in den Jahren 1903 bis 1905 die Nordwestpassage zum ersten Mal durchquerte. Im August 1903 kam Amundsen mit seiner sechs Mann starken Besatzung in Gjoa mit dem Ziel an, sowohl die Passage als auch den magnetischen Nordpol zu finden. Der tiefe und enge Hafen der Stadt bot Amundsen und seiner Mannschaft idealen Schutz vor dem in der Region häufig vorkommenden Packeis. Während ihres eineinhalbjährigen Aufenthaltes auf der Insel kamen Amundsen und seine Mannschaft auch in engeren Kontakt mit den hier lebenden Inuit. Teilweise waren die Kontakte zu den weiblichen Bewohnerinnen so eng, dass noch heute einige der Bewohner von Gjoa Haven verwandtschaftliche Beziehungen zu den Norwegern haben.

Schon vor der Ankunft Amundsens hatten einige Europäer versucht, die Nordwestpassage zu durchsegeln und waren auf ihrem Weg auch an der King-William-Insel an Land gegangen. Bereits 1830 erreichte so der britische Entdecker John Ross die Insel und benannte sie nach seinem König Wilhelm IV., der im selben Jahr den Thron bestiegen hatte. Auch die Expedition von John Franklin 1848 fand hier auf der Insel ihr tragisches Ende. Eine genau elf Jahre später stattfindende Expedition von Francis Leopold McClintock machte sich daraufhin auf die Suche nach Franklin, konnte aber auf der Insel nur noch die Überreste der Expedition vorfinden.

Nachdem bereits Amundsen die ideale Lage des Hafens genutzt hatte, entdeckte auch die Hudson's Bay Company im Jahre 1927 die Vorteile und eröffnete hier einen Handelsposten. Bald darauf folgten auch die ersten Missionare in den hohen Norden. Vor allem die Felle der in der Gegend zahlreich vorkommenden Polarfüchse wurden gehandelt.

Ein **Museum** in der Stadt erinnert heute an die spannende Geschichte der Nordwestpassagen-Entdeckung. Wer sich im Detail über die unterschiedlichen Expeditionen informieren will, ist hier genau an der richtigen Stelle. Die Ausstellungen berichten über die Abenteuer und die Tragödien jener Männer, die sich im 19. Jahrhundert auf die Suche nach der Passage machten. Auch die örtliche Inuit-Kultur und ihre Geschichte werden im Museum thematisiert (Tel. +1/867/ 360 60 08, Fax 360 61 42).

Heutzutage ist Gjoa Haven eine der am schnellsten wachsenden Städte in der gesamten Region. Lebten im Jahre 1961 gerade einmal 100 Menschen in der Siedlung, sind es heute über 1000. Auch viele Menschen aus den umliegenden Städten zog es hierher, da die Stadt über eine vergleichsweise gute Infrastruktur mit Schulen und medizinischer Versorgung sowie über gut gebaute Häuser verfügt. Ein direkt neben der Stadt gelegener Flughafen bietet zudem regelmäßige Flüge an und verbindet die Siedlung mit dem restlichen Kanada. Trotz dieses modernen Lebens sind die Menschen der Region noch sehr traditionell eingestellt. Aufenthalte in den Weiten der Natur und Hundeschlitten als Fortbewegungsmittel sind ebenso selbstverständlich wie traditionelle Kleidungen und Gesänge.

■ **Der Nordwestpassagen-Park**

Vor allem für Besucher, die sich für die Geschichte der arktischen Entdecker und Abenteurer interessieren, ist der Nordwestpassagen-Park absolut sehenswert. Der Park besteht insgesamt aus sechs verschiedenen Teilen und kann zu Fuß erkundet werden. Ausgangspunkt ist das **Besucherzentrum**, in dem sich auch ein **Museum** befindet. Hier erhalten Sie alle wichtigen Informationen über den Park, die Wanderwege und die Sehenswürdigkeiten. Das Museum zeigt

Karte S. 289

▲ *Flugplatz in Gjoa Haven*

einen Nachbau des Schiffes Gjøa, mit dem Roald Amundsen die Passage durchquerte. Darüber hinaus wird auch die Geschichte der Inuit in der Region anhand von Werkzeugen und Kleidungen dargestellt.

Weiter geht es dem Weg folgend bis zu einem kleinen Unterstand, in dem Amundsen seine Beobachtungen zum magnetischen Nordpol machte, der von hier aus nur noch 90 Kilometer entfernt liegt. In der Nähe des Unterstandes befindet sich auch der Aufbewahrungsort, wo Amundsen seine Geräte und Instrumente zu verstauen pflegte. Der nächste Teil des Weges führt Sie dann in die Stadt Gjoa Haven selbst, die Amundsen und seiner Mannschaft für rund 18 Monate als Heimat diente. Weiter geht es dann zu einer Gedenkstätte, die an jenem Ort seht, an dem die Männer der Expedition um John Franklin begraben liegen sollen. Der letzte Teil des Parks führt Sie dann abschließend zu Gebäuden, die ab 1927 von der Hudson's Bay Company genutzt wurden. Auch heute sind die Gebäude noch in Benutzung, nun allerdings von der North West Company, die sie als Warenhäuser nutzt.

Neben dem Park können in Gjoa Haven auch andere Aktivitäten unternommen werden, die es lohnen, erwähnt zu werden. Bei einem Spaziergang am Strand können beispielsweise nicht selten **Narwale** beobachtet werden. Zudem befinden sich in der näheren Umgebung einige schöne Seen, die sich sehr gut zum Angeln eignen, aber auch zum Campen einladen. In der Stadt selber bietet das Touristenzentrum verschiedene Touren an. Neben Inselerkundungen stehen Hundeschlittenfahrten sowie Eisbären- und Robbenbeobachtungen auf dem Programm.

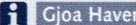 Gjoa Haven

Touristische Informationen zum Ort und zum ›Northwest Passage Territorial Park‹ gibt es über das Amundsen Hotel, Tel. +1/867/360 61 76, www.gjoahaven.com.

Lage: 68°37'33" N, 95°52'30" W.

Beechey Island

Bei Beechey Island handelt es sich um ein kleines und unscheinbares Felsengebirge, das der Devon-Insel unmittelbar vorgelagert ist und etwa 75 Kilometer östlich von Resolute liegt (74°42'37" N, 91°51'24" W). Obwohl vollkommen unbewohnt, ist die ›Insel der verlorenen Seelen‹, wie die Beechey-Insel auch genannt wird, von großer historischer Bedeutung und deshalb auch einen Besuch wert.

Entdeckt wurde die Insel ursprünglich 1819 von William Edward Parry, der sie nach seinem ersten Offizier William Beechey benannte. Bekanntheit erlangte Beechey Island jedoch erst durch den britischen Seefahrer John Franklin, wenn auch ohne, dass dieser es wollte. Franklin und seine Crew kamen in der Mitte des 19. Jahrhunderts mit ihren Schiffen in die Gegend, um die nördliche Route nach China, die Nordwestpassage, zu finden. Dichtes Packeis machte Franklin und seiner 128 Mann starken Besatzung jedoch im Winter 1845/46 ein weiteres Vordringen nach Norden unmöglich. Es wurde beschlossen, umzukehren und den Winter auf Beechey Island zu verbringen. Vor allem die günstige Lage zwischen dem Lancastersund und dem Wellington Channel machte die Insel in den Augen der Seeleute wahrscheinlich zu einem geeigneten Zufluchtsort für ihre beiden Schiffe HMS Erebus und

Die kanadische Arktis und Alaska

HMS Terror. Es wurden Winterlager und ein Lagerhaus errichtet. Drei Männer überlebten den kalten Winter jedoch nicht. Im darauffolgenden Frühjahr machte sich Franklin wieder auf die Reise. Seine Schiffe wurden jedoch 1946 vom Eis eingeschlossen. Erst 1848 entschloss sich Franklin zusammen mit seiner Crew, die Schiffe aufzugeben und sich zu Fuß auf den Weg zum Festland zu machen. Keiner der Männer wurde jedoch je wieder gesichtet.

Viele Arktisentdecker und Polarforscher beteiligten sich ab 1850 an der Suche nach der vermissten Franklin-Expedition. Nachdem Suchtrupps die Überreste der Überwinterung Franklins sowie die Gräber der drei erfrorenen Seeleute auf Beechey Island entdeckt hatten, wurde die Insel zum Ausgangspunkt für alle weitere Suchaktionen. Es wurden sogar Häuser gebaut und Depots eingerichtet, um die Versorgung sicherzustellen. Franklin und seine Mannschaft wurden jedoch nie gefunden. Einige der zur Hilfe geeilten Retter wurden hingegen selbst Opfer der extremen Bedingungen auf Beechey Island. Am 21. August 1853 sank das Versorgungsschiff HMS Breadalbane vor der Insel. Auch literarisch wurde die Insel von Autoren in der damaligen Zeit verarbeitet. Jules Vernes Buch ›Die Abenteuer des Kapitän Hatteras‹ spielt teilweise auf der Insel. Später machte der große Seefahrer und Bezwinger der Nordwestpassage Roald Amundsen hier fest, um John Franklin seine Ehre zu erweisen.

Beechey Island ist heute eine der Attraktionen der kanadischen Arktis und Anlaufpunkt für fast alle Expeditionskreuzfahrten in der Region. Auf der Insel können immer noch zahlreiche historische Spuren entdeckt und besichtigt werden, die sowohl von der Franklin-

Mission selbst als auch von den vielen Rettungsversuchen stammen. Neben den Gräbern der drei toten Seeleute der Franklin-Expedition lassen sich noch zwei weitere Gräber auf der Insel finden. In den letzten Jahren wurden immer wieder aufwendige Exhumierungen vorgenommen, um die Todesursache der Verstorbenen zu klären, wovon die neu aufgestellten Grabsteine zeugen. Auch eine Vielzahl von anderen Relikten aus der Zeit der großen Arktisentdeckungen sind auf der Insel nach wie vor zu bestaunen, und ein Besuch auf Beechey Island fühlt sich wie eine Reise in die Vergangenheit an. Bereits 1979 wurde die gesamte Insel von der kanadischen Regierung als ›Ort mit besonderem historischem Wert‹ eingestuft. Es wurde jedoch beschlossen, keine Gebäude für Touristen zu errichten, was der ursprünglichen Atmosphäre des Ortes sehr gut getan hat.

Im Jahre 1980 fand der kanadische Forscher Joseph MacInnis das Wrack der Breadalbane auf dem Meeresgrund vor der Küste der Insel. Durch das eisige und klare Wasser ist das Schiff heute noch immer in einem ungewöhnlich guten Zustand und wirkt dort auf dem Meeresgrund fast wie ein Geisterschiff. Seit 1999 besteht hier die Möglichkeit mit speziellen U-Booten in die Tiefe des Meeres hinabzutauchen und das Schiffswrack aus allernächster Nähe zu bestaunen.

Cambridge Bay

Cambridge Bay wirbt auf seiner Internetseite mit dem Slogan ›Das Herz der Arktis‹. Dies mag zwar etwas übertrieben erscheinen, dennoch befindet sich die 1500 Einwohner zählende Stadt geografisch gesehen zumindest im Zentrum der kanadischen Arktis, auf dem

In Cambridge Bay

südlichen Teil der Victoria-Insel und direkt an der Nordwestpassage.

Die Bezeichnung ›Herz‹ ist auf jeden Fall zutreffend, wenn es um die Bedeutung von Cambridge Bay für die gesamte Region geht. Die Stadt ist das unangefochtene administrative und logistische Zentrum für die Region des westlichen Kitikmeot. Zudem ist Cambridge Bay eine der wenigen Städte der Region, deren Bevölkerung in den letzten Jahren kontinuierlich gewachsen ist. Durch seine strategisch günstige Lage ist der in der ruhigen Bucht gelegene Hafen der Stadt auch obligatorischer Halt für die Schiffe der Expeditionskreuzfahrten, aber auch für die meisten Forschungsschiffe.

Für die Besucher ist Cambridge Bay nicht nur wegen seiner wunderschönen Natur einen Stopp wert, sondern auch, weil die Stadt einen wichtigen Teil der Geschichte der Arktiserforschung repräsentiert. Zudem besitzt Cambridge Bay einen für die Region vergleichsweise gut ausgebauten Flughafen, der Flugverbindungen zu den wichtigsten Städten des kanadischen Nordens anbietet. Aufgrund der geografischen Nähe zum magnetischen Nordpol sind die Piloten der Maschinen, die hier landen wollen, auf Sichtflug angewiesen, da die ihre Instrumente hier versagen. Die Bevölkerung der Stadt besteht zu 80 Prozent aus Inuit, die ihrer Stadt den liebevollen Namen ›Iqaluktutiak‹ – ›ein guter Platz zum Fischen – getauft haben. Die Menschen in der Region leben trotz der modernen Infrastruktur noch ein traditionelles Leben. Selbst die jüngeren Menschen leben ihre über Jahrhunderte entwickelte Kultur sehr bewusst.

■ Geschichte

Die Gründung von Cambridge Bay geht, wie es bei vielen Städten der kanadischen Arktis der Fall ist, auf die Hudson's Bay Company zurück. Bereits im Jahre 1839 machte sich ein Expeditionsteam des Handelsunternehmens daran, die gesamte Nordküste des kanadischen Festlands zu kartografieren. Als damaliger Namensgeber der Stadt diente der Duke of Cambridge, Adolphus Frederick. Die Gegend rund um die Stadt war jedoch schon vorher besiedelt gewesen. Über Jahrhunderte nutzten die sogenannten ›Copper Eskimos‹ die Gegend, um sommerliche Treffen zwischen Familien zu veranstalten. Der Name dieser Inuit-Gruppe bezieht sich übrigens auf die Kupferwerkzeuge, die sie verwendeten. Die Werkzeuge wurden aus dem natürlichen Vorkommen dieses Metalls, das auf der Victoria-Insel noch heute zu finden ist, gefertigt.

Ende der 20er Jahre des 20. Jahrhunderts entschloss sich die Hudson's Bay Company, eine Handessstation zu errichten, und die kanadische Polizei gründete einen Außenposten. Dennoch fristete Cambridge Bay bis Ende der 1940er Jahre hinein ein eher randständiges Dasein, und nur wenige Inuit lebten rund um die Bucht. Zwei Anlagen waren entscheidend, dass Cambridge Bay sich in den darauffolgenden Jahren weitaus schneller entwickelte: 1947 wurde ein Leuchtturm errichtet, und 1955 nahm ein militärisches Frühwarnsystem gegen sowjetische Bomberangriffe seinen Dienst auf. Im Zuge der Etablierung der militärischen Station, zu der auch eine Landebahn gehörte, zogen mehr und mehr Inuit aus den umliegenden Gebieten nach Cambridge Bay, um hier Arbeit zu finden. Nach und nach entstand so auch eine moderne Infrastruktur mit Schulen, medizinischer Versorgung und Verwaltungsbehörden.

■ Aktivitäten

Eine der interessantesten Sehenswürdigkeiten, die Cambridge Bay im Angebot hat, ist mit Sicherheit das **Wrack der ›Maud‹**, das sich in unmittelbarer Nähe der Stadt befindet. Das Schiff gehörte dem berühmten Polarforscher Roald Amundsen, der mit ihm zwischen 1918 und 1925 insgesamt zwei Forschungsreisen in der kanadischen Arktis unternahm. Danach wurde die ›Maud‹ von der Hudson's Bay Company als Versorgungsschiff eingesetzt, bis es 1930 in der Bucht nahe der Stadt versank. Heute kann das Schiff, das vor allem in den Wintermonaten von einer Eisschicht umgeben ist und mehr und mehr verfällt, vom Ufer aus beobachtet werden. Ganz in der Nähe des Schiffswracks findet sich die **Ruine einer Kirche**. Das komplett aus Stein gebaute Gotteshaus wurde 1954 errichtet und galt aufgrund seiner außergewöhnlichen Lage und Bauweise lange als das Wahrzeichen und als die Touristenattraktion von Cambridge Bay. Im Frühjahr 2006 fiel die Kirche jedoch einer Brandstiftung zum Opfer und ist heute daher leider nur noch in ihren Grundmauern erhalten geblieben.

In der Gegend rund um die Stadt gibt es einige interessante **archäologische Orte**. Aufgrund der sehr gut ausgebauten Wege und der Beschilderung sollte es kein Problem sein, sich alleine auf den Weg zu machen; fast alle sind per Fuß gut zu erreichen. Am besten ist es, einfach dem Weg zu folgen, der um die Bucht herum zum Mount Pelly führt, der mit seiner Höhe von 690 Metern von der Stadt aus bereits gut zu erkennen ist. Ein Ausflug in die Umgebung ist jedoch nicht nur wegen der archäologischen Orte interessant, sondern bietet auch eine hervorragende Möglichkeit, die Schönheit der Natur zu entdecken. In der Gegend rund um Cambridge Bay gibt es eine Vielzahl von Tierarten. Eisbären, Lemminge und Wölfe kommen ebenso vor wie Robben und eine breite Vielfalt an Vogelarten.

Sollten Sie lieber geführte Ausflüge unternehmen wollen, sei Ihnen geraten, sich dafür an das Arctic Coast Visitors Center in Cambridge Bay zu wenden. Weitere lokale Anbieter haben zudem Jagd- oder Fischtouren im Programm.

Roald Amundsen

Karte S. 289

Cambridge Bay

Ausflüge vermittelt das **Arctic Coast Visitors Center**, Tel. +1/867/983-28 42, Fax 983 23 02, arcticcoast@nunavuttourism.com.
Informationen über die Gemeinde gibt es unuter www.cambridgebay.ca.

Lage: 69°7'0" N, 105°3'0" W.

Abenteuer Nordwestpassage

Die Königsklasse der Expeditionskreuzfahrten ist ohne Zweifel eine Durchquerung der Nordwestpassage zwischen der kanadischen und der amerikanischen Arktis. In der Regel fahren die Expeditionsschiffe als letzten Hafen in Alaska Barrrow an, bevor sie dann erst wieder im kanadischen Resolute vor Anker gehen. Wir wollen jedoch die andere Richtung einschlagen und uns von Kanada aus auf den Weg machen. Zwischen beiden Häfen liegen hunderte von Seemeilen, die atemberaubende Anblicke sowie einmalige Ausflüge mit den Zodiac-Booten bieten. Einen besonderen Reiz macht bei der Durchquerung der Passage auch der historische Hintergrund aus. Über Jahrhunderte hinweg haben Abenteurer immer wieder versucht, diesen Seeweg zu finden, nicht wenige bezahlten dafür mit ihrem Leben (→ S. 68). Die Reise beginnt im Hafen von Cambridge Bay. Von hier aus geht es dann mit dem Schiff in Richtung Osten.

Die erste interessante Sehenswürdigkeit auf der Reise durch die Passage ist **Ross Point**. Hier hat man mit etwas Glück die Möglichkeit, einige Mochusochsen zu sehen und auch zu fotografieren. Mit ihrem dunkelbraunen Fell passen die stämmigen Tiere perfekt zur flachen und vegetationsarmen Gegend.

Als nächster Anlaufpunkt auf dem Weg durch die Nordwestpassage steht ein Besuch der kleinen **Siedlung Ulukhaktok**, die bis 2006 noch Holman hieß, auf dem Programm. Die Gemeinde befindet sich an der Westküste von Victoria Island und gehört verwaltungstechnisch zur Inuvik-Region der kanadischen Nordwest-Territorien. Vor allem die nach wie vor sehr ursprüngliche Lebensweise der 400 Personen umfassenden Bevölkerung, die zu über 90 Prozent aus Inuit besteht, ist bemerkenswert. Wie kaum in einer anderen Siedlung in der Arktis leben die Menschen hier noch von der Jagd und dem Fischen. In den letzten Jahren hat sich vor allem auch die Inuit-Kunst immer mehr zu einer der Haupteinnahmequellen der Gemeinde entwickelt. Um das Einkommen der Menschen Ulukhaktok zu sichern, wurde in der Gemeinde dafür eine **Kooperative der Inuit-Kunst** ins Leben gerufen. Vor allem die druckgrafische Kunst der Gemeinde ist in den Jahren weltweit bekannt geworden und wird von Kunstsammlern geschätzt. International bekannt wurden unter anderem Helen Kalvak (1901–1984), Elsie Klengenberg (geb. 1946) und Mary Okheena (geb. 1955). Die Gegend um Ulukhaktok wurde zum ersten Mal im Jahre 1937 besiedelt, als sich hier eine indigene Familie niederließ. Nur zwei Jahre später entdeckte auch die Hudson's Bay Company die Region als günstige Handelsstation. Nach und nach zogen immer mehr Familien aus umliegenden Siedlungen in die neue Gemeinde, da sie hier bessere Bedingungen vorfanden. Der ursprüngliche Name der Stadt Holman geht zurück auf ein Mitglied einer Expedition unter dem britischen Seefahrer Edward Augustus Inglefield im Jahre 1853, die sich auf der Suche nach John Franklin

Die kanadische Arktis und Alaska

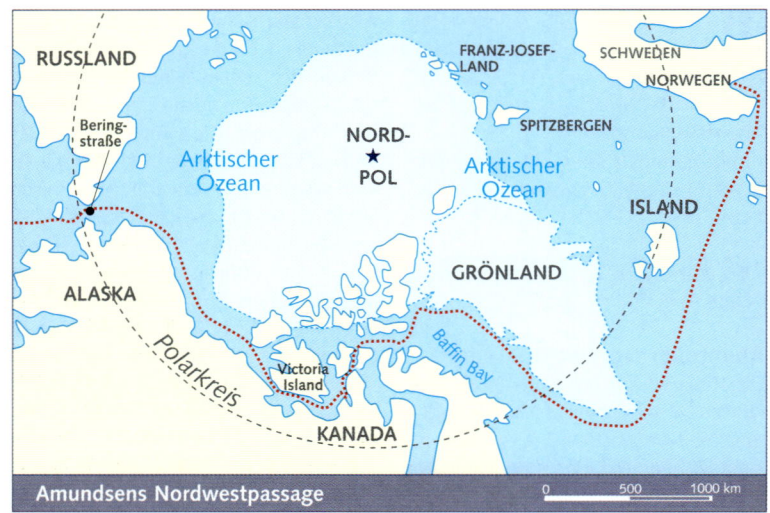

Amundsens Nordwestpassage

begeben hatte. Erst 2006 wurde der Name der Gemeinde in Ulukhaktok geändert, was mit ›Platz, wo Ulu-Teile gefunden werden‹ übersetzt werden kann. Der Name bezieht sich auf eine große Klippe, in deren Nähe wichtige Rohstoffe für die Herstellung sogenannter Ulu-Messer, gefunden werden können. Nicht unerwähnt bleiben sollte auch die Tatsache, dass sich in der Nähe von Ulukhaktok der nördlichste Golfplatz der Welt befindet. Jedes Jahr im Sommer findet hier das Billy-Joss-Open-Celebrity-Turnier statt.

Der nächste Höhepunkt folgt bereits kurz darauf mit den **Smoking Hills** (Rauchende Berge), die ein faszinierendes Naturphänomen darstellen. Die Felsen der 30 Kilometer langen Steilküste enthalten Schichten von Kohlenwasserstoff, die bereits seit hunderten von Jahren dauerhaft brennen. Eine dichte Rauchwolke, die über den Felsen schwebt, kündigt dieses Schauspiel schon von weither sichtbar an. Mit den Zodiacs kommen Sie den pyrithaltigen Kohlela-

gerstätten, die sich nach Ansicht von Wissenschaftlern zu einem bestimmten Zeitpunkt selbst entzündet haben, wunderbar nahe. Wie bereits später auch Herschel Island wurden die Smoking Hills von dem britischen Entdecker John Franklin zum ersten Mal auf seiner Reise im Jahre 1826 gesichtet. Die Berge befinden sich nahe einer Seelandschaft am Cape Bathurst und waren schon lange vor der Ankunft Franklins bei den indigenen Einwohnern bekannt; sie nannten die Gegend ›Land des sauren Wassers‹. Der Rauch begrenzt den Pflanzenwuchs in der Region auf ein absolutes Minimum, und auch die Tiere, mit Ausnahme der Karibus, halten sich von den Bergen fern.

Einer der letzten Höhepunkte, bevor man mit dem Schiff dann Barrow erreicht, ist **Herschel Island**, wo die Zodiacs zum letzten Mal zu Wasser gelassen werden. Man befindet sich hier bereits kurz vor der amerikanisch-kanadischen Grenze im kanadischen Yukon-Territorium in der Beaufortsee. Obwohl die Insel gerade einmal zwölf Kilometer lang und acht Kilometer breit ist, blickt sie auf eine spannende Geschichte zurück. Die Insel, die bereits seit langem von Inuit besiedelt war, wurde zum ersten Mal von John Franklin im Jahre 1826 gesichtet, der sie nach seinem Freund, dem Wissenschaftler John Herschel, benannte. Franklin sprach später von insgesamt drei Inuit-Siedlungen auf der Insel. Er schätzte die Einwohnerzahl zwischen 200 und 2000 Menschen, die von hier aus zum Jagen und Fischen aufbrachen. Im späten 19. Jahrhundert entdeckten die Walfänger die Beaufortsee als einen der letzten Lebensräume der Grönlandwale, und es begann die kommerzielle Jagd auf die Giganten der Meere. Um das Geschäft möglichst lukrativ zu gestalten, war es notwendig, in der Gegend zu überwintern, und Herschel Island wurde dank seines günstigen Hafens für die großen Walfängerschiffe als Überwinterungsquartier gewählt.

1890 entstand so eine Siedlung in Pauline Cove, die zu ihren besten Zeiten bis zu 1500 Walfänger beheimatete. Eines der wichtigsten Häuser der Siedlung war das Gemeindehaus, in dem Büros, Aufenthaltsräume und Lagerräume untergebracht waren. Noch heute ist dieses Gebäude sehr gut erhalten und dient als Besucherzentrum für den Herschel Island Territorial Park. Auch andere Gebäude dieser Walfängersiedlung, wie die 1926 von der Northern Whaling and Trading Company erbauten Waren- und Lagerhäuser, sind heute in dem Park noch zu besichtigen. Nach dem Boom der Walfängerjahre nahm die Bevölkerung der Insel immer mehr ab. Heute lebt niemand mehr dauerhaft auf der Insel.

In den 1970er Jahren erlebte die Insel dann noch einmal einen kurzen Aufschwung, als sie kurzfristig als Hafen für Öltanker genutzt wurde. Heute kommen zunehmend mehr Besucher, um hier einen einmaligen Einblick in die vergangene Zeit der Walfänger zu bekommen.

Im Sommer verwandeln sich die grünen Wiesen in farbenprächtige Felder. Es gibt auf der Insel etwa 120 verschiedene Wildblumensorten. Auch den zahlreichen Ringelrobben kann man zu dieser Zeit bei ihrer Fischjagd zuschauen. Und natürlich passieren die Wale auf ihren Wanderungen noch immer die Insel.

Die nächste und gleichzeitig letzte Station liegt dann bereits im amerikanischen Alaska. Wenn Sie den Hafen der Stadt Barrow erreicht haben, können Sie stolz sagen: Ich habe die Nordwestpassage durchquert!

Die kanadische Arktis und Alaska

Die MS Hanseatic bei der Durchquerung der legendären Nordwestpassage 2010

Alaska

Der US-amerikanische Bundesstaat besitzt eine Fläche von rund 1,7 Millionen Quadratkilometern und eine Einwohnerzahl von 627 000 Menschen. Gerade einmal 0,22 Prozent der US-amerikanischen Gesamtbevölkerung leben damit in Alaska. Nur gut 13 Prozent dieser Einwohner Alaskas sind der indigenen Bevölkerung zuzurechnen. Weiße Einwanderer machen hingegen mit rund 67 Prozent eindeutig die größte Gruppe aus. Interessanterweise sind rund 20 Prozent aller Einwanderer in Alaska deutscher Abstammung.

Geografie

Mit seiner enormen Fläche ist der 49. Bundesstaat der USA nicht nur das größte Bundesland, sondern auch die größte Enklave der Welt. Geografisch gesehen grenzt Alaska im Norden an das Polarmeer und die Beaufortsee, im Osten an das kanadische Yukon-Territorium, im Westen an die Beringsee und im Süden an den Pazifik. Ein Drittel des gesamten Territoriums, dessen Name übrigens von den Aleuten stammt und soviel wie ›das Land, in dessen Richtung der Ozean strömt‹ bedeutet, liegt dabei teilweise nördlich des Polarkreises und weist damit in einigen Gegenden auch die typischen arktischen Phänomene der Mitternachtssonne und der Polarnacht auf. Entsprechend seiner enormen Größe ist auch das Klima Alaskas höchst unterschiedlich. Während im Landesinneren ein kontinentales Klima anzutreffen ist, herrscht im arktischen Norden ein subpolares Klima. Die Wintermonate gestalten sich hier dunkel, kalt und lang. Die kurzen Sommermonate locken jedoch mit einem angesichts der geografischen Lage recht milden Klima. An der Küste im Norden können die Temperaturen dann über den Gefrierpunkt klettern. Auch ist die Niederschlagsmenge im Norden weitaus geringer als an der regnerischen Süd- oder Westküste.

Vor allem im Zusammenhang mit der globalen Erderwärmung kommt Alaska regelmäßig in die Schlagzeilen. In der Tat können hier die Folgen des menschlichen Handelns besonders dramatisch nachgewiesen werden. Die durchschnittliche Jahrestemperatur stieg in Alaska in den letzten 50 Jahren um beinahe sechs Grad!

Bevölkerung und Wirtschaft

Im Vergleich zu anderen arktischen Regionen, die aufgrund der extremen Klimaverhältnisse wirtschaftlich meist unterentwickelt sind, gehört Alaska hingegen zu den wirtschaftlich erfolgreichsten Bundesstaaten in den USA. Der Grund hierfür ist das reichlich vorhandene Öl, das über 85 Prozent des gesamten Bruttoinlandsproduktes ausmacht. Außergewöhnlich ist auch die Existenz einer staatlichen Behörde, welche die Einnahmen aus der Ölförderung zentral verwaltet und einen Teil des Gewinnes zu gleich großen Anteilen an die Bewohner in Alaska verteilt. Neben der Ölförderung spielen Rohstoffe und die Fischerei eine größere Rolle in der Wirtschaft. Auch der Tourismus, vor allem in Form der Expeditionskreuzfahrten, gewinnt in den letzten Jahren mehr und mehr an Bedeutung.

Im Gegensatz zu vielen anderen Regionen der Arktis ist Alaska relativ einfach zu bereisen. Seit der Eröffnung des Dalton Highways, der Fairbanks mit Deadhorse verbindet, können Reisende auch mit ihren Automobilen problemlos zu

▲ Karte S. 323

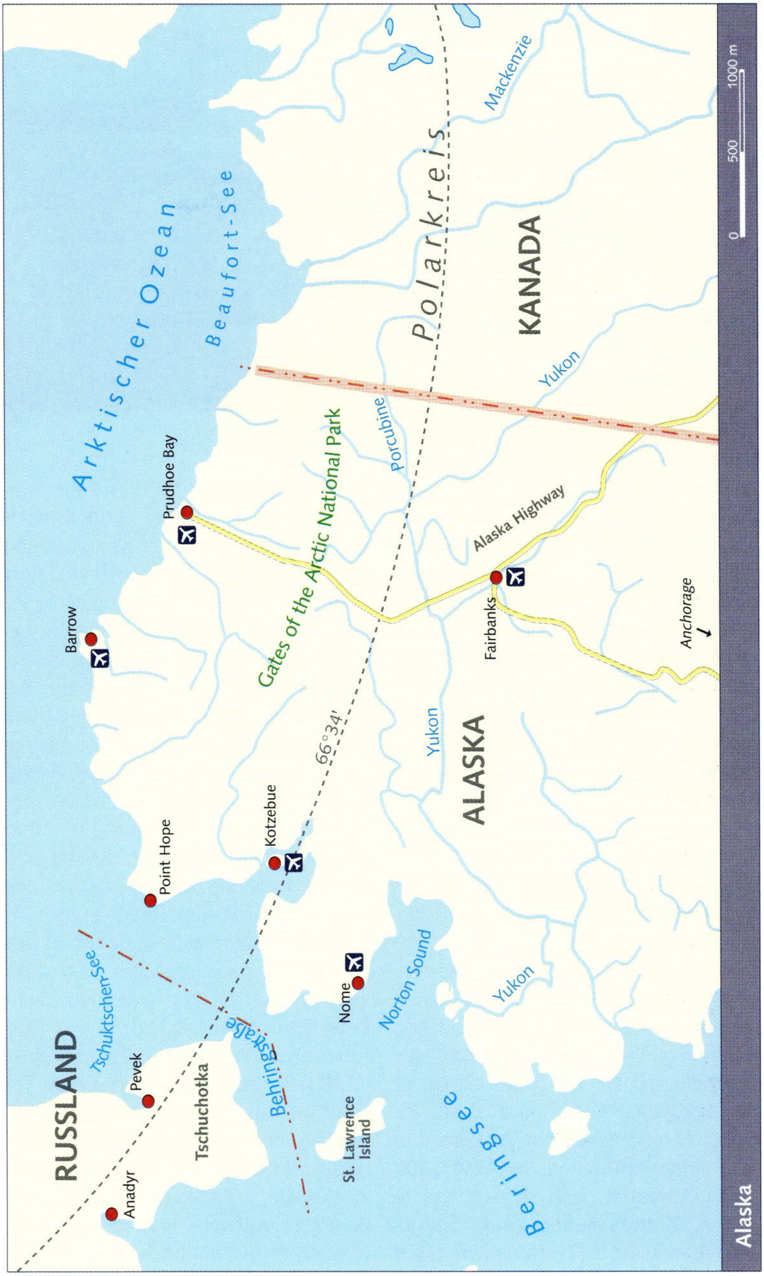

RUSSLAND

Anadyr

Pevek

Tschuchotka

Tschuktschen-See

Behringstraße

St. Lawrence Island

Norton Sound

Nome

Beringsee

Point Hope

Kotzebue

66°34'

Barrow

Arktischer Ozean

Beaufort-See

Prudhoe Bay

Gates of the Arctic National Park

ALASKA

Yukon

Yukon

Yukon

Fairbanks

Alaska Highway

Anchorage

Porcubine

Polarkreis

Mackenzie

KANADA

1000 m

500

0

Die kanadische Arktis und Alaska

Alaska

vielen Städten im hohen Norden gelangen. Nach wie vor sind jedoch einige Teile Alaskas nur mit dem Flugzeug zu erreichen oder eben mit dem Schiff. Insgesamt gibt es mehr als 250 Flugplätze. Bereits während des Kalten Krieges nutzen daher viele Fluggesellschaften Alaska als Zwischenstopp für weitergehende Flüge. Für die arktische Tourismusbranche ist vor allem der internationale Flughafen in Fairbanks von großer Bedeutung. Da die Stadt als ›Gateway‹ in die amerikanische Arktis gilt, nutzen viele Besucher den Flughafen als Ausgangspunkt für ihre Reisen in die Region. Zudem werden vor allem bei kleineren Siedlungen Wasserflugzeuge eingesetzt.

Die sehr gute Infrastruktur hat jedoch auch ihren Preis. Im Gegensatz zu Grönland oder auch Nunavut, wo die Inuit-Kultur in vielen Orten erhalten geblieben ist oder aber seit einigen Jahren wieder neu entdeckt wird, lässt sich hier in Alaska davon nicht allzu viel sehen. Die indigene Bevölkerung hat hier vielmehr den Lebensstil der amerikanischen Mehrheitsbevölkerung weitgehend übernommen.

Kurze Geschichte Alaskas

Die Geschichte der Besiedlung Alaskas begann schon vor tausenden von Jahren. Bereits vor über 5000 bis 10 000 Jahren kamen nach Ansicht der Wissenschaftler die ersten Siedler aus Sibirien in den Norden des nordamerikanischen Kontinents. Eine zweite Siedlungswelle ereignete sich vor etwa 7000 Jahren, als die aleutischen Völker nach Alaska kamen, die sich später in Aleuten und Inuit aufspalten sollten. Vor etwa 5000 Jahren entstand dann sie sogenannte ›kleine Werkzeugkultur‹ im nordwestlichen Alaska und die Nortonkultur gegen

Nette Jungs in Alaska

2000 vor Christus. Die Reste der Nortonkultur können heute übrigens noch in Point Hope besichtigt werden. Rund 600 Häuser dieser Frühsiedler sind dort in ihren Ruinen erhalten geblieben.

Die moderne Geschichte Alaskas beginnt jedoch erst im 17. Jahrhundert, als russische Seefahrer begannen, die Region zu entdecken und zu erforschen. Der russische Entdecker Semjon Iwanowitsch Deschnjow gilt heute vielen Wissenschaftlern als erster Europäer, der Alaska sichtete. Er umschiffte im Jahre 1648 die Tschuktschen-Halbinsel und lieferte somit den Beweis, dass Amerika und Asien nicht zusammenhängen. Einer der bekannteste Seefahrer in dieser Zeit war zwar eigentlich Däne, fuhr aber im Auftrag des russischen Zaren Peter des Großen. Die Rede ist von Vitus Jonassen Bering, der sich in den Jahren 1728 und 1729 auf die Suche nach der Nordwest- und der Nordost-Passage aufmachte, um einen Seeweg von Russland nach China zu ermöglichen. Während einer weiteren Expedition 1741 musste Bering zwangsweise in Alaska überwintern. Nach seiner Rückkehr nach Russ-

Karte S. 323

land berichteten er und seine Mannschaft von dem beeindruckenden Tierreichtum des Landes und sorgten damit dafür, dass sich mehr und mehr Pelzjäger auf den Weg nach Alaska machten, um gutes Geld zu verdienen. In diesem Zusammenhang kam es auch zu den ersten Kontakten zwischen der einheimischem Bevölkerung und den russischen Siedlern. Letztere brachten viele Krankheiten mit, gegen welche die Menschen in Alaska nicht immun waren. Viele der einheimischen Menschen sollte die Ankunft der Europäer das Leben kosten.

In den darauffolgenden Jahrzehnten expandierte das russische Zarenreich immer weiter nach Alaska. 1789 wurde die Amerikanisch-Russische Gesellschaft ins Leben gerufen, deren Ziel es war, Alaska einzunehmen. Die Aktivitäten der Russen, denen es vor allem darum ging, ein Monopol auf den lukrativen Pelzhandel zu haben und die zu diesem Zweck eine Kolonie in Alaska gründeten, weckten jedoch den Neid bei den anderen europäischen Großmächten. Vor allem Spanien und Großbritannien entsandten in dieser Zeit ebenfalls eine Reihe von Expeditionen in die Gegend, um das Gebiet zu kartografieren.

Alaska war die einzige russische Kolonie und wirtschaftlich weitaus weniger lukrativ als zunächst angenommen sowie zudem schwierig zu verwalten. Aus diesem Grund verhandelten die Russen bereits ab 1859 mit den Amerikanern über den Verkauf von Alaska. Am 18. Oktober 1867 ging die Kolonie für einen Preis von 7,2 Millionen Dollar an die Vereinigten Staaten. Obwohl die Kaufsumme auf den ersten Blick nicht allzu niedrig erscheinen mag, lag der Quadratmeterpreis bei gerade einmal 0,0004 Cent. Damit besiegelte der Vertrag einen der billigsten Landkäufe, die jemals in der Geschichte getätigt wurden. Der Tag des Kaufes wird übrigens bis heute in dem Bundesstaat als ›Alaska Day‹ feierlich begangen.

In den Jahrzehnten nach dem Kauf durch die USA wurde das Gebiet von verschiedenen Institutionen verwaltet. Neben der Armee waren hier auch das Finanzministerium und die Kriegsmarine für die Verwaltung verantwortlich. Ab dem Jahre 1884 hatte Alaska dann eine eigene Regierung und ab 1912 dann als ›Alaska-Territorium‹ einen Sitz im amerikanischen Kongress in Washington. Erst am 3. Januar 1959 wurde Alaska jedoch offiziell der 49. Bundesstaat der Vereinigten Staaten von Amerika. Die wirtschaftliche Bedeutung des neuen Bundesstaates stieg unerwartet rapide an, als 1968 riesige Erdölfelder in der Nähe von Prudhoe Bay gefunden wurden. Nach Schätzungen von Experten reichen diese Erdölvorkommen noch etwa bis zum Jahr 2020. Jedoch wurden unlängst weitere Ölfelder im nördlichen Alaska entdeckt, so dass die wirtschaftliche Bedeutung des Bundesstaates für die USA weiter bestehen bleiben dürfte.

Spannung auf der Brücke

Reiseziele in Alaska

Wunderschöne Landschaften, eine abwechslungsreiche Tier- und Pflanzenwelt
sowie absolute Ruhe warten in Alaska
auf die Reisenden. Auch einige Expeditionsschiffe starten von Alaska, meist
von Nome, und fahren über die Beaufortsee in Richtung der kanadischen
Arktis, um ihre Reise dann im grönländischen Kangerlussuaq zu beenden. Wir
werden jedoch von der anderen Seite
kommend, diesen spannenden Teil der
Arktis entdecken.

Prudhoe Bay und Deadhorse

Zwei der merkwürdigsten Orte des
nördlichen Alaskas sind sicherlich Prudhoe Bay und Deadhorse. Beide Orte
liegen nicht direkt auf unserer Reise
entlang der Küsten Alaskas, und auch
die Expeditionsschiffe haben die beiden
Orte eigentlich nicht im Programm.
Man passiert sie jedoch auf dem Weg
in Richtung Barrow, das der erste Hafen
nach der Durchquerung der Nordwestpassage ist. Deshalb sollen beide Orte
nicht unerwähnt bleiben, besitzen sie
doch für Alaska, aber auch für die gesamten Vereinigten Staaten eine enorme Bedeutung.
Proudhoe Bay besitzt genau einen ein-
getragenen Haushalt und damit eine
Einwohnerzahl von fünf Personen. Dennoch leben während des gesamten Jahres mehrere tausend Arbeiter jeweils
temporär in der unmittelbaren Nähe in
Wohncontainern, die sich auch in der
direkt angrenzenden Gemeinde Deadhorse befinden. Der Grund hierfür ist
das **Prudhoe-Bay-Ölfeld**, das größte Öl-
vorkommen der gesamten Vereinigten
Staaten von Amerika. Geologen schätzen, dass bei der Entdeckung des Ölfel-
des in den 1960er Jahren etwa 25 Mil-

liarden Barrel Öl unter der Eisdecke
lagen. Die kommerzielle Förderung begann erst einige Jahre später im Jahre
1977. Voraussetzung für den Beginn
war die Fertigstellung der sogenannten
Trans-Alaska-Pipline, die über 1287 Kilometer von Prudhoe Bay Richtung Süden quer durch ganz Alaska zu dem
ganzjährig eisfreien Hafen Valdez an der
Südküste verläuft. Die tägliche Förder-
menge erreichte ihren Höhepunkt in
den 1980er Jahren mit einer Förderung
von über zwei Millionen Barrel pro Tag.
Experten gehen davon aus, dass bei einer Fortführung der Förderung, die heute nur noch eine Million Barrel täglich
beträgt, die Ölreserven noch für an die
zehn Jahre ausreichen sollten.
Im Jahr 2006 war das Ölfeld oder genauer die Pipeline plötzlich im Blick-
punkt der breiten Öffentlichkeit. Mitarbeiter des britischen Unternehmens BP,
das auch an dem Ölfeld beteiligt ist,
fanden an der Pipeline ein Leck, aus
dem bis zum Zeitpunkt der Entdeckung
mindestens 267000 Gallonen Öl ausge-
treten waren. Dies machte das Unglück

Kleiner Eisbär

Karte S. 323

zur größten Umweltkatastrophe in der Geschichte Alaskas. Neben einer Strafzahlung wurden die an der Pipeline beteiligten Unternehmen auch verpflichtet, alle Rohre zu überprüfen. Nachdem dabei erhebliche Abnutzungsschäden festgestellt worden waren, die laut der Experten vor allem auf die extremen Winde in der Küstenregion zurückzuführen waren, musste die Pipeline im Sommer 2006 vorübergehend geschlossen werden, um Teile der Rohre zu ersetzen. Auf über 6,4 Millionen Dollar schätzen Experten den volkswirtschaftlichen Schaden der temporären Schließung.

Barrow

Die 5000 Einwohner zählende Stadt Barrow ist nicht nur ein obligatorischer Stopp für alle Expeditionskreuzfahrten in der kanadischen Arktis, sondern unter vielen Gesichtspunkten auch ein Ort der Extreme. Barrow ist mit seiner Lage 530 Kilometer nördlich des Polarkreises nicht nur die nördlichste Stadt der USA, sondern eine der nördlichsten der gesamten Erde. Als Sitz des 245000 Quadratkilometer großen Bezirks North Slope Borough ist Barrow außerdem der weltgrößte Stadtbezirk.

Nicht nur seine Lage macht Barow so besonders, sondern auch seine Einwohner. Die Stadt beheimatet eine der größten Inupiat-Gemeinschaften, die hier ein vielfältiges kulturelles Leben entwickelt hat. Der traditionelle Name der Stadt lautet Ukpeagvik, was so viel bedeutet wie ›Ort, in dem die Eulen jagen‹. Den heutigen Namen bekam Barrow von Point Barrow, dem 15 Kilometer entfernten nördlichsten Punkt der Vereinigten Staaten, der nach dem britischen Entdeckungsseefahrer und Geschichtsschreiber Sir John Barrow benannt wurde.

Neben der geografischen Lage stellt das polare Klima ein weiteres Extrem in Barrow dar. Die Stadt weist die niedrigsten Durchschnittstemperaturen in ganz Alaska auf und wird aufgrund des extrem geringen Niederschlags als eine Art Wüste betrachtet. Eine weitere Besonderheit des Klimas ist die Bewölkungshäufigkeit. Über die Hälfte aller Tage im Jahr wird der Himmel hier von Wolken verdeckt. Die Winter in Barrow können mit ihrer Kombination aus Kälte und Wind extrem gefährlich sein, und auch in den kurzen Sommermonaten muss mit eisigen Temperaturen gerechnet werden. Die durchschnittliche Temperatur beträgt in den kältesten Monaten Januar und Februar gerade einmal –27 Grad. Erst Mitte Mai, wenn die Mitternachtssonne am Himmel erscheint und 83 Tage nicht mehr untergeht, werden die Temperaturen erträglicher. Der wärmste Monat ist dann der Juli mit Durchschnittstemperaturen von +8 Grad. Mit den wärmeren Temperaturen beginnt auch das Eis auf dem Arktischen Ozean zu schmelzen. Von Ende Juli bis Oktober ist es dann möglich, mit dem Schiff nach Barrow zu kommen. Im November hält dann die Dunkelheit Einzug in die Stadt. Die Sonne geht unter und bleibt insgesamt 65 Tage unterhalb des Horizonts.

■ Geschichte

Die Inupiat-Volksgruppe verfügt über eine jahrhundertealte Tradition in der Region des heutigen Barrow. Wie archäologische Ausgrabungen deutlich gemacht haben, lebten die Vorfahren der heutigen Einwohner bereits vor über 1500 Jahren in der Gegend. Einige Überreste dieser frühen Kultur, so zum Beispiel Grabhügel aus dem Jahr 800 nach Christus, zeugen bis heute von dieser frühen Besiedlung. Es dauerte bis ins 19. Jahrhundert, bis die ersten Weißen in den hohen Norden Alaskas vordrangen. Zuerst waren es Schiffe der amerikanischen Marine, welche die arktische Küste auskundschafteten und detaillierte Karten über ihren Verlauf anlegten. Die erste dauerhafte Einrichtung in Barrow entstand 1881, als die Armee der Vereinigten Staaten eine Forschungsstation errichtete. Nur wenige Jahre später folgten eine Handels- und Walfängerstation, eine Kirche sowie eine Poststation.

Ins Licht einer breiteren Öffentlichkeit gelangte Barrow im Zuge eines tragischen Flugzeugabsturzes im Jahre 1935. Der in den USA der damaligen Zeit sehr berühmte Komiker Will Rogers musste mit seinem ebenfalls berühmten Piloten Wiley Post einen unfreiwilligen Stopp ungefähr 25 Kilometer südlich von Barrow machen. Kurz nach dem erneuten Start verlor der Pilot die Kontrolle über die Maschine, und keiner der beiden überlebte das Unglück. Noch heute erinnern zwei Denkmäler an der Absturz-

stelle an den Unfall, der das damalige Amerika schockte. Auch in Barrow selber wurde zum Gedenken an die beiden Gestorbenen ein Denkmal errichtet, und auch der Flughafen wurde nach ihnen benannt.

Im Jahre 1988 war die Stadt dann noch einmal weltweit in den Medien, als Grauwale an der Küste der Stadt im Eis strandeten und alle Versuche, sie wieder ins offene Meer zu bekommen, scheiterten. Nach zwei ergebnislosen Wochen schaffte es schließlich ein sowjetischer Eisbrecher, die Wale aus dem Eis zu befreien. Die Geschichte, an der aufgrund der intensiven medialen Berichterstattung Menschen aus der ganzen Welt Anteil nahmen, soll nun in einem großen Hollywood-Spielfilm, der 2012 in die Kinos kommen soll, verarbeitet werden.

Wirtschaftlich gesehen ist Barrow das unangefochtene Zentrum der gesamten Region. Neben vielen Verwaltungsbehörden sitzen in der Stadt auch Firmen, die logistische Aufgaben für das riesige Ölfeld, das 320 Kilometer westlich der

Eisberg in der Baffin Bay

Stadt liegt, übernehmen. Aber auch die traditionellen Wirtschaftszweige wie die Jagd oder der Fischfang sind in Barrow keineswegs ausgestorben, sondern werden vor allem von den älteren Bewohnern nach wie vor betrieben.

Vor allem die Mitternachtssonne, die in Barrow ganze 83 Tage am Himmel zu sehen ist, sowie die große indigene Bevölkerung haben zudem dafür gesorgt, dass der Tourismus in den letzten Jahren einen immer größeren Stellenwert für die Wirtschaft der Stadt eingenommen hat. Über den örtlichen Flughafen kommen auch vermehrt Individualtouristen. Der ›Wiley Post–Will Rogers Memorial Airport‹ wird von der Fluglinie Alaska Airlines angeflogen. Direkte Flüge gibt es von Anchorage und Fairbanks (www.alaskaair.com). Vom Flughafen in Barrow, der einer der wichtigsten Umschlagplätze für Waren im nördlichen Alaska ist, werden auch viele der kleineren Küstendörfer der Region, wie beispielsweise Point Hope oder Kaktovik, mit allen wichtigen Gütern beliefert.a

■ **Aktivitäten**

Mit dem Schiff in Barrow angekommen, lohnt es sich, zunächst einmal eine Wanderung zu machen. Wenn Sie der Küste in nordöstliche Richtung folgen, kommen Sie nämlich zum nördlichsten Punkt des amerikanischen Kontinents, dem **Point Barrow**. Da der Weg mit 20 Kilometern ein wenig weit zu Fuß sein dürfte, sollte man zunächst den Bus nehmen. Das letzte Stück muss man per pedes bewerkstelligen, da die Straße vorher endet. Eine Alternative ist im Winter die Fahrt mit einem Schneemobil, das direkt bis Point Barrow fahren kann. In den Wintermonaten gehört dieser nördlichste Punkt eher den Eisbären, während hingegen in den Sommermonaten die Touristen die Oberhand behalten. Steht man am Point Barrow und schaut nach Nordwesten, blickt man direkt in Richtung des geografischen Nordpols, und selbst in den wärmeren Monaten des Jahres erstreckt sich vor einem das Eis bis hinauf zum Horizont und bietet einen fantastischen Anblick.

Die kanadische Arktis und Alaska

In Barrow selber sollte man dem **Inupiat Heritage Center** einen Besuch abstatten. Das Zentrum, das im Jahre 1999 seine Türen öffnete, geht auf eine Initiative des in New Bedford (Massachusetts) gelegenen Whaling National Histotical Park zurück. Der Park wollte damit die Bedeutung der indigenen Bevölkerung Alaskas für die Geschichte des Walfangs unterstreichen. Während des späten 19. und frühen 20. Jahrhunderts brachen mehr als 2000 Reisende aus New Bedford auf, um in den Norden Alaskas zu segeln. Das heutige Zentrum in Barrow umfasst historische Ausstellungsgebäude, Sammlungen alter Walfängerartefakte, eine Bibliothek mit einschlägiger Literatur sowie einen Souvenirshop. Besonders erwähnenswert ist ein im klassischen Stile eingerichteter Raum, in dem die Bewohner der Stadt ihren Besuchern die Kunst des traditionellen Handwerks demonstrieren (ganzjährig 8.30 Uhr–17 Uhr, Tel. +1/907/852 45 94, www.nps.gov/inup/).

Anschauen sollte man sich bei einem Besuch in Barrow auch das Denkmal für Will Rogers und Wiley Post, die beiden 1935 ums Leben gekommenen Berühmtheiten. Da die eigentliche Absturzstelle mit ihren beiden dort errichteten Denkmälern ein wenig zu weit außerhalb der Stadt liegt, ist es praktischer, sich das Denkmal gegenüber dem Flughafen anzusehen.

ⓘ Barrow

Informationen über die Gemeinde gibt es unter www.cityofbarrow.org. **Touristische Informationen** findet man auch auf den Seiten des örlichen Hotels: www.kingeider.net.

Lage: 71°17'38" N, 156° 45' 45" W.

Kotzebue

Bei der Ankunft in der Stadt mit dem Schiff fällt vor allem die ungewöhnliche Lage ins Auge. Die Stadt erstreckt sich auf einer schmalen Landzunge mitten in den Ozean und ist damit von drei Seiten her von Wasser umgeben. Kotzebue, dessen Einwohnerzahl sich auf etwa 3000 Personen beläuft, was die Stadt zur größten Siedlung in Nordwest-Alaska macht, befindet sich im gleichnamigen Kotzebue-Sund an der Spitze der Baldwin-Halbinsel nördlich des Polarkreises. Im Gegensatz zu manch anderen Städten im nördlichen Alaska wie Nome sind hier in Kotzebue über 70 Prozent der Einwohner der indigenen Bevölkerungsgruppe zuzuordnen, was auch den besonderen Reiz der Stadt ausmacht.

Die ersten Beweise für menschliche Ansiedlungen in der Region datieren ins 15. Jahrhundert und damit auch deutlich später als in anderen Gegenden Alaskas. Archäologen gehen davon aus, dass zu jener Zeit die Inupiat, die indigene Bevölkerungsgruppe Alaskas, in der Region des heutigen Kotzebue lebten. Die geografische Lage machte die Siedlung in den folgenden Jahrhunderten zu einem Zentrum des Handels und des Transportwesens für die gesamte Region. Auch der Zuzug von Walfängern, Goldjägern und Missionaren ließ die Stadt in dieser Zeit weiter wachsen. Die Wirtschaftszweige waren damals vor allem der Handel mit Fellen, Häuten und die Tierzucht. Auch mit Waffen und Munition wurde gehandelt. Im Prinzip hat sich daran auch bis heute nur wenig geändert, bis auf den Tourismus, der als neuer Wirtschaftssektor hinzukam.

Die Siedlung, die ursprünglich Qikiqtagruk hieß, wurde später nach der Meer-

Kotzebue

Kotzebue Sound · Shore Ave · 2nd Ave · Turf St · Lake St · 4th St · Alice St · 5th St · Shore Ave · Baldwin Peninsula · NANA-Museum · 3rd Ave · Swan Lake · 2nd Ave · 3rd Ave · 5th Ave · Lagoon St · Turf St · Ted Stevens Way · 6th Ave · 8th Ave · Airport Access Rd · Kotzebue Lagoon · Ted Stevens Way

0   800   1600 m

enge umbenannt. Diese Meerenge wurde ihrerseits nach ihrem Entdecker, dem Deutschbalten Otto von Kotzebue, benannt, der zu Beginn des 19. Jahrhunderts in russischem Auftrag die Nordwestpassage suchte und in die Region kam. Die Bevölkerung nahm vor allem nach dem Ende des Zweiten Weltkriegs deutlich zu, davor lebten gerade einmal 900 Personen in der Siedlung,

■ **Aktivitäten**

Kotzebue ist bei seinen Besuchern vor allem wegen seiner ursprünglichen Atmosphäre beliebt, die einen Gegensatz zum typisch amerikanischen Lebensstil bildet, der sonst in vielen Siedlungen Alaskas anzutreffen ist. Für einen ersten Überblick über die Stadt ist ein kurzer Spaziergang auf der **Shore Avenue** genau richtig. Hier sehen Sie

alte Traditionen und neuen Lebensstil eng beieinander. Neben alten Männern, die Nahrung für den harten Winter vorbereiten, fahren Jugendliche mit ihren modernen Schneemobilen um die Wette. Von hier aus hat man in den Sommermonaten auch die Gelegenheit, ungestört die Mitternachtssonne zu beobachten, die Anfang Juni am Horizont auftaucht und für 36 Tage nicht mehr untergeht.

Um sich ausgiebig über die Kultur der Inupiat zu informieren, ist ein Besuch im **NANA-Museum** der Arktis zu empfehlen. Es widmet sich der Kultur der indigenen Bewohner von Kotzebue. Darüber hinaus gibt es Trommelvorführungen, Filme über die Tierwelt, Tanzvorführungen und Geschichten-Erzählungen. Im Inupiat Cultural Camp erhält man darüber hinaus Informationen über traditionelle Kleidung und Nahrungsmittel sowie über verschiedene überlebenssichernde Methoden bei der Jagd und der Ernte (25. Mai–15.Sept. tägl. 9–20 Uhr; im Winter auf Anfrage, Eintritt frei, Shows kosten extra, Tel. +1/907/26541-57, Fax -23).

Es soll jedoch erwähnt werden, dass die Stadt selber nur relativ wenig zu bieten hat. Vielleicht ist dies auch der Grund, warum viele Kreuzfahrttouren hier keinen Stopp einplanen.

Was Kotzebue dennoch lohnenswert macht, ist seine Funktion als Tor zum **Kobuk-Valley-Nationalpark**, einem der abgelegensten Parks in den Vereinigten Staaten. Bekannt ist der Nationalpark vor allem für seine 65 Quadratkilometer großen Sanddünen. Der Ursprung dieses Naturphänomens sind die Gletscher in der Region, die durch ihre schleifende Wirkung den Sand entstehen ließen. Auch ein großes Tal sowie die atemberaubende Berg- und Flusslandschaften zeichnen den Park aus, der 1980 ins Leben gerufen wurde. Camping, Wandern und Tierbeobachtungen zählen zu den möglichen Aktivitäten.

Da es keine Straßen gibt, ist eine Anreise nur mit dem Flugzeug von Nome oder Kotzebue aus möglich. Alternativ kann man in den Wintermonaten von Kotzebue auch mit dem Schneemobil bzw. im Sommer mit dem Boot anreisen.

ℹ Kotzebue

Informationen über die indigene Bevölkerung erhält man unter www. kotzebueeira.org. Den **Kobuk-Valley-Nationalpark** findet man unter www.nps.gov/kova.

Lage: 66°53'50"N 162°35'8"W.

Point Hope

Die kleine Siedlung Point Hope mit ihren rund 800 Einwohnern wird von Kreuzfahrtschiffen wegen der günstigen Lage an der Küste der Tschuktschensee gerne angelaufen. Sie liegt etwa 320 Kilometer nördlich des Polarkreises an der Spitze einer weit ins Meer reichenden Landzunge am nordwestlichen Ende der Lisburne-Halbinsel. Von hier aus sind es Luftlinie etwa 530 Kilometer bis nach Barrow, dem Verwaltungssitz von North Slope Borough, zu dem auch Point Hope gehört. Das Klima in Point Hope ist arktisch. In den kurzen Sommern bewegt sich die Temperatur zwischen 0 und +10 Grad. In den Wintern steigt das Thermometer nie über den Gefrierpunkt, kann aber auch Temperaturen von über –40 Grad anzeigen. Die Temperaturen können aufgrund des starken Nordwindes, der auch öfters Stürme mit Schneeverwehungen mit sich bringt, als deutlich kälter empfunden werden. Der Hafen der Stadt ist nur zwischen Juni und September erreichbar, wenn das Meer eisfrei ist. Die Gemeinde verfügt jedoch über einen Flughafen, über den Point Hope während des gesamten Jahres mit wichtigen Gütern versorgt werden kann.

Point Hope befindet sich bereits über 140 Kilometer nördlich der Baumgrenze. Die Gegend ist daher vor allem durch die spärliche Tundravegetation gekennzeichnet. Höherwachsende Pflanzen sind hier kaum noch anzutreffen. Trotz der geografischen Lage ist die Region sehr artenreich. Über 120 Vogelarten, 25 Landsäugetiere und 15 Meeressäuger gibt es hier. Viele dieser Tierarten waren in der Geschichte für die Bewohner der Gegend überlebensnotwendig, sorgten sie nicht nur für Nahrung, sondern lieferten auch die Grundlage

◀ **Karte S. 331**

Die Seidenhaarige Weide (Salix glauca)
kommt in der gesamten Arktis vor

für andere lebenswichtige Dinge wie Kleidung.

Hier oben im nördlichen Alaska leben vor allem indigene Menschen, die in Point Hope an die 90 Prozent der gesamten Bevölkerung ausmachen und in der Region bereits seit Jahrhunderten siedeln. Die Point-Hope-Halbinsel ist nach Einschätzungen von Wissenschaftlern eine der Gegenden Alaskas, die am längsten durchgängig von der indigenen Volksgruppe der Inupiat besiedelt wurde. Einige der Siedlungen auf der Halbinsel existieren bereits seit 1500 Jahren. Der Name, den die hier lebenden Inuit dem Ort gaben, lautet ›Tikarakh‹, Zeigefinger, und beschreibt durchaus passend den Standort des Ortes.

Lange bevor die ersten Europäer im 18. Jahrhundert in die Gegend kamen, wussten die Inuit den Ort wegen seiner idealen Jagdmöglichkeiten zu schätzen. Die sich weit ins Meer streckende Landzunge brachte die begehrten Wale sehr nahe an die Küsten und machte die Jagd einfacher. Zudem erlaubt die Packeis-Situation ungefährliche Bootsfahrten ins offene Meer während der Walfang-saison im Frühjahr. Die Häuser in der alten Siedlung Tikarakh waren, wie Forscher nachgewiesen haben, vor allem aus Walknochen und Treibholz errichtet. Insgesamt bietet die gesamte Gegend um das heutige Point Hope Archäologen eine wahre Fundgrube an interessanten Ausgrabungen, die eine Vielzahl von Erkenntnissen über das Leben und die Überlebensstrategien der damaligen Menschen liefern. Einige Archäologen gehen sogar soweit, Point Hope als den am besten erhaltensten Ausgrabungsort in der ganzen Polarregion zu beschreiben.

Die ersten Europäer, die in die Gegend der Siedlung kamen, waren russische Entdecker. Später im 19. Jahrhundert erhielt die Landzunge von dem englischen Seefahrer Frederik William Beechey ihren heutigen Namen. Er nannte den Ort nach seinem britischen Seefahrerfreund William Johnstone Hope. Im Zuge der zunehmenden Professionalisierung des Walfangs in der gesamten Region des heutigen Alaskas kam es im 19. Jahrhundert zu einem vermehrten Zuzug von Europäern in die Gegend um Point Hope. Erst nach 1900 verlor der Walfang zunehmend an Bedeutung.

Bekannt wurden die Einwohner der Stadt im Jahre 1962, als sie sich, letzten Endes erfolgreich, gegen Pläne der US-amerikanischen Regierung zur Wehr setzen, durch die Zündung einer Atombombe einen künstlichen Seehafen in der Region zu schaffen.

Sehr interessant an der Geschichte von Point Hope ist auch, dass die Gemeinde wegen des extremen Klimas und der damit verbundenen Erosion mehrere Male versetzt werden musste. Die Landzunge, auf der Point Hope heute liegt, war ursprünglich um mehrere Kilometer länger. Mehrere Fluten und Erosionsprozesse ließen sie jedoch über die Jahrhunderte hinweg immer kleiner werden. So versanken auch viele der alten Siedlungen im eisigen Wasser der Tschuktschensee. Die letzte Versetzung der Siedlung fand in der 70er Jahren des 20. Jahrhunderts statt. Schwere Stürme mit Flutwellen hatten die Bewohner damals gezwungen, die Siedlung weiter östlich neu zu errichten. Auch in der heutigen Zeit gehen die Behörden in Point Hope davon aus, dass in absehbarer Zukunft eine weitere Verlegung unausweichlich wird.

ℹ Point Hope

Informationen über die Gemeinde finden sich unter www.tikigaq.com.

⊘

Lage: 68°20'49" N, 166°45'47" W.

Nome

Die rund 3500 Einwohner zählende Stadt Nome ist der Endpunkt einer der wohl schönsten Expeditionsfahrten in der Arktis, die im grönländischen Kangerlussuaq beginnt und über verschiedene Regionen Nunavuts, durch die Nordwestpassage führend, hier an der nordwestlichen Küste von Alaska endet. Auch eine andere Strecke endet noch in Nome und macht die Stadt auch über die Grenzen Alaska hinweg bekannt. Die Rede ist vom **Iditarod**, einem der längsten und bekanntesten Hundeschlittenrennen der Welt. Das Rennen startet jeweils am ersten Samstag im März in der Stadt Anchorage und führt dann über 1500 Kilometer nach Nome. Die besten Fahrer benötigen für die Strecke mit ihren Hunden gerade einmal 9 Tage (www.iditarod.com). Das heutige rein sportliche Ereignis war eigentlich als Gedenken an den historischen Inditarod

Trail, ein 1600 Kilometer langes Wegsystem in Alaska, entstanden. Heute wird das Rennen auch oft mit einer Hundeschlittenstaffel aus dem Jahr 1925 in Verbindung gebracht. Im Winter jenes Jahres war bei vielen Bewohnern von Nome Diphtherie diagnostiziert worden. Um die nötigen Medikamente aus der Stadt Anchorage anzuliefern, wurde eine Hundestaffel eingesetzt. In diesem Wettlauf gegen die Zeit benötigten die Männer aus Anchorage angeblich nur fünf Tage, um das rettende Serum nach Nome zu bringen. Auch im restlichen Amerika sind die wahren Helden der damaligen Tour, die Schlittenhunde, interessanterweise unvergessen. Im Zentrum von New York im Central Park unweit des Zoos steht eine Statue des Hundes Balto, der einer der Schlittenhunde aus dem Jahre 1925 war.

Die Stadt Nome wirkt heute ein wenig wie ein Überrest aus einem alten Wildwest-Film. Neben den vielen Saloons, die diese Atmosphäre kreieren, besitzt Nome jedoch auch eine sehr moderne Infrastruktur und alle Annehmlichkeiten des amerikanischen Lebensstils. Hinzu kommen noch die arktischen Bedingungen, die sich auch in der Tier- und Pflanzenwelt um Nome widerspiegeln. Es ist vor allem diese Mischung von unterschiedlichen Einflüssen, die Nome für viele Besucher sehr attraktiv macht. Ein Großteil der Einwohner der Stadt sind Weiße, was für die geografische Lage nördlich der Baumgrenze eher ungewöhnlich ist. Wegen seiner nördlichen Lage herrscht in Nome auch ein subarktisches Klima mit sehr kalten Wintern und kurzen Sommern. Die Lage der Stadt am Meer sorgt jedoch dafür, dass die Klimabedingungen weitaus moderater sind als im nördlichen Landesinneren. Die Temperaturen liegen im Januar

Eiswelle bei Nome

bei durchschnittlichen –15 Grad, die Höchsttemperaturen liegen im Juli bei um die +11 Grad.

■ Geschichte

Bereits in der Frühgeschichte war die Gegend um das heutige Nome von den sogenannten Inupiat bewohnt. Archäologische Funde legen nahe, dass die Volksgruppe hier nicht nur jagte, sondern auch bereits feste Siedlungen errichtete. Die Funde widerlegen damit auch die lange gepflegte These, dass die Geschichte von Nome erst mit der Entdeckung des Goldes begann. Dennoch beginnt zumindest die moderne Geschichte damit. Im Sommer 1898 entdeckten drei Schweden hier den wertvollen Rohstoff, und die Nachricht verbreitete sich wie ein Lauffeuer in der ganzen westlichen Welt. Nur ein Jahr später hatte die Siedlung bereits über 10 000 Bewohner, die getrieben von der Gier nach schnellem Geld und großem Reichtum nach Nome kamen. Alte Fotografien zeigen, wie sich die Zelte der sich im Goldrausch befindenden Männer kilometerlang über den Strand erstrecken. In der Zeit des Goldrausches erreichte die Siedlung eine maximale Einwohnerzahl von schätzungsweise 20 000 Menschen, was Nome zur mit Abstand größten Stadt im damaligen Alaska machte. Bis heute wurden in Nome insgesamt über 3,6 Millionen Unzen Gold gefördert. Doch der Stadt war insgesamt in den folgenden Jahrzehnten nur wenig Glück beschieden. Verheerende Brände und Stürme zerstörten sie immer wieder und ließen von der einstigen Goldrausch-Architektur nicht viel übrig bleiben. Auch die Einwohnerzahl nahm in der Zeit nach dem Rausch kontinuierlich ab und liegt heute bei etwa 3500.

Während des Zweiten Weltkrieges diente Nome als letzter Stopp für US-amerikanische Kampfflugzeuge, die von hier aus weiter in die Sowjetunion flogen. Die Landebahn, die bis heute noch vom örtlichen Flughafen benutzt wird, wurde in jener Zeit gebaut. Zudem diente Nome als Truppenstützpunkt auf dem Weg nach Europa. Noch heute ist eine der alten Baracken in Nome zu sehen und erinnert an die Bedeutung der Stadt während des Krieges. Nördlich der Stadt wurde später während des Kalten Krieges ein Frühwarnsystem errichtet, das vor Raketenangriffen aus der Sowjetunion warnen sollte. Noch heute sind die Überreste der Station von der Stadt aus zu sehen.

Die kanadische Arktis und Alaska

Trotz seiner verhältnismäßig geringen Einwohnerzahl verfügt Nome über zwei unterschiedliche Flughäfen und ist das regionale Kommunikationszentrum. Der wichtigere der beiden Flughäfen in der Nome Airport. Alle größeren Fluggesellschaften Alaskas bieten regelmäßige Flüge hierher an und verbinden die Siedlung mit allen wichtigen Städten in Alaska. Darüber hinaus besitzt Nome auch einen Hafen, an dem auch die Expeditionsschiffe, von Grönland kommend, vor Anker gehen. Neben dem Flugverkehr ist die Schifffahrt die wichtigste Versorgungsquelle der Stadt. Der moderne Hafen ist problemlos in der Lage, auch größere Frachtschiffe abzufertigen.

■ **Sehenswürdigkeiten**

Sollte Nome der Endpunkt Ihrer Expeditionskreuzfahrt sein, haben Sie in der Regel nicht allzu viel Zeit, sich die Stadt genauer anzusehen, bevor es mit dem Flugzeug weiter nach Vancouver geht. Dennoch sollte man die Zeit nutzen und nach Möglichkeit einige Sehenswürdigkeiten der Stadt besuchen. Zwar besitzt Nome nicht die pulsierende Kulturszene der indigenen Bevölkerung wie beispielsweise Barrow oder Kotzebue, doch der Charme der alten Goldgräberstadt macht dieses Defizit wieder wett. Zudem finden Sie hier alle Annehmlichkeiten, die Sie sich vorstellen können. Gute Restaurants gibt es hier ebenso wie eine breite Vielzahl an bezahlbaren und modernen Übernachtungsmöglichkeiten.

Eine Möglichkeit, sich ein wenig die Beine zu vertreten und die Landschaft um Nome kennenzulernen, bietet eine Wanderung auf den Hausberg der Stadt, den **Mount Anvil**. Der Weg dorthin führt vorbei an wunderschönen Blumenlandschaften. Von der Spitze des Berges, auf dem sich auch eine Antenne als Relikt des Kalten Krieges befindet, hat man

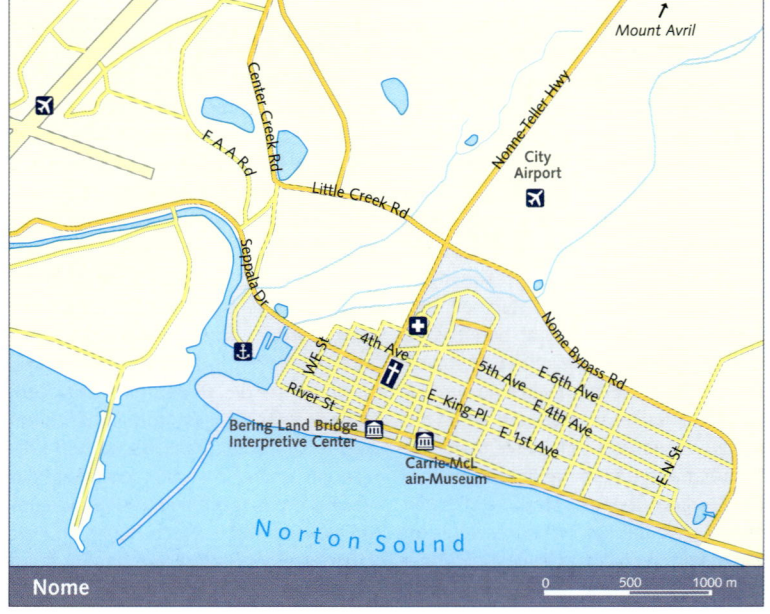

Nome

Eisfuchs

die vor mehr als 10 000 Jahren Alaska mit Sibirien verbunden hat. Archäologen gehen heute davon aus, dass die ersten Siedler, die nach Alaska kamen, über diese Landbrücke wanderten. Das Zentrum bietet zudem Informationen über Mammuts, die alten arktischen Kulturen und Tierzucht und betreibt einen kleinen Nationalpark (Tel. +1/907/ 443 25 22, ganzjährig von 8–16.30 Uhr geöffnet).

Auch ein Besuch der **St.-Joseph-Kirche**, die im Jahre 1900 zu Zeit des großen Goldrausches entstand, sollte auf dem Plan stehen. Nachdem die Einwohnerzahl in den 1920er Jahren dramatisch abnahm, wurde die Kirche für einen langen Zeitraum nur noch von einer Minenfirma als Lagerraum genutzt. Erst im Jahre 1996 wurde sie wieder restauriert und dient heute als Mehrzweckgebäude. Falls Sie noch etwas Zeit haben, lohnt es sich auch, den **Golden Sands Strand** zu besuchen. Er beginnt ungefähr 1,5 Kilometer östlich des Stadtzentrums und zieht sich entlang der Front Street. Im Hochsommer wagen einige einheimische Kinder und Jugendliche sogar ein Bad im nicht einmal zehn Grad kalten Wasser. Auch viele Minenarbeiter, die nach Nome kommen, schlagen hier am Strand ihre Zelte auf.

dann eine traumhafte Sicht auf die Stadt und den dahinterliegenden Ozean. Wenn man ins Landesinnere blickt, sieht man zudem die beeindruckenden Kigluaik-Berge in den Himmel ragen.

Zurück in der Stadt lohnt sich ein Besuch des **Carrie-McLain-Museums**. Es befindet sich in der Front Street ganz in der Nähe der Touristeninformation im ersten Stockwerk der öffentlichen Bibliothek. Das Museum bietet seinen Besuchern neben Informationen über die alten Kulturen vor allem einen Überblick über die Geschichte der Stadt zu Zeiten des Goldrausches Anfang des 20. Jahrhunderts. In einer Vitrine sind auch zwei der legendären Schlittenhunde ausgestellt, die 1925 die Strecke von Anchorage nach Nome in nur fünf Tagen zurückgelegt haben sollen (Winter Mo–Fr 9–17.30 Uhr, Sommer Mo–Fr 9.30–17.30 Uhr, der Eintritt ist frei).

Ein weiteres Museum, ebenfalls in der Front Street gelegen, ist das **Bering Land Bridge Interpretive Center**. Hinter diesem sperrigen Namen verbirgt sich ein Zentrum, das Informationen zur Beringia liefern will, also jener Landmasse,

---

ℹ Nome

Informationen über die Gemeinde gibt es unter www.nomealaska.org. **Touristische Informationen** bekommt man beim Nome Convention and Visitors Bureau, 301 Front Street, Nome, Alaska 99762, Tel.: +1/907/443-65 55, Fax -58 32, www.visitnomealaska.com.

 Lage: 64° 30' 36" N, 165° 25' 12" W

Eisstücke trieben vor dem Winde umher mit spielender Sorglosigkeit, als müsse uns ihr Umherirren erfreuen, als sei nicht das Mindeste nachtheilig verändert für jenes Häuflein Menschen, das sich in Wirklichkeit vor einem unüberschreitbaren Abgrund befand.

Julius Payer, April 1874, aus:
Christoph Ransmayr,
Die Schrecken des Eises und der
Finsternis

Die russische Arktis

Reiseziele in der russischen Arktis

Vom amerikanischen Alaska aus ist der Sprung über das Meer zum benachbarten Russland nicht mehr allzu groß. Von einigen Punkten Alaskas kann man die russische Küstenlinie sogar ohne Fernglas sehen. Die Tatsache, dass die Küsten der russischen Arktis sowie die Inseln überhaupt von westlichen Besuchern angesteuert werden können, verdanken wir den politischen Änderungen nach 1990. Vorher war es nur unter sehr schwierigen Bedingungen möglich, die Weiten der russischen Arktis zu erkunden.

Im Nordosten Sibiriens, aber auch auf der Halbinsel Kamtschatka lassen sich einmalige und wunderschöne Gegenden entdecken – hohe Berge, Vulkane, inmitten der schneebedeckten Landschaft liegende Seen und ein vielfältiges Tierreich. Besucher, die sich in dieses nördliche, arktische Russland aufmachen, haben die Möglichkeit, das riesige Land von einer ganz anderen Seite kennen zu lernen, die mehr an die Abenteuer von Jack London als an Katharina die Große erinnert. Vor allem in den letzten Jahren erarbeitete sich das nördliche Russland einen hervorragenden Ruf bei Touristen, die hier exzellente Reisebedingungen vorfinden.

Nicht nur landschaftlich ist die Reise entlang der russischen Nordküste von Interesse, sondern auch historisch. Immerhin bewegen wir uns hier auf den Spuren der legendären Arktisforscher und durchqueren auf unserer Reise bereits die zweite wichtige Passage der Arktis: die Nordostpassage. Es dauerte bis weit ins 19. Jahrhundert hinein, dass dieser Abschnitt der Arktis, damals noch mit einer Überwinterung, bezwungen werden konnte. Dank modernster Eisbrecher ist es heute jedoch möglich, die Passage weitgehend gefahrenfrei zu durchqueren. Die meisten Expeditionsschiffe, die auf ihren Touren die russi-

Eisbär und Walrosse auf Novaja Zemlja

sche Arktis befahren, starten entweder in den größeren Metropolen Murmansk und Archangelsk oder aber im weitaus kleineren Anadyr. Wenn Sie sich auf die lange Reise zum geografischen Nordpol machen, legen die Eisbrecher hingegen so gut wie immer in Murmansk ab.

Anadyr

Ein Grund, warum viele Anbieter ihre Touren hier starten, ist der moderne Flughafen der Stadt. Er verbindet den arktischen Norden Russlands mit den großen russischen Städten wie Moskau, aber auch mit dem auf der anderen Seite des Beringmeers gelegenen Alaska. Der Hafen von Anadyr liegt im äußersten Nordosten Russlands direkt an der Beringsee in einer gleichnamigen Bucht, nicht weit von Alaska entfernt. Die Hafenstadt mit ihren rund 12 000 Einwohnern ist die Hauptstadt des Autonomen Kreises der Tschuktschen, einem weitgehend selbständig verwalteten Gebiet innerhalb der Russischen Föderation. Bekannt wurde die Verwaltungseinheit in den letzten Jahren vor allem durch ihren Gouverneur, den Multimilliardär Roman Abramowitsch. Er wurde im Jahre 2000 mit über 90 Prozent der Stimmen gewählt und 2005 noch einmal in seinem Amt bestätigt. In seiner Amtszeit, die er 2008 frühzeitig beendete, bemühte sich Abramowitsch, teilweise unter Heranziehung seines privaten Vermögens, die Infrastruktur sowie die Lebensbedingungen der Region zu verbessern.

Die Stadt Anadyr wurde am 3. August 1889 gegründet und als Novo-Marijsnk nach der russischen Zarin Marija Aleksandrovna benannt. Die Ursprünge der Stadt reichen jedoch weit über dieses Gründungsdatum hinaus. Bereits in den Jahrhunderten zuvor hatten in der Gegend unterschiedliche indigene Volksgruppen gesiedelt. Auch der erste Handelsposten war bereits im frühen 19. Jahrhundert ins Leben gerufen worden. Zu Beginn des 20. Jahrhunderts erhielt die Stadt dann ihren heute gültigen Namen. Er geht zurück auf den Fluss Anadyr, der seinerseits wiederum seinen Namen von einem im 17. Jahrhundert etablierten Fort hatte, das am Fluss lag. Als 1930 die Autonome Provinz der Tschuktschen gegründet wurde, legten die sowjetischen Machthaber die Stadt als deren Verwaltungszentrum

Tschuktschenfamilie vor ihrem Zelt, Darstellung aus dem 19. Jahrhundert

Die russische Arktis

fest. Etwa 15 000 Angehörige des indigenen sibirischen Volksstammes der Tschuktschen leben in Russland, die meisten in ihrem autonomen Kreis.

Im Allgemeinen war der Kommunismus bei den Menschen im äußersten Nordosten Russlands nur wenig beliebt. Als kurz nach der Revolution im Jahre 1917 Vertreter der neuen Machthaber in die Stadt kamen, wurden Sie von den Einwohnern Anadyrs kurzerhand wieder hinausgeworfen.

Vor allem in den Jahren nach 1990 befand sich Anadyr in einem rasanten wirtschaftlichen Abwärtstrend. In den letzten zehn Jahren meldete die Stadt jedoch wieder positive Entwicklungen. So etablierte sich unter anderem ein lukrativer Farmbetrieb für Legehennen, der über 800 000 Eier pro Jahr produziert. Auch das 2001 erschlossene Erdgasfeld Westsee, mit dem Anadyr über eine Pipeline verbunden ist, sorgt für einen wirtschaftlichen Aufschwung in der gesamten Region.

Anadyr wirkt wie eine typische Stadt aus kommunistischer Zeit und bietet keine besonderen Sehenswürdigkeiten. Ausnahmen stellen das 2002 gebaute Gebäude des Regionalparlaments und das aufwendig renovierte Hotel Tschukotka dar.

Falls Sie eine Expeditionskreuzfahrt gebucht haben sollten, die Anadyr als Startpunkt hat, werden Sie in der Stadt vor allem mit ihren Reisebegleitern und dem Kapitän bekannt gemacht sowie über die Sicherheitsregeln an Bord informiert. Wenn Sie vom Schiff aus bei der Abfahrt einen Blick zurück auf die Stadt werfen, sehen Sie, wie diese auf einem Hügel gelegen Richtung Meer abfällt.

Inmitten der vielen grauen Gebäude sind auch einige bunt bemalte Wohnblöcke zu sehen, die einen netten Kontrast zum sonst eher tristen Stadtbild abgeben.

 Anadyr

Wer des Russischen mächtig ist, kann sich unter www.anadyr.org über die Stadt und die Umgebung informieren.

Lage: 64°44′0″ N, 177°31′0″ E.

Wrangelinsel

Wir haben auf unserer Reise durch die russische Arktis die nordöstlichste Spitze des Festlandes umschifft und befinden uns nun im östlichsten Teil der Nordküste. Nur wenige Kilometer vom Festland entfernt liegt die 150 Kilometer lange und 80 Kilometer breite Wrangelinsel, eine wahre Perle der Natur (71°13′40″ N, 179°24′39″ W). Sie wurde im Jahre 2004 von der UNESCO auf die Liste des Weltnaturerbes der Menschheit gesetzt und ist damit das nördlichste Weltnaturerbe überhaupt. Dank der Ernennung ist die Wrangelinsel heute ein einziges großes Naturreservat. Es ist daher auch wenig verwunderlich, dass sie bei so gut wie allen Expeditionskreuzfahrten durch die russische Arktis auf dem Programm steht und Landausflüge unternommen werden.

Die Wrangelinsel, die im Russischen Ostrov Vrangelja heißt, besteht eigentlich aus mehreren Eilanden. Neben der Hauptinsel zählen auch viele kleinere vorgelagerte Inseln sowie auch die 60 Kilometer entfernt gelegene Insel Herald dazu.

Karte S. 340 ▲

Schlittenhund beim Sonnenbad

Das polare Klima auf der Wrangelinsel ist eisig kalt. Nur selten kommt vom nahegelegenen sibirischen Festland wärmere Luft zu der Insel, normalerweise ist sie fest in der Hand der arktisch kalten und trockenen Luftmassen des hohen Nordens. Die Winter sind daher gekennzeichnet durch einen permanenten Frost. Vor allem im Februar und März können eisige Polarstürme mit bis zu 140 Kilometer pro Stunde über die karge Insel hinwegfegen. Die kurzen Sommer auf der Wrangelinsel sind in der Regel verhältnismäßig mild, und während der Mitternachtssonne können die Temperaturen dann auch leicht über dem Gefrierpunkt liegen. Dennoch sind auch zu dieser Jahreszeit gelegentliche Schneefälle keine Seltenheit, und meistens liegt ein dichter Nebel über der Insel, der ihr einen mystischen Glanz verleiht. Bemerkenswert ist auch, dass die Wrangelinsel trotz ihrer bis zu 1 100 Meter in den Himmel ragenden Berge, nicht vergletschert ist. Eine die Insel wie eine Zuckerschicht bedeckende Schneeschicht ist jedoch eher die Regel als die Ausnahme. Zudem ist die Insel im Winter und teilweise auch im Sommer völlig von im Meer treibenden Eisschollen eingeschlossen. Seien Sie daher darauf vorbereitet, dass Sie sich mit Ihrem Expeditionsschiff zunächst einmal einen Weg durch die Eisschollen bahnen müssen.

■ Geschichte

Wissenschaftler nehmen heute an, dass die Wrangelinsel einst ein Teil des Festlandes war und ebenso wie auch die Neusibirischen Inseln erst entstand, als im Laufe der Jahrtausende der Meeresspiegel anstieg. Auf der Insel wurden zudem einige interessante fossile Funde sichergestellt. Sie ergaben, dass zu einem der damaligen tierischen Bewohner auch der Wollhaar-Mammut gehört haben muss. Aufgrund der abgeschiedenen Lage hatte der prähistorische Riese hier sogar die Gelegenheit, weitaus länger zu überleben als an anderen Stellen der Welt, und Wissenschaftler nehmen an, dass der Mammut bis vor 4000 Jahren noch auf der Wrangelinsel ansässig war. Damit ist die Insel der Ort, an dem nach den Erkenntnissen der Forschung der Mammut am längsten überhaupt über-

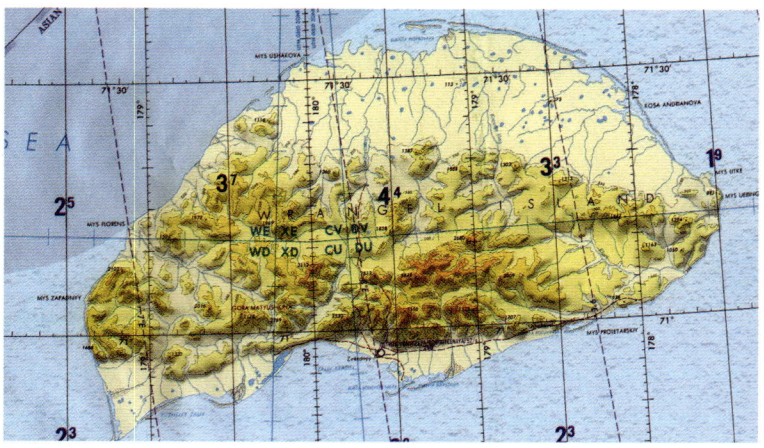

Die Wrangelinsel

lebte. Auch eine menschliche Besiedlung auf der Insel konnten die Forscher nachweisen. Bei der archäologischen Ausgrabungsstätte Chertov Ovrag fanden sie Jagdgegenstände aus Stein und Eisen, von denen angenommen wird, dass sie aus der Zeit der letzten Mammuts stammen und somit ebenfalls fast 4000 Jahre alt sind!

Der Name der Insel geht auf den deutschbaltischen Adligen Ferdinand Friedrich Georg Ludwig Baron von Wrangel (1797–1870) zurück, der damals jedoch im Dienste Russlands stand. 1823 schloss Wrangel bei der Kartierung der Tschuktschen-Halbinsel auf die Existenz der Insel, nachdem er beobachtete, wie Vögel weiter auf das Polarmeer hinausflogen. Betreten hat Wrangel die später nach ihm benannte Insel jedoch nie, da die Versuche seiner Expeditionen, die Insel zu finden, keinen Erfolg hatten. Als erster Europäer, der 1866 die Wrangelinsel betreten haben soll, gilt der deutsche Entdecker und Polarforscher Eduard Dallmann (1830–1896). Andere Quellen sprechen jedoch von der ersten Betretung erst im Jahre 1881.

In den darauffolgenden Jahren versuchten verschiedene Nationen, die Insel zu besiedeln. Ein erster Versuch 1921, an dem sich neben Kanadiern und Amerikanern auch ein Inuit beteiligte, scheiterte. Zwei Jahre später gelang es jedoch einer Gruppe von zwölf Inuit und einem Amerikaner, eine erste Siedlung auf der Wrangelinsel zu errichten. Diese Siedlung sollte jedoch nicht lange Bestand haben. Das sowjetische Russland erhob Gebietsansprüche auf die Insel und ließ daraufhin im Jahre 1926 unter der Leitung des Polarforschers und Geografen Georgi Alexejewitsch Ushakov (1901–1963) die Siedlung räumen. Ushakov machte sich in den folgenden

Eis in der Kara-See

Jahren dann erfolgreich daran, eine eigene Siedlung zu gründen, die sogar noch heute existiert. Die Bevölkerung der Siedlung wird mit 100 Personen angegeben, von denen jedoch die meisten Forscher oder Ranger des Naturschutzgebietes sind.

■ **Sehenswürdigkeiten**

Auch wenn die Reise auf die Wrangelinsel für die Expeditionsschiffe wegen der arktischen Bedingungen kein Kinderspiel ist, lohnt sie sich. Die einzigartige Natur macht die Strapazen der Reise und das eiskalte Klima schnell vergessen. Achten Sie jedoch auf jeden Fall darauf, die Insel mit einer erfahrenen Schiffsbesatzung zu besuchen und sich unter keinen Umständen von Ihrer Gruppe zu entfernen, die Insel ist ein beliebter Aufenthaltsort für Eisbären! Im Sommer kann man durch die blühende und farbenfrohe Vegetation der **arktischen Tundra** wandern. Hier wachsen Flechten, Moose, Mohn und Farne. Mit über 417 gefundenen Pflanzenarten ist die Wrangelinsel im Vergleich mit anderen arktischen Gebieten sehr artenreich und grün.

Der dichte Nebel auf der Insel verleiht dem Szenario etwas Faszinierendes und

Die russische Arktis

Mythisches. Je höher Sie jedoch wandern, desto mehr reißt die Nebeldecke auf, und der blaue Himmel kommt im Idealfall zu Vorschein und erlaubt einen traumhaften Blick auf die tiefen Schluchten und steilen Berghänge der Insel. Auf den Erkundungsfahrten mit den Zodiacs hat man zudem die Chance, die **vielfältige Tierwelt** der Wrangelinsel zu Gesicht zu bekommen. Neben Eisbären, Grauwalen und Walrossen können an den steilen Felsen auch unzählige Vögel aus nächster Nähe betrachtet werden. Vergessen Sie also auf keinen Fall, Ihre Fotoausrüstung mitzunehmen.

Oft machen die Expeditionsschiffe auch einen Halt in der kleinen **ehemaligen Rentierzüchter-Siedlung** der Insel, in der heute jedoch nur noch zeitweise Forscher und Ranger ansässig sind. Viele verlassene Häuser, Bagger, Baumaschinen und verstreut herumliegende Fässer erinnern eindrucksvoll an die verfehlte Arktis-Industrialisierungspolitik der Sowjetunion. Bei dem Anblick ist man mehr als dankbar dafür, dass die Wrangelinsel heute als Nationalpark unter strengem Schutz steht.

Kolyuchin-Insel

Einer der ersten Landgänge, die viele der Expeditionskreuzfahrten von Anadyr aus im Programm haben, ist ein Besuch der Kolyuchin-Insel. Sie liegt nur elf Kilometer von der Tschuktschen-Halbinsel entfernt in der Tschuktschensee, einem Randmeer des eisigen Nordpolarmeeres. Die Größe der Insel ist mit einer Länge von 4,5 Kilometern und einer maximalen Breite von 1,5 Kilometern überschaubar. Die gesamte Insel ist geprägt durch eine vegetationsarme Tundralandschaft.

Das wohl einzige Mal, dass die Insel für einen kurzen Augenblick in das Licht der Weltöffentlichkeit trat, war das Jahr 1933. Grund war der sowjetische Eisbrecher Chelyuskin, der im Packeis unmittelbar vor der Küste der Insel feststeckte. Die Passagiere und die Besatzung des Schiffes wurden daraufhin in einer dramatischen Rettungsaktion aus der Luft geborgen. Das riesige internationale Medieninteresse an der Rettung sorgte dafür, dass nicht nur die beiden Expeditionsleiter der Rettung, Vladimir Voronin und Otto Schmidt, zu Helden ihrer Zeit wurden, sondern verhalfen auch der Kolyuchin-Insel zu einer gewissen Berühmtheit. Auf der Insel gibt eine kleine Siedlung der Tschuktschen, die den Namen Kolyuchino trägt. Der Hauptgrund, warum die Zodiacs der Expeditionskreuzschiffe die Insel ansteuern, ist das beeindruckende Naturschutzgebiet, in dem im Sommer tausende von Kormoranen, Lummen und Papageientauchern nisten. Auf den geführten Wanderungen kommt man diesen arktischen Vögeln sehr nahe.

Pevek

Im arktischen Hafen von Pevek angekommen, befindet man sich in der nördlichsten Stadt Russlands. Verwaltungstechnisch gehört Pevek zum Autonomen Kreis der Tschuktschen. Dieses sich ganz im Nordosten Russlands befindende Gebiet ist nur sehr dünn besiedelt. Vor allem in Folge des Rückgangs der Goldgewinnung seit Beginn der 1990er Jahre wandern immer mehr Menschen aus, so dass die Bevölkerung in den letzten 20 Jahren um mehr als die Hälfte geschrumpft ist. Die größte Gruppe innerhalb der Bevölkerung stellen Russen dar. Trotz des Namens der Region befinden sich die Tschuktschen also keineswegs in der Mehrheit, sondern stellen nur 23,5 Prozent der Bevölkerung. Die Stadt Pevek liegt mit seinen knapp 5000 Ein-

Karte hintere Umschlagklappe

Zivilisationsreste

wohnern ungefähr 640 Kilometer westlich der Hautstadt des Gebietes Anadyr. Wie viele andere russische Städte am polaren Nordmeer, wurde auch Pevek erst sehr spät und vor allem aus wirtschaftlichen Gründen gegründet. Dokumente von Polarexpeditionen belegen zwar, dass die Gegend um Pevek bereits im 18. und 19. Jahrhundert bekannt war, doch die Stadt wurde erst in den 1930er Jahren gegründet. Hintergrund waren die Pläne der sowjetischen Führung, sich den nördlichen Seeweg der Nordostpassage zu Nutzen zu machen. Zudem wurden in der Region Mineralien entdeckt, die der Stadt einen zusätzlichen Gewinn versprachen. Kurz nach der Gründung Peveks 1933 nahm der Hafen der Stadt bereits eine wichtige Stellung innerhalb der nordrussischen Wirtschaft ein.

Eines der dunkelsten Kapitel in der Geschichte der Region rund um Pevek sind sicher die sowjetischen Gefangenenlager, die sich hier befanden. In den beiden großen Lagern waren während und nach dem Zweiten Weltkrieg zeitweise bis zu 11 000 Menschen gleichzeitig

inhaftiert. Die vielen Massengräber am Rande der Lager führen einem heute noch deutlich vor Augen, dass ein Großteil der Gefangenen hier nicht überlebte. Nach dem Zerfall der Sowjetunion verlor Pevek wirtschaftlich mehr und mehr an Bedeutung. Die Einwohnerzahl nahm seit Beginn der 1990er Jahre um rund die Hälfte ab. Viele Menschen ziehen die zentralrussischen Städte dem rauen und kalten Klima des russischen Nodens vor. Dies mag bei den langen und eisig kalten Polarwintern und den nur kurzen Sommern eigentlich nicht verwundern. Das wirtschaftliche Herzstück von Pevek ist trotzdem der Seehafen.

 Pevek
Auch hier kommt man ohne Russischkenntnisse nicht weit: www.pevek.ru.

Lage: 69°42'0" N, 170°19'0" E.

Neusibirische Inseln

Die nächste Anlaufstelle entlang der russischen Küsten und auf den Spuren der Nordostpassage ist die Inselgruppe der Neusibirischen Inseln (Novosibirskije Ostrova). Wir sind nun an der nördlichen Küste Russlands angelangt.

Die Neusibirischen Inseln bestehen aus vier größeren Inseln, die alle über eine Fläche von mehr als 10 000 Quadratkilometern verfügen, und mehreren kleineren Inseln in unmittelbarer Umgebung. Die Inselgruppe wird im Süden vom russischen Festland durch die Laptev-Straße getrennt. Alle Inseln des Archipels zeichnen sich landschaftlich durch ihre flachen Ebenen aus, die mächtigste Erhebung ist gerade einmal 374 Meter hoch.

Geologisch gesehen sind die Inseln die letzten sichtbaren Überreste einer gigan-

Die russische Arktis

Abenteuer Eisberg

tischen Ebene, die im Laufe der Jahrtausende immer weiter in den Fluten des Meeres versank. Wissenschaftler gehen davon aus, dass diese sogenante ›Große arktische Ebene‹ noch vor etwa 20 000 Jahren über dem Meeresspiegel lag und die heute sichtbaren Inseln in jener Zeit die höchsten Erhebungen bildeten. Im Gegensatz zu den meisten anderen Inseln in der russischen Arktis ist die überwiegende Mehrheit aller Neusibirischen Inseln nicht von Gletschern oder Eiskappen bedeckt.

Die Neusibirischen Inseln werden von den Expeditionsschiffen vor allem deswegen angelaufen, weil sich auf ihnen beeindruckende, sehr alte **Knochenfunde** von Mammuts, Nashörnern und Flusspferden finden lassen. Auch die gewaltigen Zähne und Stoßzähne dieser Tiere können hier bestaunt werden und geben einen faszinierenden Einblick in eine längst untergegangene Welt. Zudem finden sich auf einigen der Inseln auch weitere imposante Zeugnisse aus vergangenen Zeiten. Entlang der Südküste der Großen Ljachov-Insel lassen sich dank des Permafrostbodens außergewöhnlich gut erhaltene und tausende

von Jahre alte Knochen, Elfenbein, Torfe und Hölzer finden. Sogar ein 40 Meter hoher Baum befindet sich hier an einer Klippe, an dem jahrtausendealte Ablagerungen aus der Pleistozän-Zeit nachgewiesen werden konnten. Für alle frühzeitlichen Wissenschaftler sind die Inseln daher ein wahres Paradies zum Forschen.

Die ersten Aufzeichnungen über die Neusibirischen Inseln stammen von dem kosakischen Seefahrer Yakov Permyakov aus dem frühen 18. Jahrhundert. Wenig später, im Jahre 1712, wurde die Große Ljachov-Insel, ganz im Süden des Archipels gelegen, zum ersten Mal von einem kosakischen Team unter der Leitung von Yakov Permyakov und Merkuriy Vagin betreten. Die Kosaken berichteten auch von weiteren Inseln im Norden.

In den folgenden Jahrzehnten wurden immer mehr der Inseln entdeckt, und in den Jahren 1809 bis 1819 entsandte der russische Zar eine Mission in die Region, um die Standorte der Inseln kartografisch festzuhalten. Auf dieser Expedition ›entdeckten‹ die beiden Wissenschaftler Yakov Sannikov und Matvei Gedenschtrom eine Insel, die sich angeblich nördlich der Kotelny-Insel befinden sollte, die bis dato als das nördlichste Eiland der Inselgruppe gegolten hatte. Zudem behaupteten sie, das Land sei eisfrei gewesen und gaben damit den damaligen Theorien Nahrung, die besagten, dass das Nordpolarmeer als Ganzes eisfrei sei. Aus dem neuen Land, nach einem der Entdecker Sannikov-Land genannt, wurde so schnell ein Mythos, der viele der Menschen der damaligen Zeit erfasste. Der russische Naturforscher Eduard von Toll (1858–1902) machte sich 1886 auf den Weg zu den Neusibirischen Inseln, um das sagenumwobene Land zu entdecken. Dabei stieß er auch auf die reichhaltigen Knochen-, Elfenbein- und Holzfunde, die bis heute bei Wissenschaftlern als einmalig gelten, geben sie doch umfassend Auskunft über die frühzeitliche Geschichte des Archipels. Auch über Sannikov-Land brachte von Toll neue Erkenntnisse mit. Er bestätigte, das Land auf seinen Reisen ebenfalls gesehen zu haben.

Nach ihm wurde das neue Land jedoch jedoch nie wieder gesichtet. Bis heute hält der Streit über die Existenz von Sannikov-Land an. Während einige Wissenschaftler davon ausgehen, dass es das Land damals wirklich gegeben habe, es aber durch zunehmende Erosion verschwand – ein Prozess, den man übrigens auch heute bei den Neusibirischen Inseln beobachten kann – gehen andere Forscher davon aus, dass es das Land nie gegeben habe und es eher eine Projektion der Vorstellungen der damaligen Menschen war.

Severnaja Zemlja

Das nächste Reiseziel ist der Archipel Severnaja Zemlja. Dahinter verbirgt sich eine große Inselgruppe in der russischen Arktis, die aus sechs größeren Haupt- und ungefähr 25 kleineren Nebeninseln besteht. Severnaja Zemlja ist der russischen Festlandmasse vor Sibirien vorgelagert und befindet sich etwas nördlich der Taimyrhalbinsel. Die Inselgruppe erstreckt sich von 78 bis 81 Grad Nord geographischer Breite und von 90 bis 106 Grad Ost geographischer Länge. Die größte Insel des Archipels ist mit einer Fläche von 14 170 Quadratkilometern die Oktober-Revolutions-Insel. Hier liegt mit dem 965 Meter hohen Karpinski auch der höchste Berg des Archipels. Administrativ gehört Severnaja Zemlja zum sibirischen Autonomen Kreis Taimyr, der im Jahre 2007 in die Region Krasnojarsk eingegliedert wurde. Die Expeditionskreuzschiffe lassen hier ihre Zodiacs vor allem deswegen zu Wasser, weil die Inselgruppe mit ihren vergletscherten Bergen und ihrer arktisch-kargen Landschaft einen wunderbaren Einblick in die Natur des polaren Nordens bietet.

Die Inseln erlangten eine gewisse Berühmtheit vor allem dank des James-Bond-Films ›Golden Eye‹, in dem eine fiktive Satellitenstation mit dem Namen der Inselgruppe als spektakuläre Filmkulisse diente. Wer die gigantische Anlage

Auf dem Weg nach Severnaja Zemlja

jedoch auf der Insel sucht, wird nicht fündig werden, denn diese liegt in Mittelsibirien.

Der russische Name der Inselgruppe bedeutet Nordland. Die ursprüngliche Bezeichnung für den Archipel lautete eigentlich Nikolaus-II-Land. Die einzelnen Inseln waren nach orthodoxen Heiligen benannt. Nach der Oktoberrevolution in Russland gab das sowjetische Regime jedoch 1926 der Inselgruppe ihren heutigen Namen. Die einzelnen Inseln tragen heute Namen wie Oktober-Revolutions-Insel oder Bolschewiken-Insel. Im postsowjetischen Russland gibt es seit längerem eine Diskussion darüber, ob der Archipel seinen ursprünglichen Namen zurückerhalten sollte. Eine Entscheidung steht bis heute aus.

Die Inselgruppe wurde im Verhältnis zu anderen Archipelen der Arktis erst sehr spät entdeckt. Obwohl sie nicht weit von der russischen Küste liegt, wurde sie erst zu Beginn des 20. Jahrhunderts zum ersten Mal erwähnt. Die Entdeckung erfolgte auch eher zufällig, als sich 1913 ein Forschungsteam unter der Leitung des Hydrografen Boris Andrejewitsch Wilkizki (1885–1961) anschickte, die Nordostpassage zu finden. Als Wilkizki nach seiner Entdeckung die russische Fahne hisste, ging er jedoch noch davon aus, dass es sich lediglich um eine einzige Insel handelte.

Nachdem so bekannte Forscher wie Umberto Nobile, der die Inselgruppe mit seinem Flugschiff überquerte, die Inselgruppe gesichtet hatten, erfolgte in den Jahren 1930 bis 1932 eine umfassende kartografische Erfassung durch die russischen Polarforscher Georgi Alexejewitsch Uschakow und Nikolai Nikolajewitsch Urwanzew. Sie nutzen dabei auch Luftschiffe, die dazu beitrugen, auch die kleineren Inseln des großen Archipels zu sichten. Diese späte Entdeckung und Erforschung macht Severnaja Zemlja zu dem am spätesten entdeckten Archipel der Erde. Während des Kalten Krieges lag auf der Schmidt-Insel ein Luftwaffenstützpunkt der Sowjetunion, der aufgrund der strategisch günstigen Lage errichtet wurde. Von der Insel aus wäre es den Tupolew Tu-4 Bombern möglich gewesen, die Flugbasen der USA in Kanada und Grönland mit Atombomben anzugreifen,

Die Inseln sind heute nicht mehr bewohnt. Nur auf der Golomjanny-Insel, die im Westen des Archipels liegt, befindet sich eine kleine Wetterstation.

Das Klima auf Severnaja Zemlja ist kalt und trocken mit einer durchschnittlichen Jahrestemperatur von eisigen –16 Grad. Im wärmsten Monat Juli ist die Temperatur immer noch im Durchschnitt leicht unter dem Gefrierpunkt. Aufgrund dieser arktischen Kälte sind weite Teile der Inseln ganzjährig vergletschert. In den Teilen, die nicht vergletschert sind, dominieren landschaftlich vor allem die Tundra und die nahezu vegetationsfreie Polarwüste. Trotz der lebensfeindlichen Bedingungen kann man hier durchaus, wenn auch eingeschränkt, die arktische Flora und Fauna bestaunen. Neben Farnen und Moosen lassen sich auf den Inseln in den kurzen Sommermonaten auch farbenfrohe Pflanzen wie der Gegenblättrige Steinbrech bewundern. Auch die Tierwelt ist auf den Inseln mit einigen größeren Säugetieren vertreten. Nach Angaben von Polarforschern lassen sich hier 32 verschiedene Vogelarten sichten, von denen 17 sogar auf den Inseln brüten. Das am häufigsten vorkommende Tier auf Severnaja Zemlja ist jedoch der Halsbandlemming. Darüber hinaus gibt es vereinzelt arktische Füchse und Rentiere zu bestaunen.

◄ Karte hintere Umschlagklappe

In der verlassenen Polarstation

Einsamkeitsinsel

Ganz weit im Norden, mitten in der Karasee, liegt eine kleine Insel mit dem poetischen Namen Einsamkeitsinsel (77°29′53″N, 82°30′2″E). Sie ist gerade einmal 11,5 Kilometer lang und 5,4 Kilometer breit. Interessant ist vor allem die Form der Insel. Das Festland umschließt fast komplett die riesige Nordlagune (Laguna Severnaja), die nur eine schmale Öffnung zum Meer hat. Von oben betrachtet wirkt die Einsamkeitsinsel daher wie ein Atoll.

Der russische Name der Insel lautet ›Ostrov Ujedinenija‹, was korrekterweise mit ›Insel der Zurückgezogenheit‹ übersetzt werden müsste. Beide Namen passen jedoch wunderbar zu dieser kleinen und extrem flachen Insel. Sie ist kalt, karg und öde. In den langen und extrem kalten Wintern ist die Einsamkeitsinsel vollkommen von dichtem Packkreis eingeschlossen, und die durchschnittlichen Jahrestemperaturen liegen bei unter −15 Grad. Selbst in den kurzen Sommern steigt das Thermometer selten über den Gefrierpunkt. Die Insel ist angesichts dieser Bedingungen unbewohnt. Dennoch sind, teilweise im Schnee versunken, verlassene Gebäude zu finden, die von der Geschichte der kleinen Insel zu erzählen.

Der poetische Name wurde der Insel von ihrem norwegischen Entdecker Edvard Holm Johannesen gegeben, der das Land im Sommer 1878 zum ersten Mal betrat. Während des Zweiten Weltkrieges errichtete die Sowjetunion auf der Insel eine kleine Forschungsstation, die jedoch im Jahre 1942 von einem deutschen U-Boot angegriffen und vollkommen zerstört wurde. Später wurde sie wieder aufgebaut und während der Zeit der Sowjetunion und darüber hinaus auch genutzt. Seit 1993 steht die Einsamkeitsinsel aufgrund ihrer einzigartigen Landschaft unter Naturschutz und ist Teil des ›Großen arktischen staatlichen Naturreservates‹, welches das größte seiner Art in Russland ist. Das Ziel ist es, auch die faszinierende Tierwelt der Insel zu erhalten. Hier leben neben Eisbären, Walrossen und Robben auch viele Vogelarten. Im Rahmen eines Landganges hat man die Möglichkeit, die Schönheit der Natur und die Tierwelt der Insel kennenzulernen. Auch ein Besuch der verlassenen Polarstation ist äußerst spannend. Überall liegen noch die alten vereisten Geräte in den Gebäuden herum, und selbst das tiefgefrorene Essen ist noch zu sehen. An einer Wand mit Tapetenmuster hängt einzeln und bereits leicht verblichen ein Bild des sowjetischen Führers Lenin. Willkommen in der Einsamkeit.

Dikson

Die nur sechs mal acht Kilometer große Insel Dikson liegt rund zwei Kilometer vor dem russischen Festland in der Karasee. Administrativ gehört sie zum Autonomen Kreis Tamyr, einer riesigen, fast menschenleeren Verwaltungseinheit am

Die russische Arktis

Nordpolarmeer. Die Ortschaft Diskon hingegen liegt nicht nur in Gänze auf der gleichnamigen Insel selbst, sondern schließt auch einen kleinen bewohnten Teil des Festlandes mit ein. Die Siedlung ist damit durch das Meer zweigeteilt. In Dikson befindet sich nicht nur einer der nördlichsten Häfen Russlands, sondern die Stadt ist auch eine der nördlichsten Siedlungen der Welt. Durch seine abgeschiedene Lage dürfte Dikson auch einer der am meisten isolierten Orte der Welt sein. Insgesamt leben in Dikson etwa 2500 Personen. Die geringe Einwohnerzahl dürfte auch mit dem extrem rauen Klima in der Region zusammenhängen. Selbst im August ist das Wetter extrem unwirtlich. Der Winter dauert in der Regel über zehn Monate, von denen zwei aufgrund der Polarnacht in völliger Finsternis verbracht werden müssen. Auch das Wappen der Stadt deutet bereits auf die arktischen Bedingungen hin. Über einem mächtig dastehenden Eisbären glitzern die Sterne der polaren Nacht. Die Einwohner der Stadt sind jedoch stolz auf sie. Inoffiziell wird

Dikson von seinen Einwohnern daher auch ›Hauptstadt der Arktis‹ genannt.

In der Geschichte der Arktiserforschung hat Dikson seinen festen Platz. Viele Forscher, die sich auf die Suche nach der Nordostpassage machten, wählten Dikson als ihren Ausgangspunkt. Auch viele weitere Arktisexpeditionen nahmen in der kleinen Stadt ihren Anfang. Ihren Namen verdankt sowohl die Siedlung wie auch die Insel dem Sponsor einer finnisch-schwedischen Polarexpedition im Jahre 1875, Oskar von Dickson. Da das Russische jedoch die Buchstabenkombination ck nicht vorsieht, wurde 1884 als offizieller Name Dikson festgelegt.

Neben ihrer Funktion als Ausgangspunkt für eine Vielzahl von Polarexpeditionen wurde die Stadt zu Beginn des 20. Jahrhunderts vor allem für militärische Zwecke genutzt. Bis in die 1940er Jahre wurden hier ein sowjetischer Marinestützpunkt sowie ein Hafen aufgebaut. Um den Bau möglichst rasch voranzutreiben, setzte das sowjetische Regime auch massiv Strafgefangene ein, die unter teilweise menschenunwürdi-

Gedenkkreuz für Willem Barents auf Novaja Zemlja

Karte hintere Umschlagklappe

gen Bedingungen arbeiten mussten. Während des Zweiten Weltkrieges griffen deutsche Kriegsschiffe den Hafen an und beschädigten ihn schwer.

In der Zeit des Kalten Krieges konnte sich die Insel vor allem aus zwei Gründen der finanziellen Hilfe aus Moskau sicher sein. Zum einen diente sie als wichtiger Luftwaffenstützpunkt, zum anderen wurde Dikson zu einem wichtigen Prestigeprojekt der sowjetischen Führung. Von hier aus wollte man die Förderung des Seewegs über die Nordostpassage voranbringen und damit der Welt zeigen, zu welchen Leistungen der kommunistische Staat in der Lage war. Aufgrund der großzügigen Unterstützung stieg die Einwohnerzahl in diesen Jahren auch auf bis zu 10 000 Menschen an. Wie für viele andere Städte auch, kam mit dem Untergang der Sowjetunion auch für Dikson der schleichende Zerfall. Auch wegen der mangelnden Wirtschaftlichkeit der Nordostpassage verlor Dikson zunehmend an Bedeutung und Bevölkerung. Aus wirtschaftlicher Sicht bietet die Erschließung des Erdölfeldes bei Vankor einen Hoffnungsschimmer. Eine Pipeline soll Erdöl von dort zum Verschiffen nach Dikson bringen.

Novaja Zemlja

Die russische Doppelinsel Novaja Zemlja (Neues Land) ist ein sehr häufig von den Expeditionsschiffen angesteuertes Reiseziel. Die sichelförmige Inselformation liegt am östlichen Rand der Barentssee und wird geografisch noch zu Europa gezählt. Die beiden Inseln Severny Ostrov (Nordinsel), und Jushniy Ostrov (Südinsel) sind praktisch unbewohnt. Dies liegt sicher vor allem an dem extrem rauen Klima auf den beiden Inseln, das jedoch auch gleichzeitig die besondere Atmosphäre schafft. Fast das ganze

Jahr über ist es eiskalt, stürmisch und regnerisch. Lediglich während der kurzen Sommermonate ist die Westküste von Novaja Zemlja schneefrei. Beide Inseln ragen mit ihren hohen Felsen geradezu majestätisch aus dem Nordpolarmeer auf. Die nördliche Insel ist die viertgrößte Insel in ganz Europa und besitzt viele Berge mit einer Höhe von bis zu 1590 Metern. Die gesamte Insel ist vergletschert mit einer Eisdichte von bis zu 400 Metern. Die südliche Insel ist ein wenig kleiner als ihre Schwesterinsel, und es dominieren hier aufgrund des etwas milderen Klimas vor allem eine vegetationsarme Tundra und Frostschuttwüsten.

■ Geschichte

Bis ins 16. Jahrhundert hinein war Novaja Zemlja nur den Russen bekannt, die vermutlich bereits im 11. Jahrhundert von der Doppelinsel wussten. Im Zuge der Suche nach der Nordostpassage wurden jedoch auch die Westeuropäer auf die beiden Eiländer aufmerksam. Der englische Seefahrer Hugh Willoughby landete 1553 als erster Europäer auf Novaja Zemlja. Dort traf er auch auf russische Seefahrer, die bereits die Inseln für ihren Jagdhandel erschlossen hatten. Auch der berühmte Seefahrer Willem Barents erforschte zwischen 1594 und 1597 die Inseln und wurde hier auch im Jahre 1597 begraben. Kartografisch wurde die Inselgruppe zum ersten Mal von den beiden Expeditionsreisenden Pyotr Pakhtusov und Avgust Tsivolko in der ersten Hälfte des 19. Jahrhunderts detailliert erfasst. Mit Malye Karmakuly entstand 1870 dann die erste permanente Siedlung, die bis ins Jahr 1926 Bestand haben sollte. Kurz darauf wurde die Siedlung Belushya Guba zum administrativen Zentrum der Doppel-

Die russische Arktis

insel. Bei Expeditionen zu Beginn des 20. Jahrhunderts, die von dem russischen Geologe Vladimir Alexandrovich Russanov durchgeführt wurden, entdeckte man zahlreiche Rohstoffvorkommen. 1908 gelang Russanov auch die erste West-Ost-Durchquerung der Doppelinsel, 1910 navigierte er erstmals rund um die Nordinsel und 1911 umschiffte er die Südinsel.

Novaja Zemlja erlangte vor allem während des Kalten Krieges eine gewisse Bekanntheit, als die Sowjetunion die Insel als Testgebiet für Kernwaffenversuche nutzte. Von 1955 bis 1990 wurden in der Region insgesamt 130 Kernwaffentests durchgeführt. Auch die größte Bombe der Welt, die Zar-Wasserstoffbombe, wurde auf der Insel 1961 gezündet. Die Sprengkraft der Bombe entsprach etwa 57 Megatonnen und war damit beinahe viermal so stark, wie die von den Amerikanern 1945 über Hiroshima abgeworfene Atombombe.

■ Sehenswürdigkeiten

Heute leben nach offiziellen Angaben gerade einmal rund 3000 Einwohner auf Novaja Zemlja, davon fast alle ausschließlich in der **Hauptstadt Belushja Guba** an der Westküste der Südinsel. Die Lage der Stadt ist klimatisch sehr günstig, da eine ganzjährige warme Meeresströmung das Einlaufen in den Hafen extrem erleichtert, so dass in der Regel bereits leichte Eisbrecher ausreichen. Zudem ist die Bucht dank ihrer natürlichen Lage gut vor herumtreibenden Eismassen geschützt. Ein Großteil der Bevölkerung gehört dem indigenen Stamm der Nenzen an, die vor allem von der Fischerei und der Pelztierjagd leben. Viele der Ureinwohner der Doppelinsel wurden mit dem Beginn der Kernwaffentests Anfang der 1950er Jahre von der sow-

jetischen Führung gegen ihren Willen umgesiedelt. Die Stadt verfügt über alle wichtigen infrastrukturellen Einrichtungen wie Schulen, Hotels, Krankenhäuser und Kirchen. Auf den beiden Inseln befinden sich heute zudem mehrere **Polarforschungsstationen**.

Der Tourismus hat hier mitten im polaren Eismeer erst zaghaft begonnen. Gerade einmal drei Hotels befinden sich in der Hauptstadt. Die Bedeutung des Ortes könnte jedoch in Zukunft deutlich zunehmen. Die russische Regierung plant den Bau eines großen Erdölhafens, von dem aus vor allem Erdöl aus Westsibirien durch die Nordostpassage weiter transportiert werden soll. Die Hoffnungen Russlands richten sich dabei vor allem darauf, dass große Teile des Nordpolarmeers in naher Zukunft eisfrei sein könnten und somit einen hervorragenden Transportweg darstellen.

In der Regel fahren die Expeditionsschiffe bei ihrer Expedition zu den Inseln zunächst an der **Westküste** von Novaja Zemlja entlang. Bei günstigen Wetterverhältnissen hat man die Chance, einen traumhaften Blick auf die eisbedeckten Berglandschaften zu werfen. Einen beliebten Anlaufpunkt stellt auch die **Inostrantseva-Bucht** dar. An den Küstenstreifen kann man unglaubliche Vielfalt der arktischen Pflanzenwelt bestaunen. Zudem wird man auch sicherlich die zahlreichen an den Klippen nistenden Polarvögel zu Gesicht bekommen. Achten Sie bei den Landgängen auf jeden Fall auf die entsprechende Kleidung, es ist extrem kalt und windig!

Auch auf den historischen Spuren der früheren Arktispioniere kann man auf Novaja Zemlja wandeln. In der sogenannten **Icy-Bucht** überwinterte 1596 die Expedition des berühmten Willem Barents während ihres Versuches, die

Nordostpassage zu entdecken. Auch das Grab des Polarforschers befindet sich an der Westküste der Insel. Viel ist von seinem Winterlager leider nicht mehr zu sehen, nur noch einige Überreste lassen erahnen, wo einst seine Holzhütte stand. Steht man aber vor dem Gedenkstein für den großen Forscher, der von einer holländisch-russischen archäologischen Expedition gesetzt wurde, überkommt einen dennoch ein andächtiges Gefühl, und die Vorstellung, dass Barents hier in dieser unwirklichen Gegend einen Winter verbrachte, lässt einen leicht erschaudern.

Franz-Josef-Land

Die Inselgruppe Franz-Josef-Land (Zemlja Franza Iossifa) ist ein weiterer Höhepunkt einer Expeditionskreuzfahrt. Diese nördlichste Inselgruppe Europas und Eurasiens ist aufgrund des extremen Klimas mit dem Schiff nur in den wenigen Sommerwochen eisfrei zu erreichen und

dies gilt keineswegs für jedes Jahr. Ein Besuch ist nur im Rahmen einer Eisbrecher-Expeditionskreuzfahrt möglich, bei denen auch immer spannende Landgänge auf den größeren Inseln des Archipels eingeplant sind. Bis Ende der 1980er Jahre war Franz-Josef-Land für Touristen nicht zugänglich. Erst im Laufe der 1990er Jahre entwickelte sich ein zaghafter Tourismus, der jedoch immer wieder mit den Anforderungen der russischen Behörden zu kämpfen hatte. Bis heute gilt jedoch, dass menschliche Aktivität auf den Inseln von Franz-Josef-Land nahezu unbedeutend ist. Doch gerade diese arktische Einsamkeit und die vielen kleinen Hinweise auf den Inseln, die von menschlichen Versuchen zeugen, den Bedingungen des hohen Nordens zu trotzen, machen den Besuch auf dem Archipel zu etwas Einmaligem.
Der Archipel besteht insgesamt aus 191, in der Regel eisbedeckten Inseln, von denen jedoch einige winzig klein sind.

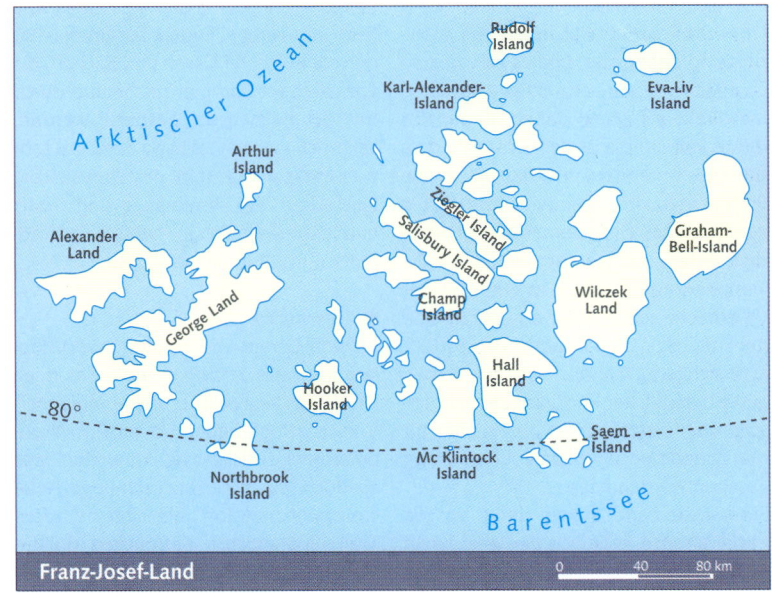

Franz-Josef-Land

Die größte Insel des Archipels ist mit einer Fläche von 2821 Quadratkilometern Prinz-Georg-Land. Insgesamt hat der Archipel eine Fläche von 16 135 Quadratkilometern. Der nördlichste Punkt der Inseln befindet sich nordöstlich von Spitzbergen sowie nordwestlich der Inselgruppe Severnaja Zemlja und ist nur noch rund 900 Kilometer vom geografischen Nordpol entfernt. Nur die Nordspitze Grönlands und die kanadische Ellesmere-Insel liegen damit noch dichter am Pol. Diese extreme Nähe zum Nordpol spiegelt sich natürlich auch im arktisch kalten Klima auf der Inselgruppe wieder. Im Januar steigen die Temperaturen selten

Verlassene Siedlung auf Franz-Josef-Land

über –10 Grad und nur im kurzen Sommer steigt das Thermometer auf über 0 Grad. Niederschläge, fast immer in Schneeform, und teilweise dichter Nebel sind typische Merkmale des Klimas. Insgesamt ist das Klima jedoch auch hier eher als trocken zu bezeichnen. Die Jahresniederschläge variieren zwischen 100 und 330 Millimeter pro Jahr.
Über 90 Prozent aller Inseln des Archipels sind eisbedeckt, und es gibt zahlreiche nach wie vor sehr aktive Gletscher, die direkt ins Meer kalben. Grund für dieses kalte Klima ist der Umstand, dass die Inseln, anders als beispielsweise Spitzbergen, von keinem wärmenden Ausläufer des Golfstromes berührt werden. Selbst im Sommer erreichen die Temperaturen des Meerwassers an der Oberfläche selten mehr als 0 Grad. Seit der Entdeckung der Inseln im Jahre 1872 lässt sich jedoch ähnlich wie in Spitzbergen ein deutlicher Rückgang der Vergletscherung feststellen, der als ein Indiz für die zunehmende globale Erwärmung gesehen werden kann.
Franz-Josef-Land grenzt direkt an die Packeisgrenze. Nördlich der Insel bricht selbst in den kurzen Sommern daher das

Eis nicht auf. Das driftende Eis bedeckt auch zu einem überwiegenden Teil des Jahres die Barentssee, in der die Inselgruppe liegt. Fahrten zu den Inseln sind daher nur mit Eisbrechern möglich, lohnen sich aber vor allem angesichts der einzigartigen Landschaft, die es hier zu entdecken gibt. An den flachen Küstenebenen der Inseln lassen sich zahlreiche Seen und Tümpel finden. Zusammen mit den zahlreichen Flüssen und Bächen, die vor allem im Sommer reichhaltig durch das Schmelzwasser gespeist werden, zeigt sich Franz-Josef-Land damit als sehr wasserreich. Insgesamt gestaltet sich die Landschaft der Inseln karg und bizarr und ist so sicherlich im arktischen Nordmeer nur selten anzutreffen.

■ Geschichte
Obwohl bereits im 17. Jahrhundert Robbenjäger das Archipel, auf dem nach Meinung der Forscher keine indigenen Völker gelebt haben sollen, im Nordpolarmeer gesichtet haben wollen, war es doch die österreichisch-ungarische Nordpolexpedition, die sich mit dem Titel ›Erstbetreter‹ schmücken durfte. Als ihr Schiff, die Admiral Tegetthoff,

auf der Suche nach der Nordostpassage im August 1872 im Packeis eingeschlossen und abgetrieben wurde, stieß das Expeditionsteam unter Führung von Oberleutnant Julius Payer (1841–1915) und Schiffsleutnant Carl Weyprecht (1838–1881) am 30. August 1873 eher zufällig auf die Hall-Insel. In mehreren Schlittenexpeditionen wurden auch die weiteren Inseln erkundet und schließlich zu Ehren des damaligen österreichischen Kaisers Franz-Joseph-Inseln getauft. Die Expedition gab ihr vom Packeis schwer beschädigtes Schiff schließlich auf und erreichte nach langem Umherirren auf dem Eis im August 1874 offenes Wasser und wurde von russischen Fischern, die sich zufällig dort aufhielten, gerettet. Alle Expeditionsteilnehmer bis auf einen kehrten wohlbehalten nach Wien zurück, wo ihnen ein triumphaler Empfang bereitet wurde. Wer sich näher mit der dramatischen Geschichte der Expedition beschäftigen möchte, dem sei der Roman ›Die Schrecken des Eises und der Finsternis‹ des österreichischen Schriftstellers Christoph Ransmayr empfohlen. In den folgenden Jahren wurde die Inselgruppe in insgesamt sieben Expeditionen bis 1906 kartografisch detailliert erfasst. Nur bei einigen abgelegenen Inseln dauerte es bis Ende der 1920er, bis sowjetische Experten sie erfassen konnten. In den ersten Jahrzehnten nach der Entdeckung fand die Inselgruppe lediglich bei einigen Robben- und Walfängern größere Aufmerksamkeit, die jedoch ihre Reisen aus Angst vor der Konkurrenz nicht selten völlig geheim hielten.

Gegen Mitte der 1920er Jahre annektierte die junge Sowjetunion die Inselgruppe, die zuvor als Niemandsland angesehen worden war, und errichtete eine größere Forschungsstation auf der Hooker-Insel, die bis 1958 Bestand haben sollte. Während des gesamten Kalten Krieges blieb Franz-Josef-Land sowjetisches Sperrgebiet und war für westliche Besucher nicht zugänglich. In dieser Zeit entstanden auf der Inselgruppe mehrere zivile und militärische Stationen, die jedoch zu einem überwiegenden Teil nach dem Zusammenbruch der Sowjetunion geschlossen wurden. Bis heute ist es aufgrund der russischen

›Nie zurück!‹, *Gemälde von Julius Payer (Heeresgeschichtliches Museum Wien)*

Die russische Arktis

Kontrolle nicht ohne weiteres möglich, die Inseln zu besuchen. Es bedarf spezieller Genehmigungen, die selbst für die Expeditionsreiseanbieter nicht immer leicht zu bekommen sind. Heute leben nur sehr wenige Menschen auf dem Archipel.

■ Flora und Fauna

Die verschiedenen Inseln von Franz-Josef-Land sind landschaftlich einer der absoluten Höhepunkte der russischen Arktis. Neben Eisbären lassen sich hier auch Robben, Polarfüchse und zahlreiche hocharktische Vogelarten bestaunen. Zudem kann man in unmittelbarer Küstennähe **Walrosse** beobachten. Nach einer exzessiven Walrossjagd auf Franz-Josef-Land, die bis ungefähr Mitte der 1950er anhielt und nach Schätzungen von Tierschützern über 10 000 Tiere das Leben kostete, hat sich der Bestand der heute wieder wahrnehmbar stabilisiert. Polarforscher gehen davon aus, dass heute um den Archipel etwa 2000 Walrosse beheimatet sind.

Auch **Wale** zählen zu den Meeresbewohnern, die sich an den Küsten des Archipels aufhalten. Neben Weißwalen können hier auch Schwertwale und Narwale bestaunt werden. In den letzten Jahren tauchten zudem immer mehr Grönlandwale in der Region auf, die man eigentlich bereits für ausgerottet hielt.

Eine der größten und wichtigsten **Vogelkolonien** ist der **Rubini-Felsen** auf der Hooker-Insel. Hier nisten bis zu 15 000 Krabbentaucher, Dreizehenmöwen und Eissturmvögel.

Die **Vegetation** so hoch oben im Norden ist eher spärlich. Doch auch hier lassen sich im kurzen Sommer durchaus Blütenpflanzen blicken, die für sehenswerte Farbtupfer in der sonst kargen Landschaft sorgen. Daneben finden sich hier arktische Pflanzen wie Moose, Flechten und einige Grasarten. Die fruchtbarsten Gebiete liegen als kleine Flächen mit geschlossener Vegetationsdecke auf den südwestlichen und zentralen Inselgruppen verstreut.

Darüber hinaus lassen sich auf dem Archipel zahlreiche wirklich einmalig faszinierende Landschaftsformen erleben. Dies hängt vor allem mit dem früheren Vulkanismus der Inselgruppe zusammen. Besonders spektakulär sind die berühmten **Geoden** (Steinkugeln), die sich auf der Insel Champs besichtigen lassen. Sehr sehenswert sind auch die beiden markanten Landspitzen **Kap Tegethoff** und **Kap Frankfurt**, die beide auf der im Sommer in der Regel eisfreien Hall-Insel liegen.

Expeditionsreisen auf die Inselgruppe werden in der Regel mehrmals im Jahr angeboten, konzentrieren sich jedoch auf die Monate Juli und August, da im übrigen Jahr das Wetter im hohen Norden eine Besichtigung der Insel unmöglich macht. Die Reisen starten in der Regel von Murmansk oder Kirkenes aus.

ℹ Franz-Josef-Land
Viel Wissenswertes gibt es unter www.franz-josef-land.info.

Hall-Insel: 80°19'0"N, 57°55'0"E.
Prinz-Georg-Land: 80°30'0"N, 49°0'0"E.
Hooker-Insel: 80°14'0"N, 53°1 0"E.

Karte S. 355

Der Rubini-Rock auf Franz-Josef-Land

Die österreichisch-ungarische Nordpolexpedition

Julius Payer, einer der beiden Leiter der österreichisch-ungarischen Nordpolexpedition, die von 1872 bis 1874 stattfand und in deren Verlauf Franz-Josef-Land entdeckt wurde, war nicht nur ein k.u.k. Offizier, sondern auch ein anerkannter Alpinist und Kartograf. Unter anderem war er maßgeblich an der bergsteigerischen Erschließung und der Vermessung des Ortlermassivs in Südtirol beteiligt. Seinen Mitarbeiter und Bergkameraden Johann Haller konnte er mit folgendem Brief zur Teilnahme an der Nordpolarexpedition bewegen:

Lieber Haller!
Es freut mich, daß ich Dich endlich entdeckt habe und daß Du mir so rasch antwortetest.
   Ich beabsichtige eine Reise von zweieinhalbjähriger Dauer nach sehr kalten Gegenden, in welchen es keine Menschen, dafür Eisbären gibt und wo die Sonne mehrere Monate unausgesetzt scheint und dann wieder mehrere Monate gar nicht.
   Ich mache nämlich eine Nordpolexpedition.
1. Ich zahle Dir ohne irgend einen Abzug die Reise von Sankt Leonhard weg bis Bremerhaven, wo wir das Schiff betreten.
2. Ende Mai würde Dein Dienst beginnen, Du müßtest um diese Zeit in Wien eintreffen.
3. Zweieinhalb Jahre müßtest Du bei mir bleiben.
4. Du wirst ganz von mir gekleidet, bewaffnet und verköstigt und erhältst außer besonderen Prämien für besondere Leistungen mindestens 1000 Gulden Papier, davon Du einen Teil schon beim Weggehen ausgezahlt erhalten kannst.

   Ich bitte Dich, Haller, sieh Dich noch nach einem zweiten Bergsteiger um – er soll ein anständiger Mensch sein, verträglich, arbeitsam, er darf nie die Lust und Ausdauer verlieren, selbst wenn die Entbehrungen noch so groß sind, er soll ein guter Jäger sein und würde dasselbe wie Du bekommen. Bei der Rückkunft würdest Du auch noch ein feines Lefaucheux-Gewehr (Hinterlader, Büchsflinte) zum Geschenk erhalten.
   Also schreibe gleich und suche jedenfalls noch einen zweiten Mann, für den Du garantieren kannst, daß er taugt.
   Wie werden Kälte und Gefahren haben, – scheut Dich das? Ich habe bereits zwei solcher Reisen glücklich durchgemacht, und was ich thue, das thust Du auch.
                              Dein Freund Payer

Diese Kugeln, sogenannte Geoden, sind natürlichen Ursprungs

aus: Christoph Ransmayr, Die Schrecken des Eises und der Finsternis.

Heftiger Sturm im Nordmeer

Archangelsk

Die Stadt ist nicht nur eines der bedeutendsten administrativen, wirtschaftlichen und politischen Zentren des gesamten russischen Nordens, sondern neben Murmansk und Anadyr auch einer der Ausgangspunkte für Reisen mit den Expeditionsschiffen in die arktischen Meere. Der Name der Stadt kommt vom alten Erzengel-Michael-Kloster aus dem 12. Jahrhundert. Seither gilt der Erzengel als Schutzpatron der Stadt und ist auch auf ihrem Wappen abgebildet. Insgesamt leben in Archangelsk rund 340 000 Einwohner und machen die Stadt zu einer echten Metropole. Archangelsk ist zudem das Verwaltungszentrum des gleichnamigen Regierungsbezirks, der sich im Norden Russlands über eine Fläche von der Größe Frankreichs erstreckt.

Trotz der Tatsache, dass sich die Stadt etwas unterhalb des Polarkreises befindet, sind die klimatischen Bedingungen durchaus arktisch, und die Nähe zum polaren Eismeer macht sich deutlich bemerkbar. Prägend sind vor allem die harten und kalten Winter mit Temperaturen um die –26 Grad und die relativ kurzen Sommer, in denen das Thermometer auf bis zu +16 Grad ansteigen kann. Obwohl Archangelsk 225 Kilometer südlich des Polarkreises liegt, kann man in der Stadt aufgrund der geografischen Nähe in den Sommermonaten die sogenannten ›Weißen Nächte‹ beobachten, in denen die Sonne auch nachts nicht ganz untergeht.

Archangelsk ist eine der ethnisch homogensten Regionen des Landes. Die einzige nennenswerte Gruppe neben den Russen, die sich hier allerdings Pomoren nennen und eine eigene Tradition und Mundart haben, sind die Nenzen. Der bekannteste Sohn aus der Stadt ist sicherlich der berühmte russische Gelehrte Michail Lomonosov (1711–1765).

■ Geschichte

Die Stadt blickt auf eine lange und wechselhafte Geschichte zurück, in deren Verlauf vor allem der Seehafen und die geografische Lage immer eine entscheidende Rolle gespielt haben. Die Gegend war bis zum Eintreffen der Russen im 11. Jahrhundert von finnischen

Die russische Arktis

Der Erzengel Michael ziert das Wappen von Archangelsk

Stämmen besiedelt. Die russischen Kaufleute, die sich in der folgenden Zeit hier niederließen, nannten die Region Dvina-Land (Dvinskaia Zemlja). Die Gegend entwickelte sich in den darauf folgenden Jahren gut und zog mehr und mehr Seefahrer, Fischer und Kaufleute an, die vor allem mit den skandinavischen Mächten einen regen Handel betrieben. Auch die ersten Expeditionen in die polaren Meere starteten von Archangelsk aus, so wurde beispielsweise Spitzbergen von hier aus zum ersten Mal entdeckt.

Die Stadt fiel 1584 unter die Herrschaft Moskaus, das sich vor allem durch den Bau eines Seehafens den Zugang zum Meer verschaffen wollte, um Handel mit den europäischen Mächten treiben zu können. Von hier aus etablierte Russland ab dem 16. Jahrhundert seine Kontakte mit Westeuropa, vorwiegend mit englischen Händlern, die an russischen Pelzen, Honig und Wachs interessiert wa-

ren und ihrerseits viele westliche Waren wie teure Stoffe und Gewürze importierten. Um dem zunehmenden Handel gerecht zu werden und die Stadt zu schützen, entstanden eine Reihe von großen Werften und die Archangelsker Festung. Die große Bedeutung der Stadt in dieser Zeit – der große Handelshof Gostiny Dvor war beispielsweise europaweit bekannt – nahm erst mit der Gründung von St. Petersburg im 18. Jahrhundert wieder ab.

Auch nachdem St. Petersburg Archangelsk den Rang abgelaufen hatte, blieb die Stadt als ›Tor zur Arktis‹ wichtig. Von hier aus stieß eine Vielzahl von berühmten Expeditionen zur Erkundung der Arktis in See, und heute liegt hier die große Atomeisbrecher-Flotte Russlands im Hafen, die den nördlichen Seeweg freihält. In den beiden Weltkriegen, besonders im Zweiten, erlangte Archangelsk vorübergehend seine frühere Bedeutung wieder, als über die Stadt große Teile der alliierten Warenlieferungen an Russland eintrafen.

Auch heute ist Archangelsk nach wie vor ein bedeutender Wirtschaftsstandort für Russland. Vor allem der Seehafen spielt für den russischen Im- und Export eine entscheidende Rolle. Zudem sind Fischfang, Holzverarbeitungs- und Papierindustrie wichtige Wirtschaftszweige, und auch Rüstungsbranche und die Werften bieten Arbeitsplätze. Zunehmende Bedeutung erlangt auch die Öl- und Gasförderung.

Die gesamte Gegend um Archangelsk ist bekannt für ihre lange Kunst- und Handwerkstradition. Hier oben im Norden Russlands sind noch einige der urtümlichsten Teile des russischen Kulturerbes zu bestaunen, und so kann man in zahlreichen Museen Schmuck, Gemälde und Trachten bewundern.

Karte S. 363

■ **Sehenswürdigkeiten**

Archangelsk präsentiert sich seinen Besuchern mit einem Mix aus historischen Holzgebäuden und typischen Bauten aus kommunistischer Zeit. Es gibt in der Stadt, aber auch in der Umgebung eine Reihe von Sehenswürdigkeiten, die Sie nicht verpassen sollten.

Das riesige **Denkmal für Peter den Großen**, ist in ganz Russland bekannt, weil es auf dem 500-Rubel-Schein abgebildet ist. Es befindet sich an einem Kai des nördlichen Dvina-Flusses. Mit dem Monument dankt Archangelsk Peter dafür, dass er in seiner Regierungszeit die Stadt zum wichtigsten Flottenstützpunkt in Russland machte und einige der großen Werften der Stadt gründete.

Sehr interessant ist ein Gebäude direkt am Ufer der Dvina. Es handelt sich dabei um das **höchste Holzhaus der Welt**. Es besteht aus insgesamt 13 Stockwerken und ragt 38 Meter in den Himmel. Das Haus wurde 1992 von dem russischen Unternehmer Nikolai Petrovich Sutyagin ohne Genehmigung gebaut. Nachdem er und seine Familie 15 Jahre lang unbehelligt in der Villa leben konnten, beschlossen die örtlichen Behörden aus Gründen des Brandschutzes, das Haus abzureißen. Der Turm des Hauses wurde bereits abgenommen, und es könnte sein, dass, wenn Sie in die Stadt kommen, von der einstigen Prachtvilla nicht mehr viel zu sehen sein wird.

Am Ufer befindet sich zudem die **Himmelfahrtskirche**. Nachdem unter der Herrschaft von Stalin alle Kirchen der Stadt zerstört worden waren, entstand diese Kirche, die eigentlich aus dem

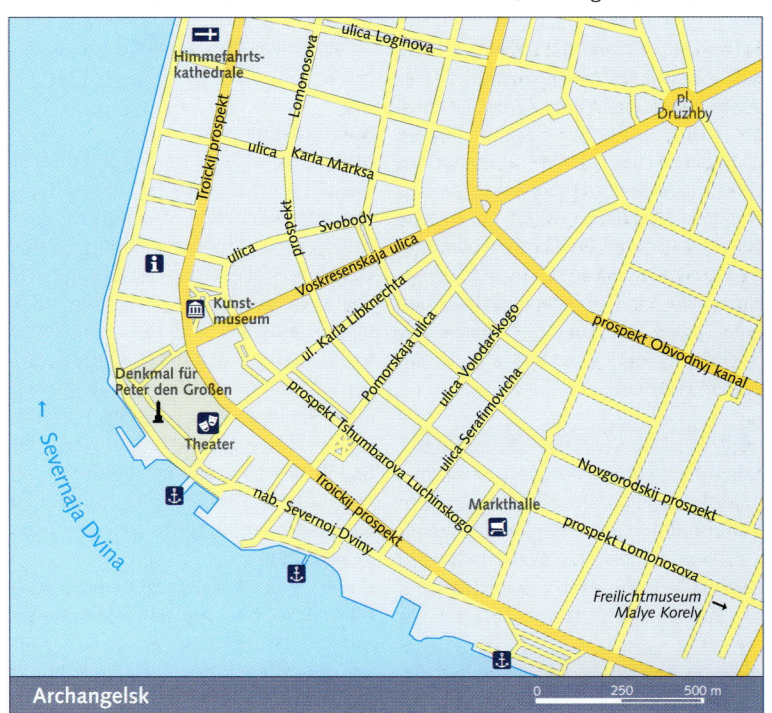

Archangelsk

Die russische Arktis

18. Jahrhundert stammte, 2004 nach den originalen Plänen erneut.

Entlang der **Tshumbarova-Luchinskogo-Straße** befindet sich eine Reihe von wertvollen Holzbauten, die restauriert wurden. Insgesamt ist es nett, durch das Zentrum der Stadt zu spazieren. Es wurde in den letzten Jahren ausgebaut und modernisiert, und so hinter mancher Ecke findet man ein schönes Gebäude. Eine wichtige Sehenswürdigkeit sind die **Solovki-Inseln**, die jedoch gute 250 Kilometer entfernt liegen. Das Kloster, das sich auf der Hauptinsel befindet, war lange Zeit ein wichtiges Zentrum des orthodoxen Christentums in Nordrussland. Nachdem bereits verschiedene Zaren den Ort als Verbannungsstätte für Aufständische genutzt hatten, wurde das Kloster von den sowjetischen Machthabern in den 1920er Jahren in ein Konzentrationslager umfunktioniert und war das erste GULAG-Lager Russlands. Heute gehört das Kloster wieder der russisch-orthodoxen Kirche, die seine frühere Größe und Bedeutung für das Land wiederherzustellen versucht.

Ebenfalls außerhalb, jedoch nur unweit der Stadt liegt das **Freilichtmuseum Malye Karely**. Dabei handelt es sich um ein ganzes Dorf, in dem einmalige Holzbauten, Glockentürme und Kirchen aus den Dörfern der Region gesammelt und aufgestellt wurden.

ℹ Archangelsk

Im Vergleich zu anderen russischen Städten im hohen Norden ist die Information zu Archangelsk vorbildlich und vor allem auch in deutscher Sprache zugänglich: www.pomorland.info.

 Lage: 64°33'0"N, 40°32'0"E.

Murmansk

Murmansk ist mit seinen beinahe 350 000 Einwohnern nicht nur die größte Stadt der russischen, sondern auch der ganzen Arktis. Den Schiffsexpeditionen in die russische Arktis dient Murmansk neben Anadyr als Ausgangs- und Endpunkt der Rundfahrten, da die Stadt über Helsinki gut mit dem Flugzeug zu erreichen ist. Auch Fahrten mit eisbrechenden Schiffen zum Nordpol werden von Murmansk aus angeboten.

Die Stadt befindet sich auf der Halbinsel Kola etwa sieben Kilometer von der Barentssee entfernt und war vor allem während des Zweiten Weltkriegs eine der wichtigsten militärischen Basen der Sowjetunion. Der Name der Stadt leitet sich von dem russischen Wort ›rmansk‹ ab, was soviel wie ›Nordmänner‹ bedeutet. Angesichts der nördlichen Lage der Stadt ist das ein durchaus passender Name.

■ Geschichte

Murmansk ist eine relativ junge Stadt und noch nicht einmal 100 Jahre alt. Sie war 1916 die letzte Stadtgründung im Zarenreich und sollte mit ihrem eisfreien Hafen vor allem die Versorgung der weiter in der Arktis gelegenen russischen Siedlungen und Inseln sicherstellen. Zudem hofften die Romanovs, mit der Stadt einen wichtigen strategischen Punkt für ihre Versorgungslinien im Ersten Weltkrieg zu erschaffen. Nach der Kapitulation der neu entstandenen Sowjetunion im Jahre 1917 wurde die Stadt für zwei Jahre von alliierten Truppen besetzt.

Während des Zweiten Weltkrieges kam Murmansk eine zentrale Rolle in der sowjetischen Kriegsführung zu. Über den ganzjährig eisfreien Hafen konnten die alliierten Truppen ihre sowjetischen

Blick über Murmansk im Sommer

Verbündeten über die Barentssee und damit den Nordatlantik mit Waffen und anderen kriegswichtigen Gütern versorgen. Die deutsche Wehrmacht versuchte dies durch mehrere Angriffswellen zu verhindern und ihrerseits Kontrolle über den strategisch wichtigen Hafen zu erlangen. Als Folge der Angriffe hatte die Stadt extreme Zerstörungen zu erleiden. Nach Stalingrad war sie die am meisten bombardierte Stadt der Sowjetunion. Dennoch gelang es den deutschen Truppen dank des erbitterten Widerstandes der Roten Armee nicht, Murmansk zu erobern. Aufgrund dieses Widerstandes wurde der Stadt 1985 offiziell der Titel ›Stadt der Helden‹ verliehen. Zudem erinnert eine 35 Meter hohe Statue an die Ereignisse des Zweiten Weltkrieges. In der Zeit des Kalten Krieges war der Hafen von Murmansk das Hauptquartier der sowjetischen U-Bootflotte. Noch heute befindet sich in der direkt neben Murmansk gelegenen Stadt Severomorsk das Hauptquartier der russischen Nordflotte, die auch als Eismeerflotte bezeichnet wird. Zudem liegt nur zwei Kilometer außerhalb von Murmansk die russische Eisbrecherflotte vor Anker. Murmansk ist nicht nur aufgrund seiner Größe, sondern auch dank seiner verkehrstechnischen Anbindung die wichtigste Stadt in der russischen Arktis. Über den eisfreien Hafen können Waren aus dem Westen per Zug in das Herz des russischen Reiches transportiert werden. Die sogenannte Murmanskbahn verbindet seit 1917 die Stadt mit der Metropole St. Petersburg. Die nördlichste Bahnstrecke der Welt bringt auch Personen in einer 28 Stunden dauernden Fahrt nach St. Petersburg. Die Straßenanbindung ist über die Europastraße 105 ebenfalls gut. An den russisch-finnischen und russisch-norwegischen Grenzen entwickelte sich seit der vorsichtigen Öffnung der Grenzen ein lebhafter Verkehr. Zudem verbindet der rund 40 Kilometer vom Zentrum entfernte Flughafen von Murmansk die Stadt mit vielen wichtigen europäischen und russischen Städten.

Die Bedeutung der Stadt könnte in den nächsten Jahren noch deutlich zunehmen. Es wird geplant, von Murmansk aus die ›arktische Seebrücke‹ ins Leben zu rufen. Diese Schiffsverbindung soll Murmansk mit dem kanadischen Hafen Churchill in Manitoba verbinden und zu einer der wichtigsten Wirtschaftsverbindungen zwischen Europa und Asien werden.

Die russische Arktis

Murmansk gilt heute leider auch als eines der größten Atommülllager der Welt und hat dabei vor allem mit Altlasten aus der Zeit der Sowjetunion zu kämpfen. Viele der Atom-U-Boote wurden nach dem Zusammenbruch des kommunistischen Reiches Anfang der 1990er Jahre stillgelegt. Einige der Kernreaktoren und Brennstäbe dieser U-Boote wurden in der Nähe von Murmansk endgelagert, jedoch teilweise unter solchen Bedingungen, dass der radioaktive Müll heute eine große Gefahr für die Menschen in der Region darstellt. Auch im Hafen von Murmansk kann man die Folgen der Transformation beobachten: Hier rotten viele Schiffe der ehemaligen Sowjetunion, darunter auch viele atombetriebene U-Boote, vor sich hin.

■ Sehenswürdigkeiten

Landschaftlich wirkt die Halbinsel Kola, auf der Murmansk liegt, karg und kalt. Im Norden steil, fällt Kola zum Süden flach ab. Im Westen sind die höchsten Erhebungen, wie das Chibiny-Gebirge mit 1191 Metern. Neben russischen Einwohnern leben auch viele Samen auf der Halbinsel. Die Polarnacht dauert in Murmansk, das nördlich des Polarkreises gelegen ist, vom 29. November bis zum 15. Januar. Im Anschluss daran findet in der Stadt das große Fest mit dem bezeichnenden Namen ›Hallo Sonne!‹ statt, bei dem eine Vielzahl von Musik- und Tanzveranstaltungen auf dem Semyonovskaya-See dargeboten werden. Auch viele traditionelle Veranstaltungen, unter anderem der Samen, können auf dem fröhlichen Fest bestaunt werden. Auch über das Fest hinaus hat Murmansk ein breites kulturelles Programm zu bieten. Neben vielen Kinos, die vor allem in den Polarnächten stark frequentiert sind, besitzt die Stadt auch drei Theater, die einen Besuch wert sind, sollten Sie des Russischen mächtig sein. Auf den ersten Blick wirkt Murmansk für den ankommenden Besucher nicht sehr einladend. Die Zeit des sowjetischen Reiches ist der Stadt immer noch anzumerken und hat bis heute im Stadtbild ihre Spuren hinterlassen. Dennoch ist es nicht verkehrt, Murmansk nicht nur als Ausgangs- oder Endpunkt für die Schiffsexpeditionen ins Nordpolarmeer zu begreifen, sondern sich auch auf die spezielle Atmosphäre dieser größten Stadt der Arktis einzulassen. Die Stadt ist trotz der Tatsache, dass sie sich in die Länge zieht, problemlos zu Fuß zu besichtigen. Praktisch alle wichtigen Sehenswürdigkeiten konzentrieren sich im überschaubaren Zentrum der Stadt. Auf den Hauptstraßen verkehren jedoch auch viele Busse und Taxen, die Sie ebenfalls an Ihr Ziel bringen.

Einen ersten Einstieg in die Geschichte und die Kultur der Stadt kann man im **regionalen Geschichtsmuseum** der Stadt bekommen. Die Ausstellungen informieren die Besucher über die verschiedensten Themen. Neben ethnografischen Informationen über die lokalen Volksgruppen findet man hier auch Wissenswertes über Flora und Fauna der Region und die Geschichte Murmansks im Zweiten Weltkrieg. Der große Nachteil des Museums liegt darin, dass alle Ausstellungstafeln ausschließlich auf Russisch sind. Wenn Sie das Museum besuchen wollen, ist es ratsam, sich von einem deutsch- oder englischsprachigen Guide führen zu lassen. Das Museum schließt um 17 Uhr, der Eintritt kostet 25 Rubel.

Falls Sie sich für Kunst interessieren, lohnt sich ein Besuch im **Kunstmuseum** der Stadt. Es befindet sich in der ulica Kominterna 13. In dem wunderschön

Marinemuseum

prosp. Geroev Severo Morcev

ul. Aleksandrova

Ozeanium

ul. Sverdlova

Alyosha-Statue

oz. Semenovskoje

K o l ' s k i j   z a l i v

Portovyj proezd

oz. Srednee

Handels-hafen

ul. Karla Libknechta

Oktiabr'skaia

ul. Cheljuskincev

ul. Cheljuskincev

ul. Papanina

ul. Starostina

Schifffahrts-museum

Meereshafen

ul. Kominterna

ul. Karla Lenina

Geschichts-museum

Kunst-museum

Marksa

ul. Borovskogo prospekt

ul. Schmidta

prospekt Lenina

ul. Poljarnye Zori

ul. Karla Marksa

Fluss-hafen

ul. Knilovicha

Murmansk

0   300   600 m

Die russische Arktis

Ein Atomeisbrecher im Trockendock

Sollten Sie bereits vor Ihrer eigentlichen Schiffsreise Lust auf das kalte Nordpolarmeer verspüren, können Sie vom Hafen der Stadt aus mit einem der zahlreichen Boote eine **Rundfahrt durch die Bucht** machen. Vom Schiff aus hat man nicht nur die Gelegenheit ,Murmansk vom Wasser aus zu betrachten, sondern auch die vielen im Hafen vor sich hinrottenden U-Boote, Kriegsschiffe und Frachter zu sehen. Bei der Abfahrt und Ankunft Ihres Expeditionsschiffes werden Sie diesen Anblick aber auf jeden Fall noch einmal haben.

Als letzte Sehenswürdigkeit sei noch das **Ozeanium** der Stadt genannt. Es liegt in der ul. Geroev-Severomortsev 4, unweit des Sees Semyonovskaya. Dort können unter anderem putzig anzusehende Robben bei ihren Kunststücken bestaunt werden.

restaurierten Gebäude kann man neben Gemälden lokaler Künstler auch Skulpturen bewundern. Das Museum ist täglich zwischen 11 und 19 Uhr geöffnet. Neben diesen beiden größeren Museen befinden sich in Murmansk noch das **Marinemuseum** (ul. Tortseva 15) sowie das **Historische Schiffsmuseum** (ul. Volodarskovo 6).

Auf jeden Fall sollte man nicht verpassen, sich das Wahrzeichen der Stadt, die **Alyosha-Statue**, näher anzusehen. Die Statue, die einen sowjetischen Soldaten zeigt, der die Stadt überblickt, befindet sich auf einem Hügel in der Nähe des Sees Semyonovskaya. Sie haben entweder die Möglichkeit, dort mit einem Taxi hinzufahren oder aber Sie nehmen den Bus (Linie 3 und 10). Egal wie Sie sich entscheiden, Sie müssen den letzten Abschnitt per Fuß zurücklegen. An schönen Tagen lohnt es sich auch, vom Zentrum einen Spaziergang dorthin zu machen. Die Statue erinnert an den Widerstand der Roten Armee gegen die deutsche Wehrmacht, die zwischen 1941 und 1944 vergeblich versuchte, das für den Krieg strategisch wichtige Murmansk zu erobern.

![info] **Murmansk**
Leider nur in russischer Sprache: www.citymurmansk.ru.

![location]
Lage: 68°58'N, 33°5'O.

Im Historischen Schiffsmuseum

Karte S. 367

Mit dem Eisbrecher zum Nordpol

Eigentlich gibt es am geografischen Nordpol nur wenig zu sehen. Dennoch zieht die Reise mit dem Eisbrecher zum nördlichsten Punkt der Welt Naturfreunde und Reiseabenteurer gleichermaßen in ihren Bann. Reisen zum Nordpol dauern von Murmansk aus beispielsweise gute zwei Wochen, sind jedoch alles andere als preiswert. Die einmalige Umgebung und der gewisse Kick, wenn sich der über 20 000 Tonnen schwere und bis zu 75 000 PS starke Eisbrecher durch das immer dicker werdende Eis nach Norden schiebt, machen die Reise zu einer intensiven und einmaligen Erfahrung. Damit die Schiffe diese gewaltigen Belastungen überhaupt aushalten können, besteht der Bug aus bis zu 50 Zentimeter dickem Stahl. Angetrieben werden diese außergewöhnlichen Expeditionsschiffe mit Uran, das den Brennstoff für die Atomreaktoren liefert.

Während sich die Schiffe so langsam, aber stetig immer weiter durch das Eis Richtung Nordpol schieben, hat man ausgiebig die Gelegenheit, sich der Faszination der arktischen Kälte hinzugeben. Soweit das Auge reicht, ist nur das bläulich schimmernde Eis zu sehen. Der stetige Wind, der über die Ebenen hinwegfegt, hat das Eis in bizarr und surreal anmutende Hügel und Skulpturen verwandelt.

Die Fahrt nach Norden wird immer wieder durch kleinere Ausflüge auf das dicke Eis unterbrochen. Eingehüllt in warme Anoraks stapfen Sie so durch die endlose Weite des Nordens, hören spannende Vorträge der mitgereisten Experten und haben mit etwas Glück auch die Möglichkeit, einen der wunderschönen Polarbären zu Gesicht zu bekommen.

Auf dem 90. nördlichen Breitengrad

Um den Expeditionsreisenden die Schönheit der Umgebung möglichst eindrucksvoll nah bringen zu können, verfügen die Schiffe über mehrere Helikopter, die auf dem Achterdeck untergebracht sind. Bei einem Flug mit den Helikoptern bekommt einen guten Eindruck von den unglaublichen Ausmaßen der nördlichen Eisschicht.

Nach ungefähr sechs Tagen der Reise werden Sie bemerken, dass auf dem Schiff eine gewisse gespannte Nervosität Einzug erhält. Nun beginnt der Countdown, und die Reisenden drängen sich meist um das elektronische Positionsbestimmungssystem, das langsam, aber unaufhaltsam immer weiter nach oben klettert: 87 Grad, 88 Grad, 89 Grad nördlicher Breite. Und plötzlich, ohne dass sich die umgebende Landschaft in irgendeiner Weise verändert hätte, hat man den nördlichsten Punkt

Die russische Arktis

der Erde erreicht: den 90. Grad nördlicher Breite. In welche Richtung man von hier aus auch schauen mag, man blickt immer Richtung Süden.

Natürlich muss das Erreichen des geografischen Nordpols auch gefeiert werden. Sekt wird geöffnet, und einige Leuchtraketen steigen in den polaren Himmel. Was bei aller Freude über die Ankunft nachdenklich stimmt, ist die Erinnerung an die vielen mutigen Männer, die von Sehnsucht und Ehrgeiz getrieben im Laufe der Jahrhunderte auf dem Weg zum Nordpol ums Leben gekommen sind, oder aber den Punkt nur unter furchtbaren Strapazen erreichen konnten. Doch dieser Augenblick währt in der Regel nur so lange, bis das die Gangway des Schiffes heruntergelassen wird und Sie die Möglichkeit haben, den Nordpol selbst zu betreten. Sie stehen jetzt auf einer dicken Eisschicht, unter welcher der über 4000 Meter tiefe Arktische Ozean liegt. Nun beginnt die sogenannte ›Pol-Party‹. Die Länderflaggen aller mitreisenden Passagiere werden auf dem Schiff zwischen den Masten gehisst, und jeder kann diesen einmaligen Augenblick auf seine Weise genießen. Während die einen einfach nur in Gedanken versunken über das Eis streunen, gönnen sich andere einen kleinen Imbiss, spielen Fußball oder tanzen zur Musik. Alle Reisenden vereint jedoch das Gefühl, etwas ganz Besonderes zu erleben und zum exklusiven Club derjenigen zu gehören, die den Nordpol selbst betreten haben.

Insgesamt um die fünf bis sechs Stunden bleiben die Schiffe auf ihrer Position, bevor sie sich dann wieder auf die beschwerliche Reise in Richtung Süden nach Murmansk machen. In der Stadt endet nicht nur die Fahrt zum Nordpol, sondern auch die große Reise durch die Arktis, welche wir im norwegischen Bergen begonnen haben. Tausende von Kilometern wurden dabei zurückgelegt. Und eines steht fest: Wer einmal in den Bann der Arktis geraten ist, wird so schnell nicht wieder davon loskommen.

Karte hintere Umschlagkarte

▲ *Passagiere feiern das Erreichen des Nordpols*

Reisetipps von A bis Z

Arzt an Bord

Die Expeditionsschiffe sind auf alle medizinischen Eventualitäten vorbereitet. Sie haben in der Regel einen kompetenten Arzt an Bord, an den Sie sich jederzeit wenden können. Sollte der Arzt nicht Deutsch sprechen, wird er auf jeden Fall des Englischen mächtig sein. Sollte Ihr Schiff über keinen Arzt verfügen, vergewissern Sie sich vor Beginn der Reise, alle wichtigen Medikamente dabeizuhaben. Sind Sie erst einmal im Nordpolarmeer unterwegs, werden Sie nicht mehr jederzeit eine Apotheke in der Nähe haben. Sollten Sie an der Seekrankheit leiden oder noch nie auf einem Schiff auf hoher See unterwegs gewesen sein, ist es dringend zu empfehlen, Pillen dagegen mitzunehmen, damit Sie Ihre Reise auch wirklich genießen können (→ Gesundheit).

Seekarteneinsicht

Ausfuhr

Die Ausfuhr von Waren aus den arktischen Ländern unterliegt teilweise einer Ausfuhrkontrolle. In Grönland erfordert beispielsweise die Ausfuhr tierischer Waren, dies beinhaltet auch Kunsthandwerksstücke, einen Nachweis, den Sie im Zusammenhang mit dem Kauf Ihres Produktes bekommen sollten. Ist dies nicht der Fall, ist dringend von einem Kauf abzuraten. Das betrifft zum Beispiel Schmuck aus Zähnen von Weißwalen und Souvenirs, die aus Zwergwal-Barten gemacht sind. Teile von und Produkte hergestellt aus Pottwalzahn, Narwal, Eisbär, Barten von Grönlandwal, Finnwal oder Buckelwal sowie alle Greifvogelarten dürfen zudem überhaupt nicht aus Grönland ausgeführt werden. Auch für die anderen arktischen Staaten gelten ähnliche Einschränkungen. An Bord Ihres Schiffes wird man Ihnen jedoch sicherlich die aktuellen Ausfuhrbestimmungen mitteilen können (→ Zollvorschriften).

Besuche auf der Brücke

Auf dem meisten Schiffen, außer denen der Hurtigruten, ist es üblich, dass die Brücke immer zugänglich ist. Der Besuch auf der Brücke ist auch deswegen interessant, weil man dort immer Gesprächspartner findet. Nirgendwo kann man seine Mitreisenden besser kennenlernen als auf der Brücke. Der Kapitän, der Steuermann und der Expeditionsleiter stehen auch immer für Fragen zur Verfügung.

Bordpass

In der Regel bekommt der Reisende einen Bordpass, mit dem er sich beim Verlassen des Schiffes auscheckt und beim Zurückkehren wieder eincheckt. Damit wird sichergestellt, dass alle an Bord sind, wenn das Schiff ablegt. Sicherheitskontrollen finden nur in geringem Umfang statt. Man kennt sich.

Botschaften und Konsulate

In der Regel gibt es keine diplomatischen Vertretungen der deutschsprachigen Länder an den Orten, wo die Schiffe unterwegs sind (→ Reisedokumente).

Einkaufen

Viele der Expeditionsschiffe verfügen über einen eigenen kleinen Shop an Bord, in dem Sie sich mit den nötigsten Produkten bequem versorgen können. Aber auch bei Ihren Landgängen werden Sie genug Zeit finden, um in einem der örtlichen Läden einkaufen zu können (→ Souvenirs).

Expeditionsschiff mit Eisberg

Elektrizität

In der Regel sollten Sie in Ihren Kabinen Steckdosen mit 220 Volt vorfinden. Nicht auf jedem Schiff entsprechen diese jedoch dem europäischen Standard. Sie sollten also, je nachdem, aus welchem Land Ihr Schiff stammt, an die Mitnahme eines geeigneten Adapters denken.

Essen und Trinken

Auf allen Schiffen gibt es eine Überversorgung. Es beginnt mit dem reichhaltigen Frühstück, danach gibt es Tee, Kaffee, Snacks und Kuchen, und das

Im Speisesaal der Jamal

Mittagessen besteht aus drei Gängen. Oft kann sich der Reisende am Buffet bedienen. Nachmittags gibt es wieder heiße Getränke und Snacks. Am Abend geht es etwas ruhiger zu. Ein gesetztes Essen ist die Regel. Auf manchen Schiffen gibt es freie Platzwahl, auf anderen hat man immer die selben Tischnachbarn. Man sollte also zu Beginn der Reise darauf achten, in angenehme Gesellschaft zu kommen. Hier geht es um Glück und den richtigen Riecher.

Feiertage

Norwegen: 1. Januar (Neujahr), 1. Mai (Tag der Arbeit) 17. Mai (Nationalfeiertag), 23. Juni (Mittsommertag/St. Hans Aften), 29. Juli (Olsokfest), 24., 25., 26. Dezember (Weihnachten).

Grönland: 1. Januar (Neujahr), 6. Januar (Heilige Drei Könige), Gründonnerstag, Karfreitag, Ostermontag, Pfingsten, Christi Himmelfahrt, Buß- und Betttag, 21. Juni (Nationalfeiertag ›Ullotuneq‹, der längste Tag und Flaggentag), 24.–26. Dezember (Weihnachten), 31. Dezember (Silvester).

Kanada: 1. Januar (Neujahr), Karfreitag, Ostermontag, 1. Juli (Canada Day),

Montag vor dem 25. Juli (Victoria Day), erster Montag im September (Tag der Arbeit), zweiter Montag im Oktober (Thanksgiving), 11. November (Remembrance Day/Volkstrauertag), 25./26. Dezember (Weihnachten).

USA: 1. Januar (Neujahr), dritter Montag im Januar (Martin Luther King's Day), dritter Montag im Februar (Präsidententag/Washington's Birthday), letzter Montag im Mai (Memorial Day), 4. Juli (Unabhängigkeitstag), zweiter Montag im Oktober (Columbus Day), 11. November (Veteranentag), vierter Donnerstag im November (Thanksgiving), 25. Dezember (Weihnachten).

Russland: 1.–5. Januar (Neujahr), 7. Januar (orthodoxes Weihnachtsfest), 23. Februar (Tag der Vaterlandsverteidiger), 8. März (Internationaler Frauentag), 1. Mai (Tag des Frühlings und der Arbeit), 9. Mai (Tag des Sieges, Kapitulation Deutschlands 1945), 12. Juni (Nationalfeiertag), 4. November (Tag der Einheit des Volkes).

Fotografieren

Man sollte auf jeden Fall einen Fotoapparat mitnehmen, denn man wird einzigartige Motive aus der polaren Tier- und Pflanzenwelt finden. Bei aller Fotoleidenschaft sollte man aber immer versuchen, keine Tiere oder Menschen zu stören oder gar ihre Privatsphäre zu verletzen. Fragen Sie bei Personenmotiven die betreffende Person am besten. Es empfiehlt sich, mit den Reiseleitern über den angemessenen Abstand zu Tieren zu reden. Achten Sie auch darauf, ausreichend Batterien mitzubringen. Die Kälte der Arktis wirkt sich negativ auf die Haltbarkeit aus, und nicht alle Schiffe verfügen über einen Bordshop, wo Sie Batterien gegebenenfalls nachkaufen können.

Geld

Auf den Expeditionsschiffen kann man entweder mit Bargeld bezahlen oder aber gängige Kreditkarten nutzen. Bis zum letzten Abend läuft alles bargeldlos. Man unterschreibt für alles, was extra bezahlt werden muss. Am Ende der Reise kommt die große Abrechnung. Welche Währung die gängige ist, unterscheidet sich jedoch von Schiff zu Schiff. In der Liste der Expeditionsschiffe findet man darüber die nötigen Informationen (→ S. 94). Es versteht sich von selbst, dass Sie, je nachdem, welche Länder Sie im

Reisetipps von A bis Z

Fotosafari

Im Maschineraum des Atomeisbrechers Jamal

Verlauf Ihrer Reise besuchen werden, die jeweilige Landeswährung benötigen. Sie finden jedoch in allen größeren Ortschaften Wechselmöglichkeiten. Gängige Kreditkarten werden in der Regel ohne Probleme akzeptiert.

Die Arktischen Länder haben folgende Währungen (jeweiliger Wechselkurs zum Euro vom Frühjahr 2011):

Grönland/Dänemark: Dänische Kronen, 1 Euro entspricht 7 DKK.

Norwegen: Norwegische Krone, 1 Euro entspricht 7,50 NOK.

Russland: Russischer Rubel, 1 Euro entspricht 36,54 RUB.

Kanada: Kanadischer Dollar, 1 Euro entspricht 1,30 CAD.

USA: Amerikanischer Dollar, 1 Euro entspricht 1,31 USD.

Gesundheit

Für Reisen entlang der norwegischen Küste und in der Arktis sind keine speziellen Impfungen nötig. Der übliche **Impfschutz** gegen Tetanus, Polio und Diphterie reicht aus.

Für alle Reisen, die in entlegene Gebiete führen, verlangen die Veranstalter das Ausfüllen eines Fragebogens, auf dem Angaben zum Gesundheitszustand des Reisenden zu machen sind. Die Reisen erfolgen immer auf eigenes Risiko. Eventuelle Evakuierungen aus gesundheitlichen Gründen müssen von den Reisenden selbst getragen werden. Er wird auch erwartet, dass man Details zur eigenen Krankenversicherung angibt. Daraus sollte nicht der Schluss gezogen werden, dass die Expeditionskreuzfahrten gefährlich sind. Dies sind alles reine Vorsichtsmaßnahmen. Eine **Reisekrankenversicherung**, die auch die Kosten eines Rücktransportes abdeckt, sollte man abschließen. Allerdings leisten diese Versicherungen nicht, wenn Kosten durch bestehende Vorerkrankungen enstehen. Auf allen Expeditionskreuzfahrtschiffen ist stets ein **Arzt** an Bord, der erste Hilfe leisten kann. Die Bordapotheke verfügt über allgemein gängige Medikamente. Teilweise ist die Behandlung an Bord kostenpflichtig.

In jedem Fall sollte man Medikamente, die regelmäßig genommen werden müssen, in ausreichender Menge mitführen. In der Arktis ist neben den üblichen Gesundheitsvorkehrungen vor allem auf folgende gesundheitliche Risiken zu achten:

Seekrankheit: Viele Touristen leiden in den ersten Tagen auf dem Schiff daran. Dagegen kann man sich mit Medikamenten schützen. Mit speziellen Pflastern hinterm Ohr lässt sich das Gleichgewichtsgefühl stabilisieren. Sonst hilft Ruhe, schlafen und warten, bis es vorüber ist.

Borreliose: Die Infektionserkrankung kann durch Zeckenbisse übertragen werden.

Trichinose: Eine Infektion kann durch Verzehr von Bären-, Eisbären- oder Robbenfleisch hervorgerufen werden.

Frühsommer-Enzephalitis: In einigen Gebieten ist mit dieser Infektionserkrankung aufgrund von Zeckenbissen zu rechnen (ggf. Impfung möglich).

Windverbrennungen: Der teilweise extrem kalte Wind kann auch zu Verbrennungen führen. Man kann sich mit fetthaltiger Hautcreme schützen.

Schneeblindheit: Der Schnee reflektiert die UV-Strahlen der Sonne. Es empfiehlt sich, gute Sonnenbrillen zu tragen (Gletschertauglichkeit beachten).

Erfrierungen: Achten Sie immer darauf, den Temperaturen angemessene Kleidung zu tragen (→ Kleidung und Schuhe).

Internet an Bord

Auf allen Schiffen kann man E-Mails versenden und empfangen, jedoch meist nur ohne Anhänge. Internetzugang gibt es nur auf einigen Schiffen. Wichtig ist, bei der Buchung zu fragen, wie das Schiff technisch ausgerüstet ist, damit später keine Kommunikationsprobleme mit der Heimat auftreten. Nicht überall sind diese Dienstleistungen kostenlos.

Kleidung und Schuhe

Die Temperaturen im hohen Norden gehen zwar während der Sommermonate selten unter 0 Grad, wenn aber starker Wind hinzukommt, kann es empfindlich kalt werden. Zugleich wird es auch Tage geben, an denen ein T-Shirt ausreicht. Richtig warm wird es nördlich des 70. Breitengrades nie.

Es gibt Reiseveranstalter (Quark und Hapag Lloyd), die den Expeditionsteilnehmern wasserabweisende Parkas in Signalfarben schenken. Damit ist sichergestellt, dass niemand in den Schnee- und Eislandschaften verloren gehen kann. Entweder sind sie knallgelb, oran-

ge oder rot. Bei nicht ganz so teuren Reisen kann man nicht mit einem solchen Geschenk rechnen.

In jedem Fall empfiehlt es sich, warme Unterwäsche, Handschuhe, Mütze, Fleecejacke oder- pullover, eine **wasserdichte Überhose** und einen wind- und **wasserdichten Anorak** mitzunehmen. Man sollte sich nach dem Schichtenprinzip kleiden, also immer mehrere Lagen übereinander tragen, um bei wärmerer Witterung etwas ausziehen zu können. Bei den meisten Reisen wird auch erwartet, dass eigene **Gummistiefel** (mit Profilsohle) mitgebracht werden. Falls der Reiseveranstalter die Gummistiefel zur Verfügung stellt, so geht das immer aus den Reiseunterlagen hervor. Gummistiefel und wasserdichte Überhose sind besonders wichtig, da man öfters noch im Wasser aus den Zodiacs (Schlauchbooten) aussteigen muss und Spritzwasser das Boot und die Insassen nass macht. Das klingt alles schlimmer, als es ist. In der Regel wird man nicht nass, und die Anlandungen finden an bekannten Plätzen statt, die geschützt sind. Gute, wasserfeste **Wanderschuhe** sollten auf alle Fälle auch im Gepäck sein.

Ein Helikopter holt Touristen wieder ab

Ein kleiner bis mittlerer **Rucksack** für die Kameraausrüstung und Dinge des täglichen Bedarfs sowie eine **Sonnenbrille** dürfen nicht fehlen.

Während der Reise verbringt man einige Zeit an Deck, sei es zur Walbeobachtung, für ein Sonnenbad oder um seinen Gedanken nachzuhängen. Warme, winddichte Kleidung und Schuhe mit rutschfesten Sohlen sind nötig.

Unter Deck ist es meistens angenehm warm. Bequeme Freizeitkleidung ist angesagt. Es gibt Schiffe, auf denen beim Abendessen die Atmosphäre etwas förmlicher ist. In solchen Fällen macht der Reiseveranstalter darauf aufmerksam. Allgemein gilt für die Expeditionskreuzfahrten, dass die Abendgarderobe zu Hause bleiben kann.

Kriminalität

Touristen, die mit dem Schiff im hohen Norden unterwegs sind, werden mit Kriminalität nicht konfrontiert. Schlimmstensfalls könnte es passieren, dass auf dem Schiff etwas abhanden kommt. In den kleinen Siedlungen Grönlands, der kanadischen Arktis, der USA und Russlands braucht man sich überhaupt keine Sorgen zu machen.

Grönländische Poststempel

Mitreisende

Man findet immer wirklich interessante Gesprächspartner an Bord. Meistens sind die Menschen nicht mehr ganz jung. Die Bandbreite dürfte zwischen 35 und 85 liegen, wobei die Mehrzahl zwischen 55 und 70 sein dürfte. Sicher ist jedenfalls: Wer einmal bei einer Expeditionskreuzfahrt dabei war, der kommt wieder. So kann man nur empfehlen, damit möglichst in jungen Jahren zu beginnen. Man verpasst sonst zu viel.

Post

Auf allen Schiffen gibt es einen Shop, in dem man Postkarten und meist auch Briefmarken kaufen kann. Falls nicht, dann findet man in der nächsten Siedlung ohne Schwierigkeiten ein Postamt.

Rauchen

Es gibt Schiffe, in deren Inneren überhaupt nicht geraucht werden darf. Details dazu erfahren Sie vom Veranstalter.

Souvenirs

In der Arktis kann man eine Reihe von außergewöhnlichen Souvenirs erstehen. Generell ist Kunsthandwerk der unterschiedlichen Inuit-Stämme das beliebteste Mitbringsel. Das können wunderschöne Schnitzarbeiten aus Walrosszähnen und Holz oder auch Masken und geflochtene Körbe sein. Auch eine Reihe von interessantem Schmuck wird aus Walrosszähnen oder Jade hergestellt. Jedes dieser Stücke wurde in der Regel von einem einheimischen Künstler geschaffen – ganz in Art und Tradition des Landes und doch mit ganz eigenem Ausdruck. Mit einem Kauf der Souvenirs kann man also auch einen Beitrag zum Erhalt der Inuit-Kunst beitragen.

Eine Besonderheit sind die Mukluks, traditionelle Stiefel aus Rentier- oder

Schwarzer Kaviar wird nur selten serviert

Seehundfell. Einige Souvenirs unterliegen länderspezifischen Ausfuhrbestimmungen, worauf Sie bereits beim Kauf achten sollten (→ Ausfuhr).

Sprache an Bord

Hier sollte sich der Reisende vor der Abreise volle Klarheit verschaffen, in welcher Sprache kommuniziert wird. Bei Vorträgen an Bord kann es zu großen Frustrationen kommen, wenn diese aus sprachlichen Gründen nicht verstanden werden, Hinweise dazu finden sich in der Liste der Expeditionsschiffe (→ S. 94).

Telefon

Eine Vielzahl der Expeditionsschiffe haben an Bord ein oder sogar mehrere Telefone, die Sie als Gast benutzen können. Jedoch werden Sie nicht auf jedem Schiff ein Telefon vorfinden, zudem ist diese Variante in der Regel recht kostspielig. Mobilfunktelefone, sofern sie über eine Roamingfunktion verfügen, funktionieren in den größeren Siedlungen und teilweise in der Nähe der Küsten, jedoch keineswegs durchgängig. Sie sollten sich daher darauf einstellen, während der Reise nicht erreichbar zu sein.

Sehen Sie dies auch positiv: Sie können sich voll und ganz auf Ihr arktisches Abenteuer einlassen und die handyfreie Zeit zur Entspannung optimal nutzen.

Trinkgelder

Die Trinkgelder werden auf den Expeditionsschiffen in der Regel unter der gesamten Mannschaft aufgeteilt, d.h. auch unter den Teilen der Mannschaft, die Sie als Gast normalerweise nicht direkt zu Gesicht bekommen. Dies sollten Sie bei Ihrer Trinkgeldvergabe mit bedenken. Es ist üblich, dass das Trinkgeld am Ende der Reise zusammen mit der Gesamtabrechnung gegeben wird. Als Richtlinie sollte man etwa sechs bis acht Euro pro Reisetag geben. Selbstverständlich liegt es aber ganz in Ihrem Ermessen, wie viel Sie geben möchten, je nachdem, wie Sie mit der Reise zufrieden waren. In der Regel gibt der Veranstalter Hinweise auf angemessenes Trinkgeld.

An Land ist der Umgang mit Trinkgeldern uneinheitlich. In Grönland, Norwegen und in Dänemark sind sie bereits in den Preisen inbegriffen und Extragelder werden nicht erwartet. Natürlich kann man einen besonders guten Service trotzdem mit fünf bis zehn Prozent

Anlegestelle der Hurtigruten auf den Lofoten

Reisetipps von A bis Z

Hafen im norwegischen Ålesund

Trinkgeld belohnen. In Russland hingegen ist Trinkgeld durchaus üblich. Obwohl auf der Rechnung im Restaurant normalerweise eine Gebühr für die Bedienung enthalten ist, geben viele Gäste Trinkgeld, um ihre Anerkennung für gute Arbeit zu zeigen.

Auch in Kanada ist das Zahlen von Trinkgeld üblich, wird sogar erwartet. Üblich sind hier etwa 15 Prozent des Preises. Auch in den Vereinigten Staaten ist Trinkgeld normal. Wenn die Kosten für Service nicht in der Rechnung aufgeführt sind, werden 15 bis 20 Prozent Trinkgeld erwartet.

Uhrzeit

Bedingt durch die geografische Lage, die sich über alle Längengrade erstreckt, kann man in der Arktis jede Zeitzone antreffen. Sie sollten sich daher immer vergewissern, in welcher Zeitzone Sie sich auf Ihrer Reise befinden, um nicht in die Verlegenheit zu kommen, zu spät an Bord Ihres Schiffes zurückzukommen. **Norwegen und Spitzbergen**: wie in den meisten europäischen Ländern Mitteleuropäische Zeit (MEZ), dies entspricht Weltzeit (UTC) plus 1 Stunde. Sommerzeit von Ende März bis Ende Oktober.

Grönland: MEZ minus 2 Stunden (Ittoqqortoormiit); MEZ minus 4 Stunden (Qaqortoq, Ilullisat); Sommerzeit von Ende März bis Ende Oktober.

Kanada: MEZ minus 7 Stunden (Churchill/Manitoba, Resolute Bay), keine Sommerzeit.

USA: MEZ minus 10 Stunden (Nome). Sommerzeit Mitte März bis Anfang November.

Russland: MEZ plus zwei Stunden (Murmansk, Archangelsk, Franz-Josef-Land); MEZ plus 10 Stunden (Anadyr). Sommerzeit von Ende März bis Ende Oktober.

Visa

Vergewissern Sie sich vor Antritt Ihrer Reise auf jeden Fall, ob Ihr Reisepass noch mindestens drei Monate Gültigkeit besitzt (Russland sechs Monate). Zudem sollte man sich rechtzeitig um die eventuell erforderlichen Visa, je nach Zielland, bemühen.

Grönland/Dänemark: Grönland ist wie Dänemark Teil des Schengen-Raums. Ein Reisepass, der noch mindestens drei Monate Gültigkeit besitzt, ist ausreichend für die Einreise. In der Regel kommen Zoll- und Grenzbeamte aufs Schiff, und die entsprechenden Prozeduren werden dort vorgenommen.

Norwegen: Staatsangehörige der EU-Mitgliedsstaaten dürfen sich bis zu drei Monaten in Norwegen aufhalten und benötigen zum Aufenthalt einen gültigen Reisepass oder Personalausweis. Minderjährige benötigen einen gültigen Kinderausweis, Kinderreisepass, Reisepass oder Personalausweis.

Russland: Für die Einreise nach Russland ist für Bürger der Europäischen Union ein Visum notwendig. Bei kürzeren Reisen empfiehlt es sich, ein vierwöchiges Touristenvisum zu beantragen. In der Regel sollte dies Ihr Reiseveranstalter erledigen. Falls nicht, benötigen Sie eine Einladung eines Touristenbüros sowie die Dienste einer speziellen Visaagentur (www.visa-wie.de, www.russland-visum.de).

Kanada: Staatsangehörige aus EU-Ländern können bis zu einem Zeitraum von sechs Monaten mit einem gültigen Reiseausweis ohne Beantragung eines Visums problemlos einreisen.

USA: EU-Staatsangehörige nehmen am ›Visa Waiver‹ Programm der USA teil und können als Touristen bis zu einer Dauer von neunzig Tagen ohne Visum in die USA einreisen, wenn sie im Besitz eines mindestens für die Dauer des geplanten Aufenthaltes gültigen Reisepasses sind. Inwieweit, wie bei Einreisen mit dem Flugzeug, eine vorherige Registrierung über das Internet nötig ist, darüber informiert der Reiseveranstalter.

Wasser

Obwohl das Leitungswasser auf den Schiffen durch Filter und eine Entsalzungsanlage läuft, wird vom Konsum abgeraten. In der Regel gibt es Wasser aus Flaschen kostenlos.

Zeitung

Auch hier gilt es beim Veranstalter zu fragen. Auf den deutschen Schiffen gibt es jeden Morgen eine Tageszeitung-Miniausgabe in gedruckter Form. So wissen die Reisenden, was in Politik, Sport und Wirtschaft gerade passiert.

Zollvorschriften

Auf den meisten Schiffen kann zollfrei eingekauft werden. Es gilt zu beachten, dass nur eine beschränkte Menge an Alkohol, Zigaretten in das Heimatland zurück mitgenommen werden dürfen. Produkte von Tieren, die dem Artenschutz unterliegen, wie Taschen, Jacken, Amulette sollten auf gar keinen Fall gekauft werden, will man Überraschungen bei der Einreise ins Heimatland vermeiden (→ Ausfuhr).

Dreizehenmöwe

Reisetipps von A bis Z

Literatur

Sachbücher

Farid Abdelouahab: Entdecker im ewigen Eis. Fünf Jahrhunderte Polarreisen in Reisetagebüchern, RvR/Kubik, Köln 2006.

Bryan & Cherry Alexander: Eskimo – Jäger des hohen Nordens, Belser, Stuttgart 1993.

Frank Berger: Der Nordpol. Forscher und Entdecker im ewigen Eis, Verlag Imhof, Petersberg 2007.

Wolf Dieter Blümel: Physische Geographie der Polargebiete, B. G. Teubner, Stuttgart 1999.

Robert M. Bone: The Canadian North – Issues and Challenges, Oxford University Press, Don Mills ON 2009.

Fergus Fleming: Neunzig Grad Nord. Der Traum vom Pol, Piper Verlag, München 2004.

Fergus Fleming: Legendäre Expeditionen. 50 Originalberichte, Piper Verlag/National Geographic, München 2008.

Jean Malaurie: Mythos Nordpol. 200 Jahre Expeditonsgeschichte, National Geographic 2003.

Jean Malaurie: Der Ruf des Nordens. Auf den Spuren der Inuit, C. J. Bucher Verlag, München 2001.

David Morrison, Georges-Hébert Germain: Eskimo – Geschichte, Kultur und Leben in der Arktis, Frederking & Thaler, München 1996.

Eisberge in der Abenddämmerung

Fridtjof Nansen: In Nacht und Eis. Die norwegische Polarexpedition 1893–1896, Thienemann Verlag, Stuttgart 2000.

Marco Nazarri: Die Arktis – Leben im ewigen Eis, Karl Müller Verlag, Erlangen 1998.

Brando Quilici: Arktis, vgs, Köln 2001.

Robert E. Peary: Die Entdeckung des Nordpols 1908–1909, Edition Erdmann, Wiesbaden 2009.

Knud Rasmussen: Unter Jägern und Schamanen. Tagebuch der Thule-Fahrt, Unionsverlag, Zürich 2006.

Christoph Seidler: Arktisches Monopoly. Der Kampf um die Rohstoffe der Polarregion – Ein Spiegel-Buch, Deutsche Verlags-Anstalt (DVA), München 2009.

Johannes Zeilinger: Auf brüchigem Eis. Frederick A. Cook und die Eroberung des Nordpols, Matthes und Seitz, Berlin 2009.

Belletristik

Louis Beyens: Arktische Passionen. Ein Reisebericht, C. H. Beck Verlag, München 2000.

Julie Harris: Der lange Winter am Ende der Welt, Piper Verlag, München 2009.

Barry Lopez: Arktische Träume, btb, München 2000.

Sten Nadolny: Die Entdeckung der Langsamkeit, Piper Verlag, München 2010.

Marie Tieche: Kinnvika. 80 Grad Nord. Eine Frau, ein Mann und die Einsamkeit der Polarnacht, Frederking & Thaler, München 2005.

Christoph Ransmayr: Die Schrecken des Eises und der Finsternis, Brandstätter, Frankfurt a. Main 2006.

Christiane Ritter: Eine Frau erlebt die Polarnacht, Ullstein TB 2009.

Juri Rytchëu: Traum im Polarnebel, Verlag Volk und Welt, Berlin 1973.

Ansgar Walk: Im Land der Inuit – Arktisches Tagebuch, Pendragon, Bielefeld 2002.

Landkarten

Grönland-Wanderkarten

Die Organisation Greenland Tourism hat Wanderkarten für die beliebtesten Wanderziele in Grönland im Maßstab 1:100 000 herausgegeben. Auf ihnen sind markierte Routen und Schwierigkeitsgrade verzeichnet, und auf der Rückseite gibt es eine ausführliche Beschreibung der Routen, Natur, Fauna und was sonst wissenswert ist. Die meisten Karten enthalten auch Detailkarten im Maßstab 1:10 000. Auch wenn Sie keine längere Wanderung unternehmen möchten, empfiehlt sich die Anschaffung einer Karte. In Grönland bekommen Sie Landkarten in Buchhandlungen und Fremdenverkehrsbüros, ansonsten bei Nordisk Korthandel in Kopenhagen (www.scanmaps.dk) und ausgewählten Händlern im Ausland.

Regionalkarte von Grönland

Der Verlag Saga Maps gibt Karten im Maßstab 1:250 000 über alle bewohnten Regionen in Grönland heraus. Auch wenn sich diese nicht als Wanderkarten eignen, bieten sie doch einen guten Überblick über die zu besuchende Gegend und sind bei Schiffs-/Bootsfahrten unverzichtbar. Einige dieser Karten sind thematisch eingeteilt und enthalten auf der Rückseite interessante Informationen über die Nordländer, amerikanische Stützpunkte und die Inuit-Kultur.

Reisetipps von A bis Z

Die Arktis im Internet

www.visitnorway.com Norwegen, Hurtigruten, Spitzbergen.

www.hotelnordkyn.no/webcam/ Hier kann man täglich gegen 17.15 Uhr das An- bzw. Ablegemanöver des Hurtigrutenschiffes im Dorf Kjøllefjord live verfolgen.

www.visitgreenland.de Offizielle Seite des grönländischen Fremdenverkehrsbüros.

www.nunavuttourism.com Informationen über die kanadische Arktis.

www.pc.gc.ca Viele Informationen über Kanada sowie Auskünfte über Nationalparks und historische Stätten.

www.innsnorth.com Umfangreiche Reiseinformationen der kanadischen Hotelkette Inns North, die zahlreiche Herbergen in der kanadischen Arktis betreibt.

www.alaska-travel.de Basisinformationen über Alaska in deutscher Sprache.

Der Autor

Für meine Schwestern Helmine und Anne

Der 1953 im schwäbischen Heidenheim geborene Dr. Alfred Diebold studierte in San Diego und Stuttgart Wirtschaftswissenschaften. Er ist seit über 20 Jahren in der Entwicklungszusammenarbeit tätig, unter anderem bei den Vereinten Nationen. Er leitete Projekte in Thailand, Nepal, Marokko, Tansania, Polen, Zentralasien und Albanien. Seit vielen Jahren begeistert er sich für die polaren Regionen und ist seitdem regelmäßig dort unterwegs.

Der passionierte Fotograf hat viele Reisen mit verschiedenen Expeditionsschiffen in der Arktis, Antarktis und entlang der norwegischen Küste unternommen. Er will mit seinem Reiseführer die spektakulären Routen beschreiben, seinen Enthusiasmus und seine Eindrücke teilen und vor allem dazu beitragen, diese Form des Reisens einem breiten Publikum zu erschließen. Die Faszination der Mitternachtssonne, die Menschen im hohen Norden, die bunten Siedlungen, die kargen Landschaften, die Polarbären, das Eis und die Gletscher lassen ihn nicht mehr los.

Vielen Dank an die geduldige Lektorin Frau Sabine Fach, die den Prozess der Entstehung dieses Buches begleitet hat. Danke auch an meinen kritischen Ratgeber Tobias Schneider und an Susanne Schütz, die mich auf vielen wunderbaren Reisen begleitet hat.

Alfred Diebold am Nordpol

Ortsregister

Anhang

Anhang

Personen- und Sachregister

Bildnachweis

Alfred Diebold, außer:
Christophe Gouraud: S. 33, 203, 225, 333
Harald Thoma: S. 25, 29, 30, 34, 37, 54, 55, 64, 84, 86, 92, 103, 104, 113, 206u., 207, 217, 337, 347, 349, 352, 368, 373, 375, 379
Claudia Quaukies: S. 40
Center for History of Sciences, The Royal Swedish Academy of Sciences: S. 67
Sir George Grey Special Collections, Auckland City Libraries: S. 68
Hapag Lloyd-Kreuzfahrten: S. 94, 95, 323:
Quark Expeditions: S. 107

Björn Eriksson, Quark Expeditions: S. 112
Farida, Fotolia.com: S. 129
laguna35, Fotolia.com: S. 131, 132
JAFO, Fotolia.com: S. 145
muehle, Fotolia.com: S. 146
Karina Baumgart Fotolia.com: S. 149
albillottet, Fotolia.com: S. 155
Dhoxax, Fotolia.com: S. 157
Laurent Nolius, Fotolia.com: S. 177
Achim Baqué, Fotolia.com: S. 180
Ralf Gosch, Fotolia.com: S. 183
Maxou4807, Fotolia.com: S. 186:
Robbie Schlagboehmer, Fotolia.com: S. 187
AndiPu, Fotolia.com: S. 192, 195 u.

Mari Tefre/Svalbard Global Seed Vault: S. 204

Olle Carlsson, Quark Expeditions: S. 309

Marcello Libra, Quark Expeditions: S. 317

bierchen, Fotolia.com: S. 326

Scott Webber, Fotolia.com: S. 335

Titelbild: Expeditionsschiff vor Grönland

vordere Umschlagklappe: Walrosse vor Spitzbergen

hintere Umschlagklappe: Die Fram in grönländischen Gewässern

S. 18/19: Eisberge in der Morgensonne bei Uummannaq, Westgrönland

S. 82/83: Der russische Atomeisbrecher Jamal auf dem Weg zum Nordpol

S. 198 /199: Teilnehmer einer Expeditonskreuzfahrt auf Spitzbergen

S. 220/221: Die grönländische Siedlung Uummannaq

S. 287/288 Touristen im Zodiac

S. 338/339: Champ-Insel, Franz-Josef-Land

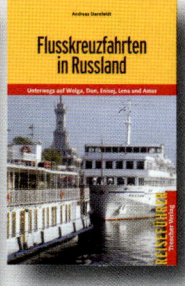

Trescher Verlag

Der Spezialist für den Osten

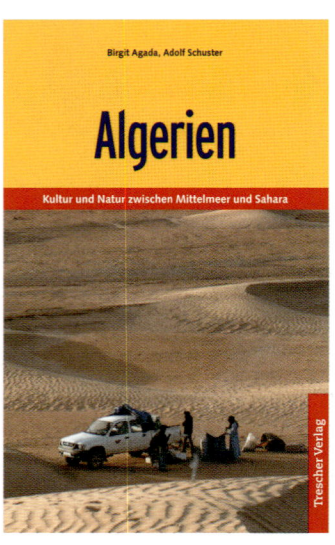

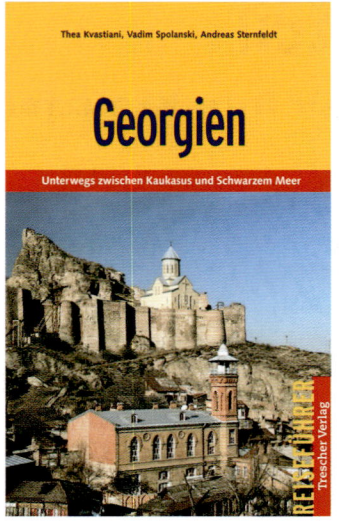

Auswahl Reiseführer

Algerien
Kultur und Natur zwischen
Mittelmeer und Sahara
19.95 Euro

Armenien
3000 Jahre Kultur zwischen West
und Ost
21.95 Euro

Aserbaidschan
Unterwegs im Land der Feuer
18.95 Euro

China-Handbuch
Erkundungen im Reich der Mitte
19.95 Euro

Dalmatien
Unterwegs zwischen Zadar und
Dubrovnik
13.95 Euro

Georgien
Unterwegs zwischen Kaukasus und
Schwarzem Meer
18.95 Euro

Iran
Islamischer Staat mit jahrtausende-
alter Kultur
18.95 Euro

Kamtschatka entdecken
Zu den Bären und Vulkanen im
Nordosten Sibiriens
17.95 Euro

Kasachstan
Nomadenwege zwischen
Kaspischem Meer und Altaj
19.95 Euro

**Trescher Verlag im Internet unter www.trescher-verlag.de
mit ausführlichen Infos über alle unsere Bücher und Onlineshop**

Trescher Verlag

Der Spezialist für den Osten

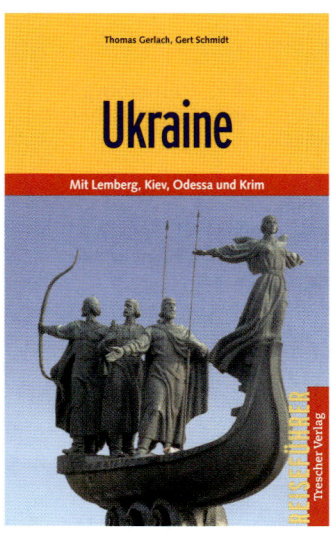

Trescher Verlag

Der Spezialist für den Osten

Auswahl Städteführer

Breslau
Niederschlesien und seine tausend-
jährige Hauptstadt
14.95 Euro

Bukarest
Die rumänische Hauptstadt und
ihre Umgebung
14.95 Euro

Dresden
Mit Meißen, Radebeul und
Sächsischer Schweiz
11.50 Euro

Kiev
Rundgänge durch die Metropole
am Dnepr
16.95 Euro

Lemberg
Das kulturelle Zentrum der West-
ukraine
16.95 Euro

Moskau und St. Petersburg
Streifzüge durch die russischen
Metropolen
16.95 Euro

Ostseestädte
14 Städte zwischen Kiel,
St. Petersburg und Kopenhagen
16.95 Euro

Riga, Tallinn, Vilnius
Rundgänge durch die Metropolen
des Baltikums
17.95 Euro

Zagreb
Die kroatische Hauptstadt und
ihre Umgebung
15.95 Euro

Trescher Verlag

Der Spezialist für den Osten

Auswahl Deutschland

Baden Berlin
Die schönsten Badestellen
12.95 Euro

Brandenburg
Natur und Kultur zwischen Oder
und Elbe
14.95 Euro

Lausitz
Unterwegs zwischen Spreewald
und Zittauer Gebirge
16.95 Euro

Mecklenburg-Vorpommern
Mit Rügen und Hiddensee,
Usedom, Rostock und Stralsund
14.95 Euro

Oderbruch
Natur und Kultur im östlichen
Brandenburg
9.95 Euro

Wandern in der Schorfheide
Touren durch eine ungewöhnliche
Landschaft
9.95 Euro

Wanderungen durch Brandenburg
Unterwegs auf den Europäischen
Fernwanderwegen
12.95 Euro

66-Seen-Wanderung
Zu den Naturschönheiten rund
um Berlin
13.95 Euro

Kartenlegende

✳	Aussichtspunkt	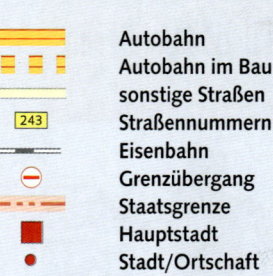	✉	Post
	Bahnhof			Ruine/Ausgrabungsstätte
	Busbahnhof		★	Sehenswürdigkeit
🏕	Campingplatz			Theater
	Denkmal		🛈	Touristeninformation
	Einkauszentrum			
	Fischmarkt			Autobahn
✈	Flughafen			Autobahn im Bau
⚓	Hafen			sonstige Straßen
	Höhle, Mine		243	Straßennummern
	Hotel			Eisenbahn
@	Internetcafé		⊖	Grenzübergang
	Kirche			Staatsgrenze
✚	Krankenhaus			Hauptstadt
🏛	Museum		●	Stadt/Ortschaft

Kartenregister